高等法律职业教育系列教材
审定委员会

高等法律职业教育系列教材

人民调解实用技能

RENMIN TIAOJIE SHIYONG JINENG

主　编 ○ 刘树桥　盛舒弘

撰稿人 ○（以撰写章节先后为序）

刘树桥　盛舒弘　盛永彬

谢素珺　徐险峰

中国政法大学出版社

2017·北京

图书在版编目（CIP）数据

人民调解实用技能/刘树桥，盛舒弘主编. —北京：中国政法大学出版社，2017.5（2021.1重印）
ISBN 978-7-5620-7504-2

Ⅰ.①人… Ⅱ.①刘…②盛… Ⅲ.①民事纠纷－调解(诉讼法)－中国－高等学校－教材
Ⅳ.①D925.114

中国版本图书馆CIP数据核字(2017)第121265号

出　版　者	中国政法大学出版社
地　　　址	北京市海淀区西土城路 25 号
邮　　　箱	fadapress@163.com
网　　　址	http://www.cuplpress.com (网络实名：中国政法大学出版社)
电　　　话	010-58908435(第一编辑部) 58908334(邮购部)
承　　　印	北京鑫海金澳胶印有限公司
开　　　本	787mm×1092mm　1/16
印　　　张	17.25
字　　　数	357 千字
版　　　次	2017 年 6 月第 1 版
印　　　次	2021 年 1 月第 2 次印刷
印　　　数	4001～7000 册
定　　　价	43.00 元

总　序

Preface

　　高等法律职业化教育已成为社会的广泛共识。2008 年，由中央政法委等 15 部委联合启动的全国政法干警招录体制改革试点工作，更成为中国法律职业化教育发展的里程碑。这也必将带来高等法律职业教育人才培养机制的深层次变革。顺应时代法治发展需要，培养高素质、技能型的法律职业人才，是高等法律职业教育亟待破解的重大实践课题。

　　目前，受高等职业教育大趋势的牵引、拉动，我国高等法律职业教育开始了教育观念和人才培养模式的重塑。改革传统的理论灌输型学科教学模式，吸收、内化"校企合作、工学结合"的高等职业教育办学理念，从办学"基因"——专业建设、课程设置上"颠覆"教学模式："校警合作"办专业，以"工作过程导向"为基点，设计开发课程，探索出了富有成效的法律职业化教学之路。为积累教学经验、深化教学改革、凝塑教育成果，我们着手推出"基于工作过程导向系统化"的法律职业系列教材。

　　《国家（2010～2020 年）中长期教育改革和发展规划纲要》明确指出，高等教育要注重知行统一，坚持教育教学与生产劳动、社会实践相结合。该系列教材的一个重要出发点就是尝试为高等法律职业教育在"知"与"行"之间搭建平台，努力对法律教育如何职业化这一教育课题进行研究、破解。在编排形式上，打破了传统篇、章、节的体例，以司法行政工作的法律应用过程为学习单元设计体例，以职业岗位的真实任务为基础，突出职业核心技能的培养；在内容设计上，改变传统历史、原则、概念的理论型解读，采取"教、学、练、训"一体化的编写模式。以案例等导出问题，根据内容设计相应的情境训练，将相关原理与实操训练有机地结合，围绕关键知识点引入相关实例，归纳总结理论，分析判断解决问题的途径，充分展现法律职业活动的演进过程和应用法律的流程。

法律的生命不在于逻辑，而在于实践。法律职业化教育之舟只有驶入法律实践的海洋当中，才能激发出勃勃生机。在以高等职业教育实践性教学改革为平台进行法律职业化教育改革的路径探索过程中，有一个不容忽视的现实问题：高等职业教育人才培养模式主要适用于机械工程制造等以"物"作为工作对象的职业领域，而法律职业教育主要针对的是司法机关、行政机关等以"人"作为工作对象的职业领域，这就要求在法律职业教育中对高等职业教育人才培养模式进行"辩证"地吸纳与深化，而不是简单、盲目地照搬照抄。我们所培养的人才不应是"无生命"的执法机器，而是有法律智慧、正义良知、训练有素的有生命的法律职业人员。但愿这套系列教材能为我国高等法律职业化教育改革作出有益的探索，为法律职业人才的培养提供宝贵的经验、借鉴。

2016 年 6 月

前 言
Foreword

自《人民调解法》于 2010 年 8 月 28 日第十一届全国人民代表大会常务委员会第十六次会议通过并于 2011 年 1 月 1 日实施以来，人民调解工作得到了极大的促进和发展。其具体表现在：人民调解制度的法律地位进一步提升；人民调解法律体系进一步完善；人民调解的工作实效进一步凸显；人民调解的理论研究进一步丰富。

2014 年党的十八届四中全会审议通过的《中共中央关于全面推进依法治国若干重大问题的决定》中关于"健全依法维权和化解纠纷机制"的决定又把人民调解纳入了我国依法治国的蓝图，使其成为我国依法治国的重要一环。这样我国人民调解的发展前景更具有了明确的方向指引，人民调解作为一项具有深厚中华民族传统和浓厚东方特色的法律制度、非诉讼化纠纷解决方式，将进一步焕发生机和活力。

与此同时，在我国经济体制深刻改革、社会结构深刻变动、利益格局深刻调整、思想观念深刻变化的新形势下，人民调解工作也面临着前所未有的挑战。为此，各地纷纷探索适应新形势的人民调解制度：结合当地实际出台《人民调解法》实施办法，为当地的人民调解工作提供有针对性的指导；行业性、专业性人民调解组织建设不断得到加强和发展；专职人民调解员队伍不断壮大。

在这样的背景下，从掌握人民调解实用技能的角度入手，编写一部人民调解教材，以便让学生迅速掌握人民调解技能、更好地服务于人民调解岗位以适应新形势下应对、化解矛盾纠纷的要求就显得尤为重要。为此，本编写组成员在前期编写《人民调解教程》《人民调解实务》的经验基础上，再次编写《人民调解实用技能》教材。

《人民调解实用技能》教材共分三个单元、十二个项目、三十二项任务。本教材凸显了人民调解职业岗位技能系统化的项目内容和课程体系的设计，每一个学习项目按照岗位能力要求设计内容，整个课程体系和内容反映了人民调解全部岗位能力的要求，力求实现岗位与学习内容的融合。在此基础上，本教材进行了"教、学、做"一体化的"工学结合"的情境设计，各学习项目根据"知识目标"和"能力目标"的培养要求，从"引例"入手，导入人民调解的基本理论知识，并紧随基本理论知识进行了"引例分析"，设计了"思考与练习""学习情境""拓展阅读书目"，从而形成了符合高职教育要求的完整的知识体系，体现了理论必需性、职业针对性的高职教育理念。

本教材是在编写组成员基于人民调解工作的新形势而展开充分调研的基础上编写的，从内容上来讲，既包含了我国依法治国背景下对人民调解制度如何定位的分析，也包含了新形势下典型行业性、专业性纠纷及一些具体纠纷如何调解的技巧梳理。可以说，本教材反映了人民调解工作的一些新的法律制度、理论和实践成果，对于人民调解理论的认识、人民调解岗位技能的提升及应对各种纠纷将有重要的价值。本教材不仅能够满足全国政法干警招录培养体制改革试点专业中法律事务专业的教学需要，同时也能适用于高职法律事务及相关专业的教学及从事人民调解工作的人员的培训；不仅可以作为法律事务专业及相关专业学生的教材，也是从事人民调解工作的人民调解员及爱好人民调解工作的学员的"良师益友"。

本教材由主编刘树桥、盛舒弘拟定编写提纲和编写计划，盛永彬、谢素珺、徐险峰参与了编写，具体编写分工如下：

刘树桥：单元一之项目一、项目二；单元二之项目四；单元三之项目四。

盛舒弘：单元一之项目三；单元二之项目二、项目三；单元三之项目二。

盛永彬：单元二之项目一。

谢素珺：单元二之项目五；单元三之项目一。

徐险峰：单元三之项目三。

本教材在立项、拟纲、编写过程中，得到了学院领导的大力支持，特别是法律系主任盛永彬教授对具体的编写工作给予了热情指导并提出了宝贵意见，广州市天河区司法局、东莞市司法局也为教材的编写提供了大量的素材，在此表示由衷的感谢。为圆满完成本教材的编写，编者参阅和借鉴了有关学者和相关部门的研究成果和文献资料，在此对他们表示诚挚的谢忱！

由于编者水平有限，不足和缺陷在所难免，恳请读者多提宝贵意见。

编　者

2017 年 3 月 21 日于广州

目录 Contents

单元一

人民调解的基本认知

★ 知识结构图

```
人民调解的基本认知
├── 从传统调解到人     ┌── 传统调解的概念
│   民调解的演变  ─────┤
│                      └── 人民调解的概念
│
├── 理性看待依法治     ┌── 依法治国对人民调解的要求
│   国进程中的人民 ────┤
│   调解              └── 人民调解在我国依法治国
│                          进程中的地位和作用
│
└── 人民调解组织的     ┌── 人民调解委员会的建设
    建构         ─────┤
                       └── 人民调解队伍的建设
```

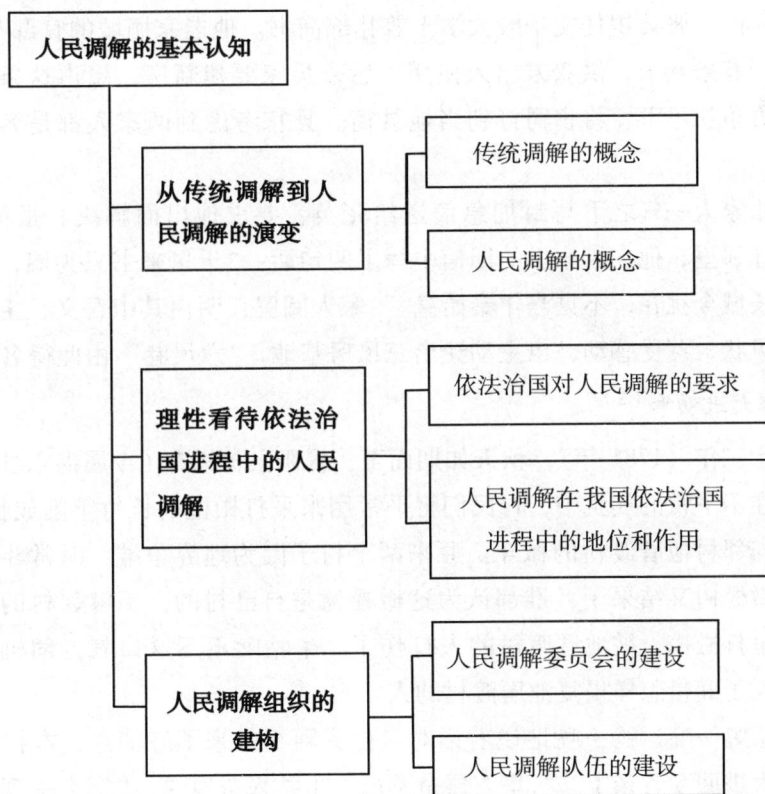

项目一　从传统调解到人民调解的演变

✎ 知识目标

了解传统调解的内涵，正确理解并掌握人民调解的性质和特征。

1

能力目标

能正确认识人民调解的内涵。

基本原理

人民调解作为具有中国特色的一种解决纠纷的途径，有一个发展演变的过程，并且各阶段在内涵上也不尽相同。

任务一　传统调解的概念：从"六尺巷的故事"和"郑大进劝和"说起

一、六尺巷的故事和郑大进劝和

（一）六尺巷的故事[1]

清康熙年间，张英担任文华殿大学士兼礼部尚书。他老家桐城的官邸与吴家为邻，两家院落之间有条巷子，供双方出入使用。后来吴家要建新房，想占这条路，张家人不同意。双方争执不下，将官司打到当地县衙。县官考虑到两家人都是名门望族，不敢轻易决断。

这时，张家人一气之下写封加急信送给张英，要求他出面解决。张英看了信后，认为应该谦让邻里，他在给家里的回信中写了四句话："千里来书只为墙，让他三尺又何妨？万里长城今犹在，不见当年秦始皇。"家人阅罢，明白其中含义，主动让出三尺空地。吴家见状，深受感动，也主动让出三尺房基地，"六尺巷"由此得名。

（二）郑大进劝和[2]

乾隆四十三年（1781年），秋天如期而至。揭阳县梅岗都（今属揭东县玉滘镇）山美村却笼罩在不平常的气氛中，村民们将平常用来采打橄榄的长竹竿削成长长的竹矛。他们酝酿着与邻村池厝渡村的械斗。原来两个村子因为地界争端，时常斗殴。现在两村交界处的橄榄树又结果了，谁都认为这橄榄树是自己村的，不容邻村的人采摘。山美村的牛牯争打橄榄，被池厝渡村的人打伤了。牛牯咽不下这口气，伺机寻仇。他纠集村里一帮汉子商量怎样报复池厝渡村的人。

大伙儿正鸡一嘴、鸭一嘴地说着话时，村头阿拐带来了好消息：本村百年才出一个的大官郑大进回乡省亲了。村里人振奋不已。牛牯兴奋地说："郑大爷现在可是直隶总督了！只要他出面，把池厝渡村踩在脚下，还不是小菜一碟。"

郑大进这一年已七十有三，宦海浮沉多年，政绩显著，深得民心，但年事已高，身心有疲乏之感。在外漂泊数十载，现在倦鸟知归，思乡情切，于是告假还乡，踏着

---

〔1〕"从'六尺巷'的典故水汽"，载 http：//www. rs66. com/zheligushi/100786. html，2015 年 5 月 3 日访问。

〔2〕"郑大进劝和"，载 http：//www. chaocn. com/tour/ShowArticle. asp？ ArticleID＝2611，2017 年 5 月 3 日访问。

送爽金风回到了养育他的故土。

地方官为了巴结朝官，十分隆重地接待了省亲的直隶总督。这样，郑大人在城里逗留了几天，迎来送往，酬酢唱和。这天族里派人前来府城恭请郑大人早早回乡，说大家把眼睛都盼穿了。郑大人告辞府官，与族里人一道回村。一路上，族里来人将与邻村的纠葛说给郑大进听，要郑大进为村里人出出头，吐一口恶气。郑大进沉吟不语。

回到村里，郑大进见过族亲宗老，与阔别多年的亲友嘘寒问暖。第二天，他只带几个随从悄悄地出去走走。他们经过与池厝渡村交界的那株橄榄树时，郑大进让轿夫停下来。附近在田里耕作的池厝渡村人停下手中的活计，多少怀着点敬畏的心情看着这个郑大官人。

郑大进明显地感觉到邻村人隐隐的敌意，但他不动声色地步出轿子，走近那株橄榄树，摩挲着、感叹着。这时，邻村一个胆大的小孩开口说道："橄榄是我们的。"

"我们的、我们的。"一些路过的山美村人听了生气地回答道。

郑大进挥手压下村里人的起哄，问邻村围观者中最老的一个："老哥，我还认得你。"

"见笑，你是朝廷命官，你怎么认得我？"

"你的小名是猪尾，小时候，你常把牛拴在这树下。"

"这不，连郑大人也知道这树是咱村里的。"老者示威般地向邻村人说道。

"我们这些上了年纪的人都听说过这树的由来。当年我们两个村的先人种一排橄榄树作为地界。现在那些橄榄树砍掉的砍掉、雷打的雷打、火烧的火烧，就剩下这么一棵树了。大家争来争去，我看不如砍掉算了。"

"那哪行啊？你知道这是祖上栽下的风水林，大人你说砍得砍不得？"邻村老者说道。"对呀。"老者身后的村人起哄道。

郑大进说："祖先种下果树荫蔽一方水土，本是好事，但后人争来争去，伤了两个村子的感情，如果祖先在天有灵，他们难道愿意看到这种情形发生吗？"

老者一时语塞。这时，郑大进叫手下拿过来一勺水，"这水是从河里舀来，你们要是尝出两种味来，我这里有重赏"。

那个老者喝了一口，咂摸了半天，没有回过神来，又喝了一口，笑道："大人，你这是戏弄我吧？"

郑大进微笑着说："如果你能尝出两种味道那才叫怪呢。这水是从我们村前那条河舀的，两个村子共饮一河水，哪有喝出两种味道的道理！你们看这树，在两个村的地界上，伸枝开叶，四根八脉吸收两个村子泥土里的养分长成这么大，怎么分得清彼此？老哥，我们这种年纪的人，说句不中听的话，都没有几年活头了，年轻人气血盛，不懂事理，我们老一辈的该让年轻人懂一点事理。"

老者有些不相信地问郑大进道："大人，你不帮你们村里说话？"

"我帮理不帮亲。我在外地做官，远在几千里外的广东人都把我认作是老乡。近在咫尺的池厝渡村人简直就是自家人了。你们说自家人哪有打自家人的道理?"

老者说道:"大人,我们池厝渡村人虽没有出大官,但通情达理的人大有人在。大家该干什么就干什么去吧。"老者向身后的人说道。

山美村人对郑大进不帮村里说话的行为有些不满。郑大进也觉察出来了,他语重心长地对村里的族亲宗老说道:"父老乡亲,不才虽为朝廷命官,却不能帮村里人说话,惭愧,惭愧。不过,强弱之不敌,父老所知也。世有千年池厝渡,而无百年郑大进。不才虽不能做大事情帮村里,但更不能再积厚怨累及子孙。俗话说得好,冤家宜解不宜结。比邻乡里,唇齿相依,冤冤相报何时得了?"

众乡亲点头称是。从此以后,两个村子冰释旧怨,和睦相处。

二、传统调解的概念剖析

(一) 传统调解的基本概念

传统调解是指历史上的民间调解。"六尺巷的故事"和"郑大进劝和",表达的是我国传统纠纷解决的基本途径。即我国传统上主要是通过纠纷以外的第三人——德高望重的人、宗族长者等——解决纠纷的。实践表明,我国历史上大量的民间纠纷,都是通过这种途径解决的。对于这种纠纷解决途径,我们称之为调解。

根据说文解字释义,"调"是由"言"和"周"字组合而成,其含义为用语言去周旋。可见,"调解"就是通过语言周旋达到解决问题这一目的的活动。在中国几千年历史文明发展进程中,"调解"活动就是指在第三方的主持下,通过对纠纷当事人进行疏导,说服教育,促使发生纠纷的各方当事人自愿达成协议,解决纠纷、平息矛盾的一种实践活动。

(二) 传统调解蕴含的优秀基因

调解有着悠久的历史,早在原始社会,就存在着由氏族成员大会、氏族首领或有威信的氏族成员主持下平息纠纷的调解雏形。

最早关于调解的记载可追溯到西周。据《周礼》等文献记载,西周时就设有"调人"专司调解纠纷。而秦代在乡一级设"啬夫""三老"这样的官职来调解纠纷。汉代在乡一级设"啬夫"调解民间纠纷。唐代先通过坊正(设在城区)、村正(设在郊区)、里正(设在乡村)进行乡里调解,乡里调解不了,再送到县里,由县令主持官府调解。元代在基层乡里设社,负责对邻里间的民事纠纷进行调解。明代将民间调解上升为法律规范,并在乡一级专门设置"申明亭",由耆老、里长主持调解。清代县乡以下基层组织实行保甲制进行调解。中华民国时期更是在区、乡、镇设立调解委员会。

在我国历史上,存在着官府调解、官批民调、民间调解三种模式。上述关于我国各朝代设置乡一级的调解官员所进行的是乡里调解,虽具有半官方性质,但传统上将其视为民间调解的一种。民间调解还表现为宗族调解、邻里调解、亲友调解、行会调解等。官批民调则是指官府将纠纷以"批词"的形式交由乡里进行调处，或加派差役协同乡保处理，调处不成，再予以判决。官府调解则是指在官府主持下的调解。

在我国传统社会，大量民间争端都是在官府之外解决的，民间调解最为盛行。

我国古代的纠纷之所以能够通过调解，特别是民间调解的途径来解决，深受源于与我国农业文明相伴生的、以"天人合一"哲学观为核心的"和合文化"进而形成的"和为贵""无讼"等法律文化的影响。更重要的是，在上述文化的影响下，塑造了中国人的优良品质，使传统调解蕴含了优秀基因，为纠纷的调解提供了价值基础。此外，传统调解本身所蕴含的优势，为纠纷的调解提供了传承空间。

1. 我国传统先进文化所蕴含的仁义、诚信等因素，往往都能够在进行调解的第三方身上有所体现。也就是说，进行调解的第三方一般都是基于仁义、诚信所造就的那些德高望重的，或被认为能够代表公正的人或机构。而进行调解的第三方也确实具有这样的品质，所以在调解时能够公正地化解纠纷，并且在调解时能够付出真心、热心甚至通过自我表率化解纠纷。据说尧舜在调解的时候就是通过自我表率化解纠纷。因此，进行调解的第三方所具有的良好形象，往往能够取得当事人的信任，并愿意接受调解。我国传统的宗族调解、乡里调解、邻里调解、亲友调解、行会调解等莫不如此。

2. 我国传统先进文化造就了人们的忍让、自律与和睦相处的品格，从而使人们具有了崇德重礼的观念，具有了安分守己、包容谦逊、与人为善、追求和谐的精神品质，从而在纠纷调解中能够讲究情理、相互宽容。正是人们具有这些优良的品质，才使得调解成为可能。"六尺巷的故事"和"郑大进劝和"正是因为当事人讲情理、懂得宽容、忍让，才使得纠纷得以解决，并成为千古佳话。

3. 传统调解形式和地点的灵活性，以及调解过程的道德教化，使调解能够在我国传承发展。传统调解并不拘泥于形式和地点，因此可以在纠纷当事人家中、在茶馆中、在官府中等。而为了息事宁人，调解的方法更是五花八门。在调解的过程中，更是强调道德教化，用儒家经义劝谕纠纷当事人自觉、自省、自责、忍让。这种调解形式和地点的灵活性，这种调解过程的道德教化，一是方便了纠纷当事人，二是与传统文化相契合，对于纠纷的解决来讲是非常有效的。

任务二　人民调解的概念

一、人民调解概念的界定

根据《中华人民共和国人民调解法》（以下简称《人民调解法》）第 2 条的规定，人民调解，是指人民调解委员会通过说服、疏导等方法，促使当事人在平等协商基础上自愿达成调解协议，解决民间纠纷的活动。

该规定表明：①人民调解是解决民间纠纷的一种途径，属于诉讼外调解；②这种纠纷解决途径强调在人民调解委员会主持下进行，这也是对人民调解界定的基本要素；

③人民调解仍然采取由调解属性所决定的说服、疏导等方法；④人民调解的过程表现为当事人在平等基础上进行协商、妥协、退让；⑤人民调解的结果是当事人自愿达成调解协议。

二、人民调解是对传统调解的继承和发扬

人民调解是在传统调解的基础上继承和发展起来的，并且是对传统调解的发扬。

1. 人民调解是从传统的民间调解发展演变而来。一是民间调解所具有的"止争息讼"的价值，使得我国一直延续并发挥调解的作用，调解作为一种解决纠纷的途径在我国从土地革命战争时期到现在一直没有中断过，通过中立的第三方调解解决民间纠纷成为我国的一大特色。人民调解就是吸收了历史上的民间调解所具有的"止争息讼"的合理因素。二是调解形式到目前为止在原有的宗族调解、乡里调解、邻里调解、亲友调解之外，更加注重人民调解、行政调解、司法调解，并主张通过构建大调解格局解决民间纠纷，维护社会稳定。三是人民调解在传统调解的基础上，得到了国家的强力支持，成为目前维护社会稳定的典型的调解形式，被誉为"东方一枝花"。

2. 人民调解在传统调解的基础上，进一步强调以人民调解组织这种带有群众性、自治性的第三方化解纠纷。一方面使人民调解组织继续保持中立、公正的传统，在众多调解者中一枝独秀，成为化解民间纠纷的主要力量、核心力量，被党和国家重点支持；另一方面通过制度化、规范化的建设，突出人民调解组织的地位。使人民调解比传统调解更能"止争息讼"，维护社会稳定、增进社会和谐的功能更加突出。这主要表现为党和政府不断加强人民调解组织网络建设、拓宽人民调解的领域和范围、加大对人民调解工作的支持力度，使人民调解具有民间和官方的双重属性。事实上，也正是由于党和国家的重视，人民调解的发展空间才更加广阔。

三、人民调解的性质和特征

（一）人民调解的性质

人民调解的性质是由人民调解委员会的性质决定的。人民调解委员会的性质，在我国的法律、法规和其他规范性法律文件中有明确规定。《中华人民共和国宪法》（以下简称《宪法》）第111条规定："城市和农村按居民居住地区设立的居民委员会或者村民委员会是基层群众性自治组织……居民委员会、村民委员会设人民调解、治安保卫、公共卫生等委员会……"《人民调解委员会组织条例》《人民调解工作若干规定》，特别是《人民调解法》都针对性地明确了人民调解委员会的性质。《人民调解法》第7条规定："人民调解委员会是依法设立的调解民间纠纷的群众性组织。"

根据上述规定，人民调解的性质如下：

1. 群众性。一是人民调解委员会成员——人民调解员来自人民群众。首先我国上

千万人民调解员来自祖国各地，来自各行各业，具有广泛的群众基础。其次人民调解员是经人民群众选举或从群众中聘请的，由人民群众熟悉和信得过的、热心为人民群众服务、同群众有深厚的感情联系、在群众中享有威望、有政策法律知识的人担任。二是人民调解针对的是表现为人民内部矛盾的民间纠纷，人民调解的宗旨是为人民群众排忧解难，人民调解的目的是平息人民群众之间的纷争，增强人民内部团结，维护社会稳定。

2. 自治性。人民调解的自治性由人民调解委员会的自治性决定。人民调解委员会的自治性表现在：人民调解委员会既不是国家司法机关，也不是国家行政机关，而是作为群众自治组织，参与社会事务的管理。人民调解委员会在基层人民政府和基层人民法院的指导下工作。这种指导是方针政策、法律知识、调解方式和方法等方面的指导。这体现了人民调解委员会的自治性，也表明了人民调解行为是一种人民群众自我管理、自我教育、自我服务的自治行为。

（二）人民调解特征

人民调解具有如下特征：

1. 人民性。人民调解是在社会主义国家人民民主专政的条件下产生并发展起来的；人民调解员由经人民群众选举产生或聘用的具有调解技能的人担任；调解的民间纠纷是人民内部矛盾；调解的目的是平息人民群众之间的纷争，增强人民内部团结，维护社会稳定。所以，人民调解首先具有人民性。

2. 民主性。人民调解活动从本质上说是一种人民群众进行自我管理、自我服务、自我约束、自我教育的群众性自治活动。它是人民群众直接行使民主权利、管理社会事务的一种表现，是民主自治的重要形式，体现了社会主义的"直接民主"和人民群众当家做主的地位。人民调解应坚持平等自愿的原则，不强行调解，调解运用说服教育、耐心疏导、民主讨论和协商等方法。在查明事实、分清是非的基础上，依法帮助当事人达成调解协议。人民调解的整个过程充分体现了人民民主的性质和特色。

3. 自愿性。人民调解必须依靠当事人自愿，人民调解组织不得强行进行调解。表现在：

（1）是否进行调解是纠纷当事人自愿选择的结果。人民调解委员会不管通过什么方式受理民间纠纷，都必须是在当事人愿意接受调解的前提下进行调解。

（2）调解是否达成协议以及达成协议的内容如何必须根据当事人双方的意愿决定。

（3）调解协议不具有强制执行力，由负有义务的一方当事人自愿履行。

4. 规范性。尽管人民调解是人民群众自我管理、自我教育、自我服务的一种自治行为，但并不意味着人民调解是一种随意的行为，其必须符合一定的规范性，表现为：人民调解委员会要依法设立；担任人民调解员要符合法定条件；人民调解委员会在法律规定的范围内调解民间纠纷，不得超越其职权范围。人民调解要以事实为根据，以法律为准绳，不违背法律、法规和国家政策；人民调解组织通过判别是非、明晰权利义务，帮助当事人达成调解协议；人民调解委员会在基层司法行政部门和基层人民法院的指导下工作（基层人民法院进行业务指导）。

思考与练习

1. 什么是传统调解？
2. 传统调解蕴含的优秀基因有哪些？
3. 什么是人民调解？
4. 怎样理解人民调解的性质和特征？

拓展阅读书目

1. 丁寰翔、王宁主编：《人民调解的实践与发展》，中国民主法制出版社 2015 年版。
2. 张红侠：《人民调解变迁研究：以权威类型转变为视角》，中国社会科学出版社 2016 年版。
3. 张晋藩：《中国法律的传统与近代转型》，法律出版社 1997 年版。

项目二　理性看待依法治国进程中的人民调解

知识目标

准确理解依法治国对人民调解的要求，正确认识人民调解在依法治国进程中的地位和作用。

能力目标

能够准确把握依法治国对人民调解的定位。

基本原理

毋庸置疑，在当代中国，人民调解已呈现出多样化的发展格局。但同时，人民调解也遭受着与法治理论不相容的质疑，例如认为人民调解是阻碍人们权利意识增长的障碍，不利于实现法治，等等。随着我国依法治国的全面推进，如何理性看待人民调解，是关系到人民调解健康发展的重大问题。因此，必须正视这一问题。事实上，之所以认为人民调解与法治理论不相容，更大程度上是因为用一种西方的狭隘的法治理论来解释我国的人民调解，这就必然存在解释的误差。因此，这需要我们用一种发展的法治观、文化视角的法治观来解释我国的人民调解制度，形成对人民调解的理性反思。在这样一种解释下，我国的人民调解制度在我国的社会转型期实际上是功不可没的，它作为非诉讼纠纷解决方式或机制中的一种，与西方国家的"ADR"（非诉讼纠纷解决程序）一样，是构成现代法治的重要元素。我国的人民调解制度构成了我国法治发展的重要组成部分，它与其他纠纷解决方式在依法治国进程中各自有着自己的调整范围和领域，有着适合于自己调整的社会关系，并在就纠纷解决和社会治理方面继续发挥着重要作用。正因为此，人民调解制度在我国全面推进依法治国进程中不可或缺，我国全面推进依法治国的宏图中对人民调解进行了规划、提出了要求，而人民调解也仍然会在我国依法治国的进程中占有重要的地位、发挥着重要的作用。

任务一　依法治国对人民调解的要求

随着社会的不断发展变化，各类社会矛盾纠纷日益突出且多元化，社会矛盾纠纷的化解渠道也日新月异，解决方式不断得到完善，我国的人民调解工作也出现了新的发展态势。

2014 年党的十八届四中全会审议通过了《中共中央关于全面推进依法治国若干重大问题的决定》（以下简称《决定》）。《决定》第五部分提出要"增强全民法治观念，推进法治社会建设"，其中包括：健全社会矛盾纠纷预防化解机制，完善调解、仲裁、行政裁决、行政复议、诉讼等有机衔接、相互协调的多元化纠纷解决机制。加强行业性、专业性人民调解组织建设，完善人民调解、行政调解、司法调解联动工作体系；《决定》第六部分提出要"加强法治工作队伍建设"，其中包括：发展公证员、基层法律服务工作者、人民调解员队伍。这也表明，《决定》为进一步发挥人民调解的作用，对人民调解提出了明确的要求。

一、完善调解、仲裁、行政裁决、行政复议、诉讼等有机衔接、相互协调的多元化纠纷解决机制

多元化纠纷解决机制是法治发展的必然结果。西方国家由于诉讼案件剧增而无法承受沉重的诉讼负荷，进而造成审判的迟延，必然造成对司法正义的阻碍。再加上诉讼的高成本，也就不可避免地引发了全球范围的司法改革运动。于是，缘起于美国、并在 20 世纪初步发展起来的"ADR"——替代性纠纷解决方式或机制，发展了西方国家的一元诉讼纠纷解决机制的法治理论，多元化纠纷解决机制成为现代法治的重要元素。在尊重司法权威的前提下，包括调解在内的非诉讼纠纷解决机制与诉讼纠纷解决机制呈现互补性，相互协调，共存于现代社会，共同承担着化解社会冲突的功能。

我国非诉讼纠纷解决机制的选择与西方有着类似的背景。我国是在推进法制现代化的过程中形成了审判中心主义的纠纷解决机制。但也因此造成了"诉讼爆炸""案多人少"的现象，特别是我国还面临着司法腐败等原因所造成的司法公信力下降的司法困境。当上述局面遭遇我国因社会转型而形成的矛盾纠纷激增的现实时，寻求诉讼外纠纷解决途径也就成了时代的选择。而人民调解本身所具有的优势也就推动了人民调解的复兴，多元化的纠纷解决机制也就逐渐形成。

我国的人民调解在经历了复兴并发挥着维护社会稳定、构建和谐社会的功能的初始阶段后，同样是社会转型所带来的矛盾纠纷复杂化对人民调解提出了更高的要求，也就是说，人民调解本身不能应对社会转型所带来的具有复杂性的矛盾纠纷，需要与其他纠纷解决方式进行有机衔接、相互协调，共同应对社会转型所带来的具有复杂性的矛盾纠纷。于是，"大调解格局"，调解与诉讼的衔接已经成为一种实践。但这对全面推进依法治国而言、对构建和谐社会的政治理想而言还远远不够，换言之，这还不能完全适应全面推进依法治国的要求。为此，《决定》提出健全社会矛盾纠纷预防化解机制，完善调解、仲裁、行政裁决、行政复议、诉讼等有机衔接、相互协调的多元化纠纷解决机制。

这意味着，多元化纠纷解决机制在全面推进依法治国的进程中，并不是彼此孤立的。要全面推进依法治国，需要多元化纠纷解决方式之间有机衔接、相互协调。不但是各种调解之间有机衔接、相互协调，人民调解和诉讼之间有机衔接、相互协调，而且调解、仲裁、行政裁决、行政复议、诉讼等各种纠纷解决方式之间都应该有机衔接、相互协调，从而构建全面推进依法治国进程中网络状的多元纠纷解决机制，保证任何社会矛盾纠纷都能得到圆满解决。唯有如此，才符合全面推进依法治国的要求，才能实现和谐社会的政治理想。

二、加强行业性、专业性人民调解组织建设

人民调解的发展和社会的发展是同步进行的。社会发展所引发的纠纷经历了从简单的家事、邻里纠纷向复杂的、特别是专业性、行业性纠纷发展的过程，而这些纠纷又会带有群体性、突发性的特点。因此，人民调解也就发生了从应对简单的家事、邻里纠纷向应对复杂的、特别是专业性、行业性纠纷的转变。简单的家事、邻里纠纷可以通过一般的调解组织来解决，但专业性、行业性纠纷则依赖于专业性强的人民调解员，这就需要通过专业性、行业性人民调解组织的建设来适应这一社会发展的需要。

为此，为全面、高效、及时地化解不同类型的矛盾纠纷，适应人民调解的工作需要，专业性、行业性人民调解组织建设已经成为人民调解组织建设的重点工作。在《人民调解法》公布不久，司法部2010年12月就通过了《关于贯彻实施〈中华人民共和国人民调解法〉的意见》（以下简称《人民调解法实施意见》）。《人民调解法实施意见》第4条明确规定：积极与有关行业主管部门、社会团体和其他组织沟通协调，着重加强专业性、行业性人民调解委员会建设。为此，2011年司法部通过了《司法部关于加强行业性专业性人民调解委员会建设的意见》，该意见明确指出，大力加强行业性、专业性人民调解委员会建设，对于及时有效地化解特定行业和专业领域出现的难点、热点矛盾纠纷，对于加强和创新社会管理，维护社会和谐稳定，具有重要意义。2014年《司法部关于推进公共法律服务体系建设的意见》又进一步提出：按照一乡镇（街道）、村（居）一调委的原则，巩固和规范乡镇（街道）、村（居）人民调解委员会。积极推进行业性、专业性人民调解组织建设。目前，医患纠纷调解委员会、道路交通事故调解委员会等专业性、行业性人民调解组织已经开始在不同地区得到推广。

三、发展人民调解员队伍

人民调解功能的充分发挥依赖一支素质过硬、业务精通的稳定的人民调解员队伍。在人民调解发展的初期，人民调解员的队伍主要以兼职为主。兼职的人民调解员队伍主要是凭借社会经验和权威来解决社会矛盾纠纷，这也能够适应人民调解发展初期社会上所存在的简单的民事纠纷。但随着社会矛盾的复杂化、矛盾纠纷的多样化、对纠纷调解要求的规范化，兼职的人民调解员队伍在一定程度上已经不适应对人民调解发展的要求了。

特别是，由于社会矛盾纠纷的种类不断翻新而且越来越复杂、越来越多元，公民的法律意识和维权意识也不断提升，需要人民调解员运用专业性的法律知识来应对。而越来越多的社会矛盾纠纷则需要人民调解员集中精力来应对。因此，这一切都表明对解决民间纠纷的要求越来越高，单纯依靠兼职人民调解员做调解工作已远远不能适应新形势下民间纠纷的调解要求了。除了建设专业性、行业性人民调解组织，发展专业性、行业性人民调解员外，对专职人民调解员的发展需求已日渐凸显。结合我国人民调解的实际情况，专兼结合的人民调解员队伍建设也就成为人民调解员队伍建设的必然要求。并在此基础上，不断扩大专职人民调解员队伍。目前，全国各地不断加大对专职人民调解员的需求，通过各种形式招聘专职人民调解员，专职人民调解员的队伍不断发展和扩大。

不过，值得一提的是，专职人民调解员队伍的发展和扩大，离不开对专职人民调解员队伍的保障，特别是身份保障和物质保障。在实践中，不少的专职人民调解员由于在身份上和物质上都得不到保障，从而导致其不能专心从事人民调解工作，人民调解员流动频繁。为此，要发展壮大一支稳定的人民调解员队伍，必须通过一定的政策和措施，保证其无后顾之忧，充分发挥专职人民调解员的作用。

四、完善人民调解、行政调解、司法调解联动工作体系

社会转型期、改革深化期所带来的纠纷的专业性、行业性特点，特别是纠纷的群体性、突发性的特点，无一不彰显着现阶段纠纷的复杂程度远不是简单的民间纠纷所能比拟的，也意味着人民调解组织难以应对。

于是，为适应我国社会主义法治建设的需要，更好地维护社会稳定、化解社会矛盾纠纷，国家相关部门尤其是司法行政部门在充分发挥人民调解基础性功效的同时，更在调解的"大"字上寻求突破，形成了大调解的工作格局，即在党委、政府的统一领导下，以人民调解为基础，形成了人民调解、行政调解、司法调解等多种调解资源共同参与、相互配合、有机结合的大调解工作机制。这种大调解格局既体现了鲜明的党政驱动的特点，同时也体现了调解机构的综合性，形成了以人民调解为基础（主导）的多种调解资源的整合，并通过衔接机制充分发挥调解的功效，达到彻底解决社会矛

盾、维护社会稳定、促进社会和谐的目的；也强调了以调解为中心的"大"的模式，即强调纠纷解决资源的全面整合，不断把各种优势力量整合到一起，而且把各种调解方式整合成一个系统。当然，不同地方结合各地不同情况和社会需求及实际条件采取了大调解的不同做法，形成了不同的大调解模式。2014年党的十八届四中全会通过的《决定》进一步提出："健全社会矛盾纠纷预防化解机制，完善调解、仲裁、行政裁决、行政复议、诉讼等有机衔接、相互协调的多元化纠纷解决机制。……完善人民调解、行政调解、司法调解联动工作体系。"可见，这种大调解机制，已经得到国家层面的充分肯定。

任务二　人民调解在我国依法治国进程中的地位和作用

人民调解在我国依法治国进程中具有重要的地位和作用。

一、人民调解在我国依法治国进程中的地位

人民调解在我国的政治、社会生活中发挥着重大而积极的作用，特别是在党的十一届三中全会以后，更是以前所未有的规模和速度向前发展，显示出强大的生命力，不仅越来越得到党和政府的充分肯定和高度重视，而且深受人民群众的欢迎和支持。为此，2014年党的十八届四中全会通过的《决定》进一步提出："健全社会矛盾纠纷预防化解机制，完善调解、仲裁、行政裁决、行政复议、诉讼等有机衔接、相互协调的多元化纠纷解决机制。……完善人民调解、行政调解、司法调解联动工作体系。"其主要体现在以下几个方面：

（一）人民调解的法律地位：人民调解是多元化纠纷解决机制的重要组成部分

多元化纠纷解决机制已成为现代国家法治的重要元素，只不过多元化纠纷解决机制在不同国家有不同的表现形式而已。

人民调解是颇具中国特色的纠纷解决机制之一，它在预防和减少纠纷、化解社会矛盾、维护社会和谐稳定方面发挥了重要作用，因此，被国际社会誉为"东方经验""东方之花"。人民调解一直得到我国法律的认可，并被赋予相应的地位。我国《宪法》第111条第2款规定："居民委员会、村民委员会设人民调解、治安保卫、公共卫生等委员会，办理本居住地区的公共事务和公益事业，调解民间纠纷，协助维护社会治安，并且向人民政府反映群众的意见、要求和提出建议。"这一规定使人民调解的地位在国家的根本大法中得到体现。1989年6月国务院发布施行了《人民调解委员会组织条例》，进一步确立了人民调解的法律地位。2002年9月出台的《最高人民法院关于审理涉及人民调解协议的民事案件的若干规定》第1条规定："经人民调解委员会调解达成的、有民事权利义务内容，并由双方当事人签字或者盖章的调解协议，具有民事合同性质……"该规定明确了人民调解协议的性质和法律约束力，增强了人民调解工

作的公信力和权威性，促进了人民调解法律制度的进一步完善，在人民调解法律制度发展史上具有里程碑性质的重要意义。2007 年 10 月 28 日修订的《中华人民共和国民事诉讼法》第 16 条规定了人民调解的性质、任务、工作原则及其指导与监督程序，进一步明确了人民调解工作在国家基本法律中的地位。2010 年 8 月 28 日颁布的《人民调解法》通过立法程序，使人民调解的法律地位得到了进一步提升。

从依法治国的定位来看，我国体现了与其他法治国家一样的法治思想，即把诉讼外纠纷解决机制纳入法治的轨道上来。为此，2014 年党的十八届四中全会通过的《决定》确立了"健全社会矛盾纠纷预防化解机制，完善调解、仲裁、行政裁决、行政复议、诉讼等有机衔接、相互协调的多元化纠纷解决机制"的重要内容。这表明，在我国，人民调解与其他调解、仲裁、行政裁决、行政复议、诉讼一起构成了我国依法治国进程中的多元化纠纷解决机制。从而在我国推进依法治国的进程中，通过党中央的《决定》鲜明表达了"人民调解作为多元化纠纷解决机制的重要组成部分"这一重要地位的观念。

（二）人民调解形成了相对完善的法律体系，是社会主义法律体系的重要组成部分

2014 年党的十八届四中全会在《决定》中提出了形成完备的法律规范体系。也就是说，依法治国离不开完备的法律规范体系，这是依法治国的基础。

《决定》明确人民调解作为依法治国所要求的多元化纠纷解决机制的重要组成部分，不但是对其法律地位的确立，也意味着其要被法律所规范。

事实上，基于人民调解的重要性，人民调解的法律规范一直是我国人民调解制度得以发展的保障。在 2010 年 8 月 28 日《人民调解法》通过之前，我国不同的部门一直不断地规范着人民调解制度，形成了有关人民调解的法律、行政法规、司法解释、地方性法规、规章和规范性文件。其中，全国人民代表大会常务委员会分别于 2007 年 12 月 29 日第十届第三十一次会议和 2009 年 6 月 27 日第十一届第九次会议通过了《中华人民共和国劳动争议调解仲裁法》和《中华人民共和国农村土地承包经营纠纷调解仲裁法》两部法律；国务院于 1989 年 5 月 5 日第四十次常务会议通过了《人民调解委员会组织条例》这一行政法规、于 1998 年 6 月 24 日发布了《国务院办公厅关于印发司法部职能配置内设机构和人员编制规定的通知》这一法规性文件；最高人民法院先后出台了《最高人民法院关于审理涉及人民调解协议的民事案件的若干规定》《最高人民法院、司法部关于进一步加强新时期人民调解工作的意见》《最高人民法院、司法部关于进一步加强人民调解工作切实维护社会稳定的意见》《最高人民法院、司法部关于进一步加强新形势下人民调解工作的意见》等司法解释及规范性文件；司法部则颁布了《人民调解工作若干规定》《司法部关于印发人民调解文书格式和统计报表的通知》《财政部、司法部关于进一步加强人民调解工作经费保障的意见》等规章及规范性文件；地方有关部门也出台了大量的地方性法规、规章及规范性文件，如《珠海经济特

区人民调解条例》《武汉市人民调解条例》《四川省人民调解条例》《广东省人民调解委员会组织细则》等。

《人民调解法》通过之后，司法部立即在 2010 年 9 月 2 日颁发了《司法部关于深入学习宣传贯彻〈中华人民共和国人民调解法〉的通知》，地方上为贯彻《人民调解法》，更好地指导本地方的人民调解工作，也相继制定通过了《人民调解法》的实施办法。如 2016 年 5 月 25 日广东省第十二届人民代表大会常务委员会第二十六次会议通过了《广东省实施〈中华人民共和国人民调解法〉办法》，并于 2016 年 8 月 1 日起施行。此外，为推进人民调解制度的建设，司法部还先后于 2011 年和 2014 年出台了《关于加强行业性专业性人民调解委员会建设的意见》《关于推进公共法律服务体系建设的意见》等规范性文件，依此推动专业性、行业性人民调解组织的建设。

以《人民调解法》为标志，并以《人民调解法》为核心，人民调解的法律规范逐步得到了完善，人民调解形成了相对完善的法律体系，并已成为社会主义法律体系的重要组成部分，构成了社会主义法律体系不可缺少的一部分。

（三）人民调解是依法治国进程中社会主义民主政治建设的重要体现

2014 年党的十八届四中全会在《决定》中提出了坚持人民主体地位的原则。认为人民是依法治国的主体和力量源泉，人民代表大会制度是保证人民当家作主的根本政治制度。必须坚持法治建设为了人民、依靠人民、造福人民、保护人民，以保障人民根本权益为出发点和落脚点，保证人民依法享有广泛的权利和自由、承担应尽的义务，维护社会公平正义，促进共同富裕。必须保证人民在党的领导下，依照法律规定，通过各种途径和形式管理国家事务，管理经济文化事业，管理社会事务。

人民调解不但是化解纠纷的途径，更是通过各种途径和形式管理国家事务、管理经济文化事业、管理社会事务的具体表现，是依法治国进程中社会主义民主政治建设的重要体现。这主要表现在以下三个方面：

1. 人民调解是社会主义民主政治建设的一项重要内容。人民调解委员会调解矛盾纠纷的活动是不但是依照有关法律规定开展的，更是对社会事务的一种群众性自我管理活动。人民调解活动本身是人民行使民主管理权利的体现，是人民当家作主的本质反应。人民调解在解决矛盾纠纷、维护社会稳定的同时充分体现了依法治国所坚持的人民主体地位。

2. 人民调解是社会主义民主的直接体现。人民调解是通过人民群众自己选举的调解组织来调解发生在人民群众内部的纷争，化解人民内部矛盾。通过人民调解组织的自我服务维护公民的合法权益、维护社会的秩序。而且，人民调解也充分表现了纠纷当事人对自己意愿的充分表达。可见，人民调解正是人民群众直接行使民主权利、直接参加国家生活、直接管理社会事务的一种重要表现，是具有中国特色的社会主义民主与法制建设的重要组成部分。

3. 人民调解组织通过充当政府与广大人民群众之间的桥梁和纽带促进基层社会主义民主制度的建设和发展。人民调解组织通过开展人民调解工作，特别是通过调解政府和群众之间的纠纷，不但化解了政府和群众之间的纠纷，缓和了干群关系，还通过充当政府与广大人民群众之间的桥梁和纽带，将人民群众的意见、建议等反映给政府，提供政府做决策的参考，从而将人民政府和广大人民群众连接起来，沟通了他们之间的关系，使他们在社会和政治生活中相互协调，方向一致，从而大大地促进了基层社会主义民主制度的建设和发展。

（四）人民调解是推进依法治国内涵建设的重要组成部分

全面推进依法治国、建设社会主义法治国家是涉及立法、执法、司法、守法、法律监督等一系列内容建设的系统建设问题，为此，2014 年党的十八届四中全会在《决定》中除了提出形成完备的法律规范体系外，还提出了形成高效的法治实施体系、严密的法治监督体系、有力的法治保障体系，形成完善的党内法规体系。坚持依法治国、依法执政、依法行政共同推进，坚持法治国家、法治政府、法治社会一体建设，实现科学立法、严格执法、公正司法、全民守法，促进国家治理体系和治理能力现代化。

人民调解把法律制度、执法、守法三方面体现于一身，理所当然地符合全面推进依法治国的内涵要求，是我国社会主义法治建设的重要组成部分。其一，人民调解本身就是一种法律制度，它在我国的法律体系中，特别是在程序法体系中，处于预防纠纷、化解矛盾、防止矛盾纠纷激化的第一线，是《决定》所提出的单元化纠纷解决机制的重要组成部分，是我国法制体系中的基础性环节。其二，人民调解组织调解纠纷的过程也是适用法律的过程。人民调解的基本原则首先是不违法原则，核心是依法调解。因此，人民调解首先是人民调解组织适用法律解决纠纷的活动。通过这种群众性的司法活动，使法律成为广大人民群众手中的武器，使司法机关有了广泛的群众基础，使法律在基层得以贯彻实施。其三，人民调解组织通过开展人民调解工作，宣传国家法律、法规、规章和政策，增强公民的法律意识，推动人民群众知法守法，这也是社会主义法治建设的基本要求。

（五）人民调解是进行社会治安综合治理、推进依法治国的重要力量

通过社会治安综合治理的手段来维护社会的稳定是目前我国推进依法治国的重要举措。而人民调解处于社会治安综合治理的第一道防线上。也就是说，对于社会转型期、改革深化期所产生的社会矛盾纠纷的解决，首先寻求的是人民调解的途径。因为，人民调解在维护社会安定团结方面更具有预防性、超前性和治本性的特点，发挥着其他纠纷解决途径不可替代的重要作用。社会治安综合治理所要实现的效果恰恰和人民调解的功能相契合。因此，人民调解自然也就成了社会治安综合治理的第一道防线，更是在基层筑起了一道化解纠纷、缓解矛盾、预防犯罪的坚固防线。因此，人民调解理所当然的是社会治安综合治理总体工程中的重要一环，是综合治理系统工程中不可

缺少的一个子系统。

二、人民调解在我国依法治国进程中的作用

当前，我国已经进入全面建设小康社会、加快推进社会主义现代化的新的发展阶段。全国各行各业、各条战线都在为完成党和国家确定的经济和社会发展的各项任务而努力奋斗。但同时我们也应清醒地看到，随着改革开放的日益深化和社会主义市场经济的不断发展，社会经济成分、利益关系和分配方式等日益多样化，各种利益冲突和摩擦将不断出现，社会矛盾会更加复杂，各种纠纷也会大量增加。在这样的情况下，及时化解各种社会矛盾，消除各种不安定因素，维护社会稳定，就显得更加重要。而当我国提出依法治国的时候，同时也意味着要在法治的轨道下解决好各种矛盾和纠纷，从而实现稳定的社会环境、良好的改革开放和经济建设环境、和谐的社会关系。为此，必须结合新的历史条件，大力加强和改进对人民群众的思想政治工作，同时积极运用经济、行政和法律等手段，及时妥善地处理人民内部矛盾，防止矛盾激化而影响社会稳定，保障经济社会发展。在此情况下，人民调解具有重大作用。

（一）人民调解为维护社会稳定起着巨大作用

人民调解在维护社会稳定方面的巨大作用主要体现在以下两个方面：

1. 正确、及时地化解矛盾纠纷，增强人民内部团结。全国的人民调解组织每年调解矛盾纠纷六百多万件，把大量的人民内部矛盾解决在基层，使成千上万的当事人在不伤感情、不失和气的情况下消除了隔阂，改善了人际关系，有效地维护了社会安定团结。人民调解委员会及时、就地、公正地调解了大量的民间纠纷，增强了人民内部的团结，有利于建立和维护社会主义新型的人与人之间的关系。

2. 防止矛盾纠纷激化，预防犯罪行为发生。人民调解组织通过及时发现、正确调解矛盾纠纷，把许多因发生矛盾纠纷而准备行凶的人从犯罪的边缘拉了回来，制止了许多一触即发的危害人民生命财产安全的重大恶性案件。人民调解以平等、民主、说服、教育的方法，耐心做好民事纠纷双方当事人的思想工作，疏导和化解纠纷，避免矛盾的激化和事态的扩大，尽最大可能把矛盾解决在萌芽状态，解决在基层，从而防止因民间纠纷激化而酿成危及人民生命财产安全的恶性事件的发生，减少违法行为与犯罪案件，促进社会治安的根本好转，维护社会稳定并有利于社会主义经济建设。通过广泛深入、生动具体地向人民群众开展法制宣传教育，不断增强人民群众的法制观念，为预防犯罪起到了治本的作用。通过开展多种形式的社会主义精神文明建设活动，移风易俗，净化了社会风气，创造了预防犯罪的外部环境。

（二）人民调解促进了改革开放和经济建设

人民调解促进改革开放和经济建设的作用主要体现在以下两个方面：

1. 通过调解大量的矛盾纠纷，消除了当事人之间的纷争，解除了其精神负担，增

进了团结，有利于调动人民群众生产和工作的积极性，使人们都能心情舒畅地投入生产和工作。

人民调解组织依照法律、政策，不仅及时调解了农村中因争水、争电、争场院、争山林、争农机具等发生的生产经营纠纷和承包经营合同纠纷，调解了城乡集贸市场中因争摊位、争门店、抢生意、掺杂使假、缺斤短两等发生的各种矛盾纠纷，而且积极预防、主动化解了企业改革中职工与职工、职工与领导、职工与家庭之间发生的大量矛盾纠纷，同时还有效地化解了城市在市政建设、危房改造中引发的各种矛盾纠纷。这些都直接服务于改革开放，促进了经济建设的发展。

2. 由于人民调解制度的优势，减轻了纠纷当事人的负担，免除了纠纷当事人的诉累，从而更有财力和精力投入生产和工作。

人民调解作为一种制度化、经常化和专门化的纠纷调解机制，在解决民事纠纷中具有方便快捷、成本低、效率高的优点，因而无论是自然人之间，还是自然人与法人（或者其他经济组织）之间发生的纠纷，都愿意通过人民调解的方式解决。自然人之所以愿意接受人民调解，是因为这种解决方式没有特别的入门条件和费用。调解委员虽没有裁判权，但能通过晓之以理、动之以情、明之以法的方式进行调解，以种种灵活的方法帮助当事人消除隔阂，化解矛盾，分清是非，息事宁人。法人之所以能够接受人民调解，也在于看重它的低成本和高效率所带来的利益。人民调解委员，特别是专家型的人民调解委员，能够依据事实和法律为双方当事人提供咨询意见，分析纠纷的症结所在和双方当事人的利益所在，提出可供讨论的解决方案，并为他们之间开展的谈判进行协调和疏通。他们还可以将调解解决的成本和收益与诉讼解决的成本和收益相比较，说服双方当事人作出在现实情况下利益最大化的明智选择。有了他们的帮助，当事人能够更好地了解、判断案件的事实并正确地选择法律依据，并据此对案件的诉讼前景作出较明确的预期。这种预期有助于当事人把握彼此让步的边界，找出解决方案，从而以和解方式了结纠纷。而且，在许多地区还存在着基层群众对专业机构服务费用的承受能力问题。所以，人民调解制度的作用显而易见。

人民调解组织设在基层，人民调解员生活在群众之中，对群众中发生的各种矛盾纠纷，不仅可以及早发现，而且可以就地解决，这不但减轻了人民负担，减少了群众诉讼，进而减少了司法成本，而且还可以节省当事人的时间、人力和物力，免除讼累，避免因"打官司"而耽误生产和工作。

（三）人民调解是为群众排忧解难、为政府和法院减负分压的"减压阀"

人民调解组织把大量的人民内部矛盾化解在基层，人民调解作为诉讼外的纠纷解决机制，方便、灵活、不收费、程序简便、社会效果好，使相当数量的民间纠纷完全可以不必进入诉讼程序就得到解决，有力地提升了民间纠纷的化解率，大大减轻了地方各级人民政府和人民法院的负担；节约了行政成本，使各级人民政府从解决纠纷的繁琐事务中解脱出来，使他们集中更多的时间和精力搞改革、抓生产；节约了诉讼资源，使人民法院更能够集中精力审理疑难复杂的案件，提高办案质量。

（四）人民调解是联系人民群众与人民政府的重要渠道

根据我国《中华人民共和国村民委员会组织法》和《中华人民共和国城市居民委员会组织法》的规定，村（居）民委员会的任务之一，就是向人民政府反映村（居）民的意见、要求并提出建议。而人民调解委员会作为村（居）民委员会的一个组成部分，凭借其广泛的人民调解组织网络，以其独特的工作方式，通过日常的人民调解工作，能够成为联系人民群众和人民政府的重要渠道。人民调解组织可以充分利用其人民调解工作与基层广泛接触的优势，及时向基层人民政府反映调解工作中发现的问题。这些来自基层群众生活的各种信息反馈，既是人民群众生活状态的真实反映，又为党和政府及时制定和修改法律、法规、政策等各种决策行为提供了宝贵的第一手资料。

（五）人民调解推动了社会主义精神文明建设

人民调解是社会主义精神文明建设的重要组成部分，与精神文明建设密切联系，息息相关。实践证明，把人民调解与社会主义精神文明建设有机结合起来，既能促进人民调解工作的发展，又能为社会主义精神文明建设增添力量，二者相互渗透，相互促进。人民调解在精神文明建设中所起到的重要作用主要有以下三个方面：

1. 通过调解矛盾纠纷，为人民群众排忧解难，增进人民群众之间的团结友爱，有利于建立和发展社会主义的新型人际关系。

2. 通过向人民群众进行法制宣传教育和社会主义道德教育，促进广大群众遵纪守法，尊重社会主义道德，有利于公民成为有理想、有道德、有纪律、有文化的新型劳动者。

3. 通过配合基层政府组织和有关部门积极开展群众性精神文明建设活动，弘扬正气，净化环境，扶正祛邪，移风易俗，使文明个人、文明家庭、文明单位大量涌现，对社会主义精神文明建设起到了重要的推进作用。

总而言之，人民调解把大量民间纠纷解决在基层，解决在萌芽状态，既方便了群众，节省了人力、物力和时间，又维护了社会稳定，促进了生产力的发展。人民调解还通过调解纠纷，宣传党的路线、方针、政策，开展生动的法制宣传教育，弘扬了社会主义道德，提高了人们的法制观念和道德水平，符合先进文化发展的要求。维护社会的稳定需要人民调解，维护我国广大人民群众的根本利益也需要人民调解。人民调解作为社会主义民主和法律制度的重要组成部分，作为解决社会矛盾纠纷的重要机制，具有不可替代的重要地位和作用。

思考与练习

1. 《中共中央关于全面推进依法治国若干重大问题的决定》对人民调解提出了哪些要求？

2. 人民调解在我国依法治国进程中的地位如何？

3. 人民调解在我国依法治国进程中的作用如何？

拓展阅读书目

1. 强世功编：《调解、法制与现代性：中国调解制度研究》，中国法制出版社 2001 年版。

2. 何兵：《现代社会的纠纷解决》，法律出版社 2003 年版。

3. 徐昕主编：《调解：中国与世界》，中国政法大学出版社 2013 年版。

项目三　人民调解组织的建构

知识目标

了解人民调解委员会的相关法律规定；熟悉人民调解委员会的设立、工作任务与方针等内容；掌握人民调解员的任职条件、职业品质要求。

能力目标

学会组织设立人民调解委员会，并选拔任用人民调解员。

引　例

2012 年年底，地处北辰山下的新圩镇后亭村迎来了一件大事，中国最强、最大的金线莲企业福建今草集团要租用 200 亩土地种植金线莲，沿北辰山山脉打造林下草之典养生文化观光园。除土地租用收益外，该项目的引进，还将为广大村民创造诸多就业岗位。协议签订时，福建今草集团委托后亭村村委会将租赁土地上现有的养殖场拆迁清理完毕。拆迁清理过程中，后亭村村委会与养殖户黄丽珍因拆迁补偿款问题发生了纠纷。

陈丽珍在 1999 年与后亭村委会签订土地租赁协议，租赁期限为 10 年。合同期限虽早已到期，但因后亭村村委会一直未要求陈丽珍归还土地，甚至默许陈丽珍继续在该土地养殖生猪，所以该合同也未终止。在拆迁补偿过程中，陈丽珍要求村委会按照之前村委会在拆迁过程中制定的针对民居拆迁补偿的标准，每平方米 120 元的标准予以补偿，但村委会认为陈丽珍的养殖场属临时搭盖，不能按照每平方米 120 元的民居标准予以补偿，在参考市场价后，只同意将陈丽珍的补偿标准最多提高至 5 万元整。双方为此僵持不下。

后亭村人民调解委员会在获悉此消息后，主动介入调解。调解主任黄腰治在向村委会了解相关补偿标准后认为，村委会的补偿标准面向的是广大被拆迁村民，且已经在市场价上提高至 5 万元，再做工作的空间不大，如果只单纯针对陈丽珍一家再提高补偿标准势必引起其他村民的抵触，不利于整体拆迁工作的进行。本起纠纷的关键点在于陈丽珍一方。随后，黄腰治找到陈丽珍，进一步了解陈丽珍提出15万元赔偿标准的理由。在陈丽珍看来，自己的养殖场在这十几年来为自家带来的收益是十分可观的，村委会一旦把土地征用后，自家就断了生活来源。另外，按照村委会此前拆迁过程中制定的补偿标准，1990年建成的房屋补偿标准为每平方米120元，没理由别人家用每平方米120元的补偿标准，自己就得打折再打折，就拿5万元。再说了，现在是村委会要拆迁，自己作为拆迁户，当然有提要求的资本。面对这一情况，调解员黄腰治从情、理、法入手试图做通陈丽珍的思想工作。村里此前制定的拆迁补偿标准针对的是一般民居，而黄丽珍家的则是养猪场，两者功能不同，在成本上也存在较大差距。在目前的拆迁工作中，村里制定的拆迁补偿标准面向的全体被拆迁的养殖户，不可能因为陈丽珍一人单独提高补偿标准，这样势必引起其他被拆迁养殖户的反对。本次拆迁不是将集体所有的土地予以征收，而只是单纯地将集体原本发包或租赁给个人的土地使用权重新收回集体经济组织，然后再出租，广大村民享受收益的一个行为。陈丽珍的养殖场土地系租用，且合同已经到期，又未再签订续租合同，村委会一方随时可以提出终止合同的要求，一旦终止，双方必须按照此前的约定来履行，地上物就不再属陈丽珍所有，如此一来，补偿款恐怕陈丽珍一分钱都没法得到。村委会在拆迁补偿过程中是本着最大化的保障全体村民的利益的原则，因此，希望陈丽珍能认真考虑。奈何陈丽珍听不进劝，在将要求从15万降低至10万元后，就不再松口。纠纷调解陷入僵局。

针对这一情况，调解主任黄腰治在权衡利弊后，决定采取冷处理的方式，也不再追着陈丽珍跑了。拆迁工作已进行大半，各拆迁户纷纷拿到补偿款。1个月、2个月后换陈丽珍急了。这么久了，村里都没人再上门，那是什么情况？不拆了？不拆到时候村委会真的通知自己合同终止，那自己不是更惨？按捺不住的陈丽珍最终还是自己找上了门，她告诉黄腰治，自己同意5万元的补偿标准，希望黄腰治能帮忙把这个想法和村里传达一下。冷处理方式取得了预期的效果，黄腰治第一时间把陈丽珍的要求向村委会进行了传达。却不曾想因为陈丽珍此前的强硬态度，加上久拖未决，村委会现在不同意按原来提出的补偿标准来赔偿了，一下子将补偿款降至2万元。原本趾高气扬的陈丽珍一下子蔫了，她再次找到黄腰治希望黄腰治能再帮自己争取一下。本着保护弱势方利益的原则，黄腰治多次找到村委会，希望村委会能把补偿标准再提高一下。只是村委会也无奈地表示，自己作为受委托方，对此无能为力。最后，黄腰治从整体拆迁工作的开展，从保护弱势村民利益的角度入手，提出了一个相对可行的调解方案，降低养殖户的损失，双方最终达成调解协议：后亭村村委会支付陈丽珍3万元的搬迁费，陈丽珍在约定时限内自行将养殖场的地上物搬走。[1]

---

〔1〕 "遇拆迁坐地起价 巧调解息纷止争"，载 http://www.xmsf.gov.cn/ztzl/sjtjal/sjalmd/201401/t20140121_1236953.htm，2016年9月1日访问。

问题：

1. 后亭村人民调解委员会是什么性质的组织？

2. 后亭村人民调解委员会委员是如何产生的？

3. 该案例表现出调解员哪些能力素质？

基本原理

在我国，人民调解组织就是调解民间纠纷的组织，它以人民调解委员会作为基本表现形式，并以人民调解员作为其运行的主体。

任 务 一 人民调解委员会的建设

一、人民调解委员会的概念、性质与特征

《人民调解法》第 7 条规定："人民调解委员会是依法设立的调解民间纠纷的群众性组织。"《人民调解委员会组织条例》第 2 条第 1 款规定："人民调解委员会是村民委员会和居民委员会下设的调解民间纠纷的群众性组织，在基层人民政府和基层人民法院指导下进行工作。"（《宪法》第 111 条第 1 款规定："城市和农村按居民居住地区设立的居民委员会或者村民委员会是基层群众性自治组织……"）司法部《人民调解工作若干规定》第 2 条第 1 款也规定："人民调解委员会是调解民间纠纷的群众性组织。"

综合上述规定可以看出，从机构性质来讲，我国人民调解委员会是依法设立的群众性自治组织，多设立在村民委员会与居民委员会中，不属于国家行政机构，不隶属于任何国家公权力机关。它的特征是群众性、自治性。

（一）群众性

人民调解委员会不是行政机关，也不是司法机关，而是基层群众自治组织的下设机构，是居民委员会或者村民委员会的有机组成部分。它的组成人员来自基层的人民群众，他们由本辖区或本单位的群众直接选举产生或者通过聘任产生，由群众信得过的、具有较高威信的、热心为群众服务的、有法律政策知识的人担任，具有广泛的群众基础。

（二）自治性

人民调解委员会是由群众自愿组织起来的一种自我管理、自我教育、自我服务、自我约束的自治组织。人民调解员基于为群众服务的精神，中立地主持调解，当事人自愿地参与调解，并自愿地履行调解协议。当事人不受压制和强迫，有充分的自主选择权，如果当事人不愿履行调解协议，人民调解委员会无权强迫当事人履行，更无权对当事人的人身或财产采取强制性措施。同时，调解活动是独立自主的，只要不违背法律、法规、规章和社会公德，其他任何机关都无权干涉。因此，人民调解委员会的

调解不同于行政调解和司法调解，更不同于司法审判，必须坚持平等自愿的原则，坚持便民利民的方向，充分运用说服教育、耐心疏导、平等协商等方法化解矛盾纠纷。

二、人民调解委员会的任务与工作方针

（一）人民调解委员会的任务

《人民调解委员会组织条例》第 5 条规定："人民调解委员会的任务为调解民间纠纷，并通过调解工作宣传法律、法规、规章和政策，教育公民遵纪守法，尊重社会公德。人民调解委员会应当向村民委员会或者居民委员会反映民间纠纷和调解工作的情况。"《人民调解工作若干规定》第 3 条规定："人民调解委员会的任务是：①调解民间纠纷，防止民间纠纷激化；②通过调解工作宣传法律、法规、规章和政策，教育公民遵纪守法，尊重社会公德，预防民间纠纷发生；③向村民委员会、居民委员会、所在单位和基层人民政府反映民间纠纷和调解工作的情况。"可见，人民调解委员会的任务主要包括以下三项：

1. 调解民间纠纷，防止民间纠纷激化。民间纠纷是指发生在自然人之间、自然人与法人和其他社会组织之间涉及民事权利义务争议的各种纠纷。单个的民间纠纷放在整个社会中来看，是非常不起眼、不值一提的，然而任何社会中的民间纠纷都不可能个别存在，它的数量庞大到足以影响社会稳定性的程度。如果放任民间纠纷激化、发展，则会动摇国家的根基。因此，对民间纠纷进行有效控制是非常必要的。但由于民间纠纷数量过于庞大，单个民间纠纷的社会危害程度几乎可以忽略不计，国家投入大量的行政、司法力量来解决民间纠纷是不现实的，而人民调解委员会承担起了这个任务。人民调解员在查明事实、分清责任的基础上，根据当事人的特点和纠纷的性质、难易程度、发展变化的情况，采取灵活多样的方式方法，开展耐心、细致的说服疏导工作，调解好婚姻、家庭、邻里、赔偿等常见性、多发性纠纷，最大限度地化解矛盾纠纷，从而有效地控制矛盾纠纷总量，稳定社会关系。

人民调解委员会在做好纠纷调解工作的同时，更要防止民间纠纷激化，即防止因民间纠纷激化而导致刑事案件和群体性事件的发生。把防止民间纠纷激化作为人民调解工作的任务，反映了"标本兼治"的指导思想，适应了当前维护社会稳定的客观需要，体现了人民调解工作的特色和优势。要防止民间纠纷激化，人民调解组织必须及时受理，以最快的速度介入纠纷的调解，抓小、抓苗头，努力把可能激化的矛盾降到最低限度，化解在萌芽状态，使纠纷在激化之前得到有效的控制。

因此，赋予人民调解委员会调解民间纠纷、防止民间纠纷激化这一任务，不但是设立人民调解委员会的直接依据，更是平息纠纷、减少纠纷、维护社会和谐稳定的需要。

2. 通过调解工作进行社会主义法制宣传、法制教育以及社会主义道德教育，以达到预防纠纷之目的。民间纠纷的发生，有很大一部分原因是一些当事人不懂法、不知

理。因此，通过社会主义法制宣传、法制教育以及社会主义道德教育来使老百姓懂法知理的程度得以提高，能够有效预防纠纷。法制宣传和道德教育是治本的工作，是预防民间纠纷发生和激化的根本对策。因此，宣传法律、法规、规章和政策，教育公民遵纪守法，尊重社会公德，是人民调解委员会的又一项重要任务。人民调解组织要充分利用其分布广、贴近群众的优势，大力开展法制宣传和公德教育，主要的工作方式有以下两种：

（1）在调解过程中有针对性地进行宣传教育。人民调解委员会应当充分利用调解具体纠纷的机会，结合人民群众所关心的实际问题，按照纠纷的种类，有针对性地向当事人及周围群众宣传这方面的法律、法规和政策及有关的道德规范，进行释疑解惑。从而使广大群众懂得如何判断正确与错误，知道哪些是违背法律或违背公共道德的行为，哪些是法律或公共道德所允许或提倡的行为。这种以案释法，以事议法，将宣传工作融于调解过程的方法，生动具体，针对性强，当事人和周围的群众既容易受到教育，也乐于接受，起到了调解一案、教育一片的作用。同时，通过这种方式也提高了当事人和人民群众的法律意识和道德意识，促使他们今后更加自觉依法办事，预防、减少纠纷的发生，努力形成和谐、文明的社会氛围。

（2）根据纠纷发生的规律，进行预防性宣传教育。认真分析当前民间纠纷发生的规律和发展趋势，结合地域特点，围绕辖区内老百姓的法律知识盲点展开相应的宣传教育，起到防患于未然的作用。

实践证明，通过开展法制宣传和社会主义道德教育，可以提高人民群众的道德素养，增强守法观念，促使人们严格依法办事，避免某些纠纷的产生。

3. 在基层组织与群众之间起到桥梁作用。人民调解委员会是基层群众自治组织，他们了解群众，与群众朝夕相处，是党和政府倾听群众意见和要求，联系人民群众的桥梁和纽带。因此，人民调解委员会应当及时向村民委员会、居民委员会、所在单位和基层人民政府反映本辖区内民间纠纷和调解工作的情况和问题；反映群众对现行国家法律和党的各项方针政策的意见和看法。这既可以使党和政府及时了解社会矛盾和纠纷的现状，加强对人民调解工作的指导管理，又能集中群众意见，促进各种规章制度的不断完善，加强社会主义民主与法制建设。同时，人民调解委员会通过调解与宣传教育活动，能及时、准确地向人民群众传递基层组织依法作出的决策及施政方针，引导群众正确理解，积极作为。

（二）人民调解委员会的工作方针

当前，人民调解委员会的工作方针是"调防结合、以防为主、多种手段、协同作战"。这是通过长期的人民调解工作的实践总结出来的，对人民调解工作具有重要的实际意义。这一工作方针的含义如下：

1. 人民调解委员会要及时有效地调解各类矛盾纠纷。人民调解委员会不仅要处理好传统的婚姻、家庭、邻里、赔偿纠纷等常见性、多发性民间纠纷的调解，而且要结合本地经济社会发展的实际，针对突出的难点、热点纠纷开展调解工作，化解利益冲突，做到哪里有民间纠纷，人民调解工作就延伸到哪里，及时有效化解各类矛盾纠纷。通过调解，防止矛盾纠纷激化，以防止矛盾纠纷激化为人民调解工作的重点。

2. 预防纠纷发生往往比解决纠纷更重要。要针对矛盾纠纷的发生、发展规律、特点，有针对性地开展纠纷预防，减少矛盾纠纷的发生。人民调解委员会要及时调解矛盾纠纷，要坚持抓早、抓小、抓苗头，把纠纷化解在萌芽状态、解决在基层，严防民间纠纷激化而引起自杀、凶杀、群体性事件。

3. 手段多样化，要运用经济、行政、法律、政策、说服教育等多种手段化解矛盾纠纷。

4. 要在党委、政府的领导下，主动与各有关部门联合起来，相互协调、相互配合，共同化解新形势下的矛盾纠纷。人民调解并不是人民调解委员会的单独行为，需要不同的人民调解委员会之间、人民调解委员会和有关部门，如法院、公安、仲裁、民政、信访、城管、环保、工会及妇联等部门之间联合起来，多管齐下，相互配合，共同化解矛盾纠纷。人民调解委员会对调解不了的疑难纠纷，社会难点、热点纠纷和群体性纠纷要主动及时送交党委、政府或各有关部门处理，并积极配合党委、政府、各有关部门，发挥职能作用，防止久调不决导致矛盾纠纷激化。

在这个方针中，"调"和"防"是辩证统一的关系，调解工作做好了，就能控制事态的发展，防止矛盾纠纷激化，避免更大的损失；而预防工作做好了，就能防患于未然，减少、避免由纠纷造成的损失和影响。因此，不能单纯地强调调解，也不能单纯地追求预防。只有将两者紧密结合，做到在预防思想指导下进行调解，在调解工作中抓紧预防，调中有防，寓防于调，才能更好地维护社会稳定。可见，"调"与"防"是辩证统一的，互为因果，相互促进。

各级人民调解组织要认真贯彻"调防结合、以防为主、多种手段、协同作战"的工作方针，树立"大服务""大调解"的意识，积极调解纠纷，采取措施，防止矛盾激化，全力维护社会稳定。

三、人民调解委员会的设立

（一）设立原则

人民调解委员会的设立，遵循以下原则：

1. 合法原则。合法原则是指人民调解委员会的设立要在法律的框架下进行。人民调解委员会的设立必须遵守《宪法》和《人民调解法》的相关规定，人民调解委员会的设立形式、人员组成等都要符合国家法律的规定。

2. 便于调解原则。在合法的基础上，以便利群众为主要考虑因素设立调解委员会。

便利群众和为了群众，是建立和发展人民调解组织的根本目的。所以，应根据辖区大小、人口多少和工作需要的不同情况，从方便群众的原则出发将人民调解委员会设置在基层，把调解组织延伸到每一个角落。要保证在人民群众之间出现纠纷时，能及时地、快速地找到人民调解组织以寻求调解。目前，在乡村、街道、社区、人民法庭、派出所、企事业单位等地设立的人民调解室、人民调解委员会都是这一原则的体现。

（二）设立形式

《宪法》第111条第2款规定："居民委员会、村民委员会设人民调解、治安防卫、公共卫生等委员会……"《人民调解法》第8条第1款规定："村民委员会、居民委员会设立人民调解委员会。企业事业单位根据需要设立人民调解委员会。"第34条规定："乡镇、街道以及社会团体或者其他组织根据需要可以参照本法有关规定设立人民调解委员会，调解民间纠纷。"《人民调解工作若干规定》发展了人民调解组织形式，明确规定人民调解委员会的设立形式是：农村村民委员会、城市（社区）居民委员会设立的人民调解委员会；乡镇、街道根据需要设立的人民调解委员会；企业事业单位根据需要设立的人民调解委员会；根据需要设立的区域性、行业性的人民调解委员会。《人民调解法实施意见》第4条规定："……积极与有关行业主管部门、社会团体和其他组织沟通，着重加强专业性、行业性人民调解委员会建设。"基于此，人民调解委员会可以采用以下形式设立：

1. 村（居）委会设立的人民调解委员会。农村人民调解委员会和城市（社区）居民人民调解委员会是人民调解组织的基本形式。村委会、居委会必须设立人民调解委员会，它是村（居）委会的必要组成部分。我国大量的人民调解委员会都是在村（居）委会设立的。这些人民调解委员会贴近群众，方便群众，更加有利于人民调解工作的普及与深入，是开展人民调解工作的基础，在调解工作中一直发挥着重要的作用。

2. 乡镇、街道根据需要设立的人民调解委员会。乡镇、街道人民调解委员会担负着化解村（居）人民调解委员会和企事业单位人民调解委员会调解不了的疑难、复杂的民间纠纷以及跨地区、跨单位的民间纠纷，制止群众性械斗和群体性上访，防止矛盾纠纷激化的任务。需要注意的是，乡镇、街道人民调解委员会与村（居）委会设立的人民调解委员会是各自独立的单位，不存在隶属关系。

3. 企事业单位根据需要设立的人民调解委员会。近年来，随着我国企事业制度改革的深化以及一些地区企事业单位规模的不断壮大，企事业内部不稳定的因素也日趋增多。这就需要在企事业单位内部设立人民调解委员会，及时化解职工在生产、生活中的各种矛盾纠纷，维护职工的合法权益；及时解决企业与周边地区群众之间的矛盾纠纷，维护社会稳定。司法部有关文件也充分体现了在国有大中型企业、当地骨干企业、合资企业、民营企业、机关、学校、医院、科研单位等部门设立人民调解委员会的内在要求。实践中，一些规模较大、人数较多的企业或联合企业，为了便于开展调解工作，还在分厂或车间设立了人民调解委员会。

4. 根据需要设立的区域性、行业性、专业性的人民调解委员会。区域性、行业性、专业性人民调解委员会是人民调解组织在自治基础上向自律行业发展的有效形式之一，对于发展和完善市场经济条件下的人民调解工作具有积极的意义。

区域性人民调解委员会是指在特定的行政区域、特定的生产、生活地区等建立的人民调解组织。目前，为适应民间纠纷出现的新情况、新特点和维护社会稳定的需要，已建立的区域性调解组织形式主要有行政接边地区、厂街接边地区的联合人民调解委员会，集贸市场、经济开发区、商品集散地、工程工地、流动人口聚居区人民调解委员会等。行业性、专业性人民调解委员会是指行业、社会团体组织建立的人民调解委员会，比如医疗纠纷人民调解委员会、物业纠纷人民调解委员会、消费行业人民调解委员会。2011 年通过的《司法部关于加强行业性专业性人民调解委员会建设的意见》已明确指出，大力加强行业性、专业性人民调解委员会建设，对于及时有效地化解特定行业和专业领域出现的难点、热点矛盾纠纷，对于加强和创新社会管理，维护社会和谐稳定，具有重要意义。

此外，根据化解民间纠纷的需要，人民调解委员会还表现为在城乡接合部、毗邻的县、乡、街、厂等地设立的由不同部门组成的联合调解委员会或由两个以上的人民调解委员会组成的联合调解委员会。

为适应人民调解组织网络的建设、促进和谐社会发展的需要，《人民调解法实施意见》第 5 条提出："健全完善人民调解组织网络。村（居）和企业事业单位人民调解委员会根据需要，可以在自然村、小区、楼院、车间等设立人民调解小组开展调解工作，也可以在机关、单位等场所设立人民调解工作室调解特定的民间纠纷。"而 2014 年《司法部关于推进公共法律服务体系建设的意见》又进一步规定："按照一乡镇（街道）、村（居）一调委会的原则，巩固和规范乡镇（街道）、村（居）人民调解委员会。积极推进行业性、专业性人民调解组织建设。在城乡社区、自然村、车间、小区、楼院等，普遍设立人民调解小组。"这样，就保证了进一步提高人民调解委员会的活力并充分发挥其维护社会稳定的"第一道防线"的作用。

《人民调解法》第 10 条规定："县级人民政府司法行政部门应当对本行政区域内人民调解委员会的设立情况进行统计，并且将人民调解委员会以及人员组成和调整情况及时通报所在地基层人民法院。"

四、人民调解委员会的组建

《人民调解法》第 8 条第 2、3 款规定："人民调解委员会由委员 3 至 9 人组成，设主任 1 人，必要时，可以设副主任若干人。人民调解委员会应当有妇女成员，多民族居住的地区应当有人数较少民族的成员。"

人民调解委员会的组成在人数上既有下限的要求，也有上限的要求。不同形式的人民调解委员会可以根据需要决定人员的组成。人民调解委员会设主任 1 人，委员人数较多或者主任兼职过多时，可以设立副主任若干人。人民调解委员会主任的主要职责是：组织开展人民调解工作，向村民委员会、居民委员会和上级主管部门报告人民调解工作情况和重大纠纷信息，组织、传达、贯彻、落实党委政府、司法行政部门对人民调解工作的指示、要求、工作安排部署等。人民调解委员会副主任协助主任做好上述工作。

人民调解委员会中应当有妇女委员。这一规定适用于所有设立的人民调解委员会。这主要是考虑到民间纠纷中有相当数量的纠纷与妇女有关，如家庭暴力、婆媳、姑娌之间的纠纷。妇女委员参加调解便于设身处地地了解女性当事人的想法、做女性当事人的思想工作，查清纠纷事实，更好地做好调解疏导工作，有效地防止纠纷激化。

多民族聚居地区的人民调解委员会中，应当有人数较少的民族的成员。人民调解委员会中有人数较少的民族的成员，便于组织调解，消除少数民族当事人的顾虑，在不违背法律、法规和民族区域自治政策的前提下，能做到尊重民族习惯，更有效地解决发生在不同民族当事人之间的纠纷。

（一）村（居）人民调解委员会、企事业单位人民调解委员会的组建

村（居）委员会应当依法设立人民调解委员会，企事业单位则根据规模大小、职工多少等不同情况设立人民调解委员会。两者的共同点是都属于基层、一线的人民调解委员会，最贴近老百姓的生活。《人民调解法》第 9 条第 1 款规定："村民委员会、居民委员会的人民调解委员会委员由村民会议或者村民代表会议、居民会议推选产生；企业事业单位设立的人民调解委员会委员由职工大会、职工代表大会或者工会组织推选产生。"人民调解委员会主任、副主任基本在当选的委员中产生。基层调解委员会的委员是通过选举产生的。

人民调解委员会组建后，应当及时向所在地的司法所备案。

（二）乡镇、街道人民调解委员会的组建

《人民调解工作若干规定》第 13 条对乡镇、街道人民调解委员会作了专门规定："乡镇、街道人民调解委员会委员由下列人员担任：①本乡镇、街道辖区内设立的村民委员会、居民委员会、企业事业单位的人民调解委员会主任；②本乡镇、街道的司法助理员；③在本乡镇、街道辖区内居住的懂法律、有专长、热心人民调解工作的社会志愿人员。"吸收村、居、企事业单位调解主任参加乡镇街道人民调解工作，有利于调委会根据纠纷产生、发展情况，抓住影响纠纷解决的症结，针对当事人的特点开展人民调解工作。吸收司法助理员参加乡镇街道人民调解委员会，能加深人民调解委员会与基层政府的联系。吸收一些热心公益事业、品行良好、有专业知识的人士参加人民调解工作，有利于提高人民调解工作的质量与水平，有利于建立起一支专职调解员与志愿者相结合的人民调解员队伍。

乡镇、街道人民调解委员会主任一般由司法所所长或司法助理员担任。其他成员则通过任命、选举、聘任产生。

乡镇、街道人民调解委员会应当向县级司法行政机关备案。

（三）区域性、行业性、专业性人民调解委员会的组建

区域性人民调解委员会，需要设立人民调解委员会的区域隶属一个行政管辖区的，由该行政区域管理部门批准，按照人民调解委员会组建原则建立，调解委员会的主任及委员均由主管部门聘任或者任命；该区域跨越两个以上行政区域的，由各方管理部门协商共同组建，调解委员会主任可以由各方管理部门任命后，按照协商的期限轮流担任。委员的比例由管理部门协商确定，但要考虑具有广泛的代表性。

根据《司法部关于加强行业性专业性人民调解委员会建设的意见》的规定，社会团体或者其他组织可以结合相关行业和专业特点，在县级司法行政机关的指导下，设立行业性、专业性人民调解委员会。可见，行业性、专业性人民调解委员会是由社会团体或者其他组织结合相关行业和专业特点设立的。行业性人民调解组织由所在的社团、行业批准建立。人民调解委员会的主任、委员均实行聘任或者任命制。

五、人民调解委员会的工作制度

制度建设是依法开展人民调解活动的重要保障，也是人民调解规范化建设的主要内容之一。《人民调解法》第11条规定："人民调解委员会应当建立健全各项调解工作制度，听取群众意见，接受群众监督。"法律对于应当建立何种工作制度并没有进行详细的系统性说明，相关的内容散见于人民调解的各项法律法规当中，比如《人民调解法》第27条规定："人民调解员应当记录调解情况。人民调解委员会应当建立调解工作档案，将调解登记、调解工作记录、调解协议书等材料立卷归档。"《人民调解委员会组织条例》第5条第2款规定："人民调解委员会应当向村民委员会或者居民委员会反映民间纠纷和调解工作的情况。"第7条第2款规定："……跨地区、跨单位的纠纷，可以由有关的各方调解组织共同调解。"第8条第2款规定："调解纠纷应当进行登记，制作笔录……"《人民调解工作若干规定》第19条规定："人民调解委员会应当建立健全岗位责任制、例会、学习、考评、业务登记、统计和档案等各项规章制度，不断加强组织、队伍和业务建设。"第32条规定："人民调解委员会调解纠纷，应当密切注意纠纷激化的苗头，通过调解活动防止纠纷激化。"人民调解委员会除依法建立上述工作制度外，还可以根据人民调解工作的实际需要，建立其他的组织、工作制度，以保障人民调解工作的顺利开展。结合法律法规的规定以及实践中的一些具体做法，人民调解委员会应当建立健全岗位责任制、建档归档制度、统计制度、回访制度、例会学习考评制度等，这些制度按照其侧重内容的不同可以大致分为以下两个方面：

（一）工作要求方面

1. 纠纷排查制度。纠纷排查制度是人民调解组织通过各种渠道收集民间纠纷的征

兆或消息，对纠纷信息分析研究，并有针对性地依照本地区纠纷发生的特点，定期走访辖区内的物业管理机构、业主委员会等了解基层情况，对辖区内的矛盾纠纷进行摸底、登记，分类处理的一项工作制度。

调解组织应当建立专门的信息收集小组或设专人担任纠纷信息员，并定期召开调解小组和信息员工作会议，整合信息。对纠纷进行排查可以在司法行政机关的组织安排下进行，也可以由人民调解委员会根据纠纷的具体情况自行组织。进行该项工作时需注意掌握排查的时间、范围、方法，尤其要根据矛盾纠纷发生的时令性、季节性、地域性等特点，结合重要节庆日和敏感时期，做好重点排查工作。排查工作要细致，对于在本辖区范围内的人和事要进行全面的了解，掌握纠纷的重点户、重点人。同时，要填写排查工作统计表。

对应当由人民调解委员会调解的，落实人民调解员，及时化解；不属于调解范围或调解不了的，及时上报；对排查中发现的犯罪线索，立即移交公安部门。通过纠纷排查，人民调解组织可以全面掌握矛盾纠纷信息，为科学地预防、预测、疏导、调解民间纠纷提供依据，有的放矢地开展调解工作。

2. 建档归档制度。建档归档制度是指人民调解员在受理纠纷时应当及时建立书面档案，纠纷处理完毕后应当将纠纷调解过程中的所有书面材料整理归档的制度。

（1）建立档案。对于当事人的口头申请或书面申请应当同等对待，都应当及时进行登记并建立档案。这是人民调解委员会调解民间纠纷的依据。人民调解委员会和调解小组均应设立专门的民间纠纷登记簿。人民调解员对于当事人的姓名、性别、年龄、工作单位、家庭住址、联系方式等信息，以及纠纷的事由、申请的事项，均应认真进行登记，并由记录人签名或盖章，注明登记日期。对不属于人民调解委员会调解范围的纠纷，人民调解委员会登记后应注明移交的机关、承办人，并告知当事人。

（2）文书档案管理制度。人民调解委员会应当设立保管人员，由专人负责这项工作，规定必要的调阅、保密管理办法；做好文书的审查、装订工作。调解文书包括纠纷登记的原始记录、调查笔录、调解笔录、调解协议书，以及调解委员会对调解未成功的纠纷的处理意见及各种证明材料等。调解文书档案要求一事一卷，每卷的内容要符合要求，文书种类要齐全，统一归档。各种材料齐全后，应装订成册。注明立卷时间、立卷人姓名，根据纠纷具体情况、履行协议期限等因素确定保管期限，一般保管期限为 3 年。

3. 纠纷讨论制度。纠纷讨论制度是指人民调解委员会对纠纷的调解进行集体研究的制度。对于较为复杂、涉及面广的纠纷，单靠某一个人民调解员的力量是不够的，稍有处理不当，很可能引起矛盾激化，既影响社会稳定，又影响人民调解组织的威信。通过集体研究讨论，充分发挥集体的智慧和力量，可以弥补人民调解员个人力量的不足和个人认识的片面性，减少调解工作中的失误，保证纠纷的正确处理。

对纠纷进行讨论，一般应在调委会主任或副主任的主持下，由调委会的全体成员参加。在必要时，也可以邀请专家、有关方面的代表参加。在讨论时，充分发扬民主精神，认真听取各方意见，采取少数服从多数的原则作出处理决定。

4. 共同调解制度。共同调解制度是指两个或两个以上人民调解委员会依照一定程序或规定对民间纠纷进行调解的工作制度。由于民间纠纷日益复杂，有些纠纷超出了某一个人民调解委员会的管辖范围，这就需要由两个或两个以上的人民调解委员会共同调解，只有这样，才能及时有效地解决纠纷。实践中共同调解制度主要适用于纠纷当事人属于不同地区或单位，或纠纷当事人虽属于同一地区、单位，但纠纷发生在其他地区、单位的民间纠纷。共同调解的人民调解委员会分为主持调解方和协助调解方。主持调解方在调解过程中负责主要的调解工作，一般是最先受理纠纷的一方，也可以由共同调解的各人民调解委员会协商确定。

5. 回访制度。回访制度是指人民调解委员会对调解成功的民间纠纷进行走访、了解情况的工作制度。回访的内容主要包括：了解协议的履行情况，如协议未能履行，要追查原因，督促履行；了解当事人特别是重点当事人的思想状况，是否存在抵制情绪；有无新的纠纷苗头；了解当事人对人民调解员的意见和建议。回访的对象主要是当事人和知情人，要听取他们的意见。同时，要注意收集群众反映的信息，以便全面掌握情况。回访应由人民调解委员会根据纠纷实际情况定期进行。重点对调解的较复杂的或可能出现反复的纠纷及时进行走访，甚至可以多次走访以巩固调解效果。

6. 统计与上报制度。统计与上报制度是对反映调解工作的信息和有关数据进行搜集、整理、计算和分析，并定期向司法行政机关上报的一项基本的调解制度。人民调解统计与上报制度的内容有：①确定统计人员，建立统计簿册。人民调解委员会应设专人负责此项工作，并按实际工作需要设立各种工作簿册。②设立统计表。统计表一般包括人民调解委员会组织建设统计表和人民调解委员会工作统计表。各地可以根据本地的具体情况，结合自己的工作特点设定统计项目。③统一统计标准。人民调解委员会应按司法部下发的统计表附有的统计说明的要求执行，避免漏报、重复上报，确保统计数字的真实性和准确性。④定期汇总上报。人民调解委员会应于每月底将所登记的调解的民间纠纷按统计项目填表汇总，核对无误后上报司法所（司法助理员）。人民调解委员会工作统计表每季度、组织建设统计表每半年由司法所（司法助理员）上报县区司法局。⑤建立统计档案，设立统计台账。人民调解委员会各种登记簿册、统计表按时间、年限分类装订成册，建立统计档案和统计台账，保管备查。

通过统计与汇报制度，一方面可以检查人民调解工作的计划落实情况、任务完成情况及存在的问题；另一方面可以反映民间纠纷的现状、特点及发展规律，为正确决策提供客观依据。

7. 请示汇报及重大纠纷快报制度。请示汇报制度是指对于调解工作中遇到的困难、问题，人民调解组织应当向有关部门请示汇报，以取得指导、帮助的工作制度。请示汇报制度的贯彻可以使有关部门及时掌握调解的相关情况，制定政策，从而进行宏观指导，保障调解任务的顺利完成。

重大纠纷快报制度是指对发现民间纠纷激化的事件、突发事件等重大情况要及时上报。即发现民间纠纷可能引起刑事案件、非正常死亡、群体性械斗、群体性侵害和群体性上访及其他重大情况时，调解人员和调解组织必须立即采取适当措施制止事态恶化，同时，迅速向上级部门和领导报告。快报内容包括：纠纷发生的性质、原因、涉及的人数、落实的调处措施及请求帮助的事项等。纠纷快报实行一事一报，尽量采用书面形式。情况紧急的，可电话报告，但事后应提交书面报告。对需要本地区人民调解委员会协调解决或辖区人民调解委员会协助的纠纷，应及时报告并请求协助。

8. 纠纷信息传递制度。矛盾纠纷信息传递制度，是指调解组织将通过各种渠道获知的不属于自身管辖范畴的纠纷信息，经分析研究、加工处理后，传递给有权管辖的调解组织的制度。

纠纷信息传递可采取口头传递、书面传递、电话传递、传真传递等，保证及时、准确、畅通无阻。需要注意的是，传递的信息应当按照矛盾纠纷的性质、轻重缓急进行处理，对容易激化的纠纷、群体性纠纷应在稳定事态发展的基础上，同时传递信息。这一制度可以使遍布全国每一个角落的纠纷调解点密切联系在一起，形成网络式格局，实现对纠纷信息的全面掌控。

9. 纠纷移交制度。纠纷移交制度是指人民调解委员会对已超出人民调解范畴的纠纷和明文规定由其他部门处理的纠纷，应及时上报司法所（司法助理员）或移送有关部门处理的制度。通过移交，既体现对人民群众负责的态度，又保证了调解人员能正确履行职责，同时还实现了不同部门之间工作的衔接。移交前要做好疏导工作，防止矛盾激化。

（二）队伍建设方面

1. 岗位责任与考核评比制度。岗位责任制度是明确人民调解员的职能和责任，确定具体任务以及相应奖惩的一项制度。它是人民调解委员会各项工作制度中的核心制度。岗位责任制度的内容很多，形式多种多样。其中最基本、最主要的内容是"三定一奖惩"，即定人员，定任务，定指标，完成任务奖励，完不成任务的减发一定比例的报酬或者奖金。

考核评比制度是人民调解委员会对人民调解员的工作绩效按照责任制的要求进行评比，以奖优罚劣的制度。人民调解委员会对人民调解员的工作情况要定期考核评比，可以通过月评、半年评、年终总评的方式展开。考核评比的内容包括调解工作的具体情况、经验教训、工作中的不足及原因剖析以及今后的工作安排等。评比要客观、全面，不能走形式，要真正通过评比促进调解工作。考核实绩作为续聘、先进评定、等级晋升和奖金发放的主要依据。

岗位职责制度侧重于明确工作任务与责任分配，考核评比制度是岗位职责制度的重要补充。只有做到权责明确、奖罚分明，才能避免出现由于职责不清、任务不明而敷衍了事、影响工作的情形。建立考核评比制度，一方面，可以激发调解员不断进取、争创一流的工作热情，大力推广经验，促进人民调解工作的全面发展；另一方面，可以找出差距，克服缺点，改进工作，更好地为人民调解工作努力奋斗。

2. 例会制度。例会制度是人民调解委员会定期召开会议，由人民调解员汇报工作情况，解决调解工作中的有关问题，交流调解工作经验，检查调解工作存在的问题，传达上级对人民调解工作的指示的工作制度。该制度可以与纠纷讨论制度相结合。一般情况下，司法所（司法助理员）每月召开一次调解主任会议，调解主任每月召开一次人民调解委员会会议。

3. 培训制度。培训制度是指通过定期或不定期的学习和培训来提高人民调解员调解水平和业务素质的工作制度。培养和造就一支素质优良、能胜任本职工作的人民调解员队伍，是新时期加强人民调解工作的重要环节。因此，为了提高人民调解员的综合素质，就要经常性地对人民调解员进行业务培训，以更新知识，不断提高调解工作的质量和效率。《人民调解法》第 14 条第 2 款规定："县级人民政府司法行政部门应当定期对人民调解员进行业务培训。"

培训可采取定期集中培训或不定期专项培训的形式进行，前者指司法所或司法行政机关每年组织人民调解员集中学习、培训 1 ~ 2 次，每次若干天不等；后者是针对不同时期或某一阶段出现的社会矛盾纠纷新情况、新特点及热点、难点问题进行专项培训。

培训学习的内容主要以与调解工作有关的政策、法律、法规为主，也可以结合典型纠纷个案集思广益，进行分析、研讨，找出解决方案，从而掌握新的调解方法和技巧，不断积累经验，提高调解水平。与调解工作有关的法律、法规主要涉及民事、经济方面的法律，如《中华人民共和国民法总则》《中华人民共和国婚姻法》《中华人民共和国合同法》《中华人民共和国劳动法》《中华人民共和国劳动合同法》《中华人民共和国物权法》等。培训、学习要针对实际问题和薄弱环节，讲求实效，要把理论和实践结合起来，把业务学习与具体工作联系起来，把业务学习与讨论分析疑难案例结合起来，从而提高调解人员解决具体问题的能力，保证调解效果和质量。

六、人民调解委员会的指导部门

对人民调解工作的指导，是指有关国家机关依照国家法律法规及政策，结合实际情况对人民调解委员会的组织建设、业务建设、思想建设及制度建设进行引导、规范、保护和监督的职能行为。《人民调解法》第 5 条规定："国务院司法行政部门负责指导全国的人民调解工作，县级以上地方人民政府司法行政部门负责指导本行政区域的人民调解工作。基层人民法院对人民调解委员会调解民间纠纷进行业务指导。"第 10 条规定："县级人民政府司法行政部门应当对本行政区域内人民调解委员会的设立情况进行统计，并且将人民调解委员会以及人员组成和调整情况及时通报所在地基层人民法院。"第 14 条第 2 款规定："县级人民政府司法行政部门应当定期对人民调解员进行业务培训。"《人民调解委员会组织条例》《人民调解工作若干规定》也有类似规定，使指导管理人民调解委员会的机构得以明确。

（一）司法行政部门对人民调解工作的指导

1. 国务院司法行政部门对人民调解工作的指导。国务院司法行政部门对于人民调解工作的指导，主要体现在根据党中央的领导精神和中央人民政府的工作部署，对全国的人民调解工作作出全局性的指导，制定全国人民调解工作的计划和要求。

2. 各级司法行政机关对人民调解工作的指导。各级司法行政机关要在当地党委、政府的统一领导下，与人民法院密切配合，采取措施，指导管理本辖区人民调解委员会切实加强组织建设、队伍建设、制度建设和业务建设，健全网络体系，提高队伍素质，规范运行机制，提高工作水平，进一步推进和谐社会建设。其具体职责是：

（1）根据上级管理部门的计划和要求，制定具体措施，并负责指导实施；加强人民调解工作的规范化、程序化、制度化建设。整顿、健全、加强人民调解组织。采取多种形式，加强对人民调解员的培训，不断提高人民调解员队伍的素质，从根本上保障人民调解活动的公正性、合法性。

（2）调查人民调解工作情况和民间纠纷情况，检查、指导人民调解工作，总结和推广经验，针对新情况、新问题，不断研究和探索加强人民调解工作的思路与途径；对在人民调解工作中成绩显著、贡献突出的人民调解委员会和人民调解员，给予适时的表彰和奖励。

（3）领导司法所、司法助理员开展工作，确保实效，提高人民调解工作的质量和水平。

（4）主动与人民法院联系，及时了解经人民调解又起诉到法院的民事案件，调解协议被人民法院确认有效、无效或者变更、撤销的情况，认真总结经验教训，努力改进、提高调解工作质量。

（5）努力争取同级人民政府的支持，采取有力措施，切实保障人民调解工作经费、调解人员的培训经费和表彰经费；协调和督促村民委员会、居民委员会和企业事业单位落实人民调解委员会的工作经费和人民调解员的补贴经费。

3. 司法所（司法助理员）对人民调解工作的指导。司法所、司法助理员是司法行政机关服务大局、服务社会、服务群众的平台，是司法行政系统最基层的单位，也是司法行政机关设立在乡镇人民政府、街道办事处的派出机构或者派出人员，担负着指导管理人民调解的日常工作。其职责是：

（1）根据上级指导管理部门的计划、要求，指导人民调解委员会制定具体的工作任务及完成任务的措施，并直接负责监督和检查落实。

（2）解答、处理人民调解委员会或者纠纷当事人就人民调解工作有关问题的请示、咨询和投诉。

（3）整顿人民调解委员会，建立健全人民调解工作制度，培训人民调解员，对辖区内人民调解委员会、人民调解员登记备案；应人民调解委员会的请求或者根据需要，协助、参与对具体纠纷的调解活动。

（4）总结交流人民调解工作经验，调查研究民间纠纷的特点和规律，组织开展矛盾纠纷的排查治理；指导人民调解委员会调解疑难矛盾纠纷，对人民调解委员会主持达成的调解协议予以检查，发现违背法律、法规、规章和政策的，应当予以纠正；指导人民调解委员会改进工作。

（5）向上级司法行政机关和基层人民政府反映人民调解工作情况，报告人民调解工作，向党委政府和上级司法行政机关反馈重大矛盾纠纷信息，协助有关部门做好工作，防止矛盾纠纷激化。

（6）协助落实人民调解委员会的办公经费和人民调解员的补贴。

（二）人民法院对人民调解工作的指导

根据《中华人民共和国民事诉讼法》（以下简称《民事诉讼法》）、《人民调解委员会组织条例》及《人民调解法》的规定，指导人民调解工作是基层人民法院的一项重要职责。人民法院对人民调解工作的指导不同于各级人民政府司法行政部门的指导，它只有业务指导的职责，主要是通过审判活动对调解工作进行业务指导。如选聘符合规定条件的人民调解员担任人民陪审员，使其有机会参加审判；组织人民调解员到法院实习，安排其参与庭审前的辅助性工作，通过司法实践不断提高其政治素质和业务素质。在审判活动中，人民法院通过支持正确的调解协议，纠正错误的调解协议来帮助人民调解员正确运用法律、法规、规章和政策，对人民调解委员会的工作依法进行保护与监督。

实践中，各地基层人民法院特别是人民法庭还可以设立固定场所，保证固定人员、时间，负责指导调解组织的业务，也可以选派有经验的现任法官深入调解委员会指导民间纠纷调解或对人民调解组织调处的纠纷进行个案讲评等。同时，人民法院要把调解员的培训纳入司法行政队伍培训计划，坚持统一规划、注重实效，积极配合当地司法行政机关加大对人民调解员的业务培训力度，采取旁听庭审、案例讲解及举办培训班等灵活多样的方式，不断优化人民调解员队伍的知识结构，帮助人民调解员提高法律知识水平和调解纠纷的能力，从而提高调解组织和调解员在群众中的威望和公信力。

七、人民调解委员会的经费保障

调解工作是需要大量的人力物力支撑的。然而，法律明确规定人民调解委员会调解民间纠纷，不收取任何费用，也就是说，人民调解委员会不可能通过收取当事人调解费、辛苦费等任何形式的财物来支撑调解委员会的运转。对于人民调解委员会的经费来源问题，法律也给出了明确回答。《人民调解法》第6条规定："国家鼓励和支持人民调解工作。县级以上地方人民政府对人民调解工作所需经费应当给予必要的支持和保障，对有突出贡献的人民调解委员会和人民调解员按照国家规定给予表彰奖励。"第12条规定："村民委员会、居民委员会和企业事业单位应当为人民调解委员会开展工作提供办公条件和必要的工作经费。"根据法律的规定，设立人民调解委员会的机构或部门，应当为人民调解委员会提供必要的办公场所和办公条件，工作经费则由设立机构与县级以上地方政府共同承担。《人民调解工作若干规定》第42条："各级司法行政机关应当积极争取同级人民政府的支持，保障人民调解工作的指导和表彰经费；协调和督促村民委员会、居民委员会和企业事业单位，落实人民调解委员会的工作经费和人民调解员的补贴经费。"

人民调解委员会应当具备的基本办公条件包括：①固定的办公场所。场所门口应当悬挂人民调解委员会标识牌、配备统一规格的人民调解委员会印章、统一格式的人民调解文书和统一制发的人民调解统计台账。②人民调解委员会的调解场所应当悬挂统一的人民调解徽标，人民调解员名单、调解纠纷的各类范围、调解工作程序、调解的原则和纪律、调解协议的效力、当事人的权利与义务等应上墙明示。

任务二　人民调解队伍的建设

人民调解工作的效果，一方面取决于人民调解组织的建设情况，另一方面则取决于人民调解员的素质。为了充分发挥人民调解工作的职能作用，提高人民调解工作质量，必须要重视人民调解队伍的建设。

一、人民调解员的任用

（一）人民调解员的概述

人民调解员是在人民调解委员会领导下从事人民调解工作的人员。《人民调解法》第13条规定："人民调解员由人民调解委员会委员和人民调解委员会聘任的人员担任。"从身份角度对人民调解员进行区分，可以分为调解委员会委员与聘任人员两类。《人民调解法》第9条第2款规定："人民调解委员会委员每届任期3年，可以连选连任。"聘任人员的任职期限则遵循聘任合同的约定。

乡镇、街道人民调解委员会委员由乡镇、街道司法所（科）聘任。区域性、行业性的人民调解委员会委员，由设立该人民调解委员会的组织聘任。此外，人民调解委员会还可以聘任委员之外的人担任人民调解员。可见，聘任是产生人民调解员的重要途径。聘任是指从社会人员中通过考试、面试等方式，择优录取，产生人民调解员的方法。人民调解员聘任工作应坚持公平、平等、竞争、择优的原则，做到信息公开、过程公开、结果公开。严格纪律，严禁弄虚作假、营私舞弊，接受社会及有关部门的监督。采取聘任制产生人民调解员，可以保证人民调解员具有较高的素质，较好地胜任人民调解工作。

在实践当中，人民调解员以专职和兼职两种形式存在。兼职是指人民调解员在任职期间，还可从事其他工作，人民调解工作不是人民调解员的唯一工作。目前，村（居）人民调解委员会或者企事业单位人民调解委员会的组成人员基本上都是由村（居）民委员会、企事业单位有关人员兼任的。乡镇、街道人民调解委员会的组成人员也存在兼任的情况。可以说，在我国的人民调解组织中，兼职人民调解员的数量所占比例较大。兼职人民调解员由于主要是从当地有声望、有经验的群众中产生，确实有利于开展人民调解工作。但也存在着一定的缺陷，如他们对调解工作有的疲于应付，有的缺乏主动性和积极性，有的专业素质欠缺等，影响了人民调解队伍的整体形象。专职是指专门从事人民调解工作的人员。专职人民调解员除了从事人民调解工作以外，不再兼任其他工作，主要负责辖区内民间纠纷的预防与调解，集中力量对纠纷进行疏导化解。随着人民调解工作的不断发展、壮大，由什么样的人民调解员担任调解工作，已成为调解工作面临的首要问题。专职人民调解员一般通过招聘产生，素质较高，有着兼职人民调解员所不具有的优势。因此，专职人民调解员是我国人民调解工作发展的基本趋势。

《人民调解工作若干规定》除了规定人民调解员的产生方式外，还规定了人民调解员的补选、补聘和撤换。《人民调解工作若干规定》第16条第2、3款分别规定："人民调解员不能履行职务时，由原选举单位或者聘任单位补选、补聘。人民调解员严重失职或者违法乱纪的，由原选举单位或者聘任单位撤换。"

（二）人民调解员的基本任职条件

《人民调解法》第14条第1款对于人民调解员的任职条件作出了明确规定："人民调解员应当由公道正派、热心人民调解工作，并具有一定文化水平、政策水平和法律知识的成年公民担任。"即作为一名合格的人民调解员必须具备以下基本条件：

1. 成年公民。这是对人民调解员身份的要求，人民调解员只能是中国公民，且该公民必须成年。所谓中国公民，即具有中华人民共和国国籍的人。要求人民调解员必须由我国公民担任，这是由调解组织的自治性质决定的。要求成年，是因为只有成年公民才具有完全辨认和控制自己行为的能力，才具有较强的独立分析和解决问题的能力，从立法目的的角度应当对该法条作出限制解释，即解释为具有完全民事行为能力的成年公民。

2. 公道正派。这是对人民调解员道德素质的要求。作为一名人民调解员必须具备办事公道、正直无私、坚持原则的良好品质。在调解中保持中立，主持公道，不偏不倚，不为人情所累，不为金钱所惑，不为权势所屈。人民调解员只有具备了这样的高尚品德和情操，才能为群众所信赖，真正遵循合法合理的调解工作原则，公正处理纠纷。那种自私自利、爱贪便宜、欺软怕硬的人不能担任人民调解员。

3. 热心人民调解工作。这一条件体现了人民调解员应当具备的工作态度和工作精神。人民调解工作要深入基层，工作量非常大，是一项艰苦、细致、繁重而又无名无利的工作，有时还有一定的危险性，这就要求人民调解员必须要有全心全意为群众调解的思想觉悟。在调解中发扬无私奉献的精神，爱岗敬业，不怕苦，不怕累，不怕受气，为人民排难解纷，心甘情愿地做好息事宁人的工作。人民调解员既是为民排忧解难、只讲奉献、不图报酬的热心人，又是不惧风险、维护社会安定的卫士。

4. 有一定的法律知识、政策水平和文化水平。这一条件是对人民调解员知识结构的要求。人民调解工作不是毫无原则地和稀泥，它化解矛盾是建立在合法合情合理基础上的。如果一名人民调解员没有一定的法律知识、政策水平和文化水平，即使具有良好的品质和高度的责任心，也不可能正确有效地解决纠纷，达到双方满意的效果。因此，人民调解员熟悉和掌握与调解工作直接有关的法律和政策，是做好调解工作的前提和关键。特别是在实施依法治国、建设社会主义法治国家基本方略的新形势下，随着群众的法律意识和法制观念不断增强，人民调解员要正确、顺利地开展调解工作，更需要提高自己的法律素质和政策、文化水平。生活有多复杂，人民调解工作就有多复杂。因此，将种种证据通过思维形式加以综合，对错综复杂的纠纷进行归纳，去伪存真，是人民调解工作的重要一环，否则，就会影响对纠纷的判断和处理。

由于乡镇、街道人民调解委员会调解的纠纷是村民委员会、居民委员会调解不了的疑难、复杂纠纷或者是跨地区、跨单位的民间纠纷，对于这样的纠纷的调解，更需要有较高的法律知识、政策水平和文化水平。因此，对乡镇、街道人民调解委员会委员任职资格的要求应更高，一般应当具备高中以上文化程度，以便胜任调解工作的需要。

以上要求是培养和选拔人民调解员的准则，只要是具备了这些基本条件的我国公民，不分民族、性别、职业、宗教信仰以及财产状况等，都有机会成为人民调解员。

（三）人民调解员的能力素质要求

随着我国全面建设和谐社会以及新农村建设步伐的加快，社会矛盾纠纷具有日趋多样性、复杂性、群体性等特点，这就要求人民调解员必须适应新形势的需要。在任用人民调解员时，除满足法律规定的基本任职条件之外，还应当考察其是否具有调解员应当具备的能力素质。在平时的工作与学习中，也应当着重对人民调解员进行能力素质的培养。根据人民调解工作的特点和需要，人民调解员应当具备的能力素质，主要包括以下几项：

1. 联系群众的能力。人民调解工作绝不能孤身作战，必须依靠群众，才能解决好群众的问题。作为一名人民调解员，应当具备联系群众，取得群众帮助与支持的能力。

只有同群众打成一片，才能够全面了解群众的情况，及时掌握纠纷信息，收集有关证据，查清事实；只有得到群众的拥护和支持，成为群众的贴心人，才能依靠群众的智慧和力量，得心应手地开展调解工作，把调解工作做好，让群众满意。

2. 倾听能力。倾听能让当事人觉得得到尊重，能拉近彼此的距离，化解敌对情绪，取得当事人的信任。人民调解员在调解中只有认真听取当事人诉说，才能充分了解当事人矛盾纠纷发生的原因、双方的分歧所在、双方的要求等，从而全面把握事实真相，并对此构想初步的调解方案。耐心、仔细、有效地聆听当事人的倾诉是人民调解员与当事人沟通最重要的一点，而具有较高的倾听能力是人民调解员做好调解工作的基础。

3. 逻辑思维能力。联系群众和倾听都是收集信息的能力，要对收集到的信息进行整合，则必须依靠逻辑思维能力。人民调解员在调解工作中不能偏听偏信，应当在全方位收集信息的基础上进行逻辑推理，尽量拼凑出纠纷真实情况，从而全面、准确地分析问题和判断是非，并在此基础上，通过逻辑思考，形成解决纠纷的思路与具体方案，不能被当事人牵着鼻子走。实践中人民调解员与各种矛盾纠纷的当事人打交道，处理的是各种各样、各具特色的纠纷，一刻也离不开思维活动。

4. 语言表达能力。人民调解的自治性质决定了它没有直接使用公权力的能力，也没有权力对当事人采取强制措施，它化解矛盾的方法，最主要的就是做人的思想工作，通过语言进行说教。因此，语言表达能力是每一个人民调解员必须具备的必不可少基本素质。如何做通当事人的思想工作与人民调解员的言辞表达关系紧密。言辞恰当得体，可以尽快化解矛盾，达到预期效果；言辞不当，则往往会导致调解失败。在整个调解过程中，人民调解员要善于运用语言技巧对当事人开展耐心细致的说服、规劝和疏导工作，帮助他们统一思想、提高觉悟、端正态度、消除对立情绪。工作人员如果不能通过流畅的语言、文字来表达其主张，申明其理由，是很难说服当事人而使调解获得成功的。因此较强的语言表达能力对人民调解员来说是非常必要的。

5. 处事应变能力。人民调解工作面广量大，千头万绪，千变万化，涉及社会的各个方面。而且，矛盾纠纷总是处于动态的发展变化过程中。因此，人民调解员不可能提前对所有的情况进行预想，提前做好准备。在调解过程中出现意料之外情况的概率非常高。这需要调解员具有较强的应变能力。有了较强的应变能力，就能很好地驾驭纠纷局面，控制事态发展，不至激化矛盾。

人民调解员的应变能力来源于对生活的观察、纠纷的分析、事实的判断以及对各类处置方法的灵活掌握。介入调解一起纠纷，首先要了解纠纷发生的经过，洞察事实真相，揣摩当事人的个性，分析当事人的心态，最终得出自己的处置办法。无论是采用热处理还是冷处理，也无论是采用以情化解还是以法说服等方式，都必须巧妙地处置好纠纷现场，使纠纷的发展并入自己预设的轨道，这样，纠纷的调解也就成功了一半。因此，应变能力在人民调解工作中十分必要。

6. 自控能力。从事调解工作，每天都有可能面临纷繁复杂的事情，需要接待各种各样的群众。有棘手的个体事件，如有的当事人胡搅蛮缠，拒不承认自己的过错；有的极端自私，拒不履行自己应尽的义务；有的当面承认错误，实际却不履行义务；有的固执己见，自以为是，听不进人民调解员的意见。人民调解员也会遇到声势浩大的群众上访事件，有时还会受到某些当事人的辱骂和威胁等，这些都需要人民调解员能够保持冷静的头脑，拥有平和的心态和处乱不惊的定力，以理智的态度正确疏导好群众的情绪，将矛盾化解在和风细雨中。如果人民调解员本身心理失衡，没有很好的自控能力，就会导致纠纷进一步激化，从而不利于和解的达成。所以在这种情况下，人民调解员必须有足够的自控能力以有效地进行自我心理调节。

7. 组织协调能力。在新的形势下，社会矛盾涉及面广，重大的突发性事件多，且纠纷有着各种各样的背景原因，对一些复杂、疑难的纠纷进行调处，有时单靠一两个人民调解员的工作不一定能解决问题，这时就要积极争取党委、政府的支持，动员多种力量。所有这些决定了人民调解对上、对下、纵横协调的工作特色，同时也要求从事此项工作的人民调解员必须具有较强的组织协调能力。具备了这一能力，才能着眼于全局，通盘打算；才能保持畅通的工作渠道和良好的个人关系；才能形成工作合力，使调解工作得心应手。

近年来某些地区结合本地实际，用科学的理念活用现有人才，优化调解队伍，引进竞争机制，推行首席人民调解员制度，实行人民调解员资格证书制度。

首席人民调解员是人民调解委员会调解重大民间纠纷的主持人。首席人民调解员在开展人民调解工作中，主要是对辖区内人民调解工作进行指导，主持本辖区重大、疑难纠纷的调解活动，及时妥善处理各种复杂矛盾纠纷和突发性、群体性事件，主动协调有关部门调处纠纷，规范、审定人民调解协议书，对办理案件的质量进行把关。

首席人民调解员的工作性质决定了对其要求的较高标准。目前，许多地方规范性文件对首席人民调解员的任职条件都有所要求，一般必须是有较高的素质和良好的品质，法律意识较强，从事人民调解工作满 3 年，具有大专以上文化程度的人才能担任。首席人民调解员须经辖市、区司法局培训且经考试合格，一经聘任，及时发放首席人民调解员聘任书和"首席人民调解员证"，并持证上岗，任期一般为 3 年，成绩突出者届满后可续聘。在待遇上，首席人民调解员要高于一般人民调解员。

二、人民调解员的工作纪律与职业道德

（一）人民调解员的工作纪律

《人民调解法》第 15 条规定："人民调解员在调解工作中有下列行为之一的，由其所在的人民调解委员会给予批评教育、责令改正，情节严重的，由推选或者聘任单位予以罢免或者解聘：①偏袒一方当事人的；②侮辱当事人的；③索取、收受财物或者牟取其他不正当利益的；④泄露当事人的个人隐私、商业秘密的。"《人民调解工作若

干规定》第17条也对人民调解工作的纪律作出规范："人民调解员调解纠纷，必须遵守下列纪律：①不得徇私舞弊；②不得对当事人压制、打击报复；③不得侮辱、处罚纠纷当事人；④不得泄露当事人隐私；⑤不得吃请受礼。"综合上述规定，人民调解工作应当遵守以下纪律：

1. 公正对待当事人。在调解纠纷的过程中，人民调解员应当始终站在中立、公正的角度进行调解，对当事人一视同仁，不得偏袒任何一方当事人。更不能徇私舞弊，因当事人的身份地位或与当事人的远近亲疏而有所区别对待。

需要注意的是，在纠纷中如果有一方当事人明显地不讲法、不讲理，人民调解员就事论事，对其展开批评，不属于偏袒另一方当事人。

2. 尊重当事人。

（1）人民调解员在调解工作中要尊重当事人的人格和名誉，无论哪一方当事人有过错，都不能讽刺、挖苦、辱骂当事人，更不能在群众中散布任何有损当事人人格和名誉的言论。

（2）在调解过程中，人民调解员应当尊重当事人的意愿，不得采用简单粗暴的手段和方法，强迫当事人接受调解或达成调解协议。调解工作直接涉及当事人双方的利益，在调解过程中，当事人作为矛盾纠纷的利害关系人，有时难免情绪偏激，提出些不合理的要求。遇到这种情况，人民调解员不能因当事人与自己观点不同而限制当事人讲话，甚至强迫压制当事人；只能采用说服疏导、平等协商的方法，讲道理、摆事实，说明利害，以理服人，促使当事人相互谅解，达成调解协议。否则，不但不利于纠纷的解决，反而会激化当事人的对立情绪，使调解陷于被动和僵局。

（3）人民调解员不得处罚当事人，这是由人民调解组织的自治性质决定的。由于人民调解组织是群众性组织，不是国家的司法和行政机关，不具有行政处分和司法裁决的权力，因此人民调解员无权采用强制措施，不得对当事人进行人身和财产的处罚。这包括不得对有过错的当事人进行罚款，也不能查封、扣押、拍卖和没收当事人的财产，更不能对当事人进行人身搜查、捆绑、打骂和变相体罚。否则，就是侵犯了当事人的合法权益，直接违反了宪法和有关法律的规定，不但不利于解决纠纷，反而会使矛盾激化。

（4）即使当事人对人民调解员造成重大伤害，人民调解员也不能利用工作的机会对当事人进行打击报复以泄私愤，而是要通过合法途径来解决。

3. 不得索取、收受财物或者牟取其他不正当利益。这是人民调解员公平、公正调解的基本保障。人民调解员应当以服务群众为工作宗旨，人民调解工作的要义是为公众服务而不是谋私利。在人民调解过程中，有些当事人为了让人民调解员在调解过程中替自己说好话，偏向自己，请吃送礼，此时，人民调解员应态度鲜明地婉言拒绝，并向他们宣传人民调解员为人民服务的职责，讲解调解工作纪律，使他们打消不良企图。因为人民调解员一旦接受了这种经济好处，在调解纠纷时就难免偏袒一方而压制另一方，就有可能作出违反法律和政策的事情，严重败坏人民调解组织的声誉，影响人民调解的公正性。当然更不能利用调解工作威胁当事人，主动向当事人索取财物及其他不正当利益，比如要求当事人利用其社会地位帮助人民调解员的亲属安排工作等。

4. 不得泄露当事人的个人隐私及商业秘密。人民调解员在处理具体民间纠纷时会涉及诸如男女关系、夫妻感情、财产分割、遗产继承等问题。凡涉及当事人的隐私，涉及当事人不愿公开或不愿告人的事情，只要当事人要求保密，人民调解员就应当尊重其意愿。随着人民调解工作的深入开展，人民调解可处理问题的范围也在逐步扩大，除传统的民间纠纷外，很多企业与个人的纠纷，甚至是企业与企业之间的纠纷也开始寻求人民调解组织的帮助。因此，人民调解员就有可能接触企业的商业秘密。人民调解员也有可能在处理遗产继承、婚姻财产分割的纠纷过程中了解到一些商业秘密。知悉商业秘密的人民调解员要注意为当事人保密。

对当事人的隐私及商业秘密进行保密，首先，是为了有效地保护当事人的合法权益，保障公民的个人隐私权及经济权利不受侵犯；其次，是为了维护社会的安定，维护人民调解委员会和人民调解员的良好信誉。调解中为当事人的隐私问题及商业秘密进行保密，就会使当事人更加信赖人民调解员，有益于纠纷的顺利解决。如果随意泄露当事人隐私，不仅会造成当事人对人民调解员的不满，而且有时会给调解造成意想不到的困难与麻烦，影响社会稳定。因此，人民调解员在调解工作中都应当本着对纠纷当事人负责的态度自觉遵守这条纪律，且不仅应在调解过程中遵守，而且在调解终结后也应遵守，以取信于民，维护人民调解组织的信誉，防止违法乱纪的现象发生。

（二）人民调解员的职业道德

职业道德是所有从业人员在职业活动中应该遵循的行业准则，是社会道德的重要组成部分。人民调解员在从事人民调解这一职业活动时也必须遵守该行业的道德准则，注重职业道德的修养。《人民调解工作若干规定》第 18 条第 2 款对人民调解员的职业道德提出了要求："人民调解员履行职务，应当坚持原则，爱岗敬业，热情服务，诚实守信，举止文明，廉洁自律，注重学习，不断提高法律、道德素养和调解技能。"

人民调解员要做遵纪守法、坚持原则的带头人。这是做好人民调解工作的前提。坚持原则必须尊重事实，按国家的法律、法规以及各项规章制度办事，以为人民服务的心平等待人。只有这样，才能保持人民调解组织和人民调解员的良好形象。

爱岗敬业，是对每一位人民调解员的基本要求，是做好本职工作的前提和条件。人民调解工作是项艰苦的工作，同时又是一项直接服务于广大群众的基层工作。只有真正热爱人民调解工作，敬爱这份职业，把这一岗位视为为人民服务、为社会做贡献的场所的人，才能安心工作，干出成绩。也只有爱岗敬业的人，才会以热情服务的心态，真正为人民调解工作尽心尽力、满腔热情地投入工作。

人民调解员还要做到诚实守信，举止文明。这是维护人民调解员声誉的基本要求，也是人民调解员职业道德的基础。诚实守信，举止文明，要求人民调解员在人民调解工作中，做老实人、说老实话、办老实事，信守承诺、讲信用、重声誉，不讲粗话。人民调解员只有诚实守信，举止文明，才能得到人民群众的信赖和尊重，得到社会、行业的接纳。如果失去了这一职业道德规范，迟早会被群众、社会淘汰。

人民调解员必须在本职工作中廉洁自律、秉公办事、不徇私情、公正待人，以各种规章制度、纪律、国家的法律、法规作为自己行为的准则和依据，公道地为群众办事，为人民调解工作的顺利进行奠定基础。只有这样才能服务于民，取信于民，发挥人民调解工作在建设社会主义精神文明中的作用。

人民调解员主要依靠法律、法规、规章、政策和社会主义道德开展调解工作，所以，人民调解员在进行人民调解的工作过程中，光有满腔热情是不够的，还必须有从事人民调解工作的技能，包括法律知识、调解方法和技巧。这种技能的掌握和提高，只有通过学习才能实现。学习，同样也是提高道德素养的基本途径。因此，作为人民调解员，只有不断丰富自己的法律知识、政策水平，注重学习与人民调解有关的业务知识，才能提高调解技能和调解水平，成为一名合格的人民调解员。

三、人民调解员的保障

要做好人民调解工作，需要人民调解员全身心地投入、奉献。但这并不是要求调解员只讲奉献，完全不顾个人私利。要让调解员更专心致志地工作，必须要解决调解员的后顾之忧。《人民调解法》第16条规定："人民调解员从事调解工作，应当给予适当的误工补贴；因从事调解工作致伤致残，生活发生困难的，当地人民政府应当提供必要的医疗、生活救助；在人民调解工作岗位上牺牲的人民调解员，其配偶、子女按照国家规定享受抚恤和优待。"《人民调解工作若干规定》第18条第1款规定："人民调解员依法履行职务，受到非法干涉、打击报复的，可以请求司法行政机关和有关部门依法予以保护。"

📖 **引例分析**

后亭村人民调解委员是群众性自治组织，它属于后亭村村民委员会设立的人民调解委员会，委员由村民会议或者村民代表会议推选产生。引例案件的解决过程，展现出人民调解员的逻辑思维能力、语言表达能力、自控能力、组织协调能力，尤其是处事应变能力。

📝 **思考与练习**

一、选择题

1. 人民调解委员会是 (   )。

A. 国家司法机关   B. 国家行政机关

C. 群众自发组织   D. 群众自治组织

2. 人民调解委员会在（　　　　　）的指导下工作。

A. 基层司法行政部门　　　　　　B. 基层人民法院

C. 省级司法行政部门　　　　　　D. 基层司法行政部门和基层人民法院

二、问答题

1. 人民调解组织的工作任务和工作方针，分别是什么？

2. 简述人民调解组织的设立形式与组织建构。

3. 人民调解员的基本任职条件有哪些？

4. 人民调解员应当遵守哪些职业纪律？

拓展阅读书目

1. 胡泽君主编：《人民调解教程》，中国政法大学出版社 2004 年版。

2. 肖方编：《如何当好人民调解员》，中国社会出版社 2005 年版。

3. 李秀芬："关于人民调解组织的性质及法律地位的思考"，载《山东社会科学》2007 年第 12 期。

4. 孟慧毅："关于我国人民调解制度完善的思考"，复旦大学 2011 年硕士学位论文。

──── 单元二

人民调解过程中的技能运用

知识结构图

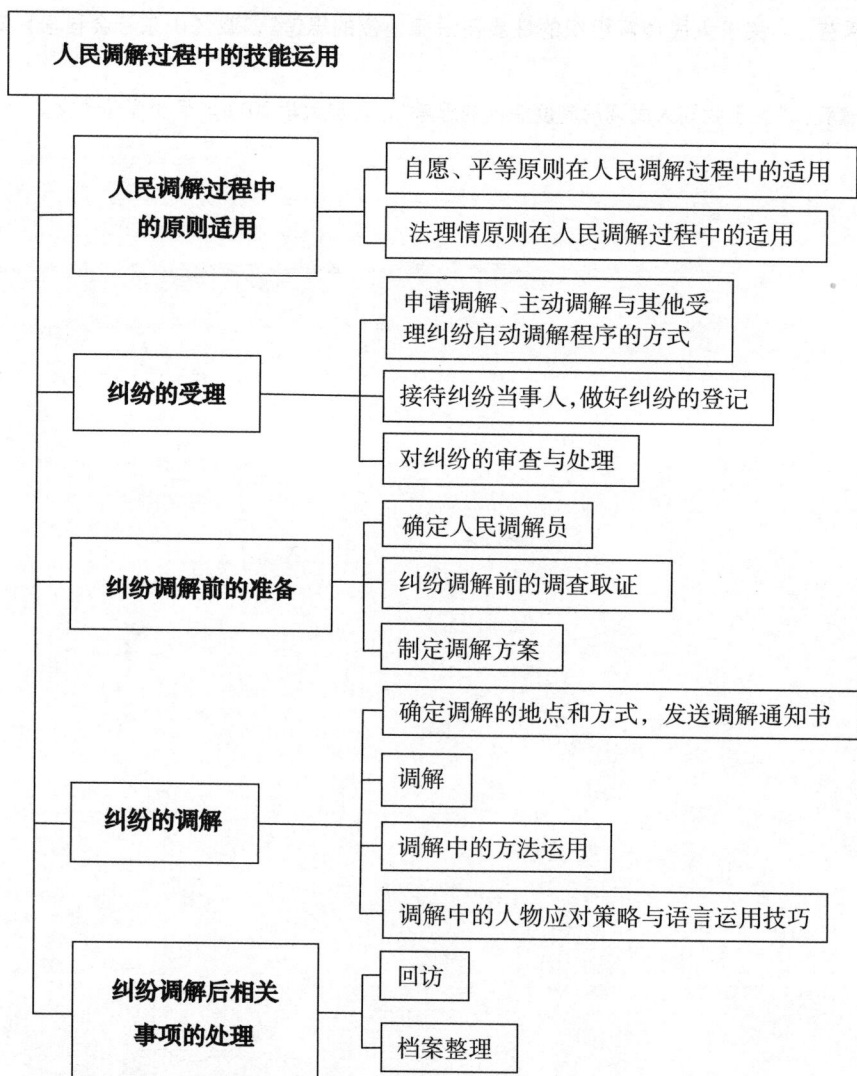

```
人民调解过程中的技能运用
    │
    ├── 人民调解过程中        ──┬── 自愿、平等原则在人民调解过程中的适用
    │   的原则适用              └── 法理情原则在人民调解过程中的适用
    │
    ├── 纠纷的受理            ──┬── 申请调解、主动调解与其他受
    │                          │    理纠纷启动调解程序的方式
    │                          ├── 接待纠纷当事人，做好纠纷的登记
    │                          └── 对纠纷的审查与处理
    │
    ├── 纠纷调解前的准备      ──┬── 确定人民调解员
    │                          ├── 纠纷调解前的调查取证
    │                          └── 制定调解方案
    │
    ├── 纠纷的调解            ──┬── 确定调解的地点和方式，发送调解通知书
    │                          ├── 调解
    │                          ├── 调解中的方法运用
    │                          └── 调解中的人物应对策略与语言运用技巧
    │
    └── 纠纷调解后相关        ──┬── 回访
        事项的处理              └── 档案整理
```

项目一　人民调解过程中的原则适用

知识目标

了解人民调解工作应当遵循的原则，掌握原则的内涵。

能力目标

学会把人民调解的原则运用到具体案例当中去。

引　例

李某和孔某是二十多年的老邻居，李某住路南，孔某住路北，两家隔路相望几十年，矛盾却从一棵梧桐树而起。原来二十年前，他们居住的大通站后义下村住户很少，孔某就在自家房屋的前面种下一棵梧桐树，后来随着住户越来越多，就在孔某家房屋和树之间形成了一条路，而这时，李某在路南建起了自家房屋，盖院墙时，把孔某种的梧桐树围在了墙内，梧桐树越长越大，根须长到了李某家房屋内，造成了房屋地面、墙面开裂，对李某一家的居住安全形成了威胁，而孔某又不愿伐树，称李某是故意用墙把树围在院内抢占了其家的地方，为此两家争议不休，纷争不断，调解主任听说后，就想把矛盾解决，于是首先造访了孔某家，她和孔某拉了一阵家常后，就把话头扯到两家的矛盾上，想不到孔某一提到这事，就没好气地说："是我先种的树，他后盖的院墙，盖院墙时也没打我招呼，就把树围进去了，我这棵树长了十几年了，夏天能遮阴，我最喜欢在树下乘凉了，想砍我的树，门都没有。"调解主任又到李某家，李某说："我家有三个孩子，房子太小，十几年前加盖了房子，由于地点小，没办法，就把这棵树围在了院子里，树小的时候，没觉得怎样，树长大了，竟然使我家的房屋墙面、地面开裂，所以就想找老孔看能不能把这棵树伐了，结果老孔不同意，就这样僵持到现在。"于是调解主任又到孔某家，仔细地向孔某叙述了李某家的房屋现状，如不采取措施，就会对人造成伤害，孰轻孰重，请他仔细掂量一下。然后调解主任看到孔某脸上有了明显的变化，就赶紧趁热打铁说："不如这样吧，老孔，你这棵树也种了十几年了，值点钱，把它卖给老李，由他作主，就算是他对你这棵树做了补偿，行吗?"孔某听调解主任这么一说也觉得在理，其实孔某的原意也就是希望得到金钱上的补偿，而李某家并不愿意出钱，调解主任也了解到了焦点在这里，于是调解主任又来了李某家，把孔某的意思婉转地表达出来。谁知李某听了后很不耐烦，说："为什么我要出钱买，他的树把我的房子都撑开裂了，我还要找他给我修房子呢。"调解主任赶紧说："老李，你别急，你想想是老孔先种了树，你后盖的院墙，他并没有错，我们今天主要是解决问题，老孔这棵梧桐树长了十几年了，一花一草都有感情何况还是一棵大树，你把他的树围到了你家院子里，实际上是你占了他的地方，现在你出钱来买这棵树，也合情合理。"老李听到这，脸色有所缓和，于是调解主任耐心细致地叙说了远亲不如近邻等人之常情的道理，最后终于达成了协议，老李交给老孔 500 元钱，作为补偿，两家就此握手言和，多年的矛盾就此化解。[1]

问题：

1. 上述案例体现了调解的什么原则？

2. 人民调解应当遵循什么原则？

基本原理

为充分发挥人民调解工作在和风细雨中化解矛盾、消除当事人之间的隔阂、预防纠纷激化升级、促进社会和谐稳定的作用，在开展人民调解工作的过程中，应当遵循一定的活动准则。对此，《人民调解法》第 3 条规定："人民调解委员会调解民间纠纷，应当遵循下列原则：①在当事人自愿、平等的基础上进行调解；②不违背法律、法规和国家政策；③尊重当事人的权利，不得因调解而阻止当事人依法通过仲裁、行政、司法等途径维护自己的权利。"因此，人民调解活动必须遵循自愿、平等、法理情原则。

任务一 自愿、平等原则在人民调解过程中的适用

一、自愿原则在人民调解过程中的适用

人民调解自愿原则的实质，就是在民间纠纷调解活动中实行当事人意思自治。即当事人可以根据自己的判断去参与民间纠纷调解活动，国家及任何其他第三人一般不干预当事人的自由意志，充分尊重当事人的选择。人民调解中的自愿原则包括纠纷当事人可以根据自己的意愿自主决定是否参与民间纠纷调解活动、参与的内容、行为方式以及对自己参与纠纷调解活动所导致的结果如何承担责任等方面。

（一）自愿原则的概念

自愿原则，是指人民调解组织及人民调解员在开展人民调解工作过程中必须始终遵循的依当事人意志，尊重当事人意愿，不得将人民调解组织及人民调解员的意志强加给纠纷当事人，更不允许采取任何强迫措施的行为活动准则。换言之，纠纷当事人是否选择以调解的方式来解决纠纷必须是出于当事人自愿。只有在产生纠纷的双方当事人都同意的情况下，人民调解组织和人民调解员才能主持调解活动。如果经调解，双方当事人不能达成一致意见，人民调解组织和人民调解员就应当中止调解程序，而

---

〔1〕 "人民调解典型案例"，载 http://www.govyi.com/fanwen/dianxingcailiao/201012/fanwen_201012 09194648_14316.shtml，2016 年 9 月 6 日访问。

不得久调不结或强行调解。经调解所达成的协议也必须完全依据双方当事人的意愿，不得带有任何的强制色彩，不能把人民调解组织和人民调解员自己的意志强加给当事人，迫使其接受调解协议。假使在外力的强制下当事人无奈地"达成协议"，这个"协议"由于不是当事人真实的意思表示，其心理不可能获得平衡，事后也必然会出现反悔或拒绝履行"协议"的现象，必然导致纠纷没有得到实质上的解决。当然，强调在人民调解工作中坚持自愿原则并不排斥在必要时对当事人进行合理的劝说和引导，也不等于调解工作可以放弃原则，迁就当事人的过错。

为准确把握自愿原则的内涵，对于自愿原则应从以下几个方面来理解：

1. 解决纠纷是否选择调解必须出于双方当事人的自愿。双方当事人发生纠纷后，享有管辖权的人民调解委员会对该纠纷能否进行调解，应完全依据双方当事人的意愿，要充分尊重双方当事人的选择权。如果双方当事人愿意由对该纠纷享有管辖权的人民调解委员会主持调解，那么，该人民调解委员会就应当受理并认真主持调解；如果双方当事人不同意由人民调解委员会进行调解，该人民调解委员会就不能违背当事人的意愿强行要求纠纷当事人到人民调解委员会进行调解；如果纠纷当事人向享有管辖权的人民调解委员会申请调解，该人民调解委员会受理后，在调解过程中当事人不愿意继续接受调解，或调解不成功，或调解协议达成后反悔、拒绝履行调解协议，而向人民法院起诉，或申请仲裁，或依法通过行政途径维护自己权利的，人民调解委员会不得以任何理由予以阻止，应充分尊重当事人的选择权。

国务院颁布的《人民调解委员会组织条例》和全国人民代表大会颁布的《民事诉讼法》也都对这一原则作出了明确规定。即纠纷发生后，纠纷当事人有权选择解决纠纷的途径或方式。对于所发生的纠纷，是申请由人民调解委员会解决，还是诉请人民法院解决，完全由当事人自己决定，任何组织和个人都无权干涉。如果当事人不经人民调解委员会调解，而直接向人民法院起诉的，应当允许，人民调解不是诉讼的必经程序；在人民调解委员会调解纠纷的过程中，如果双方当事人或一方当事人认为人民调解委员会解决不了问题，不愿意继续接受调解而改请人民法院判决，应当允许，不得强行阻拦；如果纠纷经人民调解委员会调解达成协议后，当事人一方或双方由于这样或那样的原因反悔，不愿意履行协议而改向人民法院请求判决的，亦不得强行阻止。这是正确理解和把握人民调解自愿原则内涵的第一点要义。

坚持自愿原则，尊重当事人的诉讼权利，是司法终局性原则的要求。司法终局性原则是处理国家审判机关与其他组织在解决纠纷时相互关系的一个根本原则，司法审查是保证社会公平与正义的最后一道屏障，因此任何适用《宪法》和法律的纠纷，原则上只能由人民法院作出排他性的终局裁决。坚持自愿原则，尊重当事人的诉讼权利，允许当事人向人民法院起诉，既可以迅速、及时解决纠纷，也可以加强人民法院对人民调解工作的监督，有利于维护当事人的合法权益，保障社会安定。

2. 调解协议的达成必须出于双方当事人自愿。化解矛盾、消除隔阂、平息纷争、达成协议是人民调解组织开展调解活动的根本出发点，也是调解活动的根本目的。因此，人民调解组织及人民调解员在调解过程中只能竭尽全力，通过对双方当事人进行说服、教育、引导、疏导、劝说，晓之以理，动之以情，努力促使双方当事人互谅互让，取得共识，达成协议。无论如何都必须以双方当事人自愿为前提，而不能带有任何强制性。哪怕是人民调解组织和人民调解员在调解过程中对双方当事人提出的解决纠纷的建议，也仅供双方当事人参考，绝不可以强迫任何一方当事人接受，最终所达成的调解协议的内容必须完全由当事人双方自主自愿决定。这是正确理解和把握人民调解自愿原则内涵的第二点要义。

3. 调解协议由当事人自觉履行。纠纷双方当事人通过人民调解组织和人民调解员的调解所达成的协议，由于是双方当事人的自主自愿行为，大多数情况下当事人都能够做到自觉自愿地履行。但是，也不排除在某些情况下，由于某种原因，当事人对当时所达成的调解协议事后又出现不积极主动履行、不全面履行甚至不履行的情况，即便是出现这种情形，人民调解组织及人民调解员也只能细致耐心地进一步做好工作，通过采取说服、引导、督促甚至帮助的方式促使当事人履行，不得采用任何强制或胁迫的方法或手段迫使当事人履行协议。哪怕是当事人达成协议后又出现反悔的情形，人民调解组织及人民调解员也只能建议当事人重新选择调解或向人民法院起诉。这是正确理解和把握人民调解自愿原则内涵的第三点要义。

（二）正确适用自愿原则的要求

人民调解组织及人民调解员，为确保人民调解工作在构建和谐社会中真正发挥其应有的功能和作用，在具体的调解工作中不仅要做到始终贯彻自愿原则，而且还应做到正确贯彻自愿原则。只有这样，才能真正实现人民调解工作的根本宗旨和任务。因此，为确保自愿原则的正确履行，人民调解组织及调解人员应当注意以下几点要求：

1. 贯彻自愿原则不能放弃调解工作的积极主动性。要把当事人自愿选择人民调解途径解决纠纷的自愿原则与人民调解员积极主动开展工作对当事人施行说服教育的方法紧密结合起来。也就是说，人民调解员在日常开展人民调解工作过程中，不能因人民调解制度的设计强调了要始终贯彻自愿原则，就不主动或不敢主动介入当事人间的纠纷，只能坐等当事人找上门来才予以解决。纠纷当事人上门请求调解固然是自愿原则的体现，但并不等于说只有纠纷当事人上门请求调解纠纷才能开始调解工作程序，人民调解员必须善于在日常排查、回访等工作中发现问题，要及时介入，主动解决问题，平息纷争；人民调解员也不得因强调对调解协议的达成最终完全取决于双方当事人的自主自愿或依双方当事人的意志而定，就对当事人的意见听之任之，而放弃自己的工作主动性，使人民调解工作处于消极被动状态，必须始终注意要把自愿原则与人民调解员积极主动对当事人施行说服教育的方法紧密结合起来，通过采用说服教育、耐心疏导的方式，摆事实讲道理，使纠纷当事人受到教育，提高认识，明辨是非，引导双方当事人达成共识，化解纠纷；即便是在调解协议的履行环节，人民调解员也必须始终牢记自己的职责。这不仅是正确贯彻自愿原则的根本要求，也是有效开展人民调解工作的根本途径。

2. 贯彻自愿原则以不违反法律（政策）强制性规定为前提。坚持自愿原则，不等于在调解纠纷时可以放弃原则，迁就错误。人民调解工作的实践证明，纠纷当事人取得谅解，达成协议，不可能完全取决于双方当事人的意愿。如果能完全依双方当事人的意愿来解决他（她）们之间的纷争，那么，当事人之间或许就不会产生这样或那样的纠纷，甚至说在纠纷产生后也没必要选择人民调解或其他途径来解决他（她）们之间的纷争。这里强调达成协议的内容应取决于双方当事人的意愿，是结果要求，但并不排斥人民调解员在调解工作中对双方当事人采用说服、教育、感化、规劝、疏导等有效方法，以确保双方当事人所达成的协议不偏离法律、法规、规章、政策的要求和公序良俗的轨道。因此，人民调解员在调解纠纷过程中，既要尊重双方当事人的意愿，又要注意正确引导，使双方当事人明辨事理，分清是非，明确责任。只有这样，人民调解工作才能取得圆满成效。

3. 贯彻自愿原则应当切实保障和尊重当事人的诉讼权利。要正确处理尊重当事人的诉讼权利与人民调解组织工作绩效评价的关系。各级政府及各类组织不能把某个地区的人民调解组织受理或解决案件的多少，尤其是经调解后又向人民法院起诉的案件比例，作为衡量人民调解工作绩效的考核标准。否则，就会导致人民调解组织错误地认为：某个地区起诉到人民法院的案件少，或者经调解后又向人民法院起诉的案件比例低，就是人民调解工作做得好；起诉到人民法院的案件多，或者经调解后又向人民法院起诉的案件比例高，就是人民调解工作做得不到位。这必然会导致在日常工作中出现人民调解组织及人民调解员强迫调解、剥夺当事人的诉讼权利的现象。所以，人民调解组织不能在任何阶段以任何借口阻止当事人向人民法院起诉。即不论是纠纷未经人民调解组织调解，当事人直接向人民法院起诉，还是调解过程中当事人不愿意继续接受调解而中途放弃，抑或是经人民调解组织调解达成协议后又反悔，人民调解组织都应尊重当事人的选择。现实工作中，有的基层政权组织为了搞"纠纷不出村，不出队"，规定纠纷未经人民调解委员会调解或者未经人民调解委员会同意，不能向人民法院起诉；有的人民法院也把是否持有人民调解委员会的介绍信作为受理案件的必备条件。这些做法都是不正确的，都应当及时予以纠正。

另外，也不能把尊重当事人的诉讼权利同人民调解组织和人民调解员主动积极地调解纠纷对立起来。主动积极地调解纠纷，为群众排纷解争，是人民调解组织和人民调解员义不容辞的职责，也是党和政府以及广大人民群众对人民调解组织和人民调解员寄予的殷切希望，它体现了人民调解组织和人民调解员为人民服务的宗旨。因此，绝不能因为强调要尊重当事人的诉讼权利，就对纠纷的调解抱消极态度，把纠纷往人民法院推。这是对尊重当事人的诉讼权利的一种错误理解。对于人民调解组织和人民调解员来说，应当既要积极主动地调解纠纷，又要充分尊重当事人的诉讼权利。

（三）适用自愿原则的实践意义

人民调解组织的性质决定了人民调解工作应当贯彻自愿原则。由于人民调解委员会既不是国家司法机关，也不是国家行政机关，只是群众性的自治组织，它不享有国家审判权和行政命令权，没有国家赋予的强制权力。因此，人民调解委员会在解决纠纷时必须始终依当事人的意志，尊重当事人的意愿，围绕当事人的争议焦点，通过说服、教育、引导、疏导、劝说等方式，摆事实，讲道理，细致、耐心、认真地开展调解工作，而不能有任何强迫因素。否则，必将违背人民调解组织的性质和宗旨，侵害当事人的利益，损害人民调解组织的形象。因此，强调人民调解工作应始终贯彻自愿原则，这对顺利而有效地开展人民调解工作具有重要意义：

1. 坚持自愿原则，有助于在纠纷当事人与人民调解员之间形成良好沟通氛围，使调解达到更好效果。纠纷产生以后，双方当事人之所以选择人民调解这一途径而不是起诉到人民法院，其中一个重要原因，就是他（她）们认为人民调解委员会解决纠纷不仅依据当事人的自愿选择，而且双方当事人可以在人民调解员主持下进行自主自愿的协商，最终能否达成协议以及协议的内容如何也完全取决于双方当事人的意愿，不带有任何强制性。同时人民调解员与当事人的地位无论在事实上还是法律上都是平等的。在这样一种氛围之下，纠纷当事人比较容易听取人民调解员的意见和建议，因而调解也就容易获得成功。所以，要顺利而有效地开展好人民调解工作，必须坚持自愿原则。

2. 坚持自愿原则，有利于彻底消除纠纷当事人之间的隔阂，增进双方的团结，为双方今后长期和睦相处奠定良好的基础。由于人民调解委员会所受理或解决的各类纠纷案件中，有相当数量纠纷的产生是由双方当事人之间对某一法律或事实的理解或认识存在差异导致的，甚至有的纠纷纯属误会所致。即便是由于利益分配和权益保护的原因而产生的纠纷，双方当事人之间也不存在根本性的利益冲突。对此，双方当事人一般都有和好如初的良好基础并且大多当事人也都有和好的愿望，希望在纠纷解决后能够继续和睦相处。纠纷当事人的这种愿望恰好与人民调解委员会的根本任务和宗旨是完全一致的。所以，解决这类纠纷只能采用解决人民内部矛盾的方式。只要人民调解组织和人民调解员在解决纠纷时充分尊重双方当事人的意愿，始终坚持自愿原则，就能把调解工作做细、做好，落到实处，从而化解矛盾、消除隔阂，促进社会稳定与和谐社会的构建。

3. 坚持自愿原则，尊重当事人诉讼权利，有利于正确适用法律，消除当事人的疑虑。现实生活中由于有的民间纠纷十分复杂，所涉及的法律、法规、规章及政策的内容也非常广泛。然而有的人民调解员由于法律、法规或政策水平不高，业务能力有限，对某些问题的理解和把握不够准确，在调解工作中不可避免地会出现这样或那样的一些偏差。因此，通过当事人向人民法院起诉，经人民法院的进一步审查，就能使人民调解工作中出现的偏差或错误及时得到纠正，有利于维护当事人的合法权益。即使是纠纷经人民调解委员会调处后所达成的协议内容完全正确，当事人起诉到人民法院，再由人民法院进一步进行审查，对人民调解组织来说也是有益的，因为人民法院对案件的处理，实际上是对人民调解委员会正确意见的肯定和支持。这样做不仅不会损害人民调解委员会的形象，反而会大大提高人民调解组织的威信和声誉。尊重当事人的诉讼权利，允许当事人在诉讼时效期内向人民法院起诉，自由选择自己满意的争议解决方式，这既有利于尊重当事人的处置权，保证案件得到客观、公正的处理，保护当事人的合法权益，又可以消除当事人的疑虑，提高当事人对人民调解机制的社会信任度，促进人民调解机制健康发展，充分发挥人民调解机制的社会功能，最终实现人民调解工作服务群众、服务基层、案结事了、维护稳定、促进社会和谐的终极目标。

二、平等原则在人民调解过程中的适用

平等原则，是法律面前人人平等的宪法原则的具体体现。这种平等，不仅指平等权利，而且也包括平等义务。在社会主义的民事法律关系中，当事人的权利与义务是一致的，任何人不能只享有权利不承担义务，也不能只承担义务不享受权利。平等原则规定权利主体的独立地位，但这种独立性并不是以个人为中心而脱离社会主义法律轨道，而是以社会主义制度作为民事法律关系的基础。平等原则强调双方意思表示必须一致，但这种协议并不等于自由放任，更不等于说协议就是法律。平等原则保证当事人的经济利益，但决不允许自私自利，不得为了个人私利而损害国家、社会利益和他人的合法权益。这是人民调解组织和人民调解员必须准确理解和深刻领会的平等原则的精髓。

（一）平等原则的概念

所谓平等原则，是指在调解纠纷过程中人民调解组织及人民调解员必须遵循的保证双方当事人法律地位平等，确保每一个当事人有凭借自身能力获得成功的同等机会的行为活动准则。该原则的核心内容是"非歧视性对待"和"无区别对待"。这不仅是《民法总则》第4条规定的"民事主体在民事活动中的法律地位一律平等"原则的具体落实，也是《宪法》第33条第2款规定的"中华人民共和国公民在法律面前一律平等"原则的具体体现。"法律面前人人平等"是我国社会主义法律制度的基本要求。平等原则包含以下三方面内容：

1. 非歧视性对待原则。保障纠纷当事人在调解活动中的法律地位平等。纠纷当事人在调解活动中的法律地位平等，也就是法律上的人格平等。这种人格是指民间纠纷当事人在参加纠纷调解过程中享有独立和平等的法律人格，各纠纷当事人互不隶属，各自能独立地表达自己的意志，其合法权益平等地受到法律的保护。即在人民调解组织和人民调解员主持的调解活动中，必须保证不因纠纷当事人存在民族、种族、性别、职业、教育程度、家庭出身、社会地位、政治面貌、财产状况、宗教信仰、居住期限等差异而区别对待，更不得有歧视性对待，必须保证当事人独立、平等地享有权利和承担义务。

尤其是随着社会文明程度及人民群众法律意识的逐步提高和增强，平等原则的内涵也在不断变化和丰富。因此，在具体的民间纠纷调解活动中，人民调解组织和人民调解员必须努力做到保证纠纷当事人法律地位平等，不允许有上下高低之分。"不轻视小额案件，不轻视困难群体，不轻视当事人的任何权利"，是宋鱼水法官对当事人法律地位平等原则的深刻诠释，也是人民调解组织和人民调解员在调解过程中必须始终牢记的准则。

2. 无区别对待原则。保证对纠纷当事人在适用法律上一律平等。这是由人民调解的性质决定的，最集中地反映了人民调解的本质特征。人民调解针对的是平等主体之间的财产关系和人身关系所引起的纠纷，财产关系与人身关系的主体只有法律地位平等，才能保证自愿实现财产流转。马克思在论商品自由让渡时提出："一方只有符合另一方的意志，就是说每一方只有通过双方共同一致的意志行为，才能让渡自己的商品，占有别人的商品。"因此，商品交换的双方只有处于平等地位，彼此自愿，自由让渡，才能达到商品交换的目的；人身关系是与人身不可分离、以特定精神利益为内容的社会关系，由于人身关系反映着存在于人身之上的精神利益，所以，人身关系的主体也必须是平等的。即使是具有隶属关系的上、下级组织，彼此在民事法律关系中也应处于平等的地位。

调解平等主体之间的财产关系和人身关系必然要求人民调解组织和人民调解员对纠纷当事人在适用法律上一律平等。即人民调解组织和人民调解员在调解民间纠纷时，要严格按照法律、法规、规章、政策的规定及社会公德办事，用法律、法规、规章、政策及社会公德作为衡量是非的基本标准和尺度。依据法律、法规、规章、政策及社会公德判断纠纷当事人之间的是是非非，判定谁对谁错，谁应当承担责任，谁应当受到保护。任何主体的合法权益受到侵害时，都应受法律的平等保护，任何当事人承担的民事责任也都应以等价赔偿为原则，不允许人民调解组织和人民调解员有任何偏袒，也不允许任何当事人享有特权。这是人民调解活动中必须遵循的准则。

3. 确保人民调解组织和人民调解员与纠纷当事人的法律地位平等。平等原则不但体现为当事人之间的法律地位平等，还应表现为人民调解组织和人民调解员与当事人之间的法律地位平等。即在调解过程中，人民调解组织和人民调解员虽然是主持者，控制着整个调解局势和场面，并且始终通过各种调解方法和技巧来说服、劝说、教育、引导和疏导纠纷当事人朝着公平正义的法治轨迹前行。但是，这里强调的是说服、劝说、教育、引导和疏导，而非指挥、命令。人民调解的性质和本质也要求人民调解组织和人民调解员在调解活动中，必须与当事人站在同一位阶上，处于平等地位，不得因自己是调解活动的主持者，便以为自己就是调解活动的指挥者，摆出一副高高在上的姿态压制当事人或者支配当事人。对于任何涉及当事人权利义务内容的事宜，都必须做到与当事人平等协商。美国著名法学家埃比曼教授指出："一项制度的功能如何须取决于操作者的素质。"人民调解组织和人民调解员的职责是平息纠纷当事人之间矛盾、消除当事人之间隔阂、重筑当事人之间友谊的桥梁，其所处的地位决定其必须具有较高的道德修养和职业素质。人民调解组织和人民调解员必须牢记这一原则，这是妥善、有效解决民间纠纷的根本保证。

（二）正确适用平等原则的要求

坚持平等原则，不仅是人民调解工作的本质要求，也是对司法公正价值的深刻理解。人民调解组织和人民调解员在调解活动中如果能正确理解和准确把握平等原则的内涵，并能始终如一地遵循这一原则，人民调解工作就一定能营造出令纠纷当事人和人民调解工作"双赢双满意"的和谐局面。因此，为确保平等原则在人民调解活动中得到正确的贯彻和实施，人民调解组织和人民调解员在调解工作中必须做到：

1. 人民调解组织和人民调解员要正确理解和准确把握平等原则的内涵。人民调解组织和人民调解员是人民调解工作的具体组织者和实施者，其自身对平等原则内涵的理解和把握程度直接影响到平等原则贯彻落实的效果。因此，各级人民调解组织和人民调解员必须在思想上提高对平等原则的认识——平等原则虽然决定了当事人的独立地位，但这种独立性不得以个人为中心而脱离社会法治轨道，应以社会制度作为调整其法律关系的基础；平等原则强调双方当事人意思表示必须一致，但基于此达成的协议内容并不等于可以自由放任，而是要接受法律制度的指导；平等原则保证当事人的经济利益，但决不允许自私自利，不得为了个人私利而损害社会的公有财产，损害他人的合法权益；平等原则是法律上人人平等的宪法原则的具体体现。这种平等，不仅指平等权利，而且也包括平等义务，当事人的权利与义务是一致的，任何人不能只享有权利不承担义务，也不能只承担义务不享受权利。人民调解组织和人民调解员要正确理解和准确把握平等原则的内涵，牢固树立平等的观念，增强贯彻平等原则的自觉性。

2. 人民调解组织和人民调解员在调解活动中对纠纷当事人要一视同仁，要善于营造平等的气氛，使双方当事人都能够充分陈述自己的意见和要求，平衡当事人的心理，从而有利于解决纠纷。心理平衡，是人们追求公正、合理的心理在获得满足时的一种心理状态。当事人心理一旦平衡了，一般会表现出积极的态度，有助于纠纷的圆满解决。如果心理不平衡，往往会萌发出如何来满足这种心理追求的想法，并作出相应的行为反应，人民调解组织和人民调解员所获得的信息也就可能不真实、不客观，进而影响到人民调解员对纠纷事实的判断。如果是在这种情况下勉强达成调解协议，许多情况下当事人就可能事后反悔或不履行协议，导致调解最终无果。当事人的心理能否获得平衡受多种因素的影响，除了自身法律意识、道德观、价值观等因素外，对方当事人的态度和行为表现、人民调解员的劝说疏导方式、工作态度以及当时的语境氛围等因素对调解过程和效果都将产生强烈的影响。之所以强调人民调解组织和人民调解员要善于营造平和的氛围，是为了让双方当事人都能够充分陈述自己的意见和要求，通过信息的传递，促使当事人理解沟通，调节心理冲突，使双方心理获得平衡，转变不正确的态度，都愿意并且能积极配合人民调解组织和人民调解员的工作，消除纷争，达成协议，从而提高调解质量和效果。

3. 人民调解员在调解活动中要排除各种不当干扰，敢于坚持原则，取信于人。现实生活中有相当数量的纠纷当事人认为，他们之间所产生的权益纷争，很大程度上是由于在当时的背景下受到了各种各样的不公平因素影响所致，虽然今天选择了调解途径来解决纠纷，但仍然担心在调解过程中会受到各种各样的不当干扰，难以实现公正的利益诉求。因此，人民调解员应具有公正、公平、坦荡、无私、刚直、忠于事实和法律的职业品质，排除各种不当干扰，敢于坚持原则。只有这样，才能给当事人以尊敬和信任，也才有助于调解工作的有效进行，才能保证调解的公平、公正，达到理想的调解效果。

（三）适用平等原则的实践意义

任何社会都没有绝对的平等，诸多不平等的表现形式在不同国家的不同时期都始终存在着。我国也当然如是，在社会不同阶层和领域，也都存在着不同程度的不平等现象。正是因为现实中存在着诸多不平等，才会在各利益主体之间产生各种各样的矛盾、冲突或纠纷。任何平等的利益主体之间之所以会产生矛盾、冲突或纠纷，是因为他们认为在利益分配和权利保护方面存在不公平，欠缺正义性。所以，解决不同利益主体之间的矛盾、冲突或纠纷的根本要求就是任何救济活动的过程与结果都必须坚持和体现公正、正义的平等原则。人民调解组织和人民调解员在进行调解活动时也必须遵循平等原则，不得对任何一方当事人存有歧视或偏私。

1. 坚持平等原则，能保证人民调解组织和人民调解员客观公正地判明是非、分清责任。公正的调解过程和正义的调解结果都要求人民调解组织和人民调解员在调解活动中应当为当事人创造一种良好的平等环境，保证当事人平等地行使法定权利，对双方当事人的意见和证据予以平等的关注，一视同仁地平等对待纠纷当事人。人民调解组织和人民调解员在调解纠纷活动中如果不平等对待当事人，就可能在认定事实和认定证据方面先入为主，形成主观臆断，产生偏执，以至于作出错误的判断。平等对待是给予每个人以应得权益这一正义原则的基本要求，正义不仅应当得到实现，而且还应当以人们所能够感受得到的方式实现。只有这样，纠纷当事人才能确信自己受到了公正对待。平等原则就是保障正义以人们能感受得到的方式得到实现的价值标准。平等对待当事人，能确保人民调解组织和人民调解员通过抑制自己的偏见并给予双方当事人平等参与的机会，使纠纷双方当事人受到公正的待遇，实现社会公平正义。

2. 坚持平等原则，能客观准确地适用法律、法规、规章和政策等评价尺度，充分保护当事人的合法权益，确保经济社会的和谐稳定。在人民调解工作中贯彻平等原则，是我国的社会主义性质所决定的人民民主平等原则的具体体现，民主使得人与人之间的关系成为平等关系。这种平等关系在我国政治、经济、文化以及社会生活的各个方面都得到了法律的确认，在实践中也得到了贯彻。作为解决民间纠纷的人民调解活动当然也不例外，必须贯彻平等原则，因为平等原则符合我国社会主义法治理念的基本要求。公民在法律面前一律平等，已为我国《宪法》所确认，这一原则不但应当在民事活动和诉讼活动中得到贯彻，而且也应当在调解活动中得到贯彻。平等原则不仅体现为平等主体在民间纠纷调解活动中平等地享有权利和承担义务，更体现为其合法权利受到法律的平等保护。在复合民事法律关系中，当事人享有的民事权利和承担的民事义务通常都是对等的，法律也必须对双方提供平等的法律保护，不因单位大小、职位高低、经济实力强弱等情况的不同而在适用法律上有所区别。贯彻这一原则，不仅要求人民调解组织和人民调解员要保证纠纷当事人在调解活动中地位平等，而且还要求人民调解组织和人民调解员对纠纷当事人在适用法律、法规、规章及政策等评价标准上也必须平等，要准确把握公正尺度，正确引导双方当事人用信任的方式解决纠纷。

在调解活动中贯彻平等原则，客观准确地适用法律、法规、规章和政策等评价尺度，充分保护当事人的合法权益，既可以使人民调解组织和人民调解员取得当事人的信任，又可以化解当事人双方的对立情绪，从而有利于纠纷的顺利调解，并保证纠纷的妥善解决，增强纠纷当事人之间的团结，确保经济社会的和谐稳定。

3. 坚持平等原则，能在和风细雨中化解矛盾和纷争。纠纷当事人选择到人民调解委员会进行调解来解决他们之间的纷争是行使法律救济权利的手段，是实现权利保障的具体形式。要使他们成为实际享有权利的当事人，还必须赋予当事人同等的陈述权、辩论权等，要保证纠纷当事人在调解过程中有充分而平等的发言机会，人民调解组织和人民调解员要对当事人的各项权利平等保护和平等对待。人民调解组织和人民调解员在调解过程中，应保持中立的姿态，对双方参与者一视同仁，平等对待。要自始至终保持冷静、细心、耐心地倾听，心平气和地进行说服、劝导、疏导和引导，形成一个平和的氛围，平等尊重纠纷当事人的合法权利，以避免各方的猜测和怀疑，使各方参与者感受到并确信他们受到了公正待遇，从而在和风细雨中化解矛盾，使大量的矛盾和纠纷得到有效的疏导和化解，使纠纷当事人消除隔阂，平息纷争，握手言和，达成和解。

任务二　法理情原则在人民调解过程中的适用

虽然人民调解组织和人民调解员调解民间纠纷的活动是人民群众自我教育、自我管理、自我服务的自治性活动，但并不是说自治性的人民调解活动便可以无原则、无依据、随心所欲地自由进行，人民调解活动同样必须遵守其特定的行为活动准则，必须符合当下社会法律制度的要求。也就是说，人民调解活动也必须依据法律、法规、规章和政策进行，必须坚持依法调解，这是公正解决矛盾纠纷的最基本的要求。坚持依法调解，不仅可以使当事人懂得什么是合法，什么是违法，受到法治教育，从而规范自身未来的行为，避免或减少在今后的行为活动中产生侵权纠纷；而且可以使当事人清楚，在日常交往活动中自己都享有哪些权利，应该履行哪些义务，哪怕是产生了矛盾和纠纷，也懂得如何选择合法的救济途径来解决矛盾和纠纷，学会运用法律武器保护自己的合法权益。人民调解组织和调解人员调解纠纷必须坚持以事实为根据，以法律为准绳，遵循一定的程序进行调解。只有坚持依法调解才能做到以事实为根据，以法律为准绳，才能分清是非和责任，纠纷才能真正得到公正解决，才能维护社会正常秩序，保障社会安定。任何民间纠纷的调解都必须在法律设定的框架内进行，否则可能导致调解无效，这是人民调解应遵循的不违法原则的根本要求。

在人民调解活动中，依法调解固然重要，但是依情依理调解同样有着依法调解所不能替代的效果。因为法律不是万能的，不可能涵盖现实生活中的所有现象或要解决的所有问题，因为立法者在立法时不可能预见一切损害国家利益、社会公益和道德秩序的行为而作出详尽的禁止性规定，更何况法律制度的设计本身就是在人们对自身的行为不能控制或把握其朝着善的方向发展时，才发挥其功能作用的，其目的是防范恶。也就是当人们的自律的一面不能发挥其应有的作用时，或者是当纠纷当事人的自治行为超越法律所允许的底线时，法律才有彰显其特有的他律功能的必要。民间纠纷属于人民内部矛盾，人民调解是纠纷当事人自我管理、自我教育、自我服务的自治性活动，强调在和风细雨中化解纷争、消除隔阂。在调解过程中允许当事人让渡自身合法权利，自由行使自己的处分权，只要不损害社会、国家和他人利益，不违背社会公德，不被法律法规、政策所禁止，都是允许的，也是正当的。可见，不违法原则只是人民调解组织和调解人员在调解工作中应遵循的最基本的原则，只是底线性的规则，而不是全部原则，合情合理原则同样是人民调解组织和人民调解员开展人民调解工作应遵循原则的重要组成部分。

一、法理情原则的概念

法理情原则，是指人民调解组织和人民调解员在人民调解过程中必须坚持的，在查明事实、分清是非的基础上，遵循一定的程序，在不违背法律、法规的强制性和禁止性规定的前提下，可以依据政策、社会公德、村规民约、公序良俗和行业习惯充分说理，兼顾人情，以当事人在情感上能够接受的方式进行调解，促使纠纷双方当事人对争议的问题进行平等协商、互相谅解、消除隔阂，帮助当事人自愿达成协议、解决纠纷的行为活动准则。

法理情原则的核心内涵包括"不违法原则"与"合情合理原则"：

（一）不违法原则

不违法原则，是《人民调解法》规定的人民调解工作必须坚持的一项基本原则，坚持不违法原则是我国法治原则的要求，只有坚持调解不违法才能做到以事实为根据，以法律为准绳，才能分清是非和责任，纠纷才能真正得到解决，才能维护社会正常秩序，保障社会安定。任何民间纠纷的调解都必须在法律的框架内进行，否则可能导致调解无效，调解就会失去积极的社会作用。不违法原则包括以下几个方面的内容：

1. 人民调解组织受理和调解矛盾纠纷的范围要符合法律、法规、规章的规定。人民调解组织调解民间纠纷虽然是群众自愿、自治性活动，但不等于说任何矛盾纠纷产生以后，当事人都可以选择适用人民调解的方式来解决。至于哪些案件、哪类案件可以适用人民调解的方式解决，哪些案件、哪类案件属于人民调解组织有资格受理管辖的案件，法律、法规、规章均作出了规定，人民调解组织只能对法律、法规及规章规定属于人民调解组织受理范围并有权管辖的案件进行受理并管辖。法律、法规、规章规定只能由专门机关管辖处理的，或者法律、法规禁止采用调解方式解决的民间纠纷案件，或者人民法院、公安机关或者其他行政机关已经受理或者解决的案件，人民调解委员会不得适用调解。但治安案件、刑事犯罪案件引起的人身伤害、损害财产的赔偿案件，或者人民法院、公安机关虽已受理，但认为更适合人民调解解决，移交或者建议人民调解委员会调解的案件，或者虽然构成犯罪，但人民检察院决定不起诉及人民法院裁判不处罚的特殊刑事案件（如暴力干涉婚姻自由、遗弃、虐待等刑事案件），人民调解委员会则可以受理。总之，人民调解必须在法律允许调解的范围内进行。

2. 人民调解组织必须依法客观、准确地判断和评价争议事实。人民调解组织调解纠纷，应当在查明事实、分清是非的基础上，开展耐心、细致的说服疏导工作，促使双方当事人互谅互让，消除隔阂，引导、帮助当事人达成解决纠纷的调解协议。以事实为根据，以法律为准绳，是进行人民调解所必须遵循的法定原则，特别是人民调解的规则不同于诉讼，人民调解组织不能强制性地要求纠纷当事人提供证据，不能采用诉讼制度的举证规则。所以，人民调解组织和人民调解员要有效地解决纷争，就必须了解事实真相，掌握具体案情。要想了解事实真相，掌握具体案情，人民调解组织和人民调解员在受理案件后，就必须主动、积极地深入当事人周围了解案件情况的人群中间，认真、细致、全面、客观地听取当事人和了解案件情况的相关人员的陈述，调查分析矛盾纠纷产生的原因，坚持以客观存在的事实作为处理案件的根本依据。

由于民间纠纷发生时，人民调解员一般都不在现场，并不了解纠纷发生时的具体情况，因此，要想了解纠纷的真实情况，必须深入群众，向当事人、见证人进行调查，收集证据，据此对纠纷进行分析、研究，形成对纠纷的正确认识。只有通过调查研究，才能使自己的认识正确地反映客观事实，弄清纠纷的本来面目。绝不能凭主观想象、推测或无根据的推理、议论来判断是非与曲直，要重证据、重调查研究。认定事实必须以查证属实的证据为根据，适用法律又必须以查明的事实为根据；在查明事实、分清是非的基础上，以法律、法规、规章、政策为依据，对案件的处理坚持以法律规定为标准，以法律规定作为评价已经查明的案件事实的尺度，坚持以法律为准绳，保证处理案件尺度的统一，实现公平正义。

3. 纠纷调解的结果和当事人权利义务的确定，必须符合法律、法规、规章和政策的要求。按照人民调解的自治性要求，人民调解组织和人民调解员在主持调解活动中应当允许当事人双方对自己的民事权利作出适当的处分，但当事人的处分不得违背法律、政策的规定或损害国家、集体和其他公民的利益，这是合法原则的最基本要求。由于调解协议合法性的要求与判决合法性的要求有所不同，当事人可以运用处分权在不违反法律禁止性规定的前提下达成双方所能接受的调解协议，尽管协议的内容与法律上严格认定的权利义务关系并不完全一致。可见，这里强调的调解不违法性原则不是指调解协议的内容必须严格遵照法律的规定，而是指协议内容不得与法律的禁止性规定相冲突，不得违反公序良俗和损害第三人的合法权益。譬如在继承纠纷案件中，经调解当事人在所达成的调解协议条款内将国家所有的财产当作遗产予以分割，则此协议无效。如果法律对当事人权利与义务关系作强制性规定的，则不允许当事人有任何的选择余地，纠纷当事人违反这一法律规定所达成的调解协议当然无效。譬如根据《中华人民共和国婚姻法》的规定，父母子女关系不因离婚而消除，在调解案件中当事人所达成的因离婚而解除父母子女关系的调解协议就不具有法律效力；再如《中华人民共和国收养法》规定了收养人与被收养人年龄差距的限制性条件，当事人如果违反这一规定所达成的收养协议自然也不具有法律效力。再者，调解协议不得存在规避法律的现象，如果双方当事人故意通过达成调解协议来逃避债务，则该调解协议无效。另外，调解协议不得显失公平，如当事人对某一事实和法律产生误解，或者受到他人强制、哄骗与对方达成的协议同法律规定的权利与义务关系大相径庭，甚至完全违背法律规定，据此纠纷当事人最终达成的调解协议无效，不受法律保护。

4. 调解程序必须符合相关法律法规的规定。也就是说，民间纠纷发生以后，当事人是否选择适用调解的途径来救济权利，必须完全出于双方当事人的自愿，人民调解组织和人民调解员不得强行调解或强迫当事人达成协议；人民调解组织和人民调解员在调解成功后所制作的调解协议书以及调解协议书的送达等要符合法律规定，必须是在当事人自愿达成调解协议的基础上制作调解协议书，由双方当事人签收后才生效，绝不能先让当事人在送达回证上签字，过后再送达调解协议书。对不符合法律法规规定程序进行的调解，当事人可以要求重新调解，或者中途放弃调解，或者向人民法院起诉。对此，基层人民政府和基层人民法院也可以予以纠正。

为解决民间纠纷、消除不和谐因素、促进社会稳定，遵循合法原则进行调解是非常必要的。

（二）合情合理原则

合情合理原则，是指人民调解组织和人民调解员在调解纠纷时应遵循的，在不违背法律、政策的前提下兼顾天理、人情，以当事人在情感上能够接受的方式和人们共同认同、信守的公德为标准，尊重当地的公序良俗进行调解的行为活动准则。《人民调解工作若干规定》第4条第1项规定，人民调解委员会调解民间纠纷，依据法律、法规、规章和政策进行，法律、法规、规章和政策没有明确规定的，依据社会主义道德进行调解。这一原则不仅强调了人民调解活动不得违背有关法律、法规、规章的规定以及党和政府的政策要求，而且强调了人民调解活动还应依据社会主义道德规范对当事人进行说服教育，使当事人按照法律、政策和道德标准，分清是非、辨析责任，做到调解工作规范、公正、合情、合理。

合情合理原则，包含着情理原则与适当原则两个层面的内容：

1. 情理原则，属于社会公德范畴，是指为社会大众所普遍接受并共同遵循的、调整人与人之间在交往过程中所形成的社会关系的非强制性的行为准则。情理原则不仅包括人与人之间普遍认同的自然情感规则，还包括基于该情感产生的善良风俗、习惯等。情理原则强调人民调解活动应注重情理的融合，注重以和为贵，只要不违反法治原则和法律精神，在人民调解组织和人民调解员的劝说、教育、疏导和引导下，双方当事人对通过自治行为所达成的调解协议都能接受并能自觉自愿的履行，就达到了调解的目的。所以，人民调解组织和人民调解员在日常调解活动中必须注重情理规则的准确运用，全面考察纠纷产生的原因、地点、经过以及争议的焦点、当事人的特点、相互关系等因素，结合当地的风俗、习惯、乡规民约，综合权衡情、法、理的利害关系，作出既不违背法律和政策的强制性规定，也不有悖公序良俗的调解。只有这样，人民调解工作才能体现公民的意思自治，平衡当事人的利益关系，实现社会的公平正义价值追求，才有助于消除社会隐患，促进社会的和谐与稳定。

在我国，由于居住在农村、城镇及社区的人群关系相对较稳定，人口流动性较小，相互交往较密切，习惯于用风俗、习惯、乡规民约来调整相互之间的关系。尤其在民间纠纷产生以后，人们更习惯于或更加注重运用当地人普遍认可的情理规则进行解决。所以，这些区域的人民调解组织和人民调解员在调解纠纷过程中应特别注意这一原则的适用。要正确理解情理原则的内涵，准确把握情理原则的运用规则，及时有效地化解矛盾，解决纠纷。

2. 适当原则，是指人民调解组织和人民调解员在调解过程中对纠纷当事人的自治性行为进行规劝和引导时应遵循的，调解活动不仅不能违反法律的禁止性规定而且还应兼顾不违法前提下恰当、合理进行调解的行为准则。因为现实生活中人民群众的行为活动具有相当的复杂性和差异性，法律规范不可能对每一个具体纠纷作出明确而细致的规定，即便对某类案件作出了相应规定，大多也只是原则性或者概括性规定，只规定了裁量幅度或底线。因此，人民调解组织和人民调解员对纠纷当事人进行调解时，当事人所达成的调解协议不仅应当不违反法律的禁止性规定，而且还应当在法律规定的幅度内作出恰当、合理的选择，应当客观、适度。至少说，应在法律允许的范围内尽可能合理、适当裁量，而不是任意裁量。只有这样，人民调解工作才能做到客观、公正地保护各方当事人的合法权益，实现当事人所追求的公平与正义目标。

二、正确适用法理情原则的要求

遵循法理情原则，有利于实现社会公平正义，有利于提高人民调解的质量和效率，有利于促进社会和谐稳定。但是，由于我国还处于社会主义初始阶段，社会转型期的不稳定因素比较多，情势瞬息万变，矛盾类型各异，纠纷产生的原因也纷繁复杂。不仅因为法律不一应俱全，无法满足人民调解工作的现实需要，而且人民调解的自治性质决定了人民调解工作必须同时兼顾自愿及情理等原则。情理原则，即社会公德原则，是现代法治理念的一项重要原则，其作用在于弥补强行性和禁止性规定之不足，限制私法自治原则。因此，人民调解组织和人民调解员在调解工作中必须谨慎、准确、理性地适用法理情原则，通过大量细致的调查摸底工作，把"法、情、理"有机结合起来，做好"不违法""合情""合理"的"三篇文章"。为正确适用法理情原则，人民调解组织和人民调解员应当注意做以下几点：

1. 人民调解组织和人民调解员在调解过程中，不得违反法律的强制性规定，应正确把握法理情原则与自愿原则的关系。当法理情原则中的不违法原则与自愿原则出现冲突时，应当向当事人说明其个人意愿的违法性，促使当事人做出调整。自愿原则强调民间纠纷案件是否选择调解途径来解决，要以当事人的自愿为前提。在调解过程中允许一方当事人让渡其部分合法权利，自由行使自己的处分权，使当事人在平衡利益的基础上实现自身利益最大化，实现自身合法权益的最大范围保护。但是，如果单纯为了追求达到调解结案的目的，无原则地迁就当事人的意愿而不惜损害国家利益和他人利益，或者违背当事人意愿而强行调解，或者以牺牲权利人利益为代价而换取达成调解协议的结果，无疑都违背了法律原则和法律精神，这样达成的调解协议都是不符合人民调解的不违法原则的。可见，纠纷产生以后，该案件是否适用调解必须基于当事人自愿，调解协议是否达成必须基于当事人的意愿。但尊重当事人的自愿，不等于允许其违法。也就是说，人民调解组织和人民调解员调解纠纷，既要坚持自愿原则，又要遵循不违法原则，两者缺一不可。自愿是调解的前提，不违法是调解的保证，不违法原则与自愿原则必须有机结合，辩证统一。

2. 人民调解组织和人民调解员在调解过程中要注意准确运用调解衡平技术，正确把握"法""理""情"的关系，以实现情、理、法的融合、衡平与协调。所谓情、理、法的融合，就是要求人民调解组织和人民调解员在调解过程中既要坚持以法律为依据，又要兼顾社会公德，二者相辅相成，不得顾此失彼，不得偏废。也就是说，人民调解工作既要符合适法性要件，又要符合社会公德要件；所谓情、理、法的衡平与协调，就是要求人民调解组织和人民调解员在调解工作中，遇到具体案件时，因其特殊情况，使得严格适用法律将导致对某一当事人不公正，甚至有明显不合情理或者有悖法理的一般价值观念，发生情、理、法的冲突时，就需要在相互冲突的情理与法价值之间进行一种取舍与衡平，使情、法、理协调一致地发挥作用。任何纠纷的解决，都不是以绝对服从严格的规则主义为标准的，而是以实现正义这一法律的根本价值为最终目的。一个优秀的人民调解员，应当能够正确地把握法律制度所预设的价值追求，并将自己对法的价值的认识融于法律的适用过程之中，以作出符合法的价值精神的公正决断。在面对情理与法的冲突时，能够从法正义的价值层面来深刻理解和把握情理与法的关系，并准确地把握情理原则的运用，以此来维护法律价值与社会情感的正向运行。只要适用情理原则不违反国家法治原则和法律精神，就可以优先选择适用情理原则。也就是说，在不违背法律强制性规则的条件下，可依公共秩序的一般要求和善良的风俗习惯进行调解，可以运用公共秩序的一般要求与善良风俗习惯处理纠纷。当适用情理原则表现出有悖国家法治原则和法律精神时，则只能适用法律规则。

在调解过程中，人民调解员应当在内心建立起一种契合社会现实并具有某种相对稳定的科学性的价值评价体系，准确理解和把握立法的精神和价值，结合案件的具体事实，借助于社会情理规则，正确地解释和运用法律与情理规则，实现情理与法的有效结合。

3. 人民调解组织和人民调解员可依据善良风俗对当事人之间的纠纷进行调解，但要坚决反对迷信。善良风俗乃为一切社会、国家的存在和发展所必要的一般道德。《人民调解工作若干规定》第4条第1项明确指出，人民调解委员会调解民间纠纷，应当依据法律、法规、规章和政策进行调解，法律、法规、规章和政策没有明确规定的，依据社会主义道德进行调解。我国《民法总则》第8条也规定了民事活动不得违背公序良俗。人民调解组织和人民调解员在调解实践中，遇到立法当时未能预见到的一些扰乱社会秩序、有违社会公德的行为，而又缺乏相应的禁止性规定时，可直接适用善良风俗进行调解。由于我国是中国共产党领导的社会主义国家，共产党作为执政党，无神论和坚定的共产主义信念是共产党人的最高信仰，崇尚科学、崇尚自然，反对封建迷信、反对陈规陋习是我党一贯坚持的基本立场。对日常生活中存在的一般性迷信行为，国家法律虽然没有明令禁止，但由于其对社会主义制度的存在和发展有害，对弘扬民族正气、牢固树立社会主义法治理念不利，即使该行为系当事人自愿，也决不可给予任何保护和提倡。人民调解组织和人民调解员在调解工作中必须坚持依法、依情、依理调解，坚决反对迷信，引导纠纷当事人移风易俗，实现人民调解的正义作用。

4. 要大力提高人民调解员的法律和政策水平，特别是要使人民调解员熟悉和掌握与调解工作直接相关的一些法律和政策的内涵。这是正确贯彻法理情原则中不违法原则的前提和关键，离开了执法水平，就根本谈不上不违法原则的贯彻执行。可见，人民调解员必须不断深入学习，不断加强自身的专业素质建设，不断提高理论修养，努力提升自己对法律法规及政策内涵的理解能力，实现理论素质与知识运用上的高水平；要不断加强自身的技能素质建设，使自己不但业务技能熟练，而且在履行职责上达到高质量、高效率。做到以更好的执法质量、更低的执法成本和更快捷的执法形式来履行人民调解工作职责。

5. 要自觉接受基层人民政府和基层人民法院对人民调解工作的监督和指导，这是做好人民调解工作的根本保证。只有将人民调解活动置于基层人民政府和基层人民法院的监督之下，才能使人民调解组织和人民调解员在开展人民调解工作时更加注意其社会影响，做到勤勉、谨慎、认真、负责。人民调解组织和人民调解员自觉接受基层人民政府和基层人民法院对人民调解工作的监督和指导，不仅可以充分保障当事人的合法权益，而且可以更好地促进我们国家的社会主义法治建设，因为法治建设的内涵就是要使社会各方面的活动都能在法律的调控下进行。人民调解作为化解社会矛盾和纠纷的重要途径，作为法律制度中重要的一个环节，自觉接受基层人民政府和基层人民法院对调解工作的监督和指导是非常重要的，也是必须的。

三、适用法理情原则的意义

人民调解必须坚持以事实为根据，以法律为准绳，遵循具体的法律规范和法律的基本原则。这不仅是社会主义国家性质的必然要求，而且是我国宪法精神的基本要求；不仅是健全和完善社会主义法制的直接要求，而且是实现依法治国方略的现实要求；不仅是牢固树立社会主义法治理念的根本要求，而且是构建人民调解大格局，实现社会公平正义，促进社会稳定，构建和谐社会的本质要求。但是，当现行法律对人民调解活动的调整欠缺相应的法律规范或在调解活动中适用授权性法律规范时，人民调解组织和人民调解员便可依法律原则、精神要求和情理原则进行调解。法理情原则对于人民调解工作意义非凡：

1. 人民调解组织和人民调解员调解纠纷遵守法理情原则，有助于发展社会主义法治。人民调解的程序、形式、方法、调解协议的签订、协议内容及履行均应符合法律的要求，而不得与法律相抵触。这一原则是人民调解工作的基本原则之一，而且是其重要原则。人民调解作为解决民间纠纷的一种方式，在调解过程中遵循不违法原则，保障当事人的合法权利，对解决民间纠纷来说，具有极为重要的意义。这样一来，调解纠纷的过程，同时也是法律知识的普及过程，通过对民间纠纷的调解，可以达到提升公民整体法律意识的效果。调解的过程兼顾理与情，使当事人更容易接受人民调解员的调解理念，让当事人感觉到法律不外乎人情，容易对法律产生亲切情感。可见，法理情原则的适用非常有利于社会主义法治的发展。

2. 人民调解组织和人民调解员遵守法理情原则，是正确解决纠纷、维护当事人合法权益的重要保障。法理情原则的首要要求就是不得违反法律强制性规定。国家的法律和政策体现了人民的意志，代表了广大人民群众的根本利益，是纠纷当事人双方统一认识的基础和评判是非的标准。离开了法律和政策的准则来解决纠纷，双方当事人就会缺乏共同基础，各执己见，无法使纠纷得到正确、及时的解决。自愿原则本质上要求以合意为核心解决纠纷，而不是人民调解组织和人民调解员的强迫，人民调解员必须居中调解，不能偏袒任何一方，始终体现"中立、平等、透明、公正、文明"的现代法治理念，以事实为根据，把案件的解决建立在可靠的事实基础之上，以法律为准绳，明确当事人的责任。只有这样，调解才能成功，才能最终促成当事人之间达成实质性和解，真正发挥人民调解的功能，实现"公正与效率"的法治目的。

3. 在调解过程中遵循法理情原则，在法律框架内兼顾情理，可以在一定程度上弥补法律的禁止性规定之不足。法律的确定性与稳定性是法律能够成为现代社会有效的调节方式的主要原因之一。但诚如柏拉图所说，"法律在任何时候都不可能完全准确地给社会的每个成员作出何为善德、何谓正当的规定。人之个性的差异、人之活动的多样性、人类事务无休止的变化，使得人们无论拥有什么技术都无法制定出在任何时候都可以绝对适用于各种问题的规则"。尤其是我国现行的法律制度还不够完善，还存在着这样或那样的缺欠或者盲区，更何况时代变化之快捷，社会进步之迅猛，人们的行为千差万别，完全依靠法律规则来调整或解决社会现实中出现的所有问题是根本做不到的，也是不可能的。当遇有损害国家利益、社会公益和社会道德秩序的行为，而又缺乏相应的禁止性法律规定时，人民调解组织和人民调解员可直接依据情理原则进行调解。因此，人民调解组织和人民调解员在实施调解过程中遵循合情合理原则，注意合情合理原则的准确适用就显得尤为重要。合情合理原则的遵循，可以给予纠纷当事人以常理性的关注和以人为本的公理性考量，而不是强调必须或只能遵循某种预先人为设定的严格的法律规则，这在一定程度上弥补了法律的禁止性规定的不足，在确保国家一般利益、社会道德秩序以及协调各种利益冲突、保护弱者、维护社会正义等方面起到了极为重要的作用。这种作用是法律规则所无法替代的，是合情合理原则所特有的。

4. 在调解过程中遵循法理情原则，可以有效地促进社会的和谐稳定。在现实社会生活中，人们往往习惯于用是否"合情合理"的眼光来审视、评价纠纷的解决是否公平，是否合理。或者说，人们对调解结果的评价，不单单从法律的层面考量是否公平，是否符合法律的规定，而且也非常关注案件的处理结果是否符合他们日常生活中所认可并共同遵守的公理，是否符合情理。只有符合情理，当事人才会接受调解，才能消除当事人间的隔阂。因为，在我国传统法律文化中，一贯注重"德行教化"的作用，并以此造就了中华法系偏重伦理性的法律精神，这为情理原则在市场经济条件下的运用提供了良好的思想基础。同时，由于我国社会主义市场经济体制的确立与发展，社会生活与交往日趋繁荣与复杂，这又为情理原则的运用提供了广阔的社会基础。情理原则来源于法律调整的固有缺陷，即人们交往的广泛性、复杂性、不稳定性与法律的不可穷尽性之间的矛盾，其任务则是解决这一矛盾，合乎情理就是义，反之就是不义。因此，人民调解组织和人民调解员在实施调解过程中，要充分考量情、理因素，注重情、法、理的融合。遵循合情合理原则不仅可以及时有效地调解纠纷、化解矛盾，促使当事人自愿达成调解协议，确保调解结果为当事人所接受并自觉履行，而且对当地民众也能产生积极的影响，促使民众自觉遵守国家法律和社会公共道德，维护社会公共利益，实现社会正义，减少不和谐因素，从而有利于实现社会稳定。

5. 在调解过程中遵循法理情原则，有利于当事人进行意思自治，使得纠纷更容易被彻底解决。现实生活中，民间纠纷产生以后，纠纷当事人之所以愿意选择人民调解途径来解决纷争，不仅仅因为人民调解的方式及时、方便、快捷、省钱，而且因为人民调解的方式是公民的自我管理、自我教育、自我服务的自治性行为方式。人民调解组织和人民调解员所实施的调解不单纯是以法律为标准评价当事人之间的是非曲直，纠纷解决的过程也充分体现了当事人的意思自治原则，使当事人完全处于平等的、和风细雨的轻松环境之中。在这样的环境之下，在法律的框架内，依情依理调整当事人之间的关系，注重从社会道德标准的角度对案件进行评判，将社会公众的良心和善恶标准、是非观念融入调解过程中，可使调解结果更贴近民意，更能反映社会的价值观念和道德准则，这种解决纠纷的方式往往比单纯通过法律规则判定权利义务更容易被当事人所接受。遵循法理情原则，不仅有利于当事人心平气和地在法律层面上解决纠纷，而且有利于当事人消除心理负担，化解情感隔阂，做到案结事了，彻底解决纠纷，实现人民调解的目的。对人民调解组织和人民调解员顺利、高效地开展调解工作也能起到积极的促进作用。

引例分析

从法律角度讲，孔某享有对梧桐树的所有权，可以对梧桐树进行处分；梧桐树的生长侵犯了李某的权益，李某可以排除侵害，砍掉梧桐树。因此，双方的合法权益发生冲突。从情理上来说，如果不砍树，会造成李某更大的的损失；如果砍树，则导致孔某损失一颗种在他人院中的梧桐木，两害相权取其轻，解决矛盾的方案应当是砍树。但孔某种树先于李某盖房，孔某并不存在过错，不应当由孔某承担损失，而砍掉树木直接的受益人是李某，所以应当由李某承担砍树的损失，由李某支付对价。该案例体现出调解应当遵循法理情原则。

案例中人民调解员主动介入纠纷，双方当事人都默认了同意通过调解解决问题。在调解过程中，人民调解员通过说理讲情劝导双方当事人，最终的解决方案是双方自愿接受的，也是当事人自愿履行的。整个调解过程体现出调解遵循自愿原则。

思考与练习

一、选择题

1. 人民调解委员会调解民间纠纷主要依据是（　　　　　）。

A. 法律、法规 　　　　　　　B. 规章、政策

C. 社会公德 　　　　　　　　D. 法律、法规、规章和政策

二、问答题

1. 人民调解工作应当遵循哪些原则？

2. 正确适用自愿原则的要求是什么？

3. 平等原则包涵哪些内容？

4. 法理情原则的核心内涵是什么？

学习情境

【情境设计】 ××镇××村村民邓某与张某毗邻而居。2012年12月，鉴于双方共用的院墙年久坍塌，邓某与张某口头协商由张某出料，双方共同出工修筑新院墙，待院墙修筑好后，邓某给予张某一定的经济补偿作为张某出料的平衡。没想到院墙修筑完成后，双方因经济补偿的数额发生纠纷，邓某坚持认为张某所购石料价值不超过1000元，最多给予张某500元补偿，而张某声称自己所购石料花费2000元，邓某必须给自己1000元作为补偿。双方为此争执不休，张某数次扬言要把院墙扒掉，邓某更是不甘示弱，多次与张某发生肢体冲突。××村治保主任了解情况后，为避免矛盾升级，将此案移交到××司法所，请求调处。

双方当事人各执己见，互不相让。为避免双方吵闹，司法所工作人员分别与邓某、张某进行谈话。原来张某所购石料实际价值为1600元左右，双方当事人也并非因为补偿数额发生争执，实际情况是张某觉得邓某出工不出力，理应少得补偿，而张某认为这是邓某在侮辱自己，于是便多要了200元补偿。可是当工作人员将双方当事人叫到一起进行调解时，邓某冲张某喊道：那点石料总共也就1000块钱，多一分钱也别想要。张某也不服：2000块你能不能买到还不一定呢，1000块你有多少我买多少。

鉴于双方当事人情绪都很激动，工作人员决定待双方情绪稳定后再进行调解，并警告双方当事人不得再发生冲突，承诺一定会给他们一个说法。

2013年3月，借着春节过后的祥和气氛，××司法所再次对此案进行调解。工作人员首先明确了张某所购石料的实际价值为1600元，双方当事人均表示没有异议。工作人员又提到按照当地民俗，邻里之间修筑共有院墙时，可以一方出工，一方出料；也可以双方共同出工，未出料一方给予出料一方一半料钱作为补偿，双方当事人对此民俗均表示认可。工作人员遂提出按照当地民俗办理此案，邓某给予张某800元作为补偿，并提醒他们——远亲不如近邻，大家以后还是好邻居。邓某听后当场将800元

现金交到张某手中。至此，双方当事人握手言和，该纠纷得到圆满化解。[1]

问题：分析该纠纷的解决应当遵循哪些原则？具体如何在案例中适用这些原则。

【训练目的及要求】通过训练，使同学们能够切身感知调解原则对于调解工作的重要性，并能够熟练地将调解原则融入调解工作的每一个细节中去。

【训练方法】请同学们根据学习情境中的案例分组模拟调解的过程，着重学习正确运用法理情原则。

【训练步骤】

1. 根据案例需要对学生进行分组。

2. 以组为单位，让学生自行分配角色并开展讨论，分析案件涉及的法律法规，并探讨如何在法律框架内更加合情合理地解决问题。

3. 实施模拟调解的过程，在调解过程中注意遵循调解的各项原则。

4. 学生自我评价训练效果。

5. 教师点评、总结训练情况。

📝 拓展阅读书目

1. 王红梅："行动中的依法调解原则"，载《法治研究》2014 年第 8 期。

2. 王俊娥、于晓丽："和谐社会背景下对农村人民调解制度的思考——以村级人民调解工作为视角"，载《济南大学学报（社会科学版）》2007 年第 4 期。

项目二　纠纷的受理

✏️ 知识目标

了解可受理纠纷的类型，熟悉受理纠纷的流程，掌握受理纠纷的文书写作。

■ 能力目标

能够独立完成人民调解纠纷受理工作。

📖 引　例

颜××于2007 年11 月起在新阳街道辖区某新加坡籍公司从事夜间保安工作，双方签有劳动合同。2013 年 7 月，公司因工作需要，调整颜某的工作时间，改为既上白班，也上夜班，颜××对此大为不满，连续 3 天旷工，经公司主管劝导无效后，依据《员工手册》的规定将其解雇。被解雇的颜××多次闯入公司找管理人员理论，并在办公

---

〔1〕 "口头约定取证难，巧用民俗化纠纷"，载 http：//www. xiangdang. net/fanwen. aspx？id＝178808，2016 年 10 月 12 日访问。

室喝酒、喧哗、锁工厂大门，影响了公司正常营运，管理人员多次对其好言相劝，要他寻求法律途径解决问题，也和颜××一起到街道调委会协商解决矛盾，但颜××在调解过程中提出高额赔偿金，让公司无法接受，初步调解不成后颜××又继续到公司扰乱，公司无奈之下报警要求依法严肃处理，民警多次到现场对颜××进行批评教育，但颜××仍不罢休，公司便通过新加坡驻厦门领事馆向厦门市政府发出外交照会，市政府高度重视，行文至海沧区政府要求妥善处理本案，之后，颜××被新阳派出所处以治安拘留，当派出所向颜××宣布拘留时，颜××高喊不服，扬言等他从拘留所出来后，还要到公司"理论"。当颜××被行政拘留期满后一面扬言要继续找公司算账，一面又要求司法所主持公道继续调解。

该外资企业通过其所在国驻厦领事馆向厦门市政府发出外交照会，要求尽快妥善处理本案，使本案由一般纠纷上升为涉及外交问题的案件。为尽快化解纠纷，不使矛盾扩大，不发生新的外交问题，街道调委会谨慎地继续本案调解程序，根据实际情况，人民调解员拟定以下方案：一是与派出所民警配合，警民联合做颜××的工作，引导其通过合法正当途径维权，所提要求应有理有据、合情合理，不能再到企业制造事端并对其进行严肃的法制教育；二是动员说服公司同意继续调解，为此，公司派出驻中国区副总经理亲自参与案件调解，以示重视。

调解过程：经人民调解员劝导，颜××承诺在调解期间不到公司"理论"。调解过程中颜××陈述其家庭经济较困难，在公司当保安5年一直上夜班，使得其在白天可以兼顾其他工作，多赚一份收入以贴补家用，现公司单方改变其上班时间，不但属违约，更造成其减少一份收入，使家庭经济出现问题，应给予不低于5万元的赔偿。公司则认为仅是调整颜××上班时间，并无改变其工作岗位，符合合同约定，不属违约，颜××无故旷工，要自行承担被解雇的责任，双方各执一词。人民调解员首先肯定颜××在公司兢兢业业工作5年，而后强调其在工作期间必须遵守公司的规章制度和合同的约定，双方在劳动合同中仅约定颜××的工作岗位为保安，但合同中并无约定是上白班或晚班，所以公司调整其上班时间并无违约，而颜××连续旷工3天，公司依据《员工手册》的规定予以解除合同并无不当，既然颜××不服从公司的工作时间调整，可以通过正当途径解决，但其采取以旷工方式进行对抗，被解雇后又到公司制造事端，其行为不但违约而且违法，并因此事被派出所处以治安拘留后，应有所醒悟。颜××说，道理他明白，但顿时失去工作加上又没什么技能，经济来源就断了，只能要求公司给予补偿，这样在找工作期间不至于断了生活来源，之前的行为确有不当，愿意向公司表示歉意。人民调解员随即与公司管理人员沟通，公司认为颜××违反了公司的规章制度，所以解除双方的劳动合同在法律上并无不当，但考虑到颜××现有经济条件及在公司服务多年的实际情况，以及颜××对自身的错误行为有所认识并已表达歉意，公司愿意给予一定的补偿。

经过人民调解员的不懈努力以及派出所民警的全力配合，最终促成双方当事人和

解并签订书面调解协议：双方劳动合同关系于 2013 年 7 月 18 日起解除；公司给予颜×
×支付补偿金 1 万元，并当场付清；颜××为自己的不当行为向公司管理人员致上真
诚的道歉。双方终于从剑拔弩张转为握手言和。[1]

问题：

1. 该案是否属于人民调解的范畴，人民调解可受理何种类型的纠纷？

2. 该案以何种方式启动调解程序，启动调解程序的方式有哪些？

3. 作为人民调解员，遇到纠纷应当怎么做，在纠纷受理过程中应当注意哪些问题？

基本原理

纠纷的受理是纠纷调解的初始阶段。在这一阶段，需要按照要求做好纠纷受理的
相关工作。特别是处理好各种调解的衔接，对于处理纠纷、化解矛盾，尤为重要。

任务一 申请调解、主动调解与其他受理纠纷启动调解程序的方式

《人民调解法》第 17 条规定："当事人可以向人民调解委员会申请调解；人民调解
委员会也可以主动调解。当事人一方明确拒绝调解的，不得调解。"人民调解程序的启
动方式可以是被动式的（接受当事人申请），也可以是主动式的（包括从除当事人外的
各种渠道获知纠纷）。在实践中，启动调解的方式是多样的。需要注意的是，不论以何
种方式启动调解，都不得违背自愿原则，不得违背当事人意愿强行介入调解。

一、申请调解

申请调解是由当事人主动向人民调解组织提出调解要求，人民调解组织经审查符
合人民调解条件，依法开展调解工作的一种调解程序启动方式。调解申请可以由各方
当事人共同提出，也可以由一方当事人单方面提出。需要注意的是，单方面提出的调
解申请，必须取得其他当事人的同意，不得违背其他当事人的意愿申请调解。

（一）申请调解的条件

为维护人民调解工作的正常秩序，避免虚报、谎报纠纷带来的人力物力等国家公
共资源无谓的消耗与损失，人民调解员应当在受理纠纷前对调解申请进行初步的形式
审查。调解申请应当符合下列条件：

1. 有明确的各方当事人。纠纷当事人在提出申请时，必须说明谁侵犯了他（她）
的权益或者他（她）与谁发生了争议，并且能够提供各方当事人基本的身份信息（以
调解组织能够联系到该当事人为标准）。

2. 有具体的请求目的。纠纷当事人必须说明请求调解要达到什么目的，解决什么

---

[1] "2013 十佳调解精品案例专题"，载 http://www.xmsf.gov.cn/ztzl/sjtjal/sjalmd/201401/t20140121_
1236958.htm，2016 年 8 月 2 日访问。

具体问题。

3. 有事实依据。纠纷当事人必须提供申请所依据的纠纷事实，包括发生纠纷的事实情况以及相应的证据事实，或者提供有可能取得证据事实的人物、地点等相关信息。

除上述条件外，调解员还应当同时对纠纷进行实质审查，即申请调解的纠纷是否属于人民调解组织主管和管辖范围。人民调解组织主管与管辖的问题将在本项目任务三中详述。

（二）提交人民调解申请书

调解申请书是当事人向人民调解组织提交的要求调解其纠纷的书面申请。调解申请书须载明当事人的基本情况以及纠纷的事实情况。《人民调解工作若干规定》第23条规定："人民调解委员会根据纠纷当事人的申请，受理调解纠纷……可以书面申请，也可以口头申请……"条件允许时，以书面申请方式为宜。书面申请较之口头申请具有更强的仪式感，对当事人产生更强的内心约束力，更有助于接下来调解工作的顺利开展。另外，调解申请书还是证明当事人及时行使权利，引起诉讼时效中断的有力证据。

1. 调解申请书的格式。

调解申请书

当事人（自然人姓名、性别、年龄、民族、职业、单位或住址、联系方式，法人及社会组织的名称、地址、法定代表人姓名和职务、联系方式）：

纠纷事实及申请事项：

_____

_____

_____

_____

特申请××人民调解委员会予以调解。

申请人：××××

××××年××月××日

2. 人民调解申请书的制作要求。调解申请书由首部、正文和尾部组成。

（1）首部。居中写明文书名称"调解申请书"，然后填写当事人基本情况。当事人是自然人的，应当依次写明姓名、性别、年龄、民族、职业、单位或住址、联系方式；如果当事人不具有民事行为能力，则应写明法定代理人的基本情况及其与当事人的关系。当事人是法人或其他社会组织的，应当详细填写法人或其他社会组织的名称、地址、法定代表人姓名及职务，以及法定代表人联系方式（确定具体参与调解人的，可以载明参与调解人的联系方式）。如有第三人，也应按此要求写明相关基本情况。纠纷当事人的基本情况必须清楚、明白、详细，这有助于负责组织调解处理的工作人员同纠纷双方取得联系，送达有关文书或通知，保证调解处理工作的顺利开展。

（2）正文。正文部分须写明"纠纷事实及申请事项"。"纠纷事实"是指纠纷发生的时间、地点、经过及存在的争议。"申请事项"相对于"纠纷事实"是独立的，其内容要突出申请人希望通过人民调解解决的事项。申请事项的提出应当明确、合法、具体，切忌含糊、笼统，更不可无视事实和法律提出无理或非法要求。

（3）尾部。依次填写申请人所要申请的调委会名称、申请人签名（如果是法人及其他社会组织的应加盖公章）、申请的日期。

3. 示例。

调解申请书

申请人：厦门市××公司，厦门市海沧区新阳街道××路××号，法定代表人陈××，董事长，参与调解人李××，电话×××××××××××。

被申请人：颜××，男，38岁，汉族，××省××县人，原厦门市××公司职工，住厦门市海沧区新阳街道××路××号，电话×××××××××××。

纠纷事实：

颜××于2007年11月起在本公司从事夜间保安工作，双方签有劳动合同。2013年7月，公司因工作需要，调整颜××的工作时间，由只上白班改为既上白班，也上夜班，颜××对此大为不满，连续3天旷工，经公司主管劝导无效后，依据《员工手册》的规定将其解雇。被解雇的颜××多次闯入公司找管理人员理论，并在办公室喝酒、喧哗、锁工厂大门，影响公司正常营运。

申请事项：

被申请人立即停止扰乱公司正常运营秩序的行为。

特申请新阳街道人民调解委员会予以调解。

申请人：厦门市××公司

2013年7月18日

4. 制作人民调解申请书的注意事项。

（1）调解申请书既可以由申请人本人填写，也可由他人代写，或者由调解员根据申请人口述内容归纳书写，由申请人签名后提交人民调解委员会。乡镇、街道人民调解委员会调解民间纠纷一般应当使用书面的调解申请书。

（2）人民调解申请书由一方当事人签字申请，一方当事人是多人的，可以共同签字后递交一份申请书。双方或者各方当事人都申请的，应分别填写申请书。双方或各方当事人对纠纷事实主张或陈述不一的，应当根据各自的主张或阐述，在各自的申请书中写明。

5. 巧妙把握调解工作时机。做好调解工作要把握好时机，在恰当的时候做恰当的事情，有助于调解工作的顺利进行：

（1）受理当事人的调解申请时。当事人首次到司法所申请调解纠纷，一般都抱着能在这里得到调解的期望。大多数人对纠纷处理及结果都没有充分的思考和酝酿，对相关事实的陈述往往还处在"第一时间"，比较真实、可靠。此时，如果受理双方当事人的调解申请，在事实又没有多大分歧的情况下，调解很容易成功。

（2）当事人陈述纠纷事实后。此时，双方当事人对对方的观点及争议有了基本的认识，已能够比较理智、客观地对待纠纷，从而增强了调解的可能性，调解人员要及时形成调解建议，有的放矢地进行引导和调解。

二、主动调解

主动调解即人民调解组织根据群众反映、有关部门或单位转告、纠纷信息员报告以及人民调解委员会在民间纠纷排查中发现的矛盾纠纷，及时主动登门调解。这种启动调解程序的方式迅速、及时，能够有效避免矛盾发展、激化。人民调解的任务是调解民间纠纷，防止民间纠纷激化，维护社会稳定，这就要求人民调解委员会以维护社会稳定为自己的工作目的，积极主动地提供调解服务，及时发现矛盾，主动化解纠纷，如果不主动化解纠纷，就无法防止矛盾激化，就会使人民调解失去维护社会稳定第一道防线的作用。

主动调解不等于强迫当事人接受调解，主动调解的第一步就是取得当事人对调解工作的理解与信任，确保当事人不排斥人民调解，愿意通过调解的方式解决矛盾。主动调解和人民调解的自愿原则并不矛盾。前者是工作的态度与方式，后者是工作的原则和根本要求，两者必须有机地结合起来，才能顺利完成人民调解的工作任务，避免民间纠纷的激化。

主动介入调解，要求调解员在工作中注意总结经验、总结规律，预测某种纠纷在某个时间段发生的可能性，从而提前做好准备或及时地开展预防工作以避免纠纷的发生。根据不同纠纷的特点和规律制定有针对性的策略和应对方案，做到抓早、抓小、抓苗头、抓及时，把矛盾遏制在萌芽状态，把纠纷解决在襁褓之中，防患于未然。有些民事纠纷的发生与其他一些事件的发生具有关联性。例如，在重大工程建设过程中就容易发生以下纠纷：征地补偿和拆迁安置纠纷、工程建设中的环境污染纠纷、民工工资发放矛盾纠纷等。对于这些关联性事件的准确把握也是做好预测、预防工作的重要技巧之一。有些民事纠纷的发生、发展具有季节性。如在农村收种、生产紧张的季节就容易发生以下纠纷：农田水利纠纷、草场、牲畜纠纷、农用物资纠纷、春耕费用的借贷纠纷等。而在农闲季节容易发生的纠纷就不同了，如宅基地纠纷、婚姻家庭纠纷、邻里纠纷等。把握了这些纠纷的时令规律，人民调解组织和工作人员就可以做到有效地预测，及时地预防，避免和减少纠纷的发生。

三、其他受理纠纷启动调解程序的方式

（一）诉调对接

诉调对接制度起源于江苏南通的 2003 年的大调解机制，它的内涵就是建立诉讼与非诉讼相衔接的矛盾纠纷解决机制。2008 年中央将"建立健全诉讼与非诉讼相衔接的矛盾纠纷调处机制"纳入统一的司法改革部署，主要任务是：充分发挥审判权的规范、引导和监督作用，完善诉讼与仲裁、行政调处、人民调解、商事调解、行业调解以及其他非诉讼纠纷解决方式之间的衔接机制，推动各种纠纷解决机制的组织和程序制度建设，促使非诉讼纠纷解决方式更加便捷、灵活、高效，为矛盾纠纷解决机制的繁荣发展提供司法保障。诉讼与人民调解的对接，就是其中最重要的一环。

1. 具体做法。现在全国各地纷纷建立"诉调对接"机制，主要采取邀请特邀调解员、在法庭内设立人民调解室、建立调解联席会议制度等方式，让人民调解组织参与法院受理案件的矛盾纠纷调处工作。人民调解组织既可以和法官一起参与案件调解，也可以在案件双方当事人的同意下独立召集其进行调解，而法院依法对调解协议进行确认。

（1）工作场所的对接。为保证诉讼程序和人民调解程序在人民法院（法庭）内的零距离对接，使民事纠纷当事人不出人民法院（法庭）就可以来到人民调解室免费接受调解，许多基层人民法院（法庭）设立"人民调解工作室"。人民法院（法庭）提供专供人民调解的办公地点和设备，以保证诉调对接工作的展开。

（2）人员、管理、经费的对接。设立在法院（法庭）内的人民调解工作室一般设专职人民调解员，专门负责调解人民法院（法庭）移交过来的纠纷。这些专职人民调解员主要从热心于人民调解工作的人民调解员中择优选聘，并由司法所管理，由人民法院负责业务指导。这些专职人民调解员在人事关系上隶属于人民调解组织，尽管他们调解的是人民法院（法庭）移交过来的纠纷，但本质上仍是在履行人民调解的职责。因此，该模式下开展人民调解的经费以及人民调解员的酬金要由人民调解组织负责。

（3）受案范围的对接。什么样的纠纷可以由人民法院（法庭）委托给人民调解组织调解，需要考虑两个因素：一是诉讼的严肃性；二是人民调解的可能性。基于此，为有效实施诉调对接必须实现受案范围的对接。

目前，实施诉调对接的地方一般都会考虑协商确定对接的案件范围。一些地方的法院与司法行政机关联合发布规范民事纠纷委托人民调解的相关规定，明确委托调解的原则、范围与要求。委托调解总体上应当遵循合法、自愿，有利于彻底化解民事纠纷的原则。在委托案件的范围上，各地的规定也较为相似，如上海市高级人民法院、上海市司法局《关于规范民事纠纷委托人民调解的若干意见》中规定八类民事纠纷可以委托人民调解：①离婚纠纷；②追索赡养费、扶养费、抚育费纠纷；③继承、收养

纠纷；④相邻纠纷；⑤买卖、民间借贷、借用等一般合同纠纷；⑥损害赔偿纠纷；⑦物业纠纷；⑧其他适合委托人民调解组织进行调解的纠纷。济宁市、鄂州市做出相关规定，将道路交通事故纠纷、劳动争议纠纷也纳入其中。而广州市越秀区法院与越秀区司法局在启动调解联动机制时也明确了八类可以委托人民调解的民事纠纷：①婚姻家庭继承类纠纷；②损害赔偿类纠纷（财产、人身损害赔偿、交通肇事损害赔偿、医患纠纷）；③小额民间借贷；④相邻关系纠纷；⑤劳动争议纠纷；⑥房屋纠纷；⑦物业管理纠纷；⑧其他。

（4）程序的对接。程序对接解决的是委托调解可以发生在诉讼哪些阶段的问题。结合实践中的具体做法和相关规定，程序的对接具有以下几种模式：诉前委托、诉中委托和诉后委托。

诉前委托调解是指在当事人起诉后，人民法院（法庭）受理案件前，人民法院（法庭）把属于人民法院（法庭）受案范围并可以适用人民调解的纠纷委托给人民调解组织。具体做法是：由法官或法官与人民调解员单独或联合接访，对当事人向人民法院（法庭）起诉的纠纷，由法官或法官与人民调解员向当事人提供法律咨询或说服息讼，当事人选择人民调解的，则把纠纷当事人引导到人民调解室立案调解。如当事人无法达成调解协议，则可通过诉讼等其他方式解决纠纷。

诉中委托调解，顾名思义，是发生在案件受理之后、审结之前的委托行为，它包括审前委托调解和审中委托调解。协议达成后，当事人申请撤诉的，人民法院（法庭）应予准许；若人民调解不能达成调解协议，人民法院（法庭）应立即审理并作出裁决。

诉后委托调解，发生在生效判决作出后，当事人不愿意执行的情况下。它实质上是协助当事人达成执行和解。具体的操作模式，是依托现有的人民调解网络，共同建立执行协调机制，由法院聘请人民调解员及相关人员担任协助执行员，协助法官做好辖区内涉及家庭纠纷、邻里纠纷等类型执行案件的执行和解工作[1]。

（5）效力的对接。人民调解协议仅具有民事合同的性质，不具有强制执行效力。经人民调解达成协议后，如一方当事人反悔，另一方当事人只能通过诉讼的形式启动法院的强制执行力，而不能持人民调解协议直接申请强制执行。虽然在案件审理中，法院会通过裁判维护调解协议的作用和法律效果，但这样操作程序上比直接诉讼更加繁琐，失去了调解方便、快捷的优势，不足以保护当事人的权利。效力的对接，就是要想办法让人民调解协议能够更直接、便捷地启动法院的强制执行力，以保证当事人的权利及时、有效地实现。结合有关规定，实践中效力的对接主要有如下模式[2]：

第一，将人民调解协议升级为民事调解书。在前述的诉调对接之程序对接中，诉

---

〔1〕 刘树桥、马辉主编：《人民调解实务》，暨南大学出版社 2008 年版，第 55 页。

〔2〕 "上海高级人民法院、上海市司法局关于印发《关于规范民事纠纷委托人民调解的若干意见》的通知－地方司法规范"，载 http：//www.docin.com/p－1563985654.html，2017 年 5 月 3 日访问。

前委托调解和诉中委托调解都可升级人民调解协议的效力。诉前与诉中委托调解，若调解成功，达成人民调解协议，当事人可持人民调解协议要求人民法院（法庭）确认效力，人民法院（法庭）经审查认为内容不违法的，可制作民事调解书送达纠纷当事人。这样，就把人民调解协议书转化为民事调解书，赋予了人民调解协议强制效力。

第二，可持人民调解协议向法院申请支付令。对于具有到期债权内容的人民调解协议，如一方当事人不履行调解协议，另一方当事人可以向人民法院申请支付令，人民法院经审查符合条件的，应予支持，以尽快促成当事人权利的实现。

第三，具有债权内容的调解协议可申请公证。所有经人民调解委员会调解达成的具有债权内容的调解协议，可申请公证。经过公正的人民调解协议，具有强制执行的效力。

第四，司法确认。《人民调解法》第33条规定："经人民调解委员会调解达成调解协议后，双方当事人认为有必要的，可以自调解协议生效之日起30日内共同向人民法院申请司法确认，人民法院应当及时对调解协议进行审查，依法确认调解协议的效力。人民法院依法确认调解协议有效，一方当事人拒绝履行或者未全部履行的，对方当事人可以向人民法院申请强制执行。人民法院依法确认调解协议无效的，当事人可以通过人民调解方式变更原调解协议或者达成新的调解协议，也可以向人民法院提起诉讼。"《民事诉讼法》第194条规定："申请司法确认调解协议，由双方当事人依照人民调解法等法律，自调解协议生效之日起30日内，共同向调解组织所在地基层人民法院提出。"第195条规定："人民法院受理申请后，经审查，符合法律规定的，裁定调解协议有效，一方当事人拒绝履行或者未全部履行的，对方当事人可以向人民法院申请执行；不符合法律规定的，裁定驳回申请，当事人可以通过调解方式变更原调解协议或者达成新的调解协议，也可以向人民法院提起诉讼。"梳理上述法律规定及相关法规，总结如下：

首先，司法确认的申请。调解协议生效后，如果当事人想通过人民法院确认调解协议的效力，应当共同申请。即双方当事人应当共同通过书面形式或者口头形式提出申请。一方当事人提出申请，另一方当事人表示同意的，可以视为共同提出申请。"司法确认"是对已经生效的调解协议的审查，并不是调解协议生效的必经程序。申请的期限是自调解协议生效之日起30日内。

根据2011年3月通过的《最高人民法院关于人民调解协议司法确认程序的若干规定》（以下简称《司法确认程序规定》）的规定，当事人申请确认调解协议时，应当向人民法院提交司法确认申请书、调解协议和身份证明、资格证明，以及与调解协议相关的财产权利证明等证明材料，并提供双方当事人的送达地址、电话号码等联系方式。委托他人代为申请的，必须向人民法院提交由委托人签名或者盖章的授权委托书。

其次，司法确认程序。当事人共同向人民法院申请确认调解协议的，人民法院应当依法受理。当事人申请确认调解协议的，由主持调解的人民调解委员会所在地基层人民法院或者它派出的法庭管辖。人民法院在立案前委派人民调解委员会调解并达成调解协议的，当事人申请司法确认的，由委派的人民法院管辖。人民法院收到当事人司法确认申请，应当在3日内决定是否受理。根据《司法确认程序规定》的规定，人民法院决定受理的，应当编立"调确字"案号，并及时向当事人送达受理通知书。双方当事人同时到法院申请司法确认的，人民法院可以当即受理并作出是否确认的决定。有下列情形之一的，人民法院不予受理：不属于人民法院受理民事案件的范围或者不属于接受申请的人民法院管辖的；确认身份关系的；确认收养关系的；确认婚姻关系的。人民法院应当自受理司法确认申请之日起15日内作出是否确认的决定。因特殊情况需要延长的，经本院院长批准，可以延长10日。在人民法院作出是否确认的决定前，一方或者双方当事人撤回司法确认申请的，人民法院应当准许。人民法院受理司法确认申请后，应当指定一名审判人员对调解协议进行审查。人民法院在必要时可以通知双方当事人同时到场，当面询问当事人。当事人应当向人民法院如实陈述申请确认的调解协议的有关情况，保证提交的证明材料真实、合法。人民法院在审查中，认为当事人的陈述或者提供的证明材料不充分、不完备或者有疑义的，可以要求当事人补充陈述或者补充证明材料。当事人无正当理由未按时补充或者拒不接受询问的，可以按撤回司法确认申请处理。

再次，审查结果。根据司法实践，人民法院对调解协议进行审查后，决定是否确认调解协议的效力。审查的结果一般有两种情形：①确认调解协议有效。具备以下条件的调解协议应确认为有效：一是当事人具有完全民事行为能力；二是当事人意思表示真实；三是调解协议的内容不违反法律、法规的强制性规定或者社会公共利益。②对调解协议的效力不予确认。根据《司法确认程序规定》的规定，具有下列情形之一的，人民法院不予确认调解协议效力：违反法律、行政法规强制性规定的；侵害国家利益、社会公共利益的；侵害案外人合法权益的；损害社会公序良俗的；内容不明确，无法确认的；其他不能进行司法确认的情形。

最后，司法确认的效力。人民法院经审查认为调解协议符合确认条件的，应当作出确认裁定书；审查认为不符合确认条件的，应当作出不予确认裁定书。法院确认调解协议效力的裁定自送达当事人后发生法律效力。①人民法院依法确认调解协议有效，该调解协议即具有强制执行效力，一方当事人拒绝履行或者未全部履行调解协议所约定的义务的，对方当事人可以向作出确认裁定的人民法院申请强制执行。申请执行的期间为2年，自经确认有效的调解协议中约定的履行期间的最后一日起计算；调解协议约定分期履行的，自规定的每次履行期间的最后一日起计算；调解协议未约定履行期间的，自确认裁定之日起计算。②人民法院对人民调解协议不予确认的，当事人可以通过人民调解的方式变更原调解协议或者达成新的调解协议，也可以就原纠纷向人民法院提起诉讼。

案外人认为经人民法院确认的调解协议侵害其合法权益的，可以自知道或者应当知道权益被侵害之日起1年内，向作出确认决定的人民法院申请撤销确认裁定。

2. 诉调对接的作用。当事人不仅是自己利益最好的法官，也是自己利益最好的执行者。"诉调对接"充分发挥当事人在纠纷解决中的自主性和功利主义的合理性，采取常识化运作程序，尽量接近情理地解决纠纷，并节约纠纷解决的成本，追求效益最大化，从而成为大多数当事人解决纠纷的首要选择。"诉调对接"机制的出现，也是处理国家司法资源有限性与社会纠纷多元化之间矛盾的有效举措。其具体作用体现为：

（1）化解矛盾。社会转型时期，利益冲突多元化。目前农村土地承包纠纷、劳动关系纠纷、房地产纠纷、道路交通事故纠纷、医患纠纷等呈高发态势，当事人之间矛盾尖锐。如果单纯地一判了之，就可能造成"案结事不了"的局面。诉调对接可以避免或减少单纯调解和单纯诉讼的弊端，有利于矛盾的化解、隔阂的消除。

（2）促进和谐。当前，人们的维权意识越来越强，但同时"无讼"的传统观念仍然根深蒂固。由于"诉调对接"程序的便利性、非对抗性，可以协调情、理、法的冲突，实现法律效果与社会效果的统一。实践证明，诉调对接是化解矛盾纠纷、促进社会和谐的有效手段。

（3）缓解法院的压力。西方国家的实践表明，案件增长是经济增长的一个附带产品，案件数量"起飞"是现代化进程中必经的一个阶段，且是一个长期存在的现象。20年来，我国法院每年受理的一审民事案件数量几乎增加了几十倍，在法官数量增加不多的情况下，法院担负的审判任务非常艰巨，法院受理案件的数量大幅上升与法院审判力量有限的矛盾日益凸显。一线法官工作、心理压力空前加大，而传统的"非诉"解决纠纷功能弱化，法院判决之后又不能完全定分止争，上访问题成为困扰法院的一大难题。诉调对接将一部分化解矛盾的工作任务分流给社会力量，在一定程度上缓解了法官的压力，有利于法官集中精力审理重大疑难案件。

（4）促进审判工作。由于加强了调解，法院的调解、撤诉率上升，当事人上诉案件减少，案件进入强制执行的比例降低。实践证明，实行"诉调对接"工作的法院，往往上诉少、申诉投诉少、移送执行少、发回改判少，案件的审判质量、效率都得到了很大的提高。

（二）警民联调

在中国，老百姓对于"有困难找警察"这句话耳熟能详，公安派出所每天要处理群众汇报的大事小情，其中包括有大量的非警务纠纷，工作量远超出基层组织能负荷的程度。因此，近年来全国很多城市的公安机关越来越意识到多种渠道化解民间纠纷的必要性，纷纷创设了"警民联调"工作机制，即在派出所内设立人民调解工作室，解决公安"110"接警中属于人民调解组织受理范围的事件，实现人民调解与治安调解的有机结合，也为民间纠纷的调解开辟出了一条新路子。经过实践检验，"警民联调"被证明是解决群众纠纷的有效手段和途径。

　　深圳的罗湖公安分局早在 2004 年 6 月就已率先在桂园、黄贝两个派出所设立"人民调解委员会警民联调工作室"，24 小时滚动值班随时化解纠纷。两个派出所的警民联调试点开展得非常顺利。2004 年 9 月，罗湖公安分局在各派出所全面推广警民联调机制，67 名联调员上岗后，24 小时轮流在调解室上班，随时接受"110"报警台批转过来的民事纠纷。2005 年 3 月，警民联调机制在全市公安机关推广，群众发生纠纷到派出所报警求助得到及时、便捷、有效的调处，群众非常满意。深圳的"警民联调"采取以下三种运作方式：①独立调解，将民间纠纷交给调解员独立主持，调解结束后三方签订人民调解协议书；②参与调解，对于矛盾比较尖锐、可能升级的民间纠纷，调解员邀请民警参与，共同主持化解纷争；③合作调解，对于邻里纠纷引起的治安案件，民警和调解员分别就治安部分和赔偿部分进行调解。

　　2013 年 8 月，湖北宜昌市的鼓楼街派出所率先在全市范围内设立"警民联调"指导协调会，下设治安调解室和人民调解室。治安调解室由派出所当日带班领导和片区民警充任调解员；人民调解室则吸纳辖区内刚刚从国家机关、企事业单位离退休的老党员、老干部、老职工。充分调动他们参与社会公共事务管理的积极性，继续发挥余热。"两室"在派出所统一设置工作场所，合署办公。[1]

　　安徽省 2014 年出台《关于建立"警民联调"工作机制的意见》，在全省公安派出所设立人民调解室，建立公安民警与人民调解员联合调处矛盾纠纷工作机制，实现公安行政调解与人民调解有效对接，要求到 2015 年 6 月底"警民联调"在派出所的覆盖率达到90%以上。[2]

　　近几年的实践证明，"警民联调"紧密贴近群众，运作快捷方便，满足了群众低成本、高效率解决问题的需求。争执双方握手言和，对立情绪得到化解，增加了社会的和谐因素，减少了社会不和谐因素，密切了警民关系，真正实现了"为公安减压，为法院减负，为群众解难，为政府分忧"的多赢目的。

　　引例中，对于颜××这种由于做出违反《治安管理处罚法》的行为而引发的纠纷，采用警民联调的方式解决最为适合，一方面公安机关行使公权力进行威慑，一方面人民调解组织进行劝说疏导，使其合乎情理的诉求得到满足，不但遏制了进一步违法行为的发生，而且化解了颜××内心的戾气，从根本上化解了矛盾。

　　据此成功经验，《人民调解法》第 18 条（该条规定：基层人民法院、公安机关对适宜通过人民调解方式解决的纠纷，可以在受理前告知当事人向人民调解委员会申请调解）对该机制以法律的形式予以充分肯定。

---

〔1〕 "警民联调：小平台解决老大难"，载 http：//unn. people. com. cn/n/2014/1205/c14717 - 26156513. html，2016 年 8 月 10 日访问。

〔2〕 "安徽建立'警民联调工作机制'将在全省派出所设调解室"，载 http：//ah. anhuinews. com/system/2014/08/03/006503962. shtml，2017 年 5 月 4 日访问。

（三）其他方式

1. 信访调解。信访调解，即将信访与人民调解相结合的工作模式。我国的信访工作实行"分级负责、归口办理"原则，基层信访部门接到来信来访后，由兼职工作人员将问题送交具体职能科室办理，如果问题无法彻底解决，就只有把案件转回信访工作人员，进行再次分派、协调、办理。因此，有关复杂问题的信访办理过程拖得时间过长，导致效率低下，造成信访人员误解，认为是政府部门推诿扯皮，不愿解决问题，影响了干群关系，造成了向上一级上访或是越级上访的现象。所以，现在许多地方都将信访工作跟人民调解工作结合起来，形成信访调解。由原来的单一处理转变为多层次联合协调，充分发挥人民调解作用，变被动应对上访为主动下访排查，一方面疏导教育，另一方面又解决问题，及时将矛盾化解在萌芽状态，大大改善了政府与群众之间的关系，维护了社会稳定。

2. 联合调解。对于群体性、突发性纠纷以及其他涉及面广、危害性大、后果严重等具有特殊性的民间纠纷，如由土地、山林、坟地、宗教信仰等引起的大型纠纷和群体性械斗，人民调解委员会往往会在当地党委、政府的统一领导下，联合其他地区或部门的调解组织、群众团体以及各有关的职能部门，相互配合，协同作战。联合调解主要适用于调解跨地区、跨单位、跨行业的纠纷和久调不决、有可能激化的纠纷以及单一的部门、组织无力解决当事人合理的具体要求的纠纷，这些纠纷一般需要联合各个部门的力量来解决。

除了信访调解、联合调解之外，人民调解委员会也可以跟城建、房管、国土等职能部门的行政调解结合起来进行调解，这也是人民调解的受案方式之一。随着社会的发展，人民调解还将不断涌现出新的受案方式，但就目前而言，主要还是上述几种类型。

任务二　接待纠纷当事人，做好纠纷的登记

一、接待纠纷当事人

当事人申请人民调解委员会对其纠纷进行调解时，人民调解委员会应做好接待工作，主要是向上门要求调解的当事人了解纠纷的基本情况和有关调解的意向并做好笔录。

需要注意的是，调解员在接待当事人的阶段，就应当开始为下一步的调解做准备。在接待工作中，调解员对于情绪激动的当事人要耐心地倾听、适度地安抚，给当事人以值得信任与托付的第一印象。这样对于下一步调解工作的顺利开展是非常有帮助的，反之，可能因为当事人对调解员的印象不佳而导致调解失败。

二、做好纠纷的登记

（一）民间纠纷受理登记表的格式

民间纠纷受理登记表

纠纷类别： 编号：（ ）×民调字第×××号

当事人（自然人姓名、性别、年龄、民族、职业、单位或住址、联系方式，法人及其他社会组织的名称、地址、法定代表人姓名和职务、联系方式）：

纠纷简要情况：＿＿＿＿＿＿＿＿＿＿＿＿＿＿＿＿＿＿＿＿＿＿＿＿＿＿＿＿

＿＿＿＿＿＿＿＿＿＿＿＿＿＿＿＿＿＿＿＿＿＿＿＿＿＿＿＿＿＿＿＿＿＿＿＿

＿＿＿＿＿＿＿＿＿＿＿＿＿＿＿＿＿＿＿＿＿＿＿＿＿＿＿＿＿＿＿＿＿＿＿＿

＿＿＿＿＿＿＿＿＿＿＿＿＿＿＿＿＿＿＿＿＿＿＿＿＿＿＿＿＿＿＿＿＿＿＿＿

经审查，该纠纷符合调解条件，×××人民调解委员会于__年__月__日受理该纠纷。

（因＿＿＿＿＿＿＿＿＿＿，决定不受理该纠纷，告知当事人＿＿＿＿＿＿。）

登记人：×××

×××年××月××日

（二）民间纠纷受理登记表的制作要求

民间纠纷受理登记表由首部、正文和尾部组成。

1. 首部。居中写明文书名称"民间纠纷受理登记表"，然后依次填写纠纷类别、编号、当事人。其中，"纠纷类别"栏按民间纠纷内容分类，如婚姻、邻里、侵权、合同纠纷等填写。"编号"栏按有关规定或各人民调解委员会自定的办法填写，可为"（ ）×民调字第×××号"，括号里填年份，第一个"×"代表制作该登记表的调解委员会的简称，第二个"×××"代表该调解组织制作登记表的顺序号。"当事人"栏应列明纠纷所有当事人，其具体要求同"调解申请书"。

2. 正文。"纠纷简要情况"栏填写纠纷发生的时间、地点、具体当事人及纠纷经过。人民调解委员会应当根据具体情况，分别选择"受理""不受理"栏目，填入适当内容。"不受理"填明因何种原因决定不受理该纠纷，并告知当事人如何处理。

3. 尾部。登记人签名，由负责填写民间纠纷受理登记表的人民调解员签署姓名，并填写登记日期。

（三）示例

民间纠纷受理登记表（受理）

纠纷类别：劳动争议   编号：（2013）×民调字第×××号

申请人：厦门市××公司，厦门市海沧区新阳街道××路××号，法定代表人陈××，参与调解人李××，电话××××××××××。

被申请人：颜××，男，38岁，汉族，××省××县人，原厦门市××公司职工，住厦门市海沧区新阳街道××路××号，电话×××××××××。

纠纷简要情况：

颜××于2007年11月起在申请人厦门市××公司从事夜间保安工作，双方签有劳动合同。2013年7月，公司因工作需要，调整颜××的工作时间，由只上白班改为既上白班，也上夜班，颜××对此大为不满，连续3天旷工，经公司主管劝导无效后，依据《员工手册》的规定将其解雇。被解雇的颜××多次闯入公司找管理人员理论，并在办公室喝酒、喧哗、锁工厂大门，影响公司正常营运。××公司要求颜××立即停止扰乱公司正常运营秩序的行为并离开公司，颜××认为公司擅自更改工作时间属违约行为，要求公司支付巨额赔偿金。

经审查，该纠纷符合调解条件，×××人民调解委员会于2013年7月18日受理该纠纷。

登记人：李某

2013年7月18日

民间纠纷受理登记表（不受理）

纠纷类别：行政争议   编号：（2009）×民调字第×××号

申请人：谭某，女，45岁，汉族，个体工商户，住××省××市××区××街××号。

被申请人：××省××市××区工商行政管理局，位于××省××市××区××路××号。法定代表人郭某，局长。

纠纷事实及申请事项：

2008年11月15日，被申请人××省××市××区工商行政管理局接到举报，称申请人谭某正在销售假冒"××"保暖内衣，遂立案查处。2009年1月10日，××区工商行政管理局认定谭某经销的28套"××"保暖内衣为假冒商品，责令谭某停止违法行为；没收谭某所经销的28套假冒"××"保暖内衣；对谭某罚款5000元人民币。谭某对该行政处罚决定不服，申请人民调解。

因该纠纷属行政争议，不属人民调解受案范围，决定不予受理，告知当事人自收到行政处罚决定书之日起 60 日内申请行政复议，或者自收到行政处罚决定书之日起 3 个月内直接向人民法院提起诉讼。

登记人：林某
2009 年 1 月 20 日

（四）制作民间纠纷受理登记表的注意事项

1. 人民调解委员会应根据具体情况，分别选择"受理""不受理"栏目，不能既填写受理该纠纷的内容，又填写不受理的内容。

2. 纠纷简要情况中应当记录各方当事人对于纠纷所持的态度，这一点注意与调解申请书中的纠纷事实相区别。

3. 对于人民调解委员会受理调解，又不制作书面调解协议的简易民间纠纷，填写民间纠纷受理登记表后，不必再填写其他调解文书。

任务三 对纠纷的审查与处理

一、纠纷的审查

（一）对是否属于受理范围的审查

人民调解只是法律框架下解决社会矛盾的众多方式中的一种，其群众性、自治性的本质决定了它不可能解决所有的纠纷，人民调解组织能够受理的纠纷类型是有限的，曾经，《宪法》和《人民调解委员会组织条例》对于人民调解受理纠纷的范围只笼统限定在"民间纠纷"，而对于何谓"民间纠纷"没有作进一步界定。所以，在相当长的时期内，人民调解的受案范围局限在公民之间婚姻家庭方面的矛盾纠纷。随着社会转型以及社会经济结构的变化、利益格局的调整，社会矛盾纠纷主体、内容、成因等都发生了深刻变化：矛盾纠纷的主体由公民与公民转化为公民与法人和其他社会组织以及单位；矛盾纠纷的内容由婚姻、家庭、邻里、继承、赡养等简单纠纷发展扩大到经济纠纷、下岗待岗职工与企业的纠纷、劳资关系纠纷、物业管理纠纷以及拆迁纠纷等。因此，2002 年 9 月 11 日司法部出台《人民调解工作若干规定》，其中第 20 条将调解民间纠纷的范围明确规定为：包括公民与公民之间、公民与法人和其他社会组织之间涉及民事权利义务争议的各种纠纷，也就是人民调解委员会可以调解除法律规定不能调解的纠纷以外的所有民间纠纷。2011 年 1 月 1 日开始实施的《人民调解法》对人民调解的受案范围仍延续了《人民调解工作若干规定》之相关规定。

为使人民调解组织和纠纷当事人更清楚人民调解的受案范围，以利于当事人方便选择和判断，法律还规定了不能调解的情形：

1. 法律、法规明确规定由有关部门管辖处理的，如工商管理引发的纠纷、税务纠纷等。

2. 人民法院已经受理或正在受理的。

3. 一方当事人不同意调解的。调解是基于双方的自愿，不能基于单方的意愿而调解。

4. 已构成犯罪或构成违反治安管理处罚行为的。

5. 已经申请基层人民政府处理或处理完毕的。

6. 其他不属于人民调解受理范围的。

不过，随着人民调解工作的展开，上述不能调解的范围已有所改变，一些地方还通过立法将上述不能调解的范围的一部分纳入调解的领域。如人民检察院决定不起诉、人民法院裁决不处罚的轻微刑事案件，家庭成员间的暴力干涉婚姻、遗弃、虐待犯罪案件等，都被纳入了调解的范围。

（二）对是否属于人民调解组织管辖的审查：人民调解受理的管辖

人民调解受理的管辖，即人民调解组织之间受理调解纠纷案件的具体权限分工。《人民调解法》第21条第2款规定："调解民间纠纷，应当及时、就地进行，防止矛盾激化。"《人民调解工作若干规定》第21条将其细化为："民间纠纷，由纠纷当事人所在地（所在单位）或者纠纷发生地的人民调解委员会受理调解。村民委员会、居民委员会或者企业事业单位的人民调解委员会调解不了的疑难、复杂民间纠纷和跨地区、跨单位的民间纠纷，由乡镇、街道人民调解委员会受理调解，或者由相关的人民调解委员会共同调解。"

1. 一般民间纠纷的受理。根据《人民调解工作若干规定》第21条的规定，一般民间纠纷的受理可以分为两种情形：①按照当事人所在地（所在单位）来确定受理纠纷的调解组织。条件是纠纷各方当事人应处于同一辖区或单位内。当事人所在地是指当事人的户籍所在地，居住地与户籍所在地不一致时，以居住地为准。如果当事人是未成年人或者限制民事行为能力、无民事行为能力人，则应以其家长或监护人的所在地来确定管辖。如果纠纷各方当事人是企事业单位职工，并且纠纷发生在其工作单位的，则应由当事人所在单位的人民调解组织来受理。②以纠纷发生地为标准来确定受理纠纷的人民调解组织。纠纷各方当事人不属于同一辖区或单位的，原则上以纠纷发生地为标准来确定管辖。这主要包括：因侵权行为发生的纠纷，可以由侵权行为地的人民调解组织受理；因不动产产生的纠纷，可以由不动产所在地的人民调解组织受理；因遗产继承所产生的纠纷，可以由被继承人生前户籍所在地或主要遗产所在地人民调解组织受理；因民事合同产生的纠纷，可以由合同缔结地或合同履行地的人民调解组织受理等。比如，李某户籍在A市，居住在B市，工作单位在C市，平时在生活中与邻居曹某冲突不断，工作中与同事王某经常发生摩擦，一次驾车至D市与陈某的车发生碰撞。则其与曹某的邻里纠纷应由B市的调解组织来受理，与王某的纠纷由位于C市单位的调解组织受理，与陈某的侵权纠纷由D市的调解组织受理。

2. 复杂、疑难和跨地区、跨单位民间纠纷的受理。根据《人民调解工作若干规定》第 21 条的规定，复杂、疑难和跨地区、跨单位民间纠纷的受理，也分为两种情况：①由乡镇、街道人民调解委员会受理。与一般纠纷不同，复杂、疑难和跨地区、跨单位的民间纠纷，当事人可能处在同一地域或单位内，也可能处在不同的地域内，或者纠纷涉及不同单位和地区的利益，或者纠纷应当适用的法律、政策比较复杂、调解难度较大。这样的纠纷，由村（居）人民调解组织来受理调解往往力不从心，还是由乡镇、街道人民调解委员会受理较适宜。②共同受理。共同受理是指对同一个民间纠纷，两个或两个以上的人民调解委员会都可以受理。由于一些复杂、疑难和跨地区、跨单位的民间纠纷涉及关系复杂，由一个人民调解组织受理难度较大，而由几个相关人民调解委员会共同受理调解，相互配合，及时沟通，形成合力，有利于纠纷的顺利解决。在共同受理中，可以由一个人民调解委员会受理，其他有关的人民调解委员会派员参加，共同调解；也可以由几个有关的人民调解委员会共同受理，共同调解。

二、纠纷审查后的处理

（一）受理

对于属于人民调解受理范围，且属于调解委员会管辖的纠纷，应当立即作出受理决定，并制定民间纠纷受理登记表。

（二）不受理，移交有关单位处理

1. 不属于人民调解受理范围的纠纷。对于当事人申请人民调解组织调解，经过审查不属于人民调解受理范围的纠纷，人民调解委员会应当根据《人民调解工作若干规定》第 24 条第 2 款的规定，向当事人作出解释，并且告诉当事人到相关部门要求处理。但对于随时可能激化的民间纠纷，应当在采取必要的缓解疏导措施后，及时移送有关机关处理。《人民调解法》第 25 条规定："人民调解员在调解纠纷过程中，发现纠纷有可能激化的，应当采取有针对性的预防措施；对有可能引起治安案件、刑事案件的纠纷，应当及时向当地公安机关或者其他有关部门报告。"

2. 不属于人民调解组织管辖的纠纷。对于当事人申请人民调解组织调解，经审查属于人民调解受案范围，但不属于该人民调解委员会管辖的纠纷，人民调解委员会应告知当事人向有管辖权的调解组织提出申请。

引例分析

本案是一起涉及外企的劳动合同纠纷，因驻厦领事馆的介入而上升为外交问题。因此，应将其定性为复杂疑难案件来确定管辖，由劳资纠纷的发生地新阳街道的街道调委会进行调解。颜××被解雇后又到公司制造事端，其行为不但违约而且违法，并因此事被派出所处以治安拘留，尚未构成严重刑事违法，该劳动争议仍属于民间纠纷范畴，可以通过调解的方式处理。

新阳街道对纠纷的第一次调解并不成功，颜××提出高额赔偿未被接受，继续到公司闹事，矛盾进一步升级。其被派出所处以治安拘留后，嚣张的气焰有所收敛，但内心并不服气，认为公司违约在先，对自己失去经济来源，承担所有恶果心有不甘。矛盾仍然不能化解，可见人民调解组织和公安机关分别介入纠纷的方式效果不佳。本着"外交无小事"原则，警民双方都十分重视，及时联合介入调解。人民调解员认真调查双方发生纠纷的来龙去脉，依法依理进行认真细致分析，提出充分的、有说服力的事实及法律依据，警方提醒颜××如果继续闹事要承担严重的法律后果，使颜××承认自己的确存在违约违法行为并向公司表达歉意，从而奠定了双方和解的基础。之后，人民调解员从人性化的角度依情依理做公司的工作，使得公司在无违约、无责任的情况下愿意依情理适当补偿颜××，最终使纠纷得到完全化解。本案的成功调解说明了基层政法单位对涉及外交问题的高度重视，派出所对颜××的治安拘留以及进一步与调解组织的配合，展现了公安机关依法惩戒违法行为、化解社会矛盾的决心，为矛盾的化解起到了铺垫作用，充分发挥了警民联调的合力优势。

思考与练习

1. 人民调解有几种受理的方式，分别是什么？
2. 申请调解的条件有哪些？
3. 诉调对接如何实现效力的对接？
4. 如何界定人民调解的受理范围？
5. 简述一般民间纠纷的管辖问题。
6. 当事人申请调解不属于人民调解受理范围的纠纷应当如何处理？

学习情境

【情境设计】

案例一 2011年5月，丽水社区盘西组居民庄春花与庄永华就两家相邻巷子砌墙一事，发生了矛盾纠纷，双方互不相让，由口角很快发展到动手。庄春花说这条巷子经常有污水流淌，现在正值酷夏天气炎热，每天都会有阵阵恶臭散发出来，影响了自己家人的生活。于是庄春花未和隔壁庄永华商量后便在巷子里起了道隔墙。这一下污水是进不来了，但引起邻居庄永华的强烈反应：你怎么有权随便砌隔墙自己独用？这不成了你自家的巷子了吗？双方很快发生争吵并动起手来，庄永华阻止庄春花继续砌隔墙。庄春花向丽水社区人民调解委员会反映了情况，请求法律帮助。

问题：

1. 本案是否属于人民调解受案范围？丽水社区人民调解委员会是否对此案享有管辖权。

2. 请帮助庄春花写一份调解申请书。

案例二　2012 年 7 月 25 日早 8 时许，叶里哈提（回族）骑着摩托车赶往特吾勒水库工地打工，行驶到×××村村民魏贤礼的农家乐门口时，魏贤礼家的狗忽然从路旁桥墩下窜出，从摩托车后方绕到了前方，叶里哈提紧急刹车，因车速较快摩托车侧翻，导致叶里哈提右腿骨折。事后当事人双方因事故原因发生争执，叶里哈提认为魏贤礼家的狗追赶是造成其摔倒骨折的原因，魏贤礼家应赔偿其损失。魏贤礼认为叶里哈提驾驶摩托车不慎摔倒，与自家狗追赶没有关系。叶里哈提百般无奈下来到了司法所，请求予以调解。经过研究，司法所决定由乡调委会和村委会出面，为双方进行调处和化解，希望通过调解解决纠纷。调委会介入后，立即联系×××村委会主任、书记了解详细情况，并找到相关当事人、目击证人核实情况，确认叶里哈提摔倒是因魏贤礼家狗追赶导致。了解了基本情况后，调委会召集双方当事人和村委会人员，双方见面分外眼红，你一言我一语地互相谩骂争论。人民调解员及时制止了双方的吵闹，在双方同意调解的前提下，直奔主题。叶里哈提表示要求赔偿其误工费、医药费、营养费、摩托车修理费等合计 5000 元。魏贤礼认为叶里哈提摔跤是因其自身车速过快，自家狗追赶只是次要原因，魏贤礼表示只会承担部分医药费，其他损失由叶里哈提自己解决。经过几次调解，双方终于达成一致协议：①魏贤礼同意赔偿叶里哈提医药费、误工费、营养费 3000 元；②叶里哈提摩托车损坏程度较轻，修理费用自理；③双方协议签订过后，不得再由此发生任何争执。双方握手言和。

问题：

1. 请告知当事人使调解协议内容具有强制执行力的几种方式。

2. 如果当事人有意向进行司法确认，请告知当事人司法确认的程序。

案例三　李某醉酒驾车撞伤陈某，需要医疗费用 1 万元，李某当场支付 2000 元后，不肯再支付剩余费用，陈某找到人民调解委员会申请调解。

问题：

1. 本案是否属于人民调解受案范围？

2. 请根据案情制作民间纠纷受理登记表。

【训练目的及要求】通过训练，使每一位同学能够熟练掌握受理调解的操作步骤，独立做好不同性质、类型纠纷调解申请的受理工作。

【训练方法】请同学们根据学习情境中的案例分组模拟当事人申请调解——接待当事人——受理（不受理）调解的过程。

【训练步骤】

1. 根据案例需要对学生进行分组。

2. 以组为单位，让学生自行分配角色并开展讨论，明确受理工作的重点与难点。

3. 实施模拟申请——受理调解的全过程，并制作相关文书。

4. 学生自我评价训练效果。

5. 教师点评、总结训练情况。

拓展阅读书目

1. 张亲民、王欣新主编：《人民调解员工作手册》，中国法制出版社 2003 年版。
2. 王红梅编著：《新编人民调解工作技巧》，中国政法大学出版社 2006 年版。
3. 刘树桥、马辉主编：《人民调解实务》，暨南大学出版社 2008 年版。
4. 冯伟、舒秋膂："'诉调对接'的理论透视及制度建构——司法救济与社会救济的互补性研究"，载《中南大学学报（社会科学版）》2008 年第 1 期。
5. 潘剑锋："民诉法修订背景下对'诉调对接'机制的思考"，载《当代法学》2013 年第 3 期。

项目三 纠纷调解前的准备

知识目标

熟悉纠纷调解前的准备工作，了解纠纷调解员的确定方法，把握调查取证的重点难点，掌握调解方案的内容。

能力目标

能够独立完成纠纷调解前的准备工作，学会调解方案的制作。

引 例

2013 年 8 月 7 日 18 时 30 分左右，灌口派出所接到坑内村村民陈某报警，称发现朋友虞某在鱼塘中生死不明。派出所民警、120 救护车、灌口镇和灌口司法所工作人员迅速赶到现场。虞某被打捞起来，但已经死亡，保持着左手握电线，右手握钳子的姿势，法医鉴定其为触电身亡后跌入鱼塘。

根据公安机关对相关人员询问笔录，死者虞某是浙江丽水人，2012 年初带着妻子王某和 4 岁女儿来到灌口，借用当地人陈某的鱼塘放养鸭子。事发当日上午，陈某给虞某打电话，邀其下午帮忙为鱼塘安装增氧机。15 时 30 分左右，双方再次通话约定具体时间。在附近另一鱼塘养鱼的邻居于 17 时 30 分见到虞某一个人在陈某的鱼塘边摆弄增氧机，过了一会儿，该邻居发现虞某浮在鱼塘水面上一动不动，立刻告知陈某，陈某赶到现场后报警，并通知了虞某家属。

事故发生后，死者亲属与陈某商谈赔偿事宜。死者亲属认为，虞某是在无偿帮助陈某安装增氧机的过程中发生意外导致身亡的，陈某理应负责。陈某则认为，事故纯属意外，自己当时不在场，自然没有过错，事发后又迅速赶到现场，积极配合 120、110 展开救助，并及时通知了死者家属，于情于理都不应负责赔偿。双方观点差异过大，数次协商也没能取得丝毫进展。万般无奈下，死者亲属于 8 月 9 日向灌口司法所求助，申请调解。

司法所受理此案后，立即联系灌口派出所，调阅相关笔录，并于当天约见当事双方，了解事故真相及双方态度。经了解，陈某在自家鱼塘养鱼，与虞某合作搞立体养殖是为了扩大经济效益。虞某为人忠厚老实，经常无偿帮助陈某干活，还常送鸭蛋给陈某，陈某十分认可虞某，把他当作难得的好朋友，两家关系十分融洽。事发后，在巨大的经济责任面前，双方才出现分歧。另据派出所民警反映，鱼塘附近电线杂乱且多数老化，在打捞虞某时，切断电源后的增氧机仍带电，可能在某处与别的电源线有短路现象。

在调解室，陈某坚持说，他与虞某电话约定当天17时至18时把增氧机拖进鱼塘。15时许，因天气炎热，经再次通话，双方将时间改为18时以后，并计划请一名专业电工来接通电源。陈某认为，虞某可能是为鸭棚接电灯或其他电器时触电身亡的，供电局理应承担触电事故责任。陈某同时认为，该鱼塘已被政府征用，虽然自己尚未交付，但政府才是该鱼塘的主人，虞某家属可以找政府索赔。虞某家属则认为，此前陈某曾多次请虞某帮忙处理鱼塘增氧机的接线事宜，却在这次事发后声称打算请专业电工，明显是推卸责任；虞某的鸭棚设施完善，根本没有变更电路的必要，虞某是为了安装增氧机才接触电源的，陈某理应承担所有责任。[1]

问题：

1. 调解正式开始前，应当进行哪些准备工作？

2. 人民调解员应当如何进行调查取证？

3. 调解开始前应当怎样制作调解方案？

基本原理

纠纷调解前的准备工作，是保障人民调解工作顺利进行的基础性工作。在这一阶段，需要确定好人民调解员、做好纠纷调解前的调查取证，并拟定好调解方案。

任务一　确定人民调解员

《人民调解法》第19条规定："人民调解委员会根据调解纠纷的需要，可以指定一名或者数名人民调解员进行调解，也可以由当事人选择一名或者数名人民调解员进行调解。"该条是关于指定和选择人民调解员的规定。根据该条规定，确定调解纠纷的人民调解员的途径有两个：一是由人民调解委员会根据调解纠纷的需要，指定一名或者数名人民调解员进行调解；二是由当事人选择一名或者数名人民调解员进行调解。

---

〔1〕"无偿帮工意外死亡致反目　真心为民调解止争保和谐"，载 http://www.xmsf.gov.cn/ztzl/sjtjal/sjalmd/201401/t20140121_1236954.html，2016年8月11日访问。

一、指定人民调解员

（一）由调解组织指定人民调解员的情形

在以下几种情况下，由调解组织指定人民调解员进行调解：

1. 调解组织主动介入调解纠纷。纠纷发生后，当事人尚未向人民调解委员会申请调解，人民调解委员会为了及时解决民间纠纷，消除不安定因素，维护社会和谐稳定，先行指定人民调解员进行调解。

2. 当事人申请调解，未选择人民调解员。当事人申请人民调解委员会调解，但没有选择人民调解员，由人民调解委员会指定人民调解员。

3. 各方当事人无法就选择人民调解员达成共识。当事人拒绝对方选择的人民调解员进行调解，无法就选择人民调解员达成共识，由人民调解委员会指定人民调解员。

当事人对人民调解委员会指定的人民调解员没有明确表示拒绝的，人民调解员都可以进行调解。

（二）指定人民调解员的主要考量因素

1. 纠纷类型。根据不同纠纷的种类指定不同的人民调解员。民间纠纷的种类繁多，包括婚姻家庭纠纷、邻里关系纠纷、债务纠纷、人身损害赔偿纠纷等，纠纷的类型不同，调解纠纷的人民调解员也应不同。比如，婚姻家庭纠纷，一般由那些已婚的、德高望重的、善于处理婚姻家庭关系的人民调解员，特别是一些女性人民调解员进行调解比较合适；邻里纠纷，由那些与纠纷双方都比较熟悉，又受纠纷双方尊重的人民调解员进行调解可能更为妥当，特别在一些宗族聚居的农村地区，请宗族内辈分较高的长者担任调解员，事半功倍；债务纠纷，由那些精通法律的人民调解员进行调解，有利于清楚准确地向当事人讲解有关法律和国家政策，促使当事人在平等协商、互谅互让的基础上达成调解协议；人身损害赔偿纠纷，由成熟有威严的人民调解员进行调解，容易使当事人形成一定的心理威慑，放弃自己的不合理要求。

2. 当事人身份特点。根据纠纷当事人的身份特点指定适宜的人民调解员。纠纷当事人有男有女、有老有少、有汉族也有少数民族，考虑当事人的这些特点指定适宜的人民调解员进行调解，有助于纠纷的解决。比如，对于外嫁女引发的土地承包纠纷，由女性人民调解员调解，其提出的纠纷解决方案可能容易为女性当事人所接受；少数民族发生的纠纷，由本民族的人民调解员调解，可以消除当事人存在的少数民族可能会受到不公正待遇的担忧；对于年老的当事人，由年轻的人民调解员进行调解，以年轻人的热情、活力感染当事人，容易取得当事人的好感，愿意听从人民调解员的劝说；对于年轻冲动的当事人，由年长稳重的人民调解员调解，有利于安抚当事人的情绪。

3. 纠纷的复杂程度、影响大小、紧迫与否。民间纠纷有的发生在两人之间或者夫妻、家庭之间，情节比较简单、社会影响不大，而有的纠纷涉及人数较多，各种矛盾交织，影响面广，比较复杂；有的纠纷属于小打小闹，当事人之间时好时坏，矛盾虽断断续续发生但没有激化的迹象，而有的纠纷由来已久，长期得不到解决并有突发的可能。指定人民调解员调解纠纷要考虑纠纷的性质和特点，对于情节简单、较易处理、可以掌控的纠纷，可以考虑指定一名人民调解员进行调解，介入调解工作的时间也不一定太紧迫；而对于情节复杂、影响面广，不及时处理就可能导致矛盾激化的纠纷，可以考虑指定多名人民调解员进行调解，特别是当纠纷具有群众化、扩大化、暴力化倾向时，为了控制事态发展，人民调解委员会应尽可能派更多的人民调解员，马上赶赴现场解决纠纷。

二、选择人民调解员

当事人在调解开始前，可以选择自己信赖的人民调解员进行调解。当事人可以共同选择一名或者数名人民调解员进行调解，也可以各自选择一名或者数名人民调解员进行调解。由一方当事人选择的人民调解员，另一方不反对即可。实践中有的人民调解员得到双方当事人的一致认可，被双方共同选择为解决纠纷的人民调解员；有的当事人考虑到人民调解员与对方当事人的亲情关系、朋友关系、师长关系等，不认可对方选择的人民调解员，可以提出反对意见，在调解开始前撤换人民调解员。

任务二　纠纷调解前的调查取证

一、调查的内容

人民调解组织受理纠纷后，被确定的具体人民调解员就要深入开展调查工作，充分掌握材料，弄清纠纷情况，判明纠纷性质和是非曲直。这是正确、圆满调解纠纷的前提，也是做好调解工作和达成调解协议的基础。《人民调解工作若干规定》第26条规定："人民调解委员会调解纠纷，应当分别向双方当事人询问纠纷的事实和情节，了解双方的要求及其理由，根据需要向有关方面调查核实，做好调解前的准备工作。"需要查明的基本事实，包括引起争议的原因、争执的焦点等。对于人民调解员来说，只有通过深入细致的调查，掌握这些事实依据，才可以在调解中灵活运用多种多样的调解方法，继而使当事人双方心服口服，使纠纷顺利得到解决。

（一）纠纷性质

纠纷性质决定了纠纷能否通过调解解决、调解适用法律的范畴以及调解工作的侧重点。

1. 当事人提出调解申请时，通过其对纠纷事实的描述，人民调解员已经可以基本确定纠纷性质。但由于矛盾冲突都是动态发展的，一个普通的民间纠纷有可能激化为治安违法甚至刑事违法案件，而有些当事人为了自身的利益，也有可能隐瞒不利于自己的事实，人民调解员要侧重于核实当事人描述情节的真实性。

2. 人民调解组织主动介入或接受委托的纠纷，如委托机关已经进行过细致调查，则不需要再就纠纷性质展开调查；如果委托机关尚未调查，或人民调解组织通过其他渠道得知纠纷概况，则仍需先行确定纠纷性质。

（二）发生原因

纠纷发生的原因，就是矛盾的症结，也是解决矛盾的切入点。陌生人之间发生的纠纷，往往原因比较单一，熟人或亲人之间发生的纠纷，原因则会呈现复杂、多层次、相关联的特点。因此，当纠纷发生在熟人或亲人之间时，对原因的调查不能浮于表面，也不能止步于冲突的导火索，只有深层次挖掘当事人之间不愉快的起点，以及每一个关系恶化的节点，才能更快更好地化解矛盾。

凡事都有因，一定的结果的发生肯定是由某种原因引起的。纠纷的原因是纠纷的根结所在，同时也是人民调解员调解具体纠纷的切入点。但由于一些纠纷的原因要素表现得比较复杂，所以，分析认定纠纷的原因有时并不是件容易的事情。因此，人民调解员在面对具体纠纷思量如何运用原因要素技巧时，要善于透过现象看本质，着重做好各种原因在纠纷处理中的地位和作用分析，再根据因果定律选择恰当而有效的手段和方法，解决具体纠纷。

1. 分清原因的主次。对纠纷的发生起主要的、主导性作用的，是纠纷的主要原因；对于纠纷的发生起次要的、辅助性作用的，是纠纷的次要原因。分清原因的主次，是在合理分配责任基础上进行合理调解的关键。人民调解员要善于判断或寻找哪个原因是引起纠纷的主要原因，只有抓住了主要原因，才能对症下药，顺利解决纠纷。否则便会在细枝末节的问题上浪费时间和精力，无助于问题的解决。

2. 要注意弄清楚掩盖在表面原因下的真正原因。对于一起看似简单的民间纠纷而言，可能直接原因和间接原因同在，远因与近因共存。但是，直接原因和近因在现实的矛盾纠纷中有时是很难查明的，往往隐藏在表象原因之后，我们可以把这两类原因分别称之为表面原因和真正原因。人民调解员在调解过程中有时会发现这样一种情况，当事人之间的矛盾依其表现的或直观反映出的事实进行处理，却无法解决。如一些婚姻纠纷由于涉及羞于启齿的隐私问题，当事人可能避开真正原因，而把纠纷的产生归结到经济、家务等表面原因方面。当事人一般都存在不想说或难以说出口的隐情，往往这种隐情才是发生纠纷的真正原因。这时人民调解员就要耐心细致地做当事人工作，让他说出实情。实情不说出，调解成功的概率就很低。

（三）发展过程

很多冲突的发生是由于一方当事人的错误引起的，但在矛盾的发展、激化过程当中，很可能出现双方或者多方当事人的不冷静行为。如果人民调解员只批评引起纠纷的一方，而不理会纠纷发展过程中其他当事人的错误，则难免有失偏颇，导致被批评当事人的反感与不信任，也可能使没有受到批评的当事人对纠纷事实产生误解，认为自己没有错误，而不愿意作出让步。人民调解员对关键细节要了解清楚，有些当事人就是因为在一些细节问题上和对方当事人存在"过节"，心里的那道坎迈不过去而赌气。作为一名人民调解员，应细心询问当事人并对关键情节调查清楚，为成功调解打下基础。对纠纷发展过程的细致调查，是人民调解员在调解过程中保持公平公正的基础。

（四）争议的焦点

争议焦点的存在，有可能源于当事人对事实认知的错误，也有可能源于对相关法律法规的无知，还有可能源于双方价值认知的差异。在各方当事人对纠纷的解决提出众多要求与不同构想时，人民调解员应当对各方的需求进行梳理，找到争议的焦点，围绕焦点展开调解。如果争议焦点找错或找偏，则调解的重点也会出现偏差，结果是浪费大量时间仍然无法调解成功。

（五）目前所处的程度

纠纷的发生发展遵循潜伏——发生——激化——平静——再度激化——平静的发展规律，如果一直不予解决，很有可能出现波浪式的上扬。如果纠纷处于激化期，则调解员应当迅速介入，避免矛盾进一步升级，工作的重点是使当事人冷静下来，回归理性；如果纠纷处于平静期，则当事人已经处于理性状态，调解员应当侧重分析利弊，引导当事人综合考量、作出妥协。

（六）证据和证据来源

当事人对于所陈述的事实，特别是与对方当事人描述不一致的事实，应当提供证据，无法提供证据的，可以告知调解员证据有可能在何地，或可以向何人取证，由调解员前往调查取证。

（七）当事人个性特征

由于自然状况、社会阅历、文化素质和道德观念的差异，每个人都有着不同的个性特征。不同个性特征的当事人对纠纷和人民调解员的工作有不同的看法，人民调解员对他们进行说服劝导的侧重点和采取的态度也要有所区别。如外向型性格的人感情外露，内心想法会很快通过表情和行为表现出来；而内向型性格的人感情深沉，内心想法不易形于色和付诸行动。这就要求人民调解员善于察言观色，通过分析纠纷当事人的表情、言语和行为，弄清楚当事人内心的真实想法。再如，文化水平、法律素质高的人，其自我调节能力较强，纠纷心理不容易形成，即使形成也不易外化为纠纷行为。如果这类人与其他人发生了纠纷，他们对人民调解员有道理的话容易听得进去，也能理解人民调解员的工作并给予配合；反之，文化水平、法律素质低的人，其自我调节能力较差，纠纷心理容易形成且容易外化为纠纷行为。对这类纠纷当事人，人民调解员就必须多花工夫，用通俗易懂的语言把法律和政策讲清楚、讲透彻。

在调解过程中，对于不同性格的人采取不同的技巧，能够有效提高调解的成功率。比如，对直爽刚烈型当事人要以和风细雨式的疏导为主，避免"硬碰硬"的做法，可以选择情感感染，用以柔克刚、褒扬激励等方法进行说服劝导。对孤僻抑郁型当事人则可以尝试亲情触动法，即唤起旧情法。对于蛮横无理的、胡搅蛮缠的当事人，则可以适当采用正义威慑法，义正词严地指出其存在的问题，对其形成威慑，配合使用群体抨击法，即舆论压力法，使他感到不纠正错误就会陷入"老鼠过街，人人喊打"的境地。为摆脱这种境地，他会很快认识到错误，积极配合工作。

由此可见，在调解开始之前先调查清楚当事人的性格特点是非常重要的，它有助于人民调解员有针对性地制定调解方案，抓准调解重点，甚至为人民调解员选择以何种方式接触当事人、用何种语气姿态与当事人交谈提供了重要依据。

二、调查取证的途径

深入调查是调解成功的前提。没有调查就没有发言权。做好调解工作，不能只听一方诉说，只有深入调查，掌握翔实的第一手资料之后，才能在调解时有理有据，避免说话时授人以柄，使自己处于被动局面。忌讳道听途说，不深入实地调查研究。人民调解员切忌仅凭一方当事人或某个人一面之词，就进行调解。这种在没有全面了解纠纷的事实和情节要素的情况下匆忙进行的调解多半是不会成功的，人民调解员也会因"帮一方说话"，而不被另一方当事人信任。因此，不仅开展工作难度加大，而且可能会激化矛盾。

调查取证的途径主要有：

（一）各方当事人陈述

耐心听取双方当事人的陈述，了解纠纷过程和他们的真实思想和要求；在与当事人面对面的沟通过程中，还可以了解当事人的语言特征、性格特点，以及其对纠纷的态度。

（二）向纠纷关系人、知情人和周围的群众做调查

对于不涉及当事人隐私的纠纷和事实，为进一步掌握其他有关情况，并印证双方当事人的陈述，可以向当事人之外的知情人了解纠纷情况，也可以向当事人身边的邻居、朋友等了解当事人平时为人处事的情形。

（三）到当事人所在单位了解情况

到当事人的工作单位了解当事人平时的表现、好恶，也可以争取单位领导和有关人员的支持。

必要时，人民调解员应当进行现场调查，有些疑难的伤害纠纷还须请有关部门进行伤情检查鉴定，查明伤害程度。

调查过程中，人民调解员应当对调查情况作出详细的记录，对于复杂、疑难的案

件，询问知情人时，应当制作调查笔录，必要时可以请被调查人写出书面材料。在广泛调查的基础上，进行综合分析，通过去粗取精，去伪存真，抓住纠纷的主要矛盾和矛盾的主要方面，对症下药，这样才能有效、顺利地调解纠纷。

深入实地调查研究，掌握纠纷的起因、特征、实质以及纠纷双方当事人的性格，以此为依据，才能分清纠纷的是非，才能按照法律、法规、政策对症下药，解决好纠纷。要善于动脑筋，善于思考问题，掌握纠纷发生的全过程，用事实说话，用证据说话，找准解决问题的切入点。如果我们的人民调解员能对每件纠纷的情况、当事人个性、纠纷类型了如指掌，并及时对症下药，相信一定会取得很好的调解效果。此外，深入实地调查研究还有助于及时发现纠纷苗头，控制事态的扩大发展，杜绝和防止群体上访事件、聚众械斗事件、民间纠纷转刑事案件及恶性案件的发生。

三、调查笔录的制作

调查笔录是人民调解委员会受理民间纠纷后，向有关人员访问了解纠纷情况时所作的文字记录，是调解人员调解处理民间纠纷取证的重要手段和证明，是人民调解员掌握纠纷客观情况、分清是非、研究讨论调解纠纷并提出调解意见的依据，直接关系到调解处理民间纠纷的质量。

（一）调查笔录的格式

调查笔录

时间：

地点：

事由：

被调查人：

参加人：

笔录：_____

_____

_____

_____

被调查人：×××

参加人：×××

调查人：×××

记录人：×××

××××年××月××日

（二）调查笔录的制作要求

调查笔录由首部、正文和尾部组成。

1. 首部。居中写明文书名称"调查笔录"，然后依次填写时间、地点、事由、被调查人、参加人等栏目。其中"时间"栏填写调查的当天日期，填至年、月、日，如有必要可以具体到时、分。"地点"栏按实际情况写调查时所在场所。"事由"系指为哪一项纠纷而做的调查，内容应与卷宗的卷名相同。"被调查人"栏应填写被调查人姓名、性别、年龄、单位或住址，如果被调查人与纠纷当事人有特殊关系的，如系当事人的亲属、同事、邻居或某事件的见证人等，还应在笔录中注明，以作为谈话内容证明力大小的鉴别依据。"参加人"系指调查时除调查人、被调查人和记录人之外的其他在场人员。

2. 正文。正文是调查笔录的核心部分，可采用问答式记载。在调查笔录的开头一般应记录调查人告知被调查人自己的身份和意图的情况。记录调查人和被调查人的谈话内容，尽量记录原话、原意，客观、全面、准确地记录被调查人陈述的全部内容。特别要详细记录纠纷的关键情节。笔录形成后应给被调查人校阅或者向被调查人宣读。如果被调查人要求对笔录进行补正的，要当场进行补正。

3. 尾部。尾部要有被调查人、调查人、记录人的签名，以及签名的日期。

（三）示例

调查笔录

时间：2013 年 8 月 9 日

地点：坑内村村民王某家。

事由：虞某死亡赔偿纠纷。

被调查人：王某，男，46 岁，厦门市灌口镇人，坑内村某鱼塘承包人，现住坑内村×街×号。

参加人：顾某，女，43 岁，厦门市灌口镇人，被调查人王某之妻，现住坑内村×街×号。

人民调解员（以下简称"调"）：你好，我是×××人民调解委员会的人民调解员林某，今天来是想了解一下我们正在调解的虞某死亡赔偿纠纷的有关情况，如果你了解一些情况，希望你如实陈述事实。

王：好。

调：你的个人情况？

王：我叫王某，1967 年 2 月 12 日出生，汉族，高中文化程度，厦门市灌口镇坑内村人，现在坑内村承包鱼塘。

调：你认识死者虞某吗？

王：认识，他是浙江人，在我们村租陈某的鱼塘养鸭子。陈某的鱼塘就在我的鱼塘旁边，所以我跟虞某也比较熟悉。

调：他出事的时候你在现场吗？

王：在，是我发现他出事，通知陈某的。

调：请你把当时的情况说一遍。

王：8月7日17点30分左右，我到自己承包的鱼塘去捞鱼，路过陈某的鱼塘，见到虞某一个人在陈某的鱼塘边摆弄机器，我跟他打了招呼，他说帮陈某装增氧机，我就走了，等捞完鱼回来，我发现虞某浮在鱼塘水面上一动不动，立刻打电话给陈某，他来了就报了警。

调：你捞完鱼回来大概是几点钟？

王：应该是不到6点吧。

调：当时在场的还有谁？

王：没有人了，就我在那。

调：虞某和陈某平时关系怎么样？

王：他们俩关系非常好。虞某为人忠厚老实，经常无偿帮助陈某干活，还常送鸭蛋给陈某，陈某十分认可虞某，把他当作难得的好朋友，两家关系十分融洽。光是这个增氧机，虞某就帮陈某搞了好几次了，帮他接线什么的。

调：陈某平时为人如何？

王：有一点霸道，没什么文化，但也不算坏人。

调：陈家鱼塘上的电线是他自己架的还是请专业电工架设的？

王：是他们家自己搞的，请专业电工比较贵，他们一般都自己搞，或者是找朋友帮忙。

调：你还有什么需要补充说明的吗？

王：没有了。

调：好，今天就谈到这里，请你看看，刚才的笔录是否有误？如果有误，请提出，如果没有出入，请签名。

王：以上笔录我看过，跟我讲的完全一样。

被调查人：王某

调查人：林某

记录人：陆某

2013 年 8 月 9 日

（四）制作调查笔录的注意事项

1. 首先要向被谈话人自我介绍人民调解员的身份，向被谈话人讲明要实事求是地陈述事实。

2. 要将被谈话人的基本情况问清记好，以便以后进行联系。

3. 要真实、全面、客观地记录所调查的事实，对矛盾纠纷的主要事实和关键性情节的记录务必详细、具体、准确。对提供的一些模糊情况，如大概、可能、好像等含混不清或前后矛盾的词，应及时引导，问明记清，在同一份笔录中不能前后自相矛盾。

4. 首页不够用，可接用笔录纸副页。每一页都必须注明页码序号并在最后一页注明本调查笔录共几页，被调查人应当在每一页的序号上捺指印。最后页要有调查人、被调查人和记录人签名。

5. 因调查的次数可能不止一次，调查笔录的数量可能有多份。如果对同一个被调查人形成两份以上笔录，当前一份笔录的内容与后一份笔录内容有矛盾时，必须让被调查人确认以哪份笔录为准。

6. 记录完毕，应当场交被调查人核对。被调查人如果认为记录有遗漏或有差错，应当补充或更正，补充或更正的地方和内容必须加盖被调查人的印章或捺手印。

任务三　制定调解方案

为提高调解的质量与效率，人民调解员在正式组织调解前，应当根据纠纷事实和证据材料，拟定调解方案。调解方案大致应包括以下要素：

1. 争议的焦点。争议的焦点也就是纠纷各方当事人的分歧点。人民调解员找准争议焦点后，就可以基本判定纠纷的是非曲直，明确调解工作的重点，有的放矢。

2. 调解所具体涉及的法律法规、政策条款以及责任划分情况。调解必须遵循不违法（政策）原则，因此，纠纷所涉及的法律法规及政策条款，决定了调解工作的基本方向，决定了当事人责任的划分原则。人民调解员对于相关法律法规和政策不但要做到心中有数，还应当将具体法条的纸质材料准备好，以备当事人在调解现场提出质疑。

3. 调解要达到的目的。人民调解员在开展调解工作前，应当根据所涉及的法律法规和政策，对调解的结果作出合理的预估。有些较为复杂的纠纷，当事人可能有几种选择的可能性，调解的目的会根据当事人选择的不同而发生变化。此时，人民调解员应当先对当事人的每一种选择做出预估，再针对不同的选择拟定调解目的。比如，某公司以李某患乙型肝炎为由解雇员工李某，李某认为自己患病并未影响工作，不应当被解雇，双方发生争议。人民调解员分析了相关法律法规及公司规章，认为公司解雇李某于法无据。此时，公司的选择会影响调解的目的。如果公司决定不再解雇李某，则调解的目的是让李某继续在公司工作，并不会因病受到歧视；如果公司仍坚持辞退李某，则调解的目的是让李某能够获得合理的经济补偿。

4. 调解过程中可能出现的问题及对策。矛盾是动态发展的，调解工作的目的是化解矛盾，避免矛盾的升级和激化，但在调解的过程当中，很有可能因为当事人沟通不畅导致冲突加剧，人民调解员要提前做出预估，避免出现这样的情况，还要考虑到一旦发生了这种情况，应当如何处理。比如，在处理婚姻家庭纠纷时，发现夫妻双方脾气都比较暴躁，预估到如果双方当事人面对面坐下来陈述对方的缺点，容易发生激烈争吵，不利于矛盾解决，应当先采用背靠背的方式让双方分别向调解员倾诉，充分发泄后冷静下来再让当事人进行面对面的沟通。

5. 具体的工作方法和工作重点。结合纠纷的性质、争议焦点、双方当事人的性格特点，人民调解员应当设计在不同的阶段、根据不同的情况采用不同的调解方法和调解技巧开展工作。

6. 对调解可能达成的协议的基本设想。这是对于调解目的的细化，为调解过程中给当事人提出合理化建议做准备。

调解方案一般应由负责调解工作的人民调解员亲自拟定。对于疑难、复杂、易出现反复的纠纷，应事先做好多次调解的准备。在调解时，要根据实际情况的变化，灵活、有效地把握调解活动的节奏和进程。

引例分析

调解组织受理纠纷后，应当先确定人民调解员，人民调解员在正式开始调解前，应采集证据，并制作调解方案。

一、采集证据

在本案中，由于派出所先介入调查案件，所以基本案件情况可以从派出所的记录中了解清楚，人民调解员的取证主要应当针对双方的分歧点展开。双方提出的分歧主要有：陈某有否要求虞某帮忙安装增氧机，陈某的鱼塘的实际管理者是陈某还是政府，供电局是否有责任。除此之外，当事人的性格特点也属于要调查的范畴。

人民调解员到坑内村进行走访调查，根据了解到的情况，经过认真分析得出以下结论：

1. 按照虞、陈两家之前互帮互助的情况推测，虞某应该是在受陈某邀请后，为增氧机接电时触电身亡，属无偿帮工。

2. 虽然鱼塘被征用，且同一批被征地多数已经交地，但陈某受经济利益驱使，未按照规定向政府交地，仍在实际使用和管理鱼塘。

3. 供电局的职责是向使用者提供安全稳定的电源，鱼塘周围电线杂乱，缘于陈某为个人用途自行架设，供电局不应承担责任。

4. 陈某性格较为强势，没什么文化；虞某妻子通情达理，但文化程度也不高。

二、调解方案

（一）争议焦点是陈某是否应当对虞某的死亡承担经济赔偿责任

（二）涉及的法律法规，以及责任划分情况

《最高人民法院关于审理人身损害赔偿案件适用法律若干问题的解释》（法释[2003] 20号）第14条"帮工人因帮工活动遭受人身损害的，被帮工人应当承担赔偿责任"，第27条"丧葬费按照受诉法院所在地上一年度职工月平均工资标准，以6个月总额计算"，第28条"被扶养人生活费根据扶养人丧失劳动能力程度，按照受诉法院所在地上一年度城镇居民人均消费性支出和农村居民人均年生活消费支出标准计算。被扶养人为未成年人的，计算至18周岁"，第29条"死亡赔偿金按照受诉法院所在地上一年度城镇居民人均可支配收入或者农村居民人均纯收入标准，按20年计算"。

陈某应承担赔偿责任。虽然虞某触电与帮工没有直接关系，但是其触电很大一部分原因是陈某架设的电线老化短路所致，作为电线的主人，陈某应负部分责任；虞某作为成年人，应对电源的危险有预见性，且在没有电工证的情况下进行电路作业，也要承担责任。

（三）调解要达到的目的

陈某愿意承担赔偿责任并能够在具体金额上与虞某家属达成一致。

（四）调解过程中可能出现的问题及对策

1. 虞某因给陈某帮工发生意外，如陈某一直否认帮工事实，很容易引起虞某家属情绪的波动，使矛盾升级。因此，在陈某对于帮工事实和责任认定形成正确认识之前，不宜开展面对面的调解工作。

2. 根据法律规定进行计算，死者的死亡赔偿金高达60万元，以陈某的家庭情况很难全额支付。对于死者家属，一方面要说明虞某作为成年人，应对电源的危险有预见性，且在没有电工证的情况下进行电路作业，也要承担一部分责任；另一方面要引导死者家属考虑如果调解无法达成一致意见，要拿到赔偿金难免要走诉讼程序，时间精力成本较高，且可能因为陈某的经济条件而面临执行难的困境，使得死者家属愿意作出让步。对于陈某，则要说明如果调解不成，死者家属一定不会放弃索赔，而是走上诉讼道路，可以预见，法庭判决金额必然高于调解金额，到时虽然一时还不起，执行不了，却也不可能赖得掉，一辈子都会生活在债务中，甚至会影响儿女的未来生活，如果积极协商，可能会适当降低赔偿金额，哪怕是借钱处理好此纠纷，日后全家可以堂堂正正生活，不愁没有过好日子的时候。

（五）具体的工作方法和工作重点

1. 工作方法。

第一，先对双方当事人展开背靠背的分别调解，在此阶段要完成的任务是让陈某了解法律规定，同意赔偿，让死者家属接受虞某对于自己的死亡也要承担一部分责任的事实。

第二，陈某同意赔偿后开始面对面调解，双方对赔偿金额进行协商。

第三，在调解的过程中，可以采用换位思考法、唤起旧情法、冷处理法、舆论压力法、模糊处理法、褒扬激励法。在技巧上，可以根据情况对陈某使用正义威慑法。

第四，如果达成协议，要尽快促成双方履行协议。

2. 工作的重点：一是帮助陈某正确认识纠纷事实及相关法律法规，使其愿意承担赔偿责任；二是引导双方当事人在赔偿金额上达成一致。

（六）对调解可能达成的协议的基本设想

1. 赔偿的具体金额、交付方法、交付日期。

2. 虞某家属继续借用鱼塘养鸭的事宜（如有需要）。

思考与练习

1. 如何确定人民调解员？

2. 人民调解调查取证的内容有哪些？

3. 调解方案应包含哪些要素？

学习情境

【情境设计】

案例一　2008 年 4 月 21 日早上，调委会的工作人员上班的时候，只见一个身着绿色上衣的年轻妇女，披着满身的雪花，站在镇调委会办公室门口瑟瑟发抖，喃喃自语道："活不下去了，活不下去了……"看到她那个样子，真的让人感到心疼。调解员上前仔细一问，才知道这位妇女叫侯长兰，丈夫黎先福十分凶悍，经常对她实施暴力，打骂成了家常便饭，并且还曾提着斧子威胁过她的父母，更有甚者，她的丈夫居然还因夫妻闹矛盾而烧毁了自家的房子。家中还有一个偏瘫卧床的婆婆和 2 岁的儿子，沉重的生活压力之下，丈夫依旧恶习不改，两天前，又动手打骂她，并将其赶出家门，无处可去的女人只好在附近山的窑洞中栖身。

经过实地调查了解才知道事情的原因，丈夫黎先福与侯长兰已结婚 4 年，上有 65 岁的母亲下有 2 岁的男孩。双方系自由恋爱，婚初感情尚好，后因母亲患脑溢血，导致半身不遂，卧床已有 2 年，生活不能自理。在黎先福外出打工期间，侯长兰对婆婆黎杏花的日常起居照顾不周，以致多次产生家庭矛盾，影响到夫妻感情，经常出现夫妻间的吵嘴打架现象。此事虽经村调委会多次调解，但收效甚微。4 月 18 日，黎先福与侯长兰又因家庭琐事发生争执，黎先福殴打了妻子，妻子一怒之下便离家出走，在山中窑洞居住了两天两夜。

问题：

1. 针对此案进行调查取证。

2. 制作调解方案。

案例二　谢某和杜某是一墙之隔的邻居。2012 年春季，谢某在自家院的东南角建起了一处伙房。两家一向不和，杜某明明知道他家西南角处是谢家的厨房，却故意于 2016 年夏天在本家西南角建起了厕所。这样，谢家烧火做饭的厨房和杜家的的厕所仅一墙之隔，谢家厨房臭气熏天，蚊蝇飞舞，香喷喷的饭菜却难以下咽。谢某怎么都想不通，邻居怎么就这么缺德呢，这跟到自家厨房来上厕所有什么两样呢？这不明摆着要和我们作对，真是欺人太甚，这臭气熏天，苍蝇肆虐，何时是个头啊？强压着心中怒火，谢某来到杜家讨个说法，可是杜某的一番话让这俩近邻吵翻了天。杜某说："我是在自家院里修建，该建哪儿就建哪儿，难道还要你干涉不成。"从此，平时就有积怨的俩邻居的"战争"更是进一步"升级"，三天一大吵、两天一小吵，要么指桑骂槐，要么针锋相对，吵得狗叫鸡鸣，闹得整个村子不得安宁，就连谢某、杜某两家的几岁小孩都受到心灵伤害，心里深深地埋下了怨恨的种子。

问题：

1. 针对此案进行调查取证。重点了解双方不和的起因。

2. 制作调解方案。

【训练目的及要求】通过训练，使每一位同学能够准确把握调查取证的重点，有的放矢地展开调查，熟练掌握调解方案的制作方法，为顺利地开展调解工作打好基础。

【训练方法】请同学们根据学习情境中的案例分组模拟调查取证的过程，并根据调查分析结果制作调解方案。

【训练步骤】

1. 根据案例需要对学生进行分组。

2. 以组为单位，让学生自行分配角色并开展讨论，明确调查取证工作的重点与难点。

3. 实施模拟调查取证的全过程，并制作调查笔录，随后制作调解方案。

4. 学生自我评价训练效果。

5. 教师点评、总结训练情况。

拓展阅读书目

1. 张亲民、王欣新主编：《人民调解员工作手册》，中国法制出版社 2003 年版。

2. 王红梅编著：《新编人民调解工作技巧》，中国政法大学出版社 2006 年版。

3. 刘树桥、马辉主编：《人民调解实务》，暨南大学出版社 2008 年版。

项目四　纠纷的调解

知识目标

了解纠纷调解地点和方式的有关要求，熟悉人民调解的具体程序和要求，正确掌握人民调解的方法、人物应对策略和语言运用技巧。

能力目标

能够按照正确的程序对民间纠纷进行调解，能够运用人民调解的方法进行调解，能够应对民间纠纷中的不同人物进行调解，能够灵活运用调解语言进行调解。

引　例

家境贫寒的王某向街坊李某借用了一台电扇，借了两个星期后，李某去王某家要回了电扇。李某回家后发现电扇不转了，便在王某家骂开了，街坊邻居纷纷围观。李某骂得更起劲了。就在这时，突然背后传来严厉的声音："住口！"李某被吓了一下，回头一看，是街道的人民调解员曹大妈。

曹大妈批评了李某几句，李某不甘示弱，说道："曹调解，我看她家可怜，好心好意借电扇给她用，她把我家电扇弄坏了，我去找她时，她一声都不吭，当我是傻瓜啊！你说，我该怎么办啊？这电扇还是名牌货呢，花了我家不少钱。"

王某低着头，小声说："我也不知坏了。"就不说话了，脸涨得通红。

曹大妈知道王某平时老实巴交，腼腆，不善言语，自尊心很强，就温和地对她说："我知道你都是为了这个家，不容易啊。这么做真是难为你了。这借东西呢，好借好还。"

接着用商量的口吻问李某："你现在用不着电扇，就先放在这儿，过几天修好了再给你送过去，你看行不行？"

李某却不依不饶，说："不行，这么大毛病哪能修得好？得赔我一个。"

曹大妈说："什么毛病啊？"

"反正就是不转了。"

曹大妈板起了脸，"不转就一定是大毛病吗？"

李某没吭声。

曹大妈拉了拉王某，说："这次你得好好谢谢小李，别只在心里说啊！"

王某受到提醒，忙道谢。

李某摆了摆手，"别客气了，都是邻居。"

曹大妈的语气也缓和下来，"小李啊，你就再发扬一下风格，先修修看，修不好再赔你个新的。"

李某不好说别的，就答应了。这时，曹大妈看见王某好像要说点什么，忙说："那就这样。"示意王某有话过会儿再说。

等李某和围观群众走了，曹大妈对王某说："我家老陈退休后在家闲得不行，这电扇就让我抱回去吧，让我家老陈动动手，免得他手艺都荒疏了。"

王某知道陈大伯是个高级技工，各种家电都会修，曹大妈这是在暗暗帮着自己，维护着自己的面子。她感动地说："曹大妈，我说了谎啊，我知道电扇坏了。"

曹大妈握着她的手说："知道错就好。咱们人穷可不能志短啊！"

王某含着泪，点点头。[1]

问题：该纠纷是如何进行调解的？或者说采用了什么方法和技巧？

---

〔1〕 王红梅：《新编人民调解工作技巧》，中国政法大学出版社 2006 年版，第 108～109 页。转引凌锐："调解语言研究"，中国政法大学 2011 年硕士学位论文。

📖 **基本原理**

纠纷的调解是人民调解的关键阶段。在这一阶段，首先需要确定人民调解的地点和方式，向纠纷各当事人发送人民调解通知书。随后遵循人民调解的程序，运用人民调解的方法和技巧对纠纷进行调解。纠纷能否得以化解，关键在于人民调解的方法和技巧是否运用恰当。

任务一 确定调解的地点和方式，发送调解通知书

一、人民调解地点的确定

根据《人民调解工作若干规定》第 28 条的规定，人民调解委员会调解纠纷，一般在专门设置的调解场所进行，根据需要也可以在便利当事人的其他场所进行。根据《人民调解法》第 21 条第 2 款的规定，调解民间纠纷，应当及时、就地进行，防止矛盾激化。可见，人民调解的地点并没有明确的要求，一般以方便纠纷当事人为主。从规范的角度而言，人民调解委员会应当创造条件，设置专门的用于调解纠纷的场所，如人民调解室等。对于一些事实清楚，情节简单、争议不大的纠纷，或应当事人要求的，人民调解委员会从便利当事人的角度出发，也可以在其他场所，如当事人所在的车间、田间、地头、家里进行调解。对于疑难复杂的矛盾纠纷，则应当在专门的调解场所进行调解。

但是，人民调解地点如何，对人民调解的效果有很大影响，因此，确定人民调解的地点时要慎重。如何确定人民调解的地点，一般取决于纠纷的特点。根据人民调解的实践，人民调解的地点可以根据纠纷的以下特点做如下选择：

1. 对一方有明显过错且不讲道理、态度蛮横的侵权、损害类纠纷，可以选择严肃型场合。严肃型场合一般是指人民调解组织内设的人民调解室。人民调解室的布置与法庭相似，让人感觉庄严、肃穆。在此场所实施调解会产生一种抑制作用，会让当事人以一种严肃、理性的心态进行调解。在这样的地点会让有理方感到踏实，令无理方感到心虚。如果不在人民调解室进行调解，人民调解地点的布置也可以仿照人民调解室、法庭的设置从而使其具有严肃感，从而有利于对该类纠纷的调解。

2. 对家庭、婚姻类的纠纷，可以选择亲切型场合。这种地点一般是指当事人的住处。在这种地方进行调解容易维持一种比较随和的气氛，有亲和力，让纠纷当事人在情绪上不至于过于有压力，甚至会缓解紧张的情绪。在这种让人感到亲切的地点也能够能拉近人民调解员与当事人之间的感情距离。

3. 对有固定单位的当事人之间发生的纠纷，可以选择归属型场合。这类纠纷一般选择在纠纷当事人所在单位进行调解。纠纷当事人如果是同一单位的，他们往往会因为工作原因在单位领导和同事面前注意自己的形象和表现。因此，在纠纷当事人所在

单位进行调解，讲道理的纠纷当事人，往往会表现得更有风度，平时不讲道理、胡搅蛮缠的当事人也会有所收敛。因此到纠纷当事人所在单位进行调解，同时让纠纷当事人所在单位领导给予协助，更有助于纠纷的解决。而对分属不同单位且一方当事人不讲道理、胡搅蛮缠的纠纷，也可以选择到无理方或不配合方的单位进行，这样可以对其产生心理压力，以促成协调。

4. 对需要调动当事人特殊感情（如夫妻感情、父母子女、兄弟姐妹等）来促成调解的纠纷，可以选关联型场合。与纠纷有关联的特定地点包括初恋的地点，共同生活的地点，特别是一起同甘共苦的地点，共同学习的地点，等等。选择与纠纷有关联的特定地点进行调解，往往会使纠纷当事人触景生情，引发他们对曾经的种种美好情感的回忆，从而拉近纠纷当事人的感情距离，促进纠纷当事人相互谅解、和解。

由于恰当地选择人民调解地点对人民调解工作具有举足轻重的作用，因此人民调解员在选择调解地点时要注意以下两点：

1. 需要"上门调解"的，人民调解员要积极主动"上门调解"。"上门调解"是指人民调解员需要到人民调解室以外的地点去调解，特别是去纠纷当事人的家里去调解。"上门调解"往往需要人民调解员付出更多的努力，但结果有时也会不尽如人意，甚至人民调解员会受到委屈。于是有些人民调解员就图一时方便，要求所有纠纷的当事人都到人民调解室来进行调解。但这样的一种做法由于没有根据纠纷的特点及当事人的情况来选择合适的地点进行调解，因而调解效果往往不是很好，反而降低了调解的成功率，并增加了当事人和人民调解员自身的工作量。因此，人民调解员要克服这种"怕上门"的工作态度，积极主动地"上门调解"。

2. 在确定了人民调解地点后，不能因人民调解地点条件简陋而忽视对人民调解地点的巧妙运用。在现实生活中，有很多纠纷的人民调解地点，甚至是人民调解委员会的办公场所，条件都是相当有限的，甚至基本的桌椅板凳都没有。特别是如果在田间地头调解，更是没什么条件可言。但人民调解组织、人民调解员不能对这种简陋的条件采取漠视态度，应充分在调解地点创造良好条件，让纠纷当事人感到情绪的缓解。即使只有一间办公室，只要不怕麻烦，也可以想办法使其发挥很大的调解功效。例如，人民调解员可以根据纠纷情况适当调整房屋的布局、桌椅摆放的位置，在针对家庭、婚姻类纠纷时，把一些暖色调的物件摆放在调解地点的合适地方，可以把整个调解地点都布置得很温馨。这样做，往往会收到一些很好的调解效果。

二、人民调解的规模与形式的确定

对于一些比较小的纠纷或涉及隐私的、不宜公开调解的纠纷，可由人民调解员主持，仅限于纠纷当事人参加。对于一些家庭纠纷，如婆媳不和、夫妻吵架、兄弟妯娌间的矛盾，以及赡养、继承、财产之类的纠纷，可由人民调解员主持在家庭范围内开调解会，必要时邀请他们的亲友、邻居参加，帮助调解。对于打架斗殴、遗弃、虐待、侵占、伤害、损害名誉等影响较大、教育意义较大的纠纷，还可以将参加调解会的人员扩大到村民小组、居民小组、楼院、车间等范围，以扩大教育范围。

三、人民调解会的组织形式的确定

开人民调解会，必须有纠纷当事人双方出席。纠纷当事人双方必须按人民调解组织通知的时间、地点出席人民调解会。根据《人民调解法》第19条的规定，人民调解委员会根据调解纠纷的需要，可以指定1名或者数名人民调解员进行调解，也可以由当事人选择1名或者数名人民调解员进行调解。一般而言，人民调解委员会由人民调解员1~3人主持，小纠纷可由人民调解员1人主持，比较大的复杂的纠纷，可由2人或3人主持，由2人以上主持的，应由人民调解小组或人民调解委员会明确指定1名人民调解员为人民调解会的首席人民调解员。

四、发送人民调解通知书

确定好调解的地点、规模和组织形式后，人民调解组织要把进行人民调解的有关事项通知纠纷当事人。对纠纷当事人的人民调解通知可通过多种形式送达，如口头、电话等形式。从规范的角度讲，人民调解组织进行人民调解要向纠纷当事人发送人民调解通知书。

人民调解组织应制作格式规范的人民调解通知书，一式两份，一份留档，一份送达纠纷当事人，格式如下：

×××人民调解委员会
调解通知书
(存根联)

（　　）×民调字第　　号

＿＿＿＿＿＿＿＿＿：

　　你与＿＿＿＿＿＿因＿＿＿＿＿＿＿＿＿＿纠纷一案，现决定于＿＿＿年＿＿月＿＿日＿＿时在＿＿＿＿＿＿进行调解。

　　特此通知

×××人民调解委员会（章）

调解员（签名）

年　月　日

调 解 通 知 书

（　　）×民调字第　　号

＿＿＿＿＿＿＿＿＿：

　　你与＿＿＿＿＿＿因＿＿＿＿＿＿＿＿＿＿　纠纷一案，现决定于＿＿＿年

____月____日____时在_____进行调解。

　　特此通知

×××人民调解委员会（章）

调解员（签名）_____

年　月　日

任务二　调解

　　根据《人民调解法》第 22 条的规定，人民调解员根据纠纷的不同情况，可以采取多种方式调解民间纠纷，充分听取当事人的陈述，讲解有关法律、法规和国家政策，耐心疏导，在当事人平等协商、互谅互让的基础上提出纠纷解决方案，帮助当事人自愿达成调解协议。有些省、市在人民调解的实施办法中也作了灵活的规定。如《广东省实施〈中华人民共和国人民调解法〉办法》第 35 条第 1 款规定，人民调解委员会调解纠纷，可以按照下列方式和程序进行：告知当事人调解规则和有关事项；充分听取当事人的陈述，核对证据材料，根据需要进行调查核实；向当事人讲解有关法律、法规和政策，耐心疏导；在当事人平等协商、互谅互让的基础上，提出纠纷解决方案；帮助当事人自愿达成调解协议。第 2 款规定：人民调解委员会可以根据纠纷的不同情况和特点，采取灵活多样的方式和调解程序调解纠纷。

　　可见，调解有关法律、法规等并没关于调解程序的严格要求，这也符合调解的属性，但调解也应当有一些原则性的程序要求。从调解的具体情况来看，进行调解至少应遵循下列程序：

一、宣布调解开始

　　调解主持人要向纠纷当事人宣布就何种纠纷在做了前期充分准备的基础上开始进行调解。这是启动调解的基本程序。在这时，调解主持人首先要就纠纷的类型、纠纷的简要事实、调解前做的准备工作等事项向纠纷当事人说明。其次，调解主持人介绍人民调解员组成的基本情况，以便让纠纷当事人进一步明确。《人民调解工作若干规定》规定了纠纷当事人的要求有关调解人员回避的权利，但考虑到人民调解的特性，《人民调解法》对此并未规定。最后，调解主持人要核实纠纷当事人的身份、人员是否到齐等情况，保证适格的纠纷当事人全部到场参加调解，确实不需要到场并且没有到场的纠纷当事人要提交授权委托书。

二、告知当事人调解规则和有关事实

　　为了保障纠纷当事人更好地维护自己的权益，体现自己的意愿，并且实现人民调解的良好效果，人民调解员在调解过程中应当告知纠纷当事人调解的有关规则和有关事实等事项，特别是告知纠纷当事人的权利和义务。对此，人民调解的有关法律也作

105

了明确的规定。《人民调解工作若干规定》第30条规定："人民调解委员会调解纠纷，在调解前应当以口头或者书面形式告知当事人人民调解的性质、原则和效力，以及当事人在调解活动中享有的权利和承担的义务。"《人民调解法》第23条规定："当事人在人民调解活动中享有下列权利：①选择或者接受人民调解员；②接受调解、拒绝调解或者要求终止调解；③要求调解公开进行或者不公开进行；④自主表达意愿、自愿达成调解协议。"《人民调解法》第24条规定："当事人在人民调解活动中履行下列义务：①如实陈述纠纷事实；②遵守调解现场秩序，尊重人民调解员；③尊重对方当事人行使权利。"

三、双方当事人陈述

双方当事人陈述是调解工作的重要环节和步骤。调解开始时，必须首先由双方当事人对纠纷进行陈述并提出证据，以表达各自对纠纷责任的看法和解决纠纷的具体意见。这样可以进一步厘清纠纷事实真相和明确纠纷当事人请求。人民调解员要积极、耐心地引导当事人讲清事实真相，并在此过程中进一步查明事实，分清责任；对于个别当事人在陈述过程中故意歪曲事实、无理纠缠的，应当及时予以制止和纠正。

四、进行调解

在听取了双方当事人的陈述后，人民调解员应当依据纠纷当事人的特点以及纠纷的性质、难易程度、发展变化的情况，采取灵活多样的方式方法，依据有关法律、法规和政策规定，对双方当事人进行耐心细致的说服、教育和疏导，帮助他们提高认识，解开思想上的疙瘩，消除对立情绪。在此基础上，引导双方当事人就纠纷事实和责任交换意见，达成一致，使双方当事人重归于好。

例如，在一起医疗纠纷中，由于张某在某医院手术后导致下肢深静脉血栓，无法正常生活，但又没有得到政府有关部门的妥善处理，引起了张某的强烈不满。于是张某和其家人进行了长达8年的上访，但仍没有得到妥善解决。在这种情况下，人民调解员介入纠纷，客观全面地给张某一家分析了利害关系，以便消除张某及其家人的对立情绪。人民调解员提出：当事人老两口年纪都很大了，这样闹下去不但自身身体吃不消，而且也难以安度晚年。特别是随着时间的推移，医院的很多当事人都无法找到，很难再去核查事实，拖得越久就越不利于事情的解决……最终张某和其家人不再上访，接受了人民调解员的调解，达成了11.6万元的赔偿协议。

进行调解是人民调解组织调解纠纷、化解矛盾的核心阶段。在这一阶段将充分展示人民调解员如何运用各种调解方法和技巧，针对纠纷中的形形色色的当事人进行说服、教育的各种情形，也能够通过这一阶段充分反映人民调解的各个方面，如原则、程序等，如何按照人民调解有关法律法规的各种规定去开展工作。可以说，进行调解这一阶段能够最大限度地检验人民调解员的调解素质和技能。

在调解过程中，人民调解员要注意对纠纷有可能激化问题的处理。如果调解过程中纠纷有可能激化，从自身安全及防止纠纷激化的角度考虑，人民调解员要采取有针对性的预防措施，既防止自身受到伤害，也要防止纠纷进一步激化。而如果纠纷有可能引起治安案件、刑事案件的，则需要及时向当地公安机关或者其他有关部门报告，由当地公安机关或者其他有关部门介入处理。对此，《人民调解法》第25条规定，人民调解员在调解纠纷过程中，发现纠纷有可能激化的，应当采取有针对性的预防措施；对有可能引起治安案件、刑事案件的纠纷，应当及时向当地公安机关或者其他有关部门报告。

因此，在调解过程中，人民调解员要密切注意当事人的情绪和周围情况的变化，以便及时发现纠纷激化的苗头，有效采取对策，防止纠纷激化。对于已有激化征兆或易向恶性案件转化的纠纷，首先要及时采取必要的防范措施，以免当事人情绪失控，酿成恶性事件，其次要及时向当地公安机关或者其他有关部门报告。

五、达成人民调解协议

（一）达成人民调解协议

人民调解员应积极促使双方当事人互谅互让，引导帮助当事人解决纠纷。解决纠纷的表现形式为达成人民调解协议。在人民调解过程中，如果双方当事人经过调解已经互谅互让，具备了达成人民调解协议的思想基础，人民调解员就应该抓住时机，促成双方当事人达成调解协议。在实践中，达成调解协议一般有两种情况：一是双方当事人平等协商后，达成一致，从而解决纠纷；二是由人民调解员提出纠纷解决的建议，经纠纷双方当事人认可从而达成人民调解协议。也就是说，如果人民调解员在做了大量的调解工作后，纠纷双方当事人仍不能达成一致意见的，人民调解员可以适时提出合法、合情、合理的建议性纠纷解决方案，促使纠纷双方当事人在进一步协商后自愿达成人民调解协议。对于一次调解不成的，可以中止调解，延期继续进行调解。人民调解员可以多次进行调解，最终达成人民调解协议，化解纠纷。如果确实调解不成的，人民调解员应在做好终结调解工作的基础上，告知纠纷当事人向基层人民政府申请处理，或向人民法院起诉，或通过其他途径解决。

1. 人民调解协议的概念。依据中华人民共和国司法部的解释，人民调解协议是在人民调解委员会主持下，纠纷当事人依照国家法律、法规、规章、政策和社会主义道德，在查清事实，分清责任的基础上，通过平等协商、互谅互让，对纠纷的解决自愿达成一致意见的意思表示。这一解释侧重对人民调解协议形成过程的表述。而按照人民调解协议的字面理解，人民调解协议则是指民事纠纷的双方当事人在人民调解委员会主持的调解下经过协商所达成的纠纷解决的合意。

根据《人民调解法》第28条的规定，经人民调解委员会调解达成调解协议的，可以制作调解协议书。当事人认为无需制作调解协议书的，可以采取口头协议方式，人民调解员应当记录协议内容。可见，人民调解协议有两种形式：第一种是口头协议，主要是指纠纷当事人认为无需制作调解协议书的情况。实践中，如果纠纷简单，特别是协议内容可以当场履行的，在当事人同意的情况下可以采取口头协议。但如果采取口头协议，人民调解员必须记录协议内容，至少要在调解笔录中有所反映。第二种是书面协议。如果没有特殊情况，或者说没有可以制作口头协议的情形，特别是调解协议有民事权利义务内容，或者纠纷当事人要求制作书面调解协议的，就必须制作书面调解协议。书面调解协议也称调解协议书。本章调解文书中的人民调解协议就是指书面的人民调解协议。

2. 人民调解协议的性质。为了更好地指导人民法院对涉及人民调解协议的民事案件的审理，最高人民法院通过了《最高人民法院关于审理涉及人民调解协议的民事案件的若干规定》（以下简称《规定》），对人民调解协议的有关问题作了详细规定。《规定》第1条规定："经人民调解委员会调解达成的、有民事权利义务内容，并由双方当事人签字或者盖章的调解协议，具有民事合同性质……"这一规定清晰地指明了人民调解协议的性质，但《人民调解法》第31条规定，经人民调解委员会调解达成的调解协议，具有法律约束力，当事人应当按照约定履行。人民调解委员会应当对调解协议的履行情况进行监督，督促当事人履行约定的义务。

可见，《人民调解法》并没有明确指明人民调解协议的民事合同性质。但作为协议，应当按照协议的属性去理解，而且，尽管《人民调解法》并没有明确人民调解协议的民事合同性质，但其关于"具有法律约束力，当事人应当按照约定履行"的规定却表达了其民事合同的内涵。

人民调解协议完全符合民事合同的特征，其在性质上就是一种民事合同。所谓民事合同，就是指民事主体设立、变更或者消灭民事权利义务关系所达成的协议。只要是民事主体之间就民事权利义务关系所自愿达成的协议，都属于民事合同。至于通过什么样的方式、方法进行协商订立合同，并不影响其合同的性质。民事合同可以由订立合同的双方当事人相互协商来订立，也可以在当事人以外的第三人介入的情况下订立。人民调解协议就是在人民调解委员会这个纠纷以外的第三人主持下通过对纠纷进行调解所达成的协议。当然，人民调解协议的达成仍然建立在当事人双方自愿协商的基础上，即调解协议最终仍是由纠纷双方当事人以自己的名义订立的，人民调解协议最终体现的仍然是纠纷双方当事人自己的意思，处分的是纠纷双方当事人之间的而非人民调解委员会的民事权利义务关系。因此，人民调解委员会的介入，并没有改变人民调解协议的民事合同性质。

3. 人民调解协议的法律效力。既然人民调解协议在性质上表现为民事合同，那么，它就具有民事合同的法律效力。也就是说，人民调解协议生效后，纠纷双方当事人都应当按照人民调解协议的约定履行自己的义务，不得擅自变更或者解除人民调解协议。

任何一方纠纷当事人没有法定理由不按人民调解协议的约定履行自己义务的，在性质上就属于违约行为，应当承担违约责任。另一方纠纷当事人可以在法定的诉讼时效内，向人民法院起诉，请求对方当事人履行人民调解协议。当然，按照民事合同的理论，任何一方纠纷当事人也都可以向人民法院起诉，请求撤销人民调解协议，或者纠纷当事人双方载人民调解委员会主持下协议变更人民调解协议。这表明，纠纷双方当事人经调解达成人民调解协议后，并不意味着纠纷解决的终极性，或者说，人民调解协议并不具有解决纠纷的最终性。特别是，如果人民调解协议签订后纠纷双方当事人反悔或不履行协议的，则意味着调解不成功，矛盾继续存在。

不过，人民调解协议不等同于一般的民事合同。由于它是在人民调解委员会主持下对民事纠纷进行调解所达成的协议，因此，在人民法院的审判工作中就赋予了它较强的证据上的证明力。也就是说，人民法院在审判工作中，对于人民调解协议书这种书证，只要有当事人的签名或盖章，人民有调解主持人的签名和人民调解委员会的印章，而且其内容较完备、格式较规范，人民法院在人民调解协议不具备无效、可撤销情形的情况下都予以认可，判决违约方承担违约责任。因此，人民调解协议一般具有比普通合同更强的证明力。对此，我国有关法律也表明了这一点。依照《规定》第3条的规定，在诉讼中，请求撤销调解协议，或者主张调解协议无效的，有责任对自己的诉讼请求所依据的事实提供证据予以证明；当事人一方起诉请求履行调解协议，对方当事人反驳的，有责任对反驳诉讼请求所依据的事实提供证据予以证明。可见，如果当事人一方没有提出新的确实、充分的证据来证明自己提出的、撤销或反驳，人民调解协议是不能被纠纷当事人单方面任意推翻的。

一般的人民调解协议并不具有强制执行力，但具有债权内容的人民调解协议，公证机关依法赋予强制执行效力的，债权人可以向被执行人住所地或者被执行人的财产所在地人民法院申请执行。

4. 人民调解协议的有效条件。《规定》第4条规定，具备下列条件的，调解协议有效：当事人具有完全民事行为能力；意思表示真实；不违反法律、行政法规的强制性规定或者社会公共利益。

（1）当事人具有完全民事行为能力。民事行为能力指民事主体通过自己的行为取得民事权利、承担民事义务的资格。按照我国民法的有关规定，民事行为能力分为完全民事行为能力、限制民事行为能力和无民事行为能力。只有具有完全民事行为能力才能独立从事民事活动、独立承担民事责任。因此，只有具有完全民事行为能力的纠纷当事人才能够通过自己的行为签订人民调解协议。我国民法规定了两类人属于具有完全民事行为能力的人：一是年满18周岁的自然人；二是16周岁以上、能够以自己的劳动收入为主要生活来源的未成年人。同时，要求这两类人不是精神病人，也就是在精神健康状况上表现为精神健康、智力健全。

当然，对于法人来说，由于法人是抽象的组织体，其民事行为能力不以年龄和精神健康状况为条件。法人的民事行为能力自其成立时取得，至法人消灭时终止。同时，由于法人本身不可能像自然人一样去实施民事行为，其行为能力是通过法人的法定代表人或代理人实现的。

例如，14岁男孩张某在某小区行走时，突然被旁边飞来的足球砸中，造成张某肩背部受伤。原来是该小区内住户的孩子们在小区足球场踢足球，14岁的李某不慎将足球踢出场外砸中张某。初步治疗后，张某与李某就赔偿问题开始协商。李某表示愿意对损害做出赔偿，但对赔偿数额双方争议较大。最终因无法达成一致，张某和李某到人民调解委员会要求调解。人民调解委员会在调解此纠纷时，首先要求张某通知自己的父母作为自己的代理人参加调解，并要求李某通知其父母作为其代理人参加调解。最终，张某和李某的父母均到场参加调解，并达成了调解协议。在本纠纷的处理过程中，人民调解委员会的做法是正确的，所达成的调解协议有效。如果由未成年的双方自己达成协议，因为他们不具备完全民事行为能力，不能通过自己的行为从事赔偿调解这样的相对复杂的民事法律行为，就会导致他们之间达成的协议无效。他们的父母作为监护人，由其代理进行调解既是法律的基本要求，也更有利于保护他们的合法权益。

（2）意思表示真实。意思表示真实，就是人民调解协议的当事人所表示出来的要解决纠纷的意思应当和他们内心的真实想法相一致。在这里，意思表示真实有两个方面的基本表现：首先，达成调解协议必须是出于当事人真正的自愿；其次，通过文字表达出来的调解协议内容必须与当事人内心的真实想法是一致的。

（3）不违反法律、行政法规的强制性规定或者公序良俗。这里所说的法律是指全国人民代表大会及其常务委员会制定的法律，这里所说的行政法规是指国务院制定的法规。从法理上讲，法律可分为任意性规定和强制性规定。任意性规定允许当事人自行选择，当事人有相当大的自主权。强制性规定要求当事人必须遵守而不能自行或通过约定变更。公序良俗是指公共秩序和善良风俗。强制性规定由于规定的强制性、公序良俗由于涉及包括国家利益、社会经济秩序和社会公共利益的社会一般利益以及涉及包括社会公德、商业道德和社会良好风尚在内的一般道德观念或良好道德风尚，法律都作出了不能违背的规定。因此，违反法律、行政法规的强制性规定或者公序良俗的民事合同都是无效的。人民调解协议作为民事合同，当然也应如此。比如，当事人之间达成的清偿赌债的人民调解协议，既违法又损害公序良俗，此协议就是无效的。

人民调解协议只有同时符合上述三个条件，才是有效的。否则，任何一项条件不符合上述规定，都会导致调解协议无效。

5. 人民调解协议的无效。人民调解协议无效，是指人民调解协议不具有法律约束力和不发生协议履行的法律效力。由于人民调解协议无效产生调解协议无需履行等法律后果，对纠纷当事人影响很大，因此，把握好人民调解协议无效的情形是非常重要的。为此，《规定》在规定了人民调解协议的有效条件外，对调解协议的无效也作了明确规定，这样就能够更清楚地确定人民调解协议的效力，关于人民调解协议的效力问题更便于掌握和操作。《规定》第5条规定：有下列情形之一的，调解协议无效：损害国家、集体或者第三人利益；以合法形式掩盖非法目的；损害社会公共利益；违反法律、行政法规的强制性规定；人民调解委员会强迫调解的。

（1）损害国家、集体或者第三人利益、当事人所达成的人民调解协议如果损害了国家、集体或者第三人的利益，该协议便不能得到法律的认可，这样的协议是无效的。这样的协议可能是出于协议双方当事人恶意串通、非法勾结的目的，为牟取私利而达成的；也可能是由于纠纷当事人过失或无意中使调解协议损害了国家、集体或者第三人利益。如某国有大企业与某经销商，因购销合同的价款问题发生纠纷，双方在通过人民调解解决纠纷的过程中，经销商私下拉拢国有大企业的法人代表，向该企业的总经理行贿10万元，随后双方达成了人民调解协议，将国有企业价值200万元的商品以100万元的价格卖给了经销商。通过该协议，经销商和企业的总经理都得到了好处，却造成了巨额国有资产的流失。这个协议就是双方恶意串通损害国家利益的协议，是无效的。

（2）以合法形式掩盖非法目的。此类协议从形式上看是合法的，但纠纷当事人所要实现的目的却是非法的。行为人实质上是用一种合法的形式来规避法律或者行政法规的强制性规定，从而达到非法的目的。所以这种协议又称为"规避法律的协议"或"伪装的协议"。实践中常见的，是表面上是正常、合法的赔偿、买卖、分割财产等调解协议，实际上却是通过"合法"的协议，达到转移财产、逃避债务的非法目的。

（3）损害社会公共利益。社会公共利益作为全体社会成员的共同利益，是公序良俗的重要组成部分。遵守公序良俗对于维护国家、社会一般利益及社会道德都具有极其重要的作用，因此遵守公序良俗是一个国家或社会所提倡的。为此，许多国家的法律都规定违反了公序良俗的合同无效。而我国《民法总则》第8条规定，民事主体从事民事活动，不得违反法律，不得违背公序良俗；第153条也规定，违背公序良俗的民事法律行为无效。签订人民调解协议同样是一种民事活动，也应当遵循民法的规定。基于此，《规定》不但规定了不损害社会公共利益是人民调解协议的有效要件，也从另一面规定损害社会公共利益的人民调解协议是无效的。

（4）违反法律、行政法规的强制性规定。意思自治是合同法乃至整个民事法律的基本原则。人民调解协议就其性质而言，属于民事合同，也强调意思自治。但是，意思自治并不是绝对的，通过协商所达成的协议也不是没有底线的，协议不得违反法律、行政法规的强制性规定就是一条底线。在人民调解实践中，一定要注意这一点，调解协议无论从内容来说还是从形式来说都不能违反法律、行政法规的强制性规定，否则，协议就是无效的。例如，依照我国法律规定，土地的所有权是不能买卖的，因此，买卖宅基地、农村土地的协议就属于违反法律、行政法规的强制性规定的协议，属于无效协议。

（5）人民调解委员会强迫调解的。自愿调解是人民调解的基本原则和前提条件，也是人民调解的属性。人民调解必须遵循自愿原则，任何组织和个人不能强迫纠纷当事人接受调解。如果纠纷当事人双方或一方不愿通过人民调解的方式解决纠纷，人民调解委员会就不能进行调解。强迫当事人调解，就意味着违背了人民调解的基本原则和前提条件，违背了人民调解的属性，所达成的调解协议就是无效的。

以上五种情形是人民调解协议的无效情形。人民调解协议被确认无效后自始没有法律约束力。另外，人民调解协议还会存在协议内容部分有效、部分无效的特殊情况。对此，《规定》第8条规定，调解协议部分无效，不影响其他部分效力的，其他部分仍然有效。

6. 人民调解协议的撤销。人民调解协议的撤销，是指人民调解协议的当事人请求人民法院撤销人民调解协议的行为。基于人民调解的本质属性及人民调解协议的民事合同性质，依据相关法律关于合同及民事行为的规定，纠纷当事人双方可以协商一致，就调解协议的内容予以变更或撤销，但任何一方纠纷当事人不得擅自变更或撤销调解协议。同样，基于人民调解协议的民事合同性质，依据《民法总则》及相关法律规定，如果人民调解协议违背了纠纷当事人的真实意思表示，当事人一方有权在法定的撤销期内请求人民法院予以撤销。这样，通过享有撤销权的当事人行使权、撤销权，可以使已经生效的调解协议内容归于无效。

根据《规定》第6条的规定，下列人民调解协议属于可变更或撤销的人民调解协议，当事人双方可以在人民调解组织主持下予以变更。当事人一方也有权请求人民法院撤销：因重大误解订立的；在订立调解协议时显失公平的；一方以欺诈、胁迫的手段或者乘人之危，使对方在违背真实意思的情况下订立的调解协议，受损害方有权请求人民法院撤销。

（1）因重大误解订立的人民调解协议。所谓重大误解，是指当事人作出意思表示时，对影响协议法律效果的重要事项存在着认识上的显著缺陷，其后果是使意思表示人的利益遭到较大的损失，或者达不到意思表示人订立协议的目的。根据最高人民法院有关司法解释的规定，判定意思表示人的意思表示是否存在重大误解从而导致协议撤销，一般需要具备以下几个要件：

第一，误解一般是因受到损失的一方当事人自己的过失造成的。造成误解多是由于当事人缺乏必要的知识、技能、信息或者经验不足。

第二，必须是对协议的内容具有重大的误解。也就是说，这种误解必须是重大的。如果是因为一般的误解而作出订立协议的意思表示并不导致协议变更或撤销。误解是否重大的判定，要考虑当事人的状况、活动性质、交易习惯等各方面的因素。在我国的司法实践中，对误解是否重大，主要从两个方面来考察：其一，对什么产生误解。行为人因对行为的性质、对方当事人、标的物的品种、质量、规格和数量等的错误认识，使行为的后果与自己的意思相悖，并造成较大损失的，可以认定为重大误解。对协议无关紧要的细节的误解就不构成重大误解。其二，误解是否造成了对当事人的重大不利后果。如果当事人对协议的某种要素产生误解，并不因此而产生对当事人不利的履行后果，那么这种误解也不构成重大误解。

第三，这类协议要能直接影响到当事人所应享有的权利和承担的义务，协议一旦履行就会使误解方的利益受到损害。

第四，重大误解与协议的订立或者与订立协议的条件存在因果关系。正是因为重大误解才导致了协议的订立，如果没有这种重大误解，当事人将不会订立协议或者虽订立协议但会对订立协议的条件作出重大改变。与协议订立和订立协议的条件无因果关系的重大误解，不影响协议的效力，也就是说协议不因重大误解而变更或撤销。

例如，王某在孙某家与其发生争执，在推搡过程中王某不慎将孙某家中墙壁上悬挂的一幅名画扯断。王某知道这幅名画很值钱。于是，在调解中王某主动提出愿意赔偿1万元。孙某表示同意，双方签订了人民调解协议。但事后王某才得知，自己扯断的孙某家中墙壁上悬挂的那幅名画只是赝品，真品已经不知在什么地方。这幅赝品的价值只有几百元。该协议便属于因重大误解而订立的人民调解协议，它完全符合上述的四个要件。

（2）在订立调解协议时显失公平的人民调解协议。所谓显失公平的人民调解协议，就是指一方当事人在情况紧迫或者缺乏经验的情况下订立的使当事人之间享有的权利和承担的义务严重不对等的调解协议。显失公平的人民调解协议往往是违反了公平合理的原则，从而会使当事人双方之间权利和义务严重不对等，经济利益上严重失衡。法律对显失公平的调解协议规定可以申请撤销，不仅是公平原则的体现，而且切实保障了公平原则的实现。

我国的司法实践一般认为，显失公平的协议应具有以下构成要件：

第一，客观要件，即在客观上当事人之间的利益不平衡，致使双方的权利与义务明显违反公平、等价有偿原则。根据显失公平的协议，一方当事人要承担更多的义务而享受极少的权利或者在经济利益上遭受重大损失，而另一方则以较少的代价获得了极大的利益。这种不平衡不但违反了民法中的等价公平原则，而且在实质上也违反了当事人的自主自愿。

第二，主观要件，即一方当事人利用优势或者利用对方没有经验等订立了协议。因此，在考察是否构成显失公平制度时，就必须把主观要件和客观要件结合起来考虑。

例如，村中两个8岁的男孩在一小山坡上打架，一个男孩将另一个男孩推倒，被推男孩从小山坡滚下，造成身上多处青肿、瘀伤。双方父母在调解时，因受伤男孩的父亲是本村村主任，推人男孩的父母在很大的心理压力下同意赔偿对方5000元而签订了调解协议。受伤男孩的伤非常轻微，没两天就全好了，也没有花费什么医药费等，为此而赔偿5000元就属于"显失公平"。在该协议中，客观上，双方的权利义务显著不平等，一方遭受了重大损失，另一方则以很小的代价获得了很大的利益；主观上，其中一方当事人，即村主任，利用了其特殊身份的优势，使对方在一定的心理压力下订立了协议。

（3）一方以欺诈、胁迫的手段或者乘人之危，使对方在违背真实意思的情况下订立的调解协议。我国民法规定，欺诈、胁迫的手段或者乘人之危，使对方在违背真实意思的情况下所为的行为是无效的行为。但我国合同法规定因上述行为订立的合同可变更或撤销。订立调解协议属于民事合同行为，为此，《规定》认定因上述行为订立的调解协议可变更或撤销。

而为了更好地把握欺诈、胁迫和乘人之危，最高人民法院通过司法解释分别对欺诈、胁迫、乘人之危进行了认定：一方当事人故意告知对方虚假情况，或者故意隐瞒真实情况，诱使对方当事人作出错误意思表示的，可以认定为欺诈行为；以给公民及其亲友的生命健康、荣誉、名誉、财产等造成损害或者以给法人的荣誉、名誉、财产等造成损害为要挟，迫使对方作出违背真实的意思表示的，可以认定为胁迫行为；一方当事人乘对方处于危难之机，为牟取不正当利益，迫使对方作出不真实的意思表示，严重损害对方利益的，可以认定为乘人之危。

这样，在上述情形下订立的调解协议就分别是以欺诈、胁迫的手段或者乘人之危，使对方在违背真实意思的情况下订立的调解协议。

例如，张三与李四因琐事发生纠纷，争执过程中，张三推倒了李四，致其头部碰到了一块砖头上，于是李四说自己得了脑震荡，并在人民调解过程中拿出了伪造的医院诊断书加以证明，在这种情况下，双方签订了赔偿协议，张三赔偿李四2万元。该人民调解协议就是李四以欺诈手段，使张三在违背真实意思的情况下订立的。再如，纠纷当事人一方在人民调解时威胁另一方，如果不接受自己的意见或方案，就打对方，或会经常恐吓对方的孩子，或披露对方的隐私等，另一方因此而接受这一方的意见或方案并达成人民调解协议时，就是一种以威胁的手段达成的人民调解协议。再如，某运送鲜活蔬菜的货车司机，在运输途中因赶时间不慎轧死某村民的一只羊。司机在与该村民通过人民调解解决纠纷时，因急需把蔬菜运到目的地而表示宁愿适当多赔一些。该村民本来只想要求对方赔偿1000元，但在知道司机可能会因耽误时间而造成蔬菜缩水或变烂进而会遭受重大经济损失时，便"狮子大开口"地要求对方赔偿6000元，司机无奈之下只好接受。人民调解员就此订立人民调解协议。该协议就属乘人之危而订立的。

一方以欺诈、胁迫的手段或者乘人之危，使对方在违背真实意思的情况下订立的调解协议，受损害方有权请求人民法院撤销，或者在人民调解组织主持下再次调解予以变更，达成新的调解协议。

（4）撤销权的行使。

第一，行使撤销权的主体。有权行使撤销权的主体，也就是撤销权人，应当是因意思表示不真实而受损害的一方当事人。如重大误解中的误解人、显失公平中的遭受重大不利的一方当事人、受欺诈者或受胁迫者等。

撤销权人自己不能对人民调解协议予以变更或撤销，只能请求人民法院通过诉讼程序撤销人民调解协议。

第二，撤销权的行使时间。撤销权的行使是有时间要求的。根据《规定》第7条的规定，具有撤销权的当事人自知道或者应当知道撤销事由之日起1年内没有行使撤销权，当事人的撤销权消灭。也就是说，《规定》对撤销权人行使撤销权的期限规定了1年的时间，撤销权人必须在1年内行使撤销权，超过1年，撤销权就消灭了。因为撤销权的存在意味着调解协议长期会处在一种不稳定的状态，也不利于社会经济秩序的稳定。这种不稳定状态如果一直持续的话，对另一方当事人也是不公平的。所以，如果撤销权人长期不行使其权利，不主张撤销，法律应允许该协议有效，使调解协议趋于稳定，并促使纠纷当事人履行调解协议。而且可撤销的协议往往只涉及当事人一方意思表示不真实的问题，如果当事人自愿接受此种行为的后果，自愿放弃其撤销权，是当事人行使处分权的表现，应当允许。因此，《规定》第7条也规定了具有撤销权的当事人已经明示或默示地放弃了撤销权的，撤销权也归于消灭。

（5）可撤销调解协议与无效调解协议的区别。可撤销调解协议与无效调解协议均为欠缺协议生效要件的调解协议，均属有"瑕疵"的调解协议，但二者区别很大：首先，从内容或情形上看，可撤销调解协议主要是涉及意思表示不真实的调解协议；无效调解协议主要是违反法律、行政法规的强制性规定和社会公共利益的调解协议。其次，从效力上看，可撤销调解协议在被撤销之前仍然是有效的；无效调解协议则自始就不具有法律效力。再次，从当事人主张看，可变更或可撤销调解协议只能是受损害方向人民法院请求变更或撤销，人民法院对此采取"不告不理"的态度，也就是说如果当事人没有主动提出变更或撤销，人民法院就不能主动地变更或撤销人民调解协议；无效协议的确认则不依赖于当事人的主张，即使双方当事人都不主张调解协议无效，也不能改变其无效的性质，人民法院仍可依职权确认调解协议无效。最后，两者在效力和期限上也不同，可撤销调解协议在未被撤销以前仍然是有效的，具有撤销权的当事人知道或者应当知道撤销事由之日起1年内行使撤销权，1年内行使撤销权被撤销了的，才转为无效，如果没有行使撤销权的，调解协议就不能再被撤销，就一直有效；无效协议则无期限限制，自始至终无效。

7. 人民调解协议的履行。人民调解协议的履行，就是达成调解协议的双方当事人按协议约定完成各自义务，使调解协议内容得以实现的过程。

（1）人民调解协议履行的基本原则。人民调解协议的当事人履行调解协议时，应当遵循以下基本原则或准则：

第一，实际履行原则。即当事人按照协议的约定完成协议义务的原则。实际履行原则表现为：首先，在协议履行中，要按照约定的行为履行，不能用约定以外的其他行为代替。如协议约定的是"更换"，那么义务人就应当"更换"，而不能以"修理"

等来代替。其次，义务人也不能随意地以违约金或赔偿金代替履行行为。义务人如果不按协议约定的行为履行，即使向对方偿付了违约金或赔偿金，也不能轻易免除其按约定应当履行的义务。如协议约定的义务是"排除妨碍"，那么义务人就必须"排除妨碍"，如果违约，则即使偿付了违约金或赔偿金，也还必须按约定"排除妨碍"。当然，实际履行的要求不是绝对的，在某些特殊情况下可不加以适用。如以支付特定物为义务的协议，当该标的物灭失时，实际履行就成为不可能。

第二，适当履行原则。该原则又称正确履行原则或全面履行原则，是指当事人按照协议约定的标的及其质量、数量，由适当的主体在适当的履行期限、履行地点以适当的履行方式，全面完成协议义务的原则。适当履行原则要求义务人全面、正确地履行协议，履行标的、履行主体、履行期限、履行地点等各要素都应当是正确的、适当的。简而言之，就是应当全面地、不折不扣地完成协议约定的义务。

适当履行与实际履行既有区别又有联系。实际履行强调义务人按照协议约定交付标的或者提供服务，至于交付的标的物或提供的服务是否适当，则无力顾及。适当履行既要求义务人实际履行，交付标的物或提供服务，也要求这些交付标的物、提供服务的行为符合法律和协议的规定。可见，适当履行必然是实际履行，而实际履行未必是适当履行。

第三，协作履行原则。即指当事人不仅应适当履行自己的义务，而且应积极协助对方当事人履行义务的履行原则。协作履行是诚实信用原则在协议履行中的要求和体现，具体表现为：其一，一方如因不可抗力或其他原因不能履行或不能按时履行协议时，应当及时将有关情况通知对方，双方均应采取适当措施尽量避免或减少损失，防止损失扩大；其二，接受履行的一方应当以适当方法接受履行，并为义务人的履行创造必要的条件，为义务人的履行提供方便；其三，一方当事人在履行协议中，对于对方当事人的商业秘密或对方当事人的隐私等需要保密的事项，不得向外界泄露。

（2）不履行或履行不符合约定的法律后果。不履行人民调解协议或履行不符合约定，实质上都属合同法上的违约行为。不履行或履行不符合约定的情况在实践中五花八门：有在履行期限到来前，明确表示或以行为表明，到时将不履行协议的；有在履行期限到来以后，拒绝履行的；有因各种原因而不能履行的；还有延迟履行、部分履行或不适当履行的；等等。

如果出现了不履行或履行调解协议不符合约定的情况，人民调解委员会应根据情况做出处理，违约者也应对其违约行为承担责任。

人民调解委员会对不履行或履行不符合约定行为的处理也不尽相同。根据情况，人民调解委员会主要有三种处理方式：其一，当事人无正当理由不履行协议的，应做好当事人的工作，督促其履行协议；其二，如当事人提出协议内容不妥，并要求变更协议内容的，可在征得双方当事人同意后，经再次调解变更原协议内容，或者重新达成新的调解协议；其三，如经督促、教育、协调仍不履行人民调解协议或不按约定履行的，应告知另一方当事人向人民法院起诉，要求人民法院判决对方承担违约责任。

不履行或不按约定履行调解协议所应承担的违约责任，可依照合同法有关违约责任的规定处理。即不履行或不按约定履行调解协议，可能需要承担下列几种责任形式：

第一，继续履行。即当事人一方不履行或不按约定履行时，另一方有权要求其按协议约定继续履行，另一方有义务继续完成协议约定的义务。该项责任的承担是有条件的，如果因各种原因造成继续履行的不可能或不必要，则不能要求当事人承担该项责任。

第二，赔偿损失。即违约方因自己的违约行为给对方造成损失的，应依照人民调解协议的约定或法律的规定，承担赔偿对方损失的责任。赔偿的数额或计算方法如果双方在协议中有约定的，按约定的数额或计算方法执行；如果没有约定的，赔偿数额应当与因违约所造成的实际损失额一致或基本一致。

第三，支付违约金。违约金是由当事人通过协议预先确定的，如果一方违约而向对方支付的一定数额的金钱。违约金责任的承担以双方当事人事前有约定为前提。如果一方违约给对方造成较大损失，而违约金不足以弥补损失的，受损失的一方有权要求违约者在支付违约金的同时，承担赔偿责任。但两者相加原则上不超过所受实际损失的总额。

（二）制作人民调解协议书

人民调解协议书是最重要的调解文书，在全部调解文书中居于核心地位。《人民调解工作若干规定》第 34 条规定："经人民调解委员会调解解决的纠纷，有民事权利义务内容的，或者当事人要求制作书面调解协议的，应当制作书面调解协议。"而《人民调解法》对人民调解协议书的制作并没有作硬性规定。根据《人民调解法》第 28 条的规定，经人民调解委员会调解达成调解协议的，可以制作调解协议书。当事人认为无需制作调解协议书的，可以采取口头协议方式，人民调解员应当记录协议内容。可见，是否制作人民调解书是纠纷当事人的选择。不过《人民调解法实施意见》第 13 条规定："规范人民调解协议。经人民调解委员会调解达成调解协议的，可以制作《人民调解协议书》。调解协议有给付内容且非即时履行的，一般应当制作《人民调解协议书》。当事人认为无需制作调解协议书的，可以采取口头协议方式，由人民调解员填写《人民调解口头协议登记表》。"由于人民调解协议书是调解成果的书面记载，其内容基本反映了一个纠纷经过调解而获得解决的结果，具有结果的明确性，有利于履行，因此，应按照《人民调解法实施意见》的要求，对于纠纷的调解结果应尽可能制作人民调解协议书。纠纷当事人确实不需要人民调解协议书的，也要由人民调解员填写《人民调解口头协议登记表》。

《人民调解法》第 29 条规定，人民调解协议书可以载明下列事项：当事人的基本情况；纠纷的主要事实、争议事项以及各方当事人的责任；当事人达成调解协议的内容，履行的方式、期限。人民调解协议书自各方当事人签名、盖章或者按指印，人民调解员签名并加盖人民调解委员会印章之日起生效。人民调解协议书由当事人各执一份，人民调解委员会留存一份。但从人民调解协议书的制作来看，应当有规范的格式和制作要求。

1. 人民调解协议书的格式。人民调解协议书的格式如后附示例所示。其中"编号"栏按有关规定或各人民调解委员会自定的办法填写，一般包括年份、人民调解委员会的简称、调解的顺序号等几个要素。"当事人"栏应列明纠纷的全部当事人，按括号内有关当事人的信息要求详细填写。"纠纷简要情况"栏应写明纠纷简要事实、争议事项及双方责任，并简要说明人民调解委员会对纠纷根据当事人的自愿进行了调解。"经调解，自愿达成如下协议"栏应载明当事人所达成的协议内容，即各当事人的权利义务。"履行协议的方式、地点、期限"栏根据具体情况填写，要明确具体的、便于履行的履行协议的方式、地点、期限。"调解协议书"的最后，要由纠纷当事人签名或盖章。调解主持人也必须签名，并加盖人民调解委员会印章，最后明确填写具体日期。

2. 人民调解协议书的制作要求。人民调解协议书是民事合同，同时也属于一种法律文书。它的制作应当符合民事合同和法律文书的一般要求：遵循格式，写全事项；主旨鲜明，阐述精当；叙事清楚，材料真实；依法说理，折服有力；语言精确，朴实庄重。

人民调解协议书在语言表述方面的具体要求为：

（1）表意精确，解释单一。人民调解协议书是对当事人之间所达成的协议的文字记载，它应该是对当事人意思的准确表达。它是当事人履行协议的文字依据，如果进入诉讼程序，它还是重要的诉讼证据。因此，它的文字必须做到表意精确、解释单一，以避免因语言上的歧义给理解和履行带来不必要的麻烦。

（2）文字精练，言简意赅。人民调解协议书作为一种法律文书，其语言文字必须精练简洁，不能事无巨细、冗长复杂。如对纠纷的情况就只需作简要的、概括的介绍，而不必把纠纷的来龙去脉、细枝末节等都交代得清清楚楚。

（3）文风朴实，格调庄重。法律文书的语体风格属于公文语体。朴实无华、严谨庄重的形式风格是由其严肃的实质内容所决定的。

（4）语言规范，语句规整。法律文书的语言为规范化的书面语言。它力求合乎语法规则，句子规整，成分齐全。

（5）语言诸忌，竭力避免。法律文书在语言运用中也常有些必须竭力避免的通病，必须引起重视：一是忌方言方语；二是忌用流氓黑话；三是忌用脏话。

最后需要强调的是，人民调解协议书在填写、制作过程中，应尽量避免涂改。如果万不得已，必须涂改，则在涂改的地方必须有双方当事人的签名、盖章，其目的在于证明此涂改得到了双方当事人的认可与承认，以免因个别地方的涂改引起争议或导致协议的不成立或无效。

3. 人民调解协议书示例。

×××人民调解委员会调解协议书

编号：（2015） ×民调字第 028 号

当事人（自然人姓名、性别、年龄、民族、职业、单位或住址，法人及社会组织的名称、地址、法定代表人姓名和职务）：

申请人：张某某，男，22 岁，汉族，××省×市人，某市祥盛有色金属配件加工厂工人，住该厂职工宿舍。

被申请人：谢某，男，45 岁，汉族，××县人，某市祥盛有色金属配件加工厂（私营企业）厂长。

纠纷简要情况：2015 年 9 月 11 日晚 20 点左右，申请人张某某在被申请人谢某开办的祥盛有色金属配件加工厂工作时，被钢丝拉伤手部，造成其右手小指、无名指被截去的严重后果，并因此花去医疗费共计 13 000 元。张某某要求谢某赔偿医疗费、误工费、伤残补助费等共计 63 000 元。谢某以事故主要是因张某某自己操作不慎而造成为由，拒绝全部支付医疗费和其他费用。张某某向本调解委员会提出申请，要求调解。谢某也表示愿意接受调解。经查，双方对事故事实没有争议，但对赔偿数额争议较大。根据《民法通则》等相关法律规定，人民调解委员会对纠纷进行了调解。

经调解，自愿达成如下协议：

一、被申请人谢某一次性赔偿王某某共计人民币 34 000 元。

二、张某某与祥盛有色金属配件加工厂从即日起解除劳动关系。

履行协议的方式、地点、期限：协议签订后 3 日内（2015 年 10 月 14 日前）于祥盛有色金属配件加工厂财务室一次性付清现金 34 000 元。

本协议一式 3 份，当事人、人民调解委员会各持 1 份。

当事人（签名或盖章）

×××人民调解委员会（人民调解委员会印）

调解员（签名）

2015 年 10 月 11 日

六、调解不成，告知纠纷当事人救济途径，制作民间纠纷受理调解登记表

1. 调解不成，告知纠纷当事人救济途径。根据《人民调解法》第 26 条的规定，人民调解员调解纠纷，调解不成的，应当终止调解，并依据有关法律、法规的规定，告知当事人可以依法通过仲裁、行政、司法等途径维护自己的权利。

　　这意味着，人民调解员在调解纠纷的过程中，要处理好调解不成的问题。纠纷的调解，应尽可能达成协议，以化解纠纷，实现纠纷当事人之间的和谐，维护社会稳定。但不排除有些纠纷确实不能得到纠纷当事人的互谅互让，从而调解不成。对此，人民调解员要终止调解。但终止调解并不等于人民调解组织、人民调解员的职责履行完毕。人民调解组织、人民调解员作为维护社会稳定的中坚力量，在终止调解时，还要依据有关法律、法规的规定，告知当事人可以依法通过仲裁、行政、司法等途径维护自己的权利，以便保证纠纷当事人救济渠道的畅通，以避免因救济渠道不畅通，引起更加严重、甚至更加恶性的后果。

　　2. 制作民间纠纷受理调解登记表。

　　（1）民间纠纷受理调解登记表的内涵。民间纠纷受理调解登记表是对人民调解委员会调解民间纠纷结果的简要记载。该表可以反映出纠纷的简要情况以及人民调解委员会对纠纷调解的结果。经人民调解委员会调解，民间纠纷的结果如何？是调解成功还是调解不成？调解成功后协议是否履行？这些内容都必须予以登记，以反映人民调解委员会的调解工作。

　　（2）民间纠纷调解登记表的格式。

民间纠纷受理调解登记表

纠纷类别：　　　　　　　　　　　　编号：（　　）×民调字第×××号

当事人（自然人姓名、性别、年龄、民族、职业、单位或住址，法人及其他社会组织的名称、地址、法定代表人姓名和职务）：_____

纠纷简要情况：_____

_____

_____

_____

　　经调解，于____年__月__日达成如下协议：_____

_____

_____

协议履行情况：_____

_____

因调解不成，于____年__月__日告知当事人_____

_____

登记人：×××

登记日期×××年××月××日

　　（3）民间纠纷调解登记表的制作要求。民间纠纷调解登记表由首部、正文和尾部组成。

第一，首部。居中写明文书名称"民间纠纷调解登记表"，然后依次填写纠纷类别、编号、当事人。其中，"纠纷类别"栏按民间纠纷内容分类，如婚姻、邻里、赔偿等填写。"编号"栏按有关规定或各人民调解委员会自定的办法填写，可为"（ ）×民调字第×号"，括号里填年份，第一个"×"代表制作该"文书"的调解委员会的简称，第二个"×"代表调解纠纷的顺序号。"当事人"栏应列明纠纷所有当事人，其具体要求同"调解申请书"。

第二，正文。"纠纷简要情况"填写纠纷发生的时间、地点、具体当事人及纠纷经过。人民调解委员会应当根据具体情况，分别选择"达成协议及协议履行状况""调解不成"栏目，填入适当内容。"达成协议"填写纠纷双方通过调解达成的具体协议内容。"协议履行情况"分为完全履行协议、不完全履行协议、不履行协议三种情形。"调解不成"填写于某年某月某日告知当事人按照法律、法规规定提请有关机关处理或者向人民法院起诉。

第三，尾部。登记人签名，由负责填写民间纠纷调解登记表的人民调解员签署姓名，并填写登记日期。

（4）示例。

民间纠纷调解登记表（一）

纠纷类别：人身损害赔偿　　　　　　　　编号：（2013）×民调字第 026 号

申请人：王某，男，28 岁，汉族，××省××市人，某市某建筑公司职工，住该公司职工宿舍。

被申请人：张某，男，32 岁，汉族，××省××县人，某市某建筑公司职工，住该公司职工宿舍。

纠纷简要情况：

2013 年 7 月 12 日 10 点左右，申请人王某在某市某建筑公司门口与被申请人张某妻子李某发生口角，并相互扭打起来，张某看到后便捡起一根圆形木棍打伤王某头部、手臂和背部，花去医疗费 4000 余元。王某要求张某赔偿医疗费、误工费、精神损害抚慰金等共计 1.5 万元。张某认为事情的起因在于王某，王某对损害的发生也有责任，况且王某的赔偿数额要求过高，难以接受。

经调解，于 2013 年 7 月 22 日达成如下协议：

一、被申请人张某一次性赔偿王某人民币 8000 元。

二、调解协议达成后，双方不得再因此事发生纠纷，不得打击报复。

协议履行情况：张某已于 2013 年 7 月 25 日一次性支付给王某 8000 元整。

登记人：赵某

2013 年 7 月 25 日

民间纠纷调解登记表（二）

纠纷类别：婚姻　　　　　　　　　　编号：（2014）×民调字第 028 号

申请人：梨某，男，36 岁，汉族，××省××县××乡××村村民。

被申请人：廖某，女，33 岁，汉族，××省××县××乡××村村民。

纠纷简要情况：

申请人梨某性格粗暴、多疑，经常怀疑其妻廖某对其不忠并殴打其妻廖某，廖某无法忍受，要求离婚。梨某有悔改之心，希望廖某回心转意，特向×人民调解委员会申请人民调解。

经多次调解，但廖某表示无法原谅梨某，坚持离婚。调解不成，于 2014 年 5 月 6 日告知当事人向人民法院起诉离婚。

登记人：继某

2014 年 5 月 6 日

（5）制作民间纠纷调解登记表的注意事项。

第一，人民调解委员会应根据调解结果，分别选择在"达成调解协议及协议履行状况"或"调解不成"的栏目中填入适当内容。不能在同一民间纠纷调解登记表中既填写达成协议的内容，又填写调解不成的内容。

第二，对调解不成的，除了终结调解外，还要告知当事人按照法律、法规的有关规定提请有关机关处理或者向人民法院起诉。对随时可能激化的纠纷，必须首先采取必要的缓解疏导措施，随后及时提交有关机关处理。

任务三　调解中的方法运用

纠纷的人民调解，离不开人民调解组织和人民调解员对人民调解方法的运用。也就是说，开展人民调解工作，必须通过有针对性的方式、手段的运用，才能保证取得较好的人民调解效果。人民调解的方法如果运用得当，可以使人民调解起到事半功倍的效果。反之，人民调解的方法如果运用得不恰当，则可能导致调解不成功，甚至会使纠纷进一步恶化。因此，人民调解方法的运用对于纠纷的调解来讲是非常重要的。要想成为一名优秀的人民调解员，必须掌握灵活多样的人民调解方法。

那么，人民调解员进行人民调解应当掌握哪些方法呢？对此，法律作出了一般的规定。其中，《人民调解委员会组织条例》第 8 条第 1 款规定："人民调解委员会调解纠纷，应当在查明事实、分清是非的基础上，充分说理，耐心疏导，消除隔阂，帮助当事人达成协议。"《人民调解工作若干规定》第 31 条规定："人民调解委员会调解纠纷，应当在查明事实、分清责任的基础上，根据当事人的特点和纠纷性质、难易程度、发展变化的情况，采取灵活多样的方式方法，开展耐心、细致的说服疏导工作，促使双方当事人互谅互让，消除隔阂，引导、帮助当事人达成解决纠纷的调解协议。"《人民调解法》第22条规定："人民调解员根据纠纷的不同情况，可以采取多种方式调解民间纠纷，充分听取当事人的陈述，讲解有关法律、法规和国家政策，耐心疏导，在当事人平等协商、互谅互让的基础上提出纠纷解决方案，帮助当事人自愿达成调解协议。"可见，根据上述规定，人民调解员在进行人民调解过程中，无论遇到任何类型的纠纷，至少要做到以下几个方面：

1. 弄清事实真相，分清是非曲直。任何纠纷的公正解决都必须建立在弄清事实真相的基础上。换言之，人民调解组织和调解人员有效解决民间纠纷的前提是，首先应知道是什么样的纠纷，纠纷的真相是什么。如果不清楚纠纷的事实真相，调解工作就无从下手，根本不可能解决纠纷，更无从说起公正调解。

在弄清事实真相之后，就要进一步分清是非曲直。民间纠纷的最终解决就是根据双方的是非曲直确定责任。所以，如果不能分清是非曲直，不能确定谁对谁错，就不能确定由谁承担责任，最终也会导致不能公正地进行调解。因此，对任何纠纷进行调解必须分清是非曲直，明确纠纷当事人的是与非：是一方过错还是双方过错，过错的原因是什么以及这种是非与法律和道德的要求有何冲突等。从而在此基础上确定责任承担者，并最终化解纠纷。

2. 调查研究。要想弄清事实真相、分清是非曲直，必须对纠纷进行调查研究。可以说调查研究是弄清事实真相、分清是非曲直的唯一办法。在一般情况下，民间纠纷发生时人民调解员不在现场，不了解纠纷发生时的具体情况，因此，要想了解纠纷的真实情况，必须深入到群众中，对当事人、见证人进行调查，收集证据，据此对纠纷进行分析、研究，形成对纠纷的正确认识。只有通过调查研究，才能使自己的认识正确地反映客观事实，弄清纠纷的本来面目。特别地，人民调解的规则不同于诉讼，人民调解组织不能强制性地要求纠纷当事人提供证据，不能采用诉讼制度的证据规则。要想了解事实真相，人民调解组织和人民调解员必须主动去调查。

3. 采用说服、疏导等方法，消除隔阂。人民调解的性质决定了不论任何纠纷都要采取说服、疏导等方法。在调解过程中，人民调解员要运用国家的法律和政策，根据社会公德和民间风俗习惯的要求，对当事人采用说服、疏导等方法，使当事人的思想觉悟提高，对纠纷形成正确的认识，理性地对待纠纷，互相谅解，消除隔阂，化解纠纷。

采用说服、疏导等方法，要求人民调解员必须把自己放在与当事人平等的位置上。只有这样，纠纷当事人才会接受人民调解员的说服、疏导等。在调解过程中，人民调解员还要保持诚恳、和蔼的态度，耐心听取纠纷当事人的不同意见，并做到对纠纷当事人耐心地宣传国家的法律、政策。此外，要想保证说服、疏导等方法取得实效，人民调解员必须有针对性地对当事人进行说服、疏导等，从而对当事人有所触动。

上述一般方法是对任何纠纷进行调解都必须要采取的方法。但是，在人民调解过程中，不同的纠纷又具有不同的性质、特点、难易程度、发展状况，不同的纠纷也存在着影响纠纷的不同因素。因此，对不同的纠纷进行调解，不可能千篇一律地采取完全相同的调解方法。这就要求，在进行人民调解的过程中，除了按照人民调解的一般方法进行调解外，必须针对不同的纠纷根据其具体情况采取不同的调解方法，即使是同一类纠纷，由于纠纷当事人及纠纷发展变化的规律、影响纠纷的因素的不同，也必须采取不同的调解方法，而不能进行相同的处理。对此，《人民调解工作若干规定》第31条也规定，人民调解委员会调解纠纷，应当在查明事实、分清责任的基础上，根据当事人的特点和纠纷性质、难易程度、发展变化的情况，采取灵活多样的方式方法。否则，纠纷将难以平息，争议将难以解决，人民调解的功能将难以实现。

根据人民调解的实践，人民调解组织和调解人员开展人民调解工作至少要考虑下列具体方法的运用：

一、苗头预测法的运用

（一）苗头预测法的基本概念

苗头预测法，就是要求人民调解员要善于洞察和发现纠纷发生、发展、变化的苗头和客观规律，特别是纠纷当事人的思想和行为不断变化的特点，找出纠纷发生、发展、变化的原因，及时确定预防、解决纠纷的对策，把纠纷化解在萌芽状态或者遏制住其发展的势头，避免纠纷发生，防止矛盾进一步恶化、升级。例如：

村民宋某与村民李某是前后邻居，本来相处和睦。但在2008年9月，因李某垫高了自家的院子，导致宋某家旁边的排水沟被堵住，不能排水。宋某曾多次找李某交涉，李某一直没有采取措施。结果引起宋某不满，最终与李某发生了争吵，两家出现隔阂。不过，由于此时当地不是雨季，很少下雨，也没有引起严重的后果，所以两家的矛盾也没有恶化。但到了2009年8月，当地连降数日大雨，排水沟内积水排不出去，导致宋某家的房子一直被泡在水里，随时都有倒塌的危险。如果不解决，最终可能发生意想不到的后果，两家也可能因此事矛盾激化。村调解委员会根据对村里有关情况的了解，进行了矛盾纠纷的排查，在纠纷排查过程中发现了这一问题，于是立即着手进行解决。人民调解员通过对双方宣传民事法律的相关规定，耐心细致地对双方做思想工作，最终使可能激化的矛盾得以平息。

该案中，在双方纠纷发生之前，人民调解委员会及时发现，面对将要发生的危险，果断介入，避免了双方当事人之间新矛盾的发生，充分体现了苗头预测在解决纠纷过程中的重要作用，在一定程度上有效地化解了社会矛盾、维护了社会稳定。

（二）运用苗头预测法的基本要求

运用苗头预测法解决民间纠纷必须做好两个方面的工作：①在纠纷发生之前，就及时主动地预测纠纷的苗头，进而了解情况，发现问题，把纠纷遏制在萌芽状态，避免纠纷的发生；②纠纷发生以后，要做到预测纠纷发展的态势和可能出现的变化，以便采取措施，防止纠纷激化、升级。只有做到这两个方面，才能真正实现苗头预测法的准确运用。

运用苗头预测法解决民间纠纷实际上是人民调解"防调结合，以防为主"工作方针的具体要求。要做到"防调结合，以防为主"，必须及时掌握纠纷发展、变化的客观规律，发现纠纷发展和变化的苗头，洞察纠纷当事人思想和行为不断变化的蛛丝马迹，及时、有针对性地采取措施，进行积极的疏导，把矛盾解决在萌芽状态，防止扩大和激化。

可以说，运用苗头预测法处理纠纷是目前解决民间纠纷的一种非常重要、有效的方法。由于我国正处于社会转型时期，利益冲突在所难免，有些纠纷会处在一种隐而未发的状态，一旦条件成熟或者一些因素介入，就会爆发，甚至后果会很严重，直接影响社会的稳定。同时，社会转型也造成了我国民事主体的利益和要求日趋多元化，使得目前我国民间纠纷表现出易激化的特点。特别是社会转型也造成了纠纷不断增多，新的、复杂的纠纷不断出现，有些纠纷极易出现反复、难以调解的结果。所以，如果不了解这些纠纷的发展变化规律，是很难有效地解决这些纠纷的。而成功地运用苗头预测法就能够主动地预测并掌握这些纠纷的发生、发展态势，面对可能发生的纠纷及发展变化的复杂情况就可以及时采取有效措施进行预防和解决，从而有效预防纠纷的发生，避免纠纷的进一步复杂、激化，防止严重态势的发生。

要运用好苗头预测法，要求人民调解员必须要有"纠纷具有复杂性、预防工作具有艰巨性和长期性、遏制纠纷继续发展和扩大具有重要性"的深刻认识，并在思想上高度重视，有意识地观察和分析苗头性问题。要做到这一点，人民调解员必须具备敏锐的信息意识，要善于发现信息、搜集信息，捕捉其中的带有倾向性、苗头性的信息。在预测苗头时，还要注意对纠纷的变化有影响的因素，并区分不同的纠纷并加以具体分析，具体应对。

当然，需要说明的是，苗头预测法的运用并不只是简单地把纠纷发生、变化的苗头预测出来，更关键的是，人民调解员对预测出来的纠纷发展的苗头要给予高度重视，并及时积极行动起来，进行妥善处理，以把苗头抑制并消除在萌芽状态，防患于未然。如果预测到了纠纷发生、变化的各种苗头后，不去积极预防，反而是"一拖二躲三搪塞"，只会使纠纷越来越复杂，越来越难处理，并使人民调解员的形象和信誉受到影响，最终必将失去纠纷当事人的信任，阻碍人民调解大格局的构建。

二、面对面调解法的运用

（一）面对面调解法的基本概念

面对面调解法，就是把纠纷当事人叫到一起，当面摆事实、讲道理、进行调解的方法。例如：

小张（7岁）和小李（5岁）本是经常在一起玩耍的好朋友。但有一次在嬉戏中两人忽然争吵起来，继而互相推搡，小张朝小李腹部踢了一脚。经诊断，小李有少许尿道出血现象，打过针后，医生开了药让小李回家疗伤，张父当场支付了医药费共187.60元。但次日李母要求张母陪同复检时，张母没有同意，使得李母十分气愤，甩下几句威胁的话转身带小李走了。张母在家越想越害怕，一方面担心医疗费用可能会越来越多，另一方面更害怕李家报复自家小孩。于是她来到了社区调委会申请调解，希望一次性解决这场纠纷。人民调解员热情地接待了她，听她简要地叙述后，人民调解员意识到这虽是桩小事，但若不及时处理，也可能酿成更大的纠纷。于是人民调解员作出受理决定，约定等李家人回来，征求其同意后再进行调解。下午3点，双方家长和小孩都来到社区调解室。仔细听完当事人陈述并且查看了医院诊疗病历和复检情况后，人民调解员得知小李的伤已无大碍，于是对调解结果已心中有数。此时双方家长仍是各持己见，张家表示自己仅靠在街边摆摊维持生计，家境困难，昨天已经支付了100多元治疗费，现在实在拿不出钱来。李家却不仅坚持索要检查费，而且还要求给小孩适当的营养费。人民调解员见状从情、理、法多方面对双方进行讲解和规劝：未成年人小张造成小李身体伤害，父母作为其监护人依法应当赔偿医疗费。另外，小孩经常在一起玩，拌嘴打架在所难免，既然小李经复查已痊愈，张家又确实经济困难，建议营养费就不用支付了，大家应互谅互让，各自教育好自己的孩子，尽量减少这类事情的发生，这样对两个孩子健康成长都有好处。经过数番耐心调解，双方终于达成协议：由张家支付小李医药费共人民币210.90元，双方保证以后不再因此事发生争执。几天后，人民调解员回访得知张家已经履行协议，两个小伙伴也和好如初。

该案例中，由于双方当事人之间并没有太大的冲突，而且纠纷的后果也不是很严重，从而就有了面对面调解的基础。在这种情况下，人民调解员直接把双方家长和小孩叫到一起，通过面对面地倾听当事人陈述、查看医院诊疗病历和复检情况，从情、理、法多方面对双方进行讲解和规劝，并最终经过数番耐心调解，促使双方达成协议。

（二）运用面对面调解法的基本要求

面对面的调解方法一般在两种情况下可以运用：一种情况是针对简单的纠纷。表现为纠纷双方当事人或者分歧不大，或者矛盾不尖锐，或者纠纷当事人之间有着一定的感情基础，需要坐在一起解决问题，像家庭、婚姻、邻里、同事、朋友之间的纠纷大都可以运用此方法。这些纠纷并不是很复杂，容易处理，所以，让当事人面对面地各自说出对纠纷的态度和要求，可以更好地进行沟通，也容易明确双方的分歧，从而进行调解。另一种情况是在人民调解员的努力下，双方当事人的分歧逐渐缩小，对抗性不强，情绪也较稳定。此类情形，人民调解员可以把双方当事人叫到一起，就如何最终达成协议互相协商。

需要注意的是，进行面对面的调解，人民调解员一定要能够控制整个调解的局面和过程，要保证调解在人民调解员的主导下进行。如果面对面地调解可能导致局势失控，此时，人民调解员一定要注意把握时机，及时转为背靠背调解。通过背靠背方法的运用，使纠纷再次出现转机时，再运用面对面的方法，有效调处纠纷。

三、背靠背调解法的运用

（一）背靠背调解法的基本概念

背靠背调解法，就是在调解时不让当事人进行直接面对面的沟通，而是由人民调解员分别对当事人进行说服、教育，使双方不断让步，分歧趋于消弭，从而促成调解的方法。例如：

某有限公司与张某签订房屋租赁合同，由于张某拖欠4个月的租金和水电费，某有限公司根据合同约定条款欲解除与张某之间的房屋租赁合同，双方签订了解除房屋租赁合同协议书。现某有限公司根据解除合同协议书收回租赁物，限张某在一定期限内交清租金和水电费，办理搬迁手续，并愿一次性补偿其4万元，而张某则要求其补偿50万元。为此，某有限公司与张某之间因合同纠纷引发了激烈的矛盾冲突，双方都请来一些社会闲杂人员在公司门前对峙，试图用暴力方式来解决。街道综治办和派出所等部门迅速赶到现场，经多方做工作，制止了恶性事件的发生，双方也同意通过调解方式来解决。最终，街道综治办、司法所、派出所和社区工作站人员在该公司二楼会议室就双方合同纠纷进行调解。在调解过程中，双方就补偿金数额问题展开了激烈的争论，但因各自都不肯做出让步，调处僵持不下。如继续调处，双方对抗情绪会越来越强烈，这样只会使情况变得更糟糕。于是人民调解员马上改变策略，分别叫开双方当事者，在小房间里分别给当事者做思想工作，分析其利弊关系，很快僵局被打破，双方愿意做出让步，人民调解员趁热打铁，以法、理相结合的方式反复调处，终于促使双方达成协议：由某有限公司一次性补偿一定金额给张某，店内所有设备归某有限公司所有，店内所用货物归张某所有，双方当场签订协议书。一场由合同引发的纠纷被巧妙化解。

上述案例中，由于矛盾纠纷比较激烈，双方明显存在着很强烈的对抗情绪，都不肯做出让步。尽管人民调解员尝试着采取面对面的方法进行调解，但不理想。在这种情况下，人民调解员采取背靠背的调解法，分别叫开双方当事者，在小房间里分别给当事者做思想工作，分析其利弊关系，打破僵局，促使双方做出了让步，并最终达成了协议。

（二）运用背靠背调解法的基本要求

背靠背调解法一般针对当事人之间对抗性比较激烈、双方的"火气"都很大、情绪波动大、双方对事实的认识出入大、分歧也较大、难以沟通的纠纷。在这种情况下，让双方当事人面对面地摆事实、讲道理，不但听不进去，反而会使纠纷加剧。因此，人民调解员要分别倾听当事人对纠纷的看法和各自所持的态度，考察双方的共同点和差异，寻找调解的突破口，然后分别对双方当事人进行说服、教育，逐步使双方的分歧缩小，并形成双方都能接受的调解方案，促使调解成功。

四、换位思考法的运用

（一）换位思考法的基本概念

换位思考法，就是在解决纠纷时，使人民调解员和当事人都能设身处地地站在对方的立场上体验和思考问题，体察对方的感受和态度，形成与对方在情感上的交流，从而理解对方并改变自己的观点、态度和做法，使问题得到圆满的解决。换位思考法一般针对当事人刚愎自用、固执己见、爱争强好胜的纠纷而采用。

从解决纠纷的具体情况来看，换位思考法的具体适用主要表现在两个方面：一是人民调解员的换位思考，即人民调解员要站在纠纷当事人双方的立场和角度，促使当事人全面解决纠纷；二是当事人之间的换位思考，即人民调解员引导、启发纠纷当事人相互站在对方的立场上考虑问题。

1. 人民调解员的换位思考。人民调解员在调解民间纠纷时站在当事人双方的立场和角度进行调解是非常重要的。因为人民调解员在进行调解时，只有从当事人双方的立场和角度来思考，才能真正理解他们的感受及想法，才能知道怎样去进行调解，不至于在调解时引起当事人的对抗。只有站在双方当事人的立场和角度，和当事人进行真诚交流，让当事人感觉到人民调解员是从当事人的利益出发，当事人才会信任人民调解员，从而消除对人民调解员的抵触心理，调解才能取得成功。如果人民调解员在调解时不了解当事人的立场、感受及想法，只是为了急于追求调解成功而硬性调解，那么成功的概率是很小的，甚至会引起当事人的不满。例如：

小芳自幼父母离异，一直跟随母亲生活。今年要上初中，可母亲却以生活困难为由不再让她继续上学。于是小芳找到人民调解委员会，希望能帮她说服母亲让其读书。尽管人民调解员多次劝说，小芳母亲就是不同意让小芳再继续上学。但是，人民调解员并没有气馁，继续思索说服小芳母亲的方法。人民调解员认为，每个母亲一定都希望自己的孩子比自己生活得更好。那么，小芳的母亲为什么不让小芳再继续上学了呢？她是怎么想的呢？于是，人民调解员不再直接劝说小芳的母亲，而是和她聊天。当聊到小芳的母亲因为自己没技术仍然贫穷而村里其他人因为懂技术有文化都富起来时，人民调解员趁机劝说小芳的母亲，一步一步地引导：你为什么不让小芳上学呢？因为你家里生活困难。为什么你家里生活困难呢？是因为你没文化。如果你不让小芳上学，小芳也会没有文化，将来过得可能会比你还苦。你的今天也就是小芳的明天。人民调解员的这些话对小芳的母亲触动很大，她终于同意让小芳继续上学。

该案中，人民调解员就是通过换位思考，设身处地地站在当事人的角度感受、分析当事人可能的想法，最终说服当事人，使调解取得了很好的效果。

人民调解员采用换位思考法进行调解，主要是在调解过程中，但也可体现在调解协议的达成过程中。即在提出调解方案或引导当事人达成调解协议时，站在当事人的立场，设身处地、将心比心地思考矛盾产生的原因、解决问题的关键和当事人所能接受的向对方让步的底线，从而提出当事人都能接受的调解方案，或促使当事人达成调解协议。

2. 当事人之间的换位思考。人民调解员在调解民间纠纷时，除了自己站在当事人双方的立场和角度进行调解外，还要引导、启发当事人之间进行换位思考，只有这样才能使调解顺利进行。例如：

某青年歌唱演员在某小区租住一套房屋，每天晚上都要练唱到深夜两三点钟，搅得附近居民都无法正常休息。大家纷纷向调委会反映。人民调解员于是劝说该青年歌唱演员不要影响大家休息。该青年歌唱演员当时也听从劝解。可没过几天，又恢复如初。于是人民调解员又劝解。如是反复几次。最后，人民调解员对该青年歌唱演员说："如果你经常半夜被人烦扰，不能好好休息，你会怎么想？"该青年歌唱演员幡然悔悟，从此不再扰民。

该案中，人民调解员在多次劝说无效的情况下，通过提出适当问题的方式，让当事人自己去体会对方的感受，从而使当事人从思想根源上转变看法。这就是当事人之间换位思考方法的具体运用。

作为民间纠纷的当事人，一般都会存在着本位和利己的思想，都想在纠纷中获得最大利益。因此在纠纷调解过程中都会出于自身利益考虑，互不相让，这样很容易造成矛盾激化，不利于纠纷解决。但是，如果人民调解员引导、启发当事人在考虑自己得失的同时，也站在对方的立场上设身处地地体会对方的感受，将心比心，以真诚换取真诚，以信任换取信任，就会很自然地为当事人营造相互融通的心理氛围，便于纠纷的调解。这正如俗话所说的"要想公道，打个颠倒"。

（二）运用换位思考法的基本要求

人民调解员在采用引导、启发当事人互相之间进行换位思考的方法进行调解时，一方面要求当事人要善于从公正客观的角度出发考虑纠纷的具体情况，寻求合理的解决方法；另一方面要给当事人描述对方的处境，讲述当事人所不了解的对方的苦衷，并通过类似"如果你是对方，会怎么办""如果是你，你将会……"或者"如果你的亲属是对方，会怎么样"的假设性问题引导当事人思索对方的立场、感受和想法。值得注意的是，人民调解员引导、启发当事人互相之间进行换位思考，并不是直接告诉当事人对方的想法及感受，而是应当通过告知对方的处境等背景资料和不断提出适当的问题的方式引导，让当事人自己体会对方的感受，得出正确的结论。这种主动的思考可以减少由于对人民调解员的抵触或不信任而有可能对调解造成的消极影响。

人民调解员采用换位思考的方法，要给当事人灌输凡事都要全面看问题的观点，告诉当事人面对纠纷既要考虑自己的理由和利益，又要考虑对方的想法和感受。只有双方都能设身处地地站在对方的角度去思考、去感受、去体会，才会感觉对方的想法也是情理之中的事，才能进行有效的沟通。换位思考，实质上是促使双方相互理解，消除对抗情绪，从而达成和解。

五、褒扬激励法的运用

（一）褒扬激励法的基本概念

褒扬激励法，就是人民调解员对纠纷当事人本身所具有的优点和长处或者在该纠纷中表现出来的正确做法进行表扬激励，从而调动当事人的积极性，使当事人之间的纠纷得以有效解决的一种方法。褒扬激励法的运用可以达到以下效果：

1. 平稳当事人的情绪。喜欢接受表扬是每个正常人固有的心理特征。每个人都希望得到别人的支持和肯定，而对批评一般都比较反感。因此，当纠纷出现后，人民调解员通过对当事人表扬激励，使当事人的抵触心理得以缓解，使当事人激动的情绪趋于平静。这样，就可以为调解工作创造一个良好的氛围。例如：

张某对外散布谣言说李某和赵某有不正当关系。为此，李某大怒，拿起菜刀就要和张某对峙，如果不及时予以制止，后果将十分严重。人民调解员闻讯后急忙赶来，首先夺下李某的菜刀。在没有完全了解事实真相的情况下，对李某说："人们都知道你是个明白人，今天怎么做出这么糊涂的事来呢？不管怎么说，拿刀砍人都是不对的，否则出了事后悔也来不及。另外，人们都知道你的为人，你这样做一定事出有因，但你也不要太冲动。等我把事情调查清楚，做一个公正的处理。如果你有委屈，我一定还你一个公道。"最终，在人民调解员的劝解下，李某情绪平稳下来，没有再去找张某，并且表示愿意由人民调解员帮助处理。

该案中，人民调解员针对李某情绪激动这一状况，首先决定稳定李某的情绪。通过褒扬激励法，人民调解员借人们的口肯定李某是个明白人，不应做糊涂事，使其情绪有所缓解；接着进一步借助大家的评价，劝解李某要冷静，要查清真相，从而使李某的情绪恢复，接受了人民调解员的建议。

2. 缩短人民调解员和当事人之间的距离。采用褒扬激励法还可以缩短人民调解员和当事人之间的距离，赢得当事人的信任，从而有利于调解。对于纠纷当事人来讲，由于他们之间的利益是对立的，相互之间的想法是不同的，因此，他们之间很难在纠纷过程中照顾对方情绪。特别是在情绪激动的情况下，一般双方言语都比较激烈，很容易伤害对方，结果就可能导致纠纷激化。而人民调解员作为一个独立、公正的第三方，一般不会引起纠纷当事人的抵触情绪，其赞扬的话反而容易引起当事人的共鸣，从而人民调解员也就能够取得当事人的信任，并会被当事人看作是"一伙的"。也只有取得当事人的信任，当事人才会容易接受人民调解员的劝解。此时，当事人也会较平静地向人民调解员讲述自己的观点，表明自己的态度，调解也就容易取得成功。例如：

老刘被孙家的狗咬伤，要求孙家为其花钱治疗。孙家交付了第一次治疗的医药费，而老刘再次治疗的时候，孙家就不再出医药费了。为此，双方产生争执，矛盾冲突一度升级。人民调解员介入后，首先对双方当事人依法调解，特别是向孙家讲解饲养动物造成人损害要承担责任的有关法律规定，又对孙家的主人孙某说："老刘第一次治疗的时候你及时交付医药费是非常正确的，特别是在当时你并不知道法律规定的情况下那样做，恰恰表明了你不仅凭良心做事，注重情感，而且表现出了你作为一个共产党员所具有的良好的素质。老刘因为被你家的狗咬伤未痊愈才继续进行治疗的，这后续治疗的有关费用你也应该继续承担，才是你为人处世的应有品格。"最终，孙家承担了相关费用。

该案中，人民调解员根据孙家的表现，公正客观地评价了孙某的优秀品质，使孙某感到人民调解员看到了他的闪光点，从而信服人民调解员，愿意接受人民调解员的调解。

3. **堵住当事人反复的后路。**对当事人给予肯定的评价，会使当事人以此为衡量自己行为的标准，从而不会做出与此相悖的行为。例如：

甲和乙早年离异，其3岁的孩子小兵随母亲乙一起生活。甲一直未再婚。当甲年老后，要求小兵对其赡养，遭小兵拒绝。人民调解员知道后，主动介入，找小兵谈话。首先对小兵进行婚姻法的教育，随后了解到小兵很孝顺，对母亲早逝未能尽孝感到遗憾和愧疚。基于此，人民调解员及时对小兵劝解道："大家都知道你是个孝顺的孩子，因为未能对母亲尽孝而感到遗憾和愧疚，而你完全可以通过孝顺你父亲来弥补。而且你父母离异有他们自己的原因，你不能因此就不赡养你父亲，婚姻法也规定你有义务。如果你不赡养，别人怎么看你？而且你以后还会遗憾和愧疚的。"最后，小兵在调解人员的耐心教育、劝说之下，表示愿意对甲予以赡养。

该案中，人民调解员抓住小兵孝顺的优点进行劝解，对其说明如果不赡养甲将来也会遗憾和愧疚这一事实，从而使小兵有所触动，决定赡养甲，也使小兵以后不致反复。

（二）运用褒扬激励法的基本要求

1. 使用褒扬激励法需要注意以下技巧：①不能无中生有地奉承或进行虚伪的称赞。对当事人的赞扬应该是针对当事人实实在在、真真切切的优点或长处，是当事人自己认可的闪光点。如果是进行无中生有的奉承或进行虚伪的称赞，可能会被当事人误解，以为是讽刺，最终不信任人民调解员，导致事与愿违。要做到切实地赞扬当事人，需要对当事人有一定的了解，因此，调解之前，一定要尽量熟悉当事人，分析当事人的性格特点。②对当事人的赞扬、激励要注意分寸。即对当事人的赞扬、激励要恰如其分，不能夸大。否则，当事人会怀疑你的真诚，从而影响调解的效果。③人民调解员可以选择多种多样的赞扬的方法。人民调解员可以直接肯定当事人的优点，这样产生的效果更直接；也可以通过间接表扬的方式达到预想的效果。如可引用当事人尊重信任的其他人对他的评价，也可引用大家对他的一致看法，甚至引用对方当事人对他的客观积极的评价。

2. 当对纠纷当事人在该纠纷中表现出来的正确做法进行表扬激励的时候，如果纠纷当事人在该纠纷中也有做得不对的地方，人民调解员也要指出来，这种解决问题的方法我们可以叫它二分法。

也就是说，人民调解员对这类纠纷进行调解时，不能一味地赞扬激励。这样只会助长纠纷当事人的气势，反而不利于调解。因此，人民调解员在对这类纠纷进行调解时，一定要注意当事人行为的两面性，对正确的方面要充分给予肯定，对错误的方面要进行必要的批评。

一般来讲，任何纠纷的当事人的行为不会都是绝对正确的或绝对错误的，都会表现为两面性，既有做得对的一面，也有做得错的一面。此时，人民调解员就要善于把握这种两面性：对当事人对的方面的肯定，容易拉近人民调解员和当事人之间的关系，也会平息当事人的情绪，使当事人愿意接受人民调解员的调解。而对当事人错的方面的批评，可以说服当事人放弃、改正错误的做法，使当事人之间的分歧缩小，有利于调解的成功。例如：

小张家的水龙头坏了，于是来到邻居小王家，请小王帮忙修理。小王正在吃饭，听到小张的请求，放下手中的碗筷来到小张家给他修水龙头。不巧的是，小张一大意把一个坏的水龙头递给了小王。小王安装好后就回家了，之后小张去朋友家做客离开了家。结果，来水时水龙头一直流水不止，导致小张家的家具遭水浸泡，而小王家的院墙也最终未能幸免而倒塌。小王很气愤，找小张协商解决。小张正为自家的家具被水浸泡而烦恼不已，见小王来了，于是没好气地说，你家院墙倒塌是因为你没修好水龙头，你应该自己负责。现在我的家具也损坏了，也应该由你赔偿。结果两人互相争吵起来，最后大打出手，小王还把小张打伤了。人民调解员介入后，对小王说，你帮助小张修水龙头说明你是一个热心人，人们都会尊重你。但有什么事应该互相商量，你打人就不对了。接着又对小张说，小王热心帮你修水龙头，你反过来还让人家赔偿你，以后谁还会来帮你忙？你家的水龙头流水造成小王家的院墙倒塌，说明你有过错，构成了侵犯他人财产权的行为。根据民法的规定，你要对你的行为后果承担责任。最终，在人民调解员的说服、劝解下，双方都承认了自己的错误，达成了调解协议：小王赔偿小张医药费，小张负责小王院墙倒塌的损失。

该案中，人民调解员对小王就是运用了二分法，先是肯定了小王的热心助人的做法，使小王情绪稳定并且能够听从人民调解员的劝解；接着，人民调解员指出了小王的错误做法，让小王认识到了自己的错误，并在对小张劝解的基础上使双方调解成功。

运用二分法，人民调解员必须站在公正、中立的立场上客观、真实地对当事人的行为作出评价，既不能过分夸大当事人正确的做法；也不能过分强调当事人错误的做法，让当事人服从调解。同时，二分法的运用也说明了人民调解员在调解过程中既不能只肯定当事人正确的做法而忽视其错误的做法，这样会纵容当事人的行为，导致当事人的要求过高、当事人之间的分歧加大而不易调解。也不能忽视当事人正确的做法而一味强调其错误做法，这样会引起当事人的反感，也不利于调解。

六、唤起旧情法的运用

（一）唤起旧情法的基本概念

唤起旧情法，就是人民调解员针对具有感情基础的纠纷当事人，通过使他们回忆从前相处，或者共同生活，或者共同经历的情与景，使其重温过去的美好时光，再现同舟共济、相互包容、相互理解、相互支持的历程，体会到他们从前的深厚感情，从而产生心灵触动，使纠纷得以解决的调解方法。

这种方法一般适用于同事、朋友、家庭、婚姻等当事人之间具有感情基础的纠纷。当同事之间、朋友之间、父母子女、兄弟姐妹之间、夫妻之间出现纠纷时，基于一时的气愤或情绪激动，一方当事人一般不会顾及他们之间的友情、亲情、血缘关系，往往会与对方强烈对峙，甚至恶语相加。但是，一般情况下，他们之间的纠纷并不是不可协调、不可化解的纠纷，只是由于双方一时的、不理性的行为导致冲突，他们之间有着广泛的和好的空间。怎么样促使他们和好并解决矛盾？无疑需要人民调解员引导当事人回忆从前相处的时光，唤起他们的感情，通过情感触动，让纠纷当事人想到对方的好，从而对自己的行为进行反思，最终作出妥协或回心转意。例如：

赵某和钱某原是一对恩爱夫妻。但后来因为家庭琐事经常起摩擦，并导致夫妻争吵进一步升级，一度关系恶化到要离婚的程度。人民调解员知道后，着手对双方进行调解。人民调解员了解到双方过去的感情基础一直较好，并调查清楚了他们之间的矛盾起因。于是采用唤起旧情法，首先帮助他们回忆了过去恋爱时的浪漫经历和婚后生活的美好时光，并且讲到他们的互相关爱大家都看在眼里，都很羡慕。接着人民调解员又委婉地指出了他们的错误：事情发展到这一步是不应该的，今天的幸福生活应该珍惜。人不能总站在自己的角度考虑问题，总是挑对方的错，总认为自己是对的，尤其夫妻生活本来就没有谁是谁非。要多想想对方的优点、对方的好处。人民调解员通过不断让他们回想以前的恩爱生活，拉近他们的感情距离，最终使他们认识到自己的错误并重归于好。

（二）运用唤起旧情法的基本要求

该种方法的运用是基于纠纷当事人之间有着较好的感情，他们之间的纠纷可能通过情感的因素得到化解和解决。因此，人民调解员如果运用该种方法进行调解，事前一定要做好充分的调查工作，首先了解纠纷当事人之间是否有着较好的感情基础，其次充分掌握纠纷当事人之间相处或共同生活的经历，即掌握大量的第一手材料。这样，才能够恰当地运用该种方法，并运用手中掌握的材料达到唤起旧情的效果。如果纠纷当事人之间没有良好的感情基础，则不能运用该种方法，否则，结果可能适得其反。

七、冷处理法的运用

（一）冷处理法的基本概念

冷处理法，就是人民调解员对当事人要求解决的纠纷不要急于着手调解，而是想办法使当事人先冷静下来，待其心平气和后再进行调解的方法。

这种方法一般是针对比较激烈的纠纷，这类纠纷的当事人一般文化水平较低，或者脾气暴躁，容易冲动失去理智。当纠纷发生时，纠纷当事人情绪一般都比较激动，表现出剑拔弩张、势不两立的态势，谁的意见都听不进去。此时如果急于调解，很难对当事人进行有效的说服劝导，反而可能会由于处置不当导致矛盾激化，甚至人民调解员也会深陷其中。

因此，接手这类纠纷后，人民调解员并不是立即着手实施调解，而应先采取有效方法和策略，防止事态扩大或蔓延。然后，把纠纷放一放，给当事人一个缓冲的时间，稳定一下情绪，缓解一下紧张的气氛。这样，当事人的心态会逐渐平静，不再那么偏执、冲动、固执己见。此时，人民调解员再依照法律法规对当事人进行耐心细致的说服教育，就比较容易促使调解协议的达成。例如：

某工厂刚开工不久，将一工程承包给某包工头。该包工头组织包工队完成承包事项后，工厂将所有款项全部结清。在包工队准备离开的前一天晚上，因天气炎热，一名工人去工地附近的水库游泳（水库有警示标语），结果淹死。死者家属从外地赶来，强烈要求政府解决此事。镇政府对此高度重视，找到厂方。但厂方认为死者与厂方已无任何关系，死者的死亡完全是死者自己的责任造成的，厂方不存在任何过错，因此拒绝赔偿。此时，死者家属情绪激动，事态有愈演愈烈之势。镇政府让司法所着手解决该纠纷。针对死者家属激动的情绪，司法所让死者家属先回去考虑一天，第二天再来调解。第二天来调解时，司法所调解人员向死者家属耐心讲解法律法规，说明死者行为的性质，劝解家属不要感情用事。同时，司法所调解人员又对厂方做工作，说明死者及家属的不幸与不易，希望厂方顾全大局，建议厂方对死者家属给予人道援助。经过调解，厂方给付死者家属2万元，又承担了死者家属的往来路费、住宿费等，纠纷得到圆满解决。

该案中，面对死者家属的激愤情绪，人民调解员知道如果马上就调解，死者家属的要求是很难得到满足的，调解是很难成功的。因此，人民调解员采取了冷处理法，先是让死者家属回去考虑，经过一天的时间，死者家属的情绪平静下来，也能冷静对待该纠纷了，在此基础上，人民调解员再对双方做思想工作，从而使纠纷得到解决。

（二）运用冷处理法的基本要求

面对需要采用冷处理法的纠纷，人民调解员本身先要做到临阵不乱、冷静思考，注意缜密把握纠纷事态的发展，及时采取措施。因为这样的纠纷刚开始的时候，场面一般都会激烈或混乱。面对这样的局面，人民调解员自己先恐慌的话，是无法进行调解的。而且，不冷静就无法理性地采取相应措施，人民调解员就不能发挥应有的作用，最终可能导致纠纷进一步激化。所以，面对这种情况，人民调解员本身的素质和应变能力及处理问题的能力至关重要。

八、重点突破法的运用

重点突破法，就是指抓住纠纷中的重点作为解决纠纷的突破口，从而有效地解决纠纷的方法。具体表现为抓住主要矛盾进行调解、抓住关键人物进行调解或者采取先易后难、逐个击破的方法进行调解。根据选择的重点的不同，重点突破法可以分为以下几种具体方法：

（一）抓住主要矛盾法

1. 抓住主要矛盾法的基本概念。抓住主要矛盾法，是指人民调解员在进行调解时，依照纠纷的具体情况，抓住纠纷发展过程中起决定作用的矛盾进行调解的方法。抓住主要矛盾进行调解一般表现为抓住当事人最关心的核心问题。

有些民间纠纷是极其复杂的，有时表现为发生的原因错综复杂，有时表现为在纠纷中存在多个矛盾。特别是在群体性的纠纷中表现得更突出。一般来讲，在一个纠纷中存在的多个矛盾之间往往有着千丝万缕的联系，其中一个矛盾解决了也就意味着其他矛盾的迎刃而解，或者欲解决某一矛盾要以其他矛盾的解决为前提。此时，人民调解员要通过全面了解纠纷情况，发现对解决纠纷起关键作用的主要矛盾。抓住主要矛盾进行调解，也就等于抓住了调解工作的重点或关键，就会使得调解工作不至于"胡子眉毛一起抓"，毫无章法，而是有的放矢。

抓住主要矛盾进行调解，是事物发展的客观要求，它符合唯物辩证法的基本原理。只有抓住主要矛盾，才能把握纠纷的本质和发展趋势，并带动和促进其他矛盾的解决。同时，抓住主要矛盾进行调解，能够掌控纠纷的发展和变化，掌握工作主动权，并有针对性地化解纠纷，提高效率。否则，就会使得调解工作无所适从，人民调解员不知从何下手，或者不分轻重缓急，被动应付。可见，抓住主要矛盾进行调解法是一种非常有效的工作方法。例如：

村民李某承包村里一份土地种植花卉后，竟多占土地建房出租。村主任找其多次协商退还多占的土地并给村里补偿，或者就多占土地按工业用地标准补交租金及水电费。李某认为他这么做前任书记和村主任都没有反对，不同意协商。村委会于是对其停水停电，导致其花卉枯萎。李某找到镇调委会要求解决。经过调查，人民调解员认识到这次纠纷的发生是由于李某思想上转不过弯，存在着错误认识。如果做好李某的思想工作，其他问题也就解决了。于是，人民调解员对李某宣传我国的土地承包法，又对其动之以情、晓之以理。最终李某和村里达成了协议。

该案中，人民调解员抓住做好李某思想工作这一主要矛盾来进行调解，使李某认识到了自己的错误，从而接受了村委会的意见，村委会也对其恢复了水电供应，纠纷得以彻底解决。

2. 运用抓住主要矛盾法的基本要求。

（1）采用抓住主要矛盾进行调解法，人民调解员要立足于对纠纷的全局和整体的深刻认识和准确把握。只有正确把握和认识纠纷的全局和整体，才有利于发现主要矛盾。而要做到正确把握和认识纠纷的全局和整体，人民调解员一方面要注重调查研究，尽可能全面收集与纠纷有关的资料；另一方面还要善于观察、洞悉，准确把握影响矛盾纠纷的主要问题。此外，人民调解员还必须站在"旁观者"的位置上，保持客观中立的立场。只有这样，人民调解员才不会受环境所影响，不会被纠纷当事人的情绪所影响，从而保持冷静的头脑，在纷繁复杂的纠纷中快速理顺来龙去脉，透过现象把握本质，抓住影响纠纷的关键，及时解决。例如：

王家与周家承包的土地相邻，王家一直认为周家侵占了自己的承包地，导致两家纠纷不断，矛盾逐步加剧。人民调解员介入调解，但从合同的内容和当事人陈述上无法作出判断，为了找出矛盾的症结，亲自到承包地进行勘测，终于找出问题所在：原来是合同不规范造成纠纷的发生。通过调解最终使矛盾得到解决。

该案中，针对是否侵占承包地，人民调解员先向当事人了解情况并查看合同。在无法判断的情况下，又深入实地丈量土地，经过仔细的核算，终于发现是合同交代得不清楚导致当事人的认识有偏差。并针对实际勘察的结果向当事人作了说明，最终真相大白。正是人民调解员保持冷静的头脑，通过耐心细致的观察准确把握了影响纠纷的主要矛盾，才使问题得到解决。

（2）人民调解员要想运用好这一调解方法，既要善于捕捉主要矛盾，注意采取有效措施集中力量解决好主要矛盾，又要注意根据纠纷的发展变化，判断主要矛盾和次要矛盾的转化，调整自己对主要矛盾的认识，修正调解方案，有效掌握调解工作的主动权。

（3）抓住主要矛盾进行调解，只是意味着人民调解员要分清工作主次和轻重缓急，安排好调解工作的重心和解决问题的顺序。抓住主要矛盾进行调解并不意味着忽视次要矛盾的解决。因为，有时次要矛盾解决不好，会导致主要矛盾激化，使纠纷变复杂。所以，人民调解员在调解民间纠纷时，不仅要抓主要矛盾，把握关键，还要统筹兼顾，注意处理好次要矛盾，即遵循哲学的一般原理：抓重点带一般。

（二）抓住关键人物法

1. 抓住关键人物法的基本概念。抓住关键人物法，就是抓住纠纷当事人中起关键作用的人物，先对其说服、劝解，形成初步调解结果，从而带动其他纠纷当事人接受该调解结果的方法。

在某些群体性的纠纷中，某些纠纷当事人往往对纠纷的性质、事态并不会造成多大影响，他们往往是追随着某些纠纷当事人，听从或者参考这些纠纷当事人的意见，随波逐流。因此，在调解时，只要集中力量，突破这些"关键"当事人的防线，那么整个纠纷也就容易解决了。例如：

某水产贸易有限公司在一村庄附近抽取地下水，结果造成地表下陷，该村38间房屋不同程度遭受损害，引起水产贸易有限公司与该村的矛盾纠纷。当地人民调解委员会知道这一情况后，赶往现场了解情况，告诉村民如果进行诉讼的话，则要自费聘请地质部门对当地进行地质鉴定，同时还要证明地表下陷与抽水之间存在着因果关系，这是比较困难的。而如果接受调解的话，则可能得到双方都满意的结果。最终，双方当事人都愿意接受调解。人民调解员在调解过程中，除了对群众进行法律法规的宣传外，认为如果对每个村民都一一进行调解，难度会很大，也会增加负担。在调查过程中，人民调解员发现有两户村民甲和乙在村庄的群众中基础较好，有一定的威望。于是集中力量首先做好这两户村民的思想工作，与这两户村民达成了调解协议。最终在这两户村民的带动下，38户村民都与水产贸易有限公司签订了赔偿协议。水产贸易有限公司共赔偿38户村民16万元，其中有村民获得3.6万元赔偿。

该案中，村民甲和乙是这起纠纷的关键人物，其他村民都是看这两户村民的脸色行事，如果这两户村民的问题解决了，其他人的问题也就自然解决了。发现这一现象后，人民调解员马上调整调解方案，集中精力做这两户村民的调解工作，终于使这起群体性纠纷得到圆满解决。

2. 运用抓住关键人物法的基本要求。该种方法的运用，要先确定谁是纠纷中的关键人物。只有确定了谁是纠纷中的关键人物，才能对其集中精力进行突破。这就要求人民调解员必须通过细致的调查，了解每一个纠纷当事人的具体情况，特别是每一个纠纷当事人在纠纷中的地位和作用，找出影响纠纷解决的关键人物。只有这样，才能有效地抓住关键人物进行调解。

（三）先易后难、逐个击破法

1. 先易后难、逐个击破法的基本概念。采用先易后难、逐个击破的方法进行调解，就是人民调解组织和调解人员在对纠纷进行调解时，先对纠纷中比较容易接受调解的当事人进行调解，达成调解协议，然后再对较难接受调解的当事人进行说服、劝导，最终使调解成功。例如：

某地一水电站被一老板承包。2009年5月，天降大雨，为防止水电站遭受损害，该老板聘请十几个人对水电站进行维修。在维修过程中，水坝裂开，导致两名维修工人被水冲走死亡。死者家属找到当地镇政府，坚决要求赔偿。镇政府当即通知司法所等有关单位召开联合会议。会议决定由司法所负责调解。

由于围观群众越来越多，事态有扩大的趋势。于是司法所先清理现场，引导死者家属到指定地点调解。在调解过程中，两死者家属提出了不同的赔偿要求，一死者家属要求赔偿30万元，另一死者家属要求赔偿22万元（根据相关的法律规定，要求赔偿30万元的最多获赔22万元~23万元，要求赔偿22万元的最多可获赔17万元）。对此，承包水电站的老板也愿意作出赔偿，但因这一事件导致自身的财产损失惨重，经济承受能力降低，无法满足死者家属的要求，致调解陷入僵持阶段。

这时，司法所发现要求赔偿22万元的死者家属情绪不是很激动，也很讲事理，认为先从这一家入手也许能取得希望的效果。于是，司法所采取背靠背的调解方法，先把这两家分开，开始着重对要求赔偿22万元的死者家属进行调解。一方面安抚其心理，一方面对其讲解法律法规，动之以情，晓之以理，告诉他们提出过高的要求不一定能得到满足。最终，经过调解，这家获得16.5万元的赔偿。紧接着，司法所又做另一死者家属的调解工作，在司法所的努力下，另一死者家属参照已达成调解协议的前一家的情况，最终获得22.5万元的赔偿，调解获得圆满成功。承包老板也通过调解摆脱了困境，决定对当地再投资30年，而当地镇政府也将获利2000万元。

2. 先易后难、逐个击破法的具体运用和基本要求。在民间纠纷中，不同的纠纷当事人文化水平、个人素质、脾气禀性都有所不同，在接受调解时的反应也就有所不同：有的当事人比较明白事理，容易接受调解；有的当事人比较激动，不易接受调解。针对这种情况，人民调解员就可以采用先易后难，逐个击破的方法进行调解。具体而言：当不同的纠纷当事人对解决纠纷的态度不同时，人民调解员可以通过背靠背的方法，先对容易接受调解的纠纷当事人动之以情、晓之以理，达成调解协议。然后再对其他纠纷当事人进行说服教育，在调解成功的当事人的调解结果的基础上，让其他当事人知晓调解的底线，知道再无理取闹也不会有结果，从而最终接受人民调解员的建议。

值得强调的是，采用先易后难、逐个击破的方法进行调解，先要采用背靠背的方法，即把纠纷当事人分开，分别进行说服教育，只有这样才符合逐个击破的要求。因为，这种方法的本质决定了纠纷当事人在一起时是不可能逐个击破的。也就是说，当纠纷当事人在一起时，即使有一方纠纷当事人懂事理、讲道理，但当着另一方纠纷当事人的面也不会轻易地作出让步，并且，另一方当事人还会对他有看法。人民调解员当着另一方纠纷当事人的面对懂事理、讲道理的一方纠纷当事人进行劝解、教育，要求其作出让步、接受某种调解结果时，另一方纠纷当事人有可能会在人民调解员调解的过程中进行干扰；另外，当着另一方纠纷当事人的面对懂事理、讲道理的一方纠纷当事人进行调解，另一方纠纷当事人知道了人民调解员进行调解的具体情况，可能导致该纠纷当事人形成反向对策，反而给调解带来困难。

九、舆论压力法的运用

（一）舆论压力法的基本概念

舆论压力法，就是人民调解员在进行调解时，通过提示当事人关注周围的人对此事的看法和评价，给纠纷当事人造成一种压力，使得纠纷当事人放弃自己不正当的要求，从而达成调解的方法。例如：

某村村民钱某不赡养他年迈的母亲，已经在当地引起人们的议论，人们经常在背后对钱某指指点点。后来，钱某的母亲找到司法所，请司法所帮助解决赡养问题。调解员及时找到钱某，对其宣传我国的婚姻法，劝说钱某对老人尽赡养义务。最后，调解员告诉了钱某人们对他的评价，他的行为已经引起了人们的反感。如果仍然这样下去的话，人们就会疏远他、孤立他，他将不被人们接受。这样，以后他在和人们的交往中将面临很大的困难，甚至很难在当地生活下去。听了调解员的劝说，钱某的触动很大，感到了舆论的压力，最后，承担起对母亲的赡养义务。

舆论压力法的运用，一般可以考虑两种情况：一种情况是"熟人社会"，主要表现为在乡村、单位内，甚至城市生活小区内发生的纠纷。这些区域内的人，地缘关系比较密切，甚至都是生活在同一个圈子里，住在"同一屋檐下"，彼此之间"低头不见抬头见"。按照我国"熟人社会"传统的文化特点，"熟人社会"圈子内的人们一般都很在意周围的人对他们的道德评价。这将会影响到他们今后的交往行为，因为任何一个淳朴的人都不会和一个道德品质很差的人交往。一个人如果脱离群体，其心理、情绪等精神状况很难想象，将是何等的痛苦。因此，"熟人社会"里公众的舆论对一个人改变自己的错误做法和观点会有一定的积极影响。所以，针对"熟人社会"里发生的纠纷，人民调解员可以充分利用熟人舆论的压力，对纠纷当事人进行说服、教育，促使纠纷当事人让步，促进调解成功。另一种情况是纠纷当事人为知名人士。知名人士的行为往往更容易引起社会的关注，而且关注的范围更广、程度更深，因此，知名人士更注重自己的行为和形象，以避免给公众留下不好的印象，影响自己的发展。因此，当纠纷当事人为知名人士时，人民调解员一定要善于利用公众舆论的力量，促使知名人士当事人时刻注意自己的形象，不要有过分的要求，并最终促成调解的成功。

（二）运用舆论压力法的基本要求

运用舆论压力法进行调解，要注意做到以下两点：①人民调解员一定要掌握公众对此纠纷的看法。只有掌握了纠纷的有关舆论信息，才能充分利用这些信息。②要注意分辨哪些舆论是正确的，哪些舆论是错误的。因为公众的舆论并不都是一致的。人的文化水平、道德观念、法律素养不同，对问题的看法也就不同。因此，当一个纠纷出现后，不同的人往往会对其有不同的看法。所以，对于某一纠纷的公众评价，人民调解员要从法律、道德等层面进行分析、判断：如果主流舆论符合法律、道德的要求，是积极向上、有利调解的，人民调解员就要充分利用，进而形成较好的处理结果；如果人们对纠纷的议论不符合法律或者道德的要求，就不能借助这些舆论进行调解，只能从正确的一面对当事人进行引导。

十、适当强硬手段法的运用

（一）适当强硬手段法的基本概念

适当强硬手段法，是指在适当情况下要依靠强硬手段解决纠纷。也就是，某些民间纠纷基于纠纷当事人的个人原因，单纯地对其说服教育已经起不到调解的效果，还需要政府及相关部门在合法的前提下，运用罚款、限制人身自由或者其他强制性行为等强硬手段解决纠纷。

有些民间纠纷已不属于单纯的矛盾冲突问题，而是上升到严重违法的边缘，甚至就是一种犯罪行为。如有的纠纷当事人无理取闹、挑起事端就是想获取不正当利益。因此，对他们进行说服教育，有时效果甚微。在这种情况下，就需要借助国家权力，适当运用强制方法对他们采取强硬手段，以对其形成威慑，在此基础上再进行调解，才会取得好的效果。例如：

某村委会与当地镇政府共同开发了一个海滩项目。镇政府决定将这一海滩出租给某一老板承包，村委会没有任何意见，但该村村民不同意。于是在签合同的当天，村民组织起来阻止合同的签订，并堵塞公路，导致当地公路不能通行，严重影响了当地的社会秩序。在这种情况下，当地司法所介入，了解了有关情况，开始对当地群众进行说服教育，进行疏散。通过各方的努力，最终终止合同并重新发包。此时，仍有一些人故意捣乱，阻挠承包工作的进行。他们出钱雇人闹事，哄抢海滩设施。事态有进一步扩大的趋势。司法所了解到这些人并没有解决问题的诚意，而是无事生非，他们的行为已经违反了《中华人民共和国治安管理处罚法》。于是司法所请求当地公安部门协助，带走了5名带头闹事的人。但第二天，该村村民又在一些人的带领下堵塞公路。司法所了解情况后，赶赴现场，向群众解释情况，宣传法律，强调利害关系，2个小时后，聚集的群众由200人减少到20人。最终，对这些不听劝阻的村民仍由警察负责处理，事态得到了控制。

这一纠纷由承包海滩引起，但事态的发展已经超出了纠纷的性质，单纯地依靠调解人员说服教育无法使事态得到圆满解决。因此，为平息这一事件，司法所请求公安机关介入，采取强制手段先后带走了25名聚众闹事的人。与此同时，司法所继续用调解的方式对闹事群众做工作，使大部分不明真相和不懂法的人最终疏散，使问题得以解决。该案说明了在特定情况下对纠纷采用强硬手段，效果更好。

（二）运用适当强硬手段法的基本要求

准确运用适当强硬手段法，必须把握好以下原则：

1. 纠纷当事人具有严重违法的前提。由于适当强硬手段法主要表现为罚款、限制纠纷当事人人身自由或者其他强制性行为，因此，只有纠纷当事人具有严重违法因素，才具有运用适当强硬手段法的可能性。如果纠纷当事人没有严重违法因素，则不能运用该种方法，只能采用其他的方法或者途径解决纠纷当事人之间的纠纷。否则，容易造成对纠纷当事人正当权益的侵犯。

2. 在采用其他人民调解的方法不能解决问题时，再考虑适当强硬手段法的运用。也就是，面对这类纠纷，人民调解员仍然要争取采取说服教育的方法促使纠纷当事人平息纠纷，争取以缓和的途径解决问题。只有采取说服教育的方法不足以改变纠纷当事人的态度时，再运用适当强硬手段法解决纠纷。

3. 保证运用适当强硬手段法的合法性。即运用适当强硬手段法进行调解时，必须保证适用该方法的条件、手段和程序的合法性，以免造成对纠纷当事人权利的侵犯或者引起不可预测的结果。也就是说，运用该方法要符合纠纷当事人有严重违法行为的条件，强硬手段是法律允许的方式，采取强硬手段的程序要符合法律要求。否则，该种方法的运用将会适得其反。例如，某一当事人并没有严重违法行为，只是态度恶劣，较难调解，如果对该当事人采取强硬手段，不仅缺乏合法依据，造成侵权，而且背离了调解的宗旨和目的，必将导致调解不能成功。

十一、模糊处理法的运用

（一）模糊处理法的基本概念

模糊处理法，是指人民调解员调解纠纷时，对纠纷当事人之间的一些非原则性问题，并不进行细致的分析和探究，而是作出粗线条的处理。也就是人们常说的"宜粗不宜细"。

由于民间纠纷所涉及的某些事实并不能清晰地进行判断，或者纠纷的处理结果不宜绝对地"一是一，二是二"。如果在这些枝节问题上斤斤计较反而会影响调解的效果。采用模糊处理法就可以避免这些问题。模糊处理法并非无原则的调解，同样需要建立在以法律和政策为依据、分清是非责任的基础上。

（二）模糊处理法的基本表现和运用要求

人民调解组织和人民调解员在开展调解工作过程中要善于针对矛盾纠纷的不同情况，采用不同的模糊处理方法：

1. 模糊表述。在纠纷的调解过程中，难免会碰到一些问题不宜做出非此即彼的判断。在这种情况下，态度鲜明地表态是不必要的。此时，就应进行模糊表述。而且，现实生活中大量现象的模糊性以及人的某些认识的模糊性，也决定了某些问题模糊表述的必要性。在纠纷调解时更是如此，特别是对一些一时难以分辨或难以启齿的问题，运用模糊表述的方法效果会好一些。例如：

甲乙两人是一对感情很好的夫妻。乙怀孕后，因为不注意，导致胎儿先天畸形。乙为此很内疚，感到对不起丈夫甲，于是决定拿掉孩子。但为了不增加丈夫的心理负担，并没有把这一情况告诉丈夫甲。结果甲知道后，非常愤怒，与乙大吵一顿。乙则感到很委屈，也不向甲做出解释，而是恶语相向，说甲没男人味，不值得她稀罕，随便找一个也会比他强。最后，甲找到人民调解员讲述了他们夫妻争吵的事情，让人民调解员评理。

在这种情况下，人民调解员并不了解事实的真相，如果仅根据甲的陈述就贸然说谁对谁错肯定会导致严重的后果，但人民调解员又不能不发表意见。于是，人民调解员并不直接说谁对谁错，而是说："孩子没有了，谁都不好受。讲一些过火的话是难免的。我想你肯定也说了过头的话。现在关键是要先弄清楚她为什么要拿掉孩子，说不定她有苦衷呢！"

该案中，人民调解员实际上是对事情本身进行了实事求是的评价，以便让甲感到人民调解员是理解他的。同时体现了用模糊的语言回避了甲要求评理的做法，而是强调要了解事实真相，从而避免了人民调解员直接表态可能导致出现错误判断的后果。最终，在人民调解员的劝说下，甲情绪稳定下来，并通过人民调解员了解了事实的真相。

2. 模糊传达的双方信息。对于那些当事人双方意见分歧较大、情绪波动大、对抗较严重的民间纠纷，人民调解员对于双方陈述的事实、表达的要求要适当"过滤"后再传达给对方。这样就可以避免当事人的分歧和对立升级。例如：

甲乙两人是邻居，经常因一些鸡毛蒜皮的事争吵而不和睦。有一天，甲家的鸡飞过墙头吃了乙家晒在院子里的谷子，导致两家冲突加剧，互不相让。人民调解员介入调解，了解双方的态度。乙家说："甲家在村子里蛮横不讲理是出了名的，这次一定要他家服软，给我家赔礼道歉，还要赔偿我家的损失。"

在此情况下，人民调解员就不能将原话，特别是乙家对甲家的怨气告诉给甲家，否则只会加剧矛盾，不利于调解，而只能结合法律强调乙家的要求，劝解甲家接受。

当然，双方信息的模糊传达并不是说人民调解员可以随意地传达当事人双方的信息，如果过于模糊导致传达的信息脱离了当事人的原意或者引起对方的错误认识，则会对调解产生负面效果。因此，双方信息的模糊传达不能离谱，要保证不违背一般的道德规范、不违背纠纷当事人表达信息的基本意思。双方信息的模糊传达实质上是当事人以人民调解员为媒介的一种交流方式。所以，适应调解的要求，既要不激化纠纷双方当事人的矛盾，又要实现交流的效果。

3. 模糊调查。人民调解员在调查此类纠纷的具体情况时，特别是在了解纠纷的具体事实时，不要企图把纠纷发生过程中的每一个事实、每一个细节、当事人的每一个行为以及所说的每一句话都调查得清清楚楚，这既没有必要也不可能。所以，要采用一种模糊的方式对纠纷事实进行调查，其调查程度只要基本脉络清晰、基本事实清楚，足以分清是非责任就可以了，某些不易查清且不影响纠纷当事人责任认定的事实可以忽略。例如：

小王与小李经人介绍认识并确立恋爱关系。双方在恋爱过程中，小王给小李送过彩礼和不少其他财物。后两人分手，小王要求小李退还彩礼和财物，小李拒不退还。为此双方产生纠纷，并不断激化。人民调解员在进行调解时，认为小王经常性地给小李送财物的事实和数量是难以调查的，而且这部分财物是小王完全自愿赠送的，于是决定对这部分不再坚持调查。通过对小王讲解《婚姻法》关于恋爱期间的往来财物视为赠予的规定让小王放弃对这部分财物的退还请求。而对彩礼的金额找到了双方的家长及相关人进行了调查与核实，又对双方当事人讲解彩礼应当返还的法律规定，促使双方达成了返还彩礼的协议，使纠纷圆满解决。

该案中，人民调解员就采用了模糊调查的方法调解了纠纷。由于双方争议的财物核实起来比较困难，而且这部分财物的调查结果对纠纷的处理并不产生实质影响，再加上女方不认账，人民调解员如果在此事上非要弄个水落石出的话，是不必要的。于是人民调解员没有坚持对其进行很细致的调查，而是通过法律的相关规定让当事人放弃这部分请求。对于容易调查的彩礼，人民调解员则进行了细致的调查，明确了金额，又结合法律的规定，明确了双方的责任，使调解得以成功。

4. 模糊调解。模糊调解强调在调解过程中，人民调解员只要在大是大非的基础上，使当事人双方的权利和义务得到保障和明确、协议得以达成就可以了，不需要对任何问题都面面俱到地查证属实并严格区分责任。因为，对责任的严格区分有时是不可能的：有些纠纷确实很难确定纠纷双方当事人的责任；有些纠纷如果严格区分责任，并绝对地要纠纷当事人承担责任是不现实的。这样的做法往往导致调解不成功。所以，在有些情况下，人民调解员要求纠纷当事人承担的责任只要基本符合法律的规定，双方当事人没有异议就可以了。当然，模糊调解并不等于"和稀泥"，调解的基本原则还是要坚持的，谁是谁非也必须分清楚。例如：

在某居民小区居住的王某的 10 岁的孩子从 8 楼自家的阳台上往外扔碎玻璃，导致在楼下行走的张老伯被刺穿头部死亡。为此，张老伯的子女找到王某，要求赔偿，双方产生纠纷。为防止矛盾激化，人民调解员介入调解。人民调解员先向双方当事人宣传民法的相关规定，明确了双方的责任。但在赔偿数额上双方分歧很大：张老伯的子女要求王某赔偿 10 万元，但王某因为家境困难只愿赔偿 3 万元。在人民调解员的进一步调解下，双方都做出了让步：张老伯的子女降到 7 万元，王某加到 5 万元。随后双方拒绝再让步，导致张老伯的子女的情绪再次激动起来。在这种情况下，人民调解员一面让物业公司登门对张老伯的子女进行慰问，一面继续做他们的工作，表示做出让步表明他们是懂事理的人，有遇事谦让的美好品格，希望他们体谅对方的难处，再一次发扬风格，适当照顾对方的实际困难，接着又要求王某要体谅受害者丧失亲人的悲痛心情，更何况责任完全在己方。最后在人民调解员的努力下，最终双方以 5.5 万元的赔偿额达成协议。

该案中，人民调解员并没有按照法律的规定准确计算赔偿数额，而是通过模糊调解，在分清是非责任的基础上，对双方当事人从情、法、理方面进行说服、劝解，根据当事人的实际情况，形成了一个双方都能接受并能实际执行的调解结果。

5. 模糊批评。模糊批评就是在调解过程中，对当事人的模糊行为、错误思想，在适当的时机和场合指出来，但不过分指责和死死抓住不放，而是强调"点到为止"。例如：

田某和姜某是上下楼的邻居，田某住在 3 楼，姜某住在 2 楼，因一些小事经常起摩擦，姜某经常指桑骂槐地指责田某。田某忍无可忍，于是通过向自家卫生间的墙缝灌水，使水渗透到姜家，致使姜家无法居住，导致矛盾激化。姜家求助于人民调解员，要求帮助解决。对此，人民调解员一面安抚双方的情绪，一面做他们的思想工作。

在调解过程中，人民调解员并不急于求成，而是通过模糊批评的方法，让双方改变错误的认识。首先让田某查看姜家受淹情况，启发田某认识到自己的错误，使其后悔自己的所作所为，又引导姜某反省自己的行为，让其认识到其行为也是错误的，会影响邻里关系，最后使纠纷得到解决。

模糊批评实质上就是既适时、适当指出纠纷当事人的错误，又让纠纷当事人易于接受，不致让当事人感觉人民调解员是专门针对自己的缺点、错误进行说教。要程度适当，恰到好处。

十二、依靠多种社会力量协助调解法的运用

（一）依靠多种社会力量协助调解法的基本概念

依靠多种社会力量协助调解法，就是指在调解过程中，除了依靠人民调解员自身的力量进行调解外，还需取得当事人的亲友和当地有威望的人以及其他社会力量的支持和帮助，从而完成调解的方法。例如：

某社区的危电改造工程开始动工。当外线施工架设铁管到张某家时，遭其阻拦。理由是铁管上的雨水会溅到他家的空调室外机上，可能会造成空调损坏。张某这一行为致使其他居民也以此为理由阻拦施工。人民调解员介入后，先说服了其他居民支持施工。但由于张某的个性较强，思想工作不好开展，人民调解员就找到张某的母亲和妻子，让她们一起做张某的思想工作，同时邀请平时和张某谈得来的赵某参与说服工作。最后，在大家的共同努力下，张某不再阻拦施工。

该案中，人民调解员调动了当事人的亲属、朋友等多方面的力量参与调解，取得了调解工作的圆满成功。

一个人民调解员或者一个人民调解组织的能力和水平总是有限的，有时对民间纠纷的调解单纯依靠一个人民调解员或者一个人民调解组织是远远不够的，特别是对一些涉及面广、难度较大的纠纷更是如此。因此，如果人民调解员善于动员当事人的亲友以及有威望的人或者其他多种社会力量协助调解，纠纷往往会由难变易。对此，《人民调解法》也给予了认可。《人民调解法》第20条规定，人民调解员根据调解纠纷的需要，在征得当事人的同意后，可以邀请当事人的亲属、邻里、同事等参与调解，也可以邀请具有专门知识、特定经验的人员或者有关社会组织的人员参与调解。人民调解委员会支持当地公道正派、热心调解、群众认可的社会人士参与调解。

（二）依靠多种社会力量协助调解法的具体表现

依靠多种社会力量协助调解具体表现为：

1. 依靠当事人的亲友。人民调解员要善于动员当事人的亲友协助调解。当事人的亲友一般是指与当事人关系密切的亲戚和朋友。他们因为与当事人的关系比较密切，彼此之间存在着一定的信任基础，依靠他们协助调解，容易为当事人所接受。特别是这些人对当事人的状况也比较熟悉，能够抓住问题的症结，对症下药，再加上感情亲近，有利于说服当事人，易取得较好的效果。例如：

村民甲擅自占用公用通道堆放物品，影响他人通行。受影响的人们多次和甲交涉，要求甲疏通通道，但甲非常固执，谁的话都不听，继续占用公用通道堆放物品。于是，这些人找到人民调解员，要求人民调解员做甲的工作。人民调解员多次从法律、情理的角度对甲进行说服教育，也没有效果。这时，人民调解员通过了解得知村民甲与村民乙的关系特别好，其对村民乙的话一般较顺从。于是，人民调解员找到乙，对其讲述了甲的情况，又对其讲解了相邻关系的法律规定，希望其能从大局出发，劝说甲改正错误。乙当即拍胸脯表示帮忙。最后，在乙的劝说下，甲搬走了堆放的物品，疏通了占用的通道，方便了他人的通行。

2. 依靠当事人家族中或者当地有威望的人。人民调解员还要善于依靠那些在当事人家族中或者在当地有威望的人对当事人进行说服、劝解。在当事人家族中或者在当地有威望的人，是指那些社会经验丰富、明白事理、会处理事情，在当事人家族中或者当地有影响并受到尊重的人。依靠这样的人对纠纷当事人进行调解，纠纷当事人基于对这些人的尊重和信赖，往往能够听取这些人的意见，接受某种调解结果。因此，依靠那些在当事人家族中或者当地有威望的人对当事人进行说服、劝解，可能效果更佳。例如：

2009年7月的一天，住在某村的张氏兄弟二人因分家产而产生矛盾，都想自己多得到一些家产。最后，他们找到了该村人民调解委员会要求解决他们之间的问题。该村人民调解委员会派人民调解员对他们之间的纠纷进行调解。人民调解员给他们摆事实，讲道理，动之以情，晓之以理，并对他们进行法制宣传。但不管人民调解员怎么努力，他们兄弟二人就是互不让步，纠纷处在僵持状态。这时，人民调解员了解到：张氏兄弟二人所在的家族中，有一个长辈，不仅见识广，而且在家族中很有影响力。

张氏兄弟二人对这个长辈也很尊重，平时也愿意接受这位长辈的劝解。于是，人民调解员找到这位长辈，希望他协助解决张氏兄弟二人之间的纠纷。这位长辈欣然接受，后先对张氏兄弟二人进行了一番批评教育，指出他们为了家产而反目成仇实在不应该，只会让别人看笑话，而兄弟之间本应和睦相处、互谅互让。然后这位长辈针对他们的家产如何分割提出了具体的建议。在这位长辈的劝解下，张氏兄弟二人认识到自己的错误，觉得非常惭愧，最后互相妥协、道歉，按照这位长辈的建议进行了家产的分割。最终纠纷得以圆满解决。

3. 依靠媒体的力量。人民调解员在实施具体纠纷的调解过程中要善于依靠媒体的力量。因为有些纠纷当事人可能什么都不在乎，但就怕被媒体曝光。因此，在调解时，有时依赖媒体力量，效果会很好。例如：

某花园别墅业主擅自在两栋别墅相邻的地方建围墙，影响其他别墅的通风和采光。被执法队强令拆矮后，该业主与其他业主矛盾激化，经常制造一些事端。人民调解委员会介入调解后，该业主不接受调解，矛盾日趋激化。这时，人民调解员分析，在别墅区居住的人，大都明白事理，而且该业主是律师，很要面子，于是考虑通过媒体将此事曝光。人民调解员找到当地法制报的记者报道了此事后，该业主感到了压力，主动要求和解，向其他业主道歉。一宗已激化的纠纷终于在媒体的参与下得到彻底解决。

4. 依靠相关部门。如果碰到特别复杂的纠纷，人民调解员可以请求相关部门到场协助，联合调解。目前实行联合调解的纠纷越来越多，根据纠纷的情况不同，可分别由当事人所在单位、行业协会、当事人居住地的基层组织、政府有关部门与人民调解组织一同调解，或者多个部门联合调解。例如：

某外资企业因效益不好，决定裁掉100名工人，这100名工人于是向该外资企业要求赔偿，在赔偿数额没有达到要求的情况下，与该外资企业产生矛盾。由于这些工人认为自己的诉求一直得不到满足，且感到该外资企业对他们的诉求不认真对待，总是敷衍，于是情绪变得激动起来，准备上访，甚至有一部分工人已经走上街头，情况十分紧急。由于该纠纷人数多、影响大、涉及面广，街道党工委非常重视，组织街道人民调解委员会、司法所、综治办、劳动保障所、派出所、相关社区工作站以及企业负责人立即赶赴现场进行调处。区劳动监察、劳动仲裁等部门也及时介入调解。最终，在人民调解委员会和相关部门工作人员的耐心说服教育之下，上访群众返回企业参加调解，并最终使纠纷得到圆满解决。

该案的成功之处在于，多方的参与使纠纷的彻底解决获得了有力的支持。如果没有政府有关部门的配合，单靠人民调解组织的力量是远远不能解决好该类纠纷的。

（三）运用依靠多种社会力量协助调解法的基本要求

人民调解员运用该方法进行调解时，要注意以下几点：一是注意照顾当事人的情绪，避免盲目依靠他人调解引起当事人的不满，造成不好的后果。因为有些纠纷当事人可能不希望别人知道他的纠纷情况，更不希望别人介入他的纠纷。人民调解员如果硬要依靠他人进行调解，只能起到相反的效果。二是要求协助调解的人从当事人的利益和社会安定团结的大局出发，运用法律和政策，自愿提供帮助和支持，公正、客观地劝服当事人。人民调解员依靠多种社会力量协助调解，目的在于借助这些社会力量促使纠纷当事人做出让步，接受调解。但是，人民调解员所依赖的这些社会力量，特别是和纠纷当事人有着亲密关系的亲友，如果他们不能秉着客观、公正的态度协助人民调解员进行调解，不能从当事人的利益和社会安定团结的大局出发进行调解，是不能起到预期效果的，甚至可能不仅起不到好的作用，反而会使纠纷越来越复杂。

上述人民调解的具体方法是人民调解过程中经常使用的一些方法，它们彼此之间并不是孤立的。这些方法可以根据纠纷的具体情况结合起来共同使用，即在一个纠纷中可同时使用两个以上的调解方法，特别是在复杂纠纷的调处过程中，尤为必要。

人民调解员在调处纠纷时，除了运用上述具体方法外，在丰富的实践活动中凭着他们的智慧正在逐渐发现、总结、提炼更多灵活有效的方法。随着人民调解工作的成熟，人民调解的具体方法也必将越来越多。当然，对于人民调解员来讲，要想真正熟练运用人民调解具体方法，除了要在理论上正确理解外，还必须经历大量的调解实践活动的锤炼。

任务四　调解中的人物应对策略与语言运用技巧

人民调解是通过人民调解员对纠纷当事人用语言去周旋从而实现纠纷解决的途径，因此，除了灵活把握好调解的时间、地点及查清纠纷情节和原因外，人民调解的核心应该是如何应对纠纷当事人、如何用语言去周旋。这意味着，人民调解的成功在一定程度上取决于人物应对策略和语言运用技巧如何。

一、人民调解中的人物应对策略

民事纠纷所涉及的纠纷当事人的情况是多样的，表现为性格、年龄、性别、职业、文化程度等的不同。人民调解员在调解过程中，必须灵活把握，不能机械地运用一种方式去面对不同的纠纷当事人。这就意味着，人民调解员必须把握人物应对策略：要根据当事人的性格、年龄、性别、职业、文化程度等方面的特点，分别采用适当的、不同的说服、疏导方法。

正如教书育人，要因材施教，才能桃李芬芳；治病救人，要对症下药，才能药到病除。人民调解工作只有根据当事人的性格、年龄、性别、职业、文化程度等方面的类型和特点，采用科学、合理的说服、疏导工作，才能取得好的调解效果，起到事半功倍的调解绩效。

（一）对不同性格当事人的应对策略

当事人的不同性格反映了他们鲜明的个性心理特征，面对当事人的不同性格，人民调解员的调解，必然具有不同的态度。人民调解员要把握好纠纷当事人的个性性格，灵活应对。当然，标准不同，性格划分的类型也不同，但对纠纷当事人，可以形成以下感官认识，并做出应对：

1. 对重感情、讲义气的当事人，要侧重情感感染。重感情、讲义气的人，一般比较直爽，对具体的利益之争也许并不十分在意，但容易"不蒸馒头，蒸（争）口气"。对于这样的当事人，可以将调解工作的重点放在情感方面，不要"开门见山"、急于点题，不要将注意力集中在"讨价还价"上。相反，用一些触动情感的语言谈一些纠纷以外的事情，将对方当事人的现实困难和做出的些许妥协让步加以充分表达和渲染，用真情实意去打动他，效果可能更好。

2. 对胡搅蛮缠或得理不饶人的当事人，要侧重坚持正义、严词威慑。这两类人员或者情绪不稳定，想通过外在的激烈行为让别人屈服，或者觉得自己有道理就理直气壮，其行为、语言往往表现得很激烈，对一般的劝解、说服不接受、不配合。但其内心一般是清醒的，其激烈的外在言行往往是在掩盖其内在的心虚或者想争取更大的利益。对于这些人，在调解时，人民调解员必须态度坚决，要以更强大的气场震慑住当事人，有时需明确告诉当事人对处理问题的决心和态度，让他们不能抱有幻想；运用语言要有针对性和原则性，攻势要猛，让他们招架不住，使他们产生不配合调解工作就无法完成的感觉，促使他们积极配合人民调解员的工作，把问题解决。

3. 对缺乏主见、优柔寡断的当事人，要侧重分析利弊。有些当事人在调解过程中，尤其是在是否接受调解方案、达成协议的重要关口，缺乏主见、优柔寡断。这既有性格的原因，也有对调解方案的利弊搞不清楚的原因。对于这样的当事人，应有理有据地帮他把事情的利弊分析清楚，让他切实感到调解方案对自己来说是可以接受的，对自己更好的调解协议是难以达成的，如果调解不成，通过诉讼等其他方式解决问题是费时、费力、不经济的，等等。分析利弊的目的，就是帮拿不定主意的人拿主意，帮优柔寡断的人打消疑虑。

4. 对过于自尊、好面子的当事人，要侧重"以守为攻"。过于自尊、好面子的人，一般都非常注重自己的形象，非常在意别人对自己的态度、评价。对于这类人，一般不适合和他们进行直接的言语对撞，而如果给了他们充分的尊重，使他们在心理上有了充分的满足感后，那么他们在一些利益问题上做出一定让步的可能性就会增大；反之，如果让他们感到没有得到应有的尊重，反而有被轻视、蔑视的感觉，那么调解则很可能会陷入僵局。对于这样的当事人，有时需要用婉转的语言给他们"台阶"下，让他们感觉得到尊重，使其配合调解，严禁挤兑他们，避免让事情更复杂。而有时适当地给他们"戴高帽"也是必要的。可以多说一些好听的语言，多举几个当事人曾经做过的有益事情的例子，先表扬他的长处，使他产生自豪感、满足感，形成"什么都好说"的氛围，然后趁机指出他的缺点与不足，鼓励他改造缺点、弥补过失，做一个更受人们尊重的人。在这个过程中，调解员没有"直击要害"，似乎在"守"，但实质上却会取得很好的"攻"的效果。例如：

双水村由于水源缺乏等原因，一直未能甩掉贫穷的"帽子"。村党支部和村委会一班人，为了发展经济，改变家乡贫穷落后的面貌，决定带领村民拦河筑坝，改变本村缺水的状况。这项工程需要动员部分村民搬迁。经过村干部做工作，需要搬迁的村民除原村主任金老先生外都按期搬迁了，七十多岁的金老先生躺在炕上，死活不肯搬迁，他的儿子、媳妇无论怎么劝，都劝不动，村党支部书记去做工作，也被金老先生用拐杖赶了出来。最后，村党支部请来了乡司法所的田所长，去做金老先生的思想工作。

田所长来到金家，盘腿坐在炕上，情真意切地对金老先生说："您老人家知道，村里打坝，是为全村人民谋福利。记得您在当村主任的时候，常教育我们这些后人，要为乡亲们谋福利。您当村主任的时候，为乡邻谋了多少福啊！村里上了年纪的人，如今提起您金老，哪个不说您的好话？记得小时候，我们穷人家娃娃上不起学，您一分钱不收，义务办学，现在想起来都感动得流热泪呢！现在，我们炸山打坝，正是像您老教育我们的，为乡亲们谋福哩！筑坝需要搬家，您老一时想不通，现在您老人家在气头上，我们后辈完全理解。我知道，您老人家知书达理，是双水村最开通的老人。一旦您老消了气，就会顾全大局，为全村乡亲着想……"经过田所长的一番劝说，金老先生最后欣然同意了搬迁。

为什么其他人无论怎么劝说，金老先生都不愿搬迁，而田所长一番谈话后，金老先生思想就通了呢？这主要是田所长与金老先生谈话时，采用了一种"戴高帽子"的方法。所谓"戴高帽"，就是谈话者选取对方或与对方有直接关联而最令对方欣慰和自豪的人或事，用肯定、赞许的口吻加以评说，以满足对方的成就感和自豪感，使对方在心理上得到极大的抚慰，从而拉近与对方的情感距离，最终让对方接受自己的意见。据心理学家调查分析，如果我们在劝说他人时能恰到好处地给对方"戴高帽"，则有助于对方调节心理，并乐于接受别人的劝说。在这一事例中，金老先生作为"下台"的老村主任，在心理上有"过于自尊""好面子"的特点，田所长准确地抓住了这一关键。需要指出的是，"戴高帽"不同于阿谀奉承、讨好卖乖之类的庸俗言行。谈话者在运用这一技巧，评说对方或与对方有直接关联的人和事时，必须实事求是，不能为了博取对方的好感，乱戴"高帽子"，否则就会适得其反。

（二）对不同年龄当事人的应对策略

当事人的年龄不同，对纠纷的看法和态度也不同。年轻的人较容易冲动，但也会较粗线条，不大计较一些细枝末节，容易产生冲突，也容易消除冲突；而年长的人，特别是老人，则容易"较真儿"，不会轻易解决配合问题。针对这些特点，人民调解员在调解时，如果面对的是年轻人，则需要"快刀斩乱麻"，直接切入主题，分清责任是非，对有过错的可直接批评，促使其改正错误，化解矛盾；而对于年长者的纠纷当事人，则需要付出更多的耐心，并且不宜直接批评，要尽量引导，转变其观点和态度。

（三）对不同文化程度当事人的应对策略

不同文化程度的当事人，对问题的看法、对处理问题的态度都是不一样的。一般而言，文化程度高的人，往往能够比较理性地看问题，也比较理智，理解问题会比较全面，遇到纠纷往往会很关心对于此类纠纷法律是如何规定的，也愿意依据法律解决问题；而文化程度低的人，往往容易感性地看问题，更希望按照自己的意愿解决问题。因此，对文化程度高的纠纷当事人，要侧重以法服人。人民调解员一定要事先做好充分准备，尤其是要搞清楚针对此类纠纷的法律、法规的相关规定，做到心中有数。在说服教育的时候，要注重以法律规定为武器，讲清利害关系，促成调解协议的达成。对文化程度低的纠纷当事人，要侧重正义威慑。

另外，针对不同性别的当事人、不同职业的当事人也需要有灵活的应对策略。当事人的性别不同、职业不同，意味着他（她）们的社会接触面、对问题的看法等也会不同。一般而言，女性社会接触面较窄，较为情绪化，容易感情用事，而男性则较为理智；从事体力劳动的人，社会接触面较窄，考虑问题简单，但也会固执，而从事脑力劳动的人则会相反。对于前者，人民调解员要耐心地去做调解工作，对于后者，人民调解员要把问题考虑全面，要掌握充分的证据，运用法律手段解决问题。

二、人民调解中的语言运用技巧

人民调解的调解属性彰显了语言在人民调解中的重要价值。正是语言所具有的传播信息、交流感情的特性，使得人民调解的目的得以实现；语言所传达的具有调和意义的信息，实现了民间纠纷当事人之间的链接。语言使得民间纠纷当事人之间能够进行交流和沟通，消除分歧，最终实现纠纷的化解甚至实现和谐的人际关系的重建，促进社会的稳定。语言发挥了良好的人民调解的功能。"语言的调解功能是语言系统中的润滑剂，它时时调解着各种社会语言功能的发挥，使人们的言语交际达到最佳的效果。"[1]

可以说，人民调解本质上就是语言的调解。"调解是一种用语言来进行的法律活动，是借助语言进行、推动和完成的，因此可以说是语言在调解。语言的实际使用往往决定着调解的成功和失败。"[2] 离开了语言，人民调解无法进行。不能准确把握人民调解的语言，人民调解就难以收到好的效果。因此，在人民调解进行的过程中，恰当运用语言要素是人民调解成功的关键。特别是在人民调解"全面扩张"的今天，要充分发挥人民调解的作用，实现人民调解的政治功能、社会功能和法律功能，就更需要依赖良好的语言环境实现人民调解效果的最优化。这样，通过对人民调解的语言研究，以实现对人民调解语言的巧妙运用，就显得尤为重要。

---

〔1〕 王洁：《法律语言研究》，广东教育出版社1999年版，第159~162页。

〔2〕 廖美珍："法庭调解语言研究的意义及方法"，载《人民法院报》2008年4月24日，第005版。

（一）人民调解中的语言类型

人民调解过程中通过语言所传达的具有调和意义的信息呈现为不同的载体。根据信息的传达载体的不同，人民调解中的语言可以划分为有声语言和无声语言两种类型。它们在人民调解过程中展示了不同的人民调解的功能，在人民调解过程中都占据重要的地位。

1. 有声语言的内涵及功能。有声语言是指能发出声音的口头语言，即人类社会最早形成的自然语言。它是人类交际最常用的、最基本的信息传递媒介[1]

有声语言的表现形式有两种：一是通过语言的内容传达信息；二是通过语音、声调、语气等传达信息。前者可称为主语言，后者可称为副语言。主语言是最直接的口头语言表现形式，直接体现语言的信息传递和人际互动功能。人民调解首先是通过主语言的信息传递和人际互动，实现与民间纠纷当事人之间的沟通，影响人民调解的实际效果。表现为语音、声调和语气的副语言，是主语言的辅助形式，但却是人民调解员情绪状态的直接反映，并且能够增强情绪的感染力。人民调解员可以通过语音、声调、语气的变化，增强言语信息的明晰度，有助于有效地化解民间纠纷。

2. 无声语言的内涵及功能。无声语言又称作态势语，是有声语言（口语）的重要补充。它通过身姿、手势、表情、目光等配合有声语言来传递信息，也称体态语，[2]包括面部表情、身体距离、身体接触、身体动作等。其中运用最多的主要是面部表情和姿势。通过眼、眉毛、嘴、面部肌肉等，能够表现多种面部表情，传递丰富的感情。姿势是人们自觉或不自觉地表达内在思想和感情的体态动作，主要包括手势和身体姿势。美国心理学家艾伯特·梅拉比安发现，一个信息产生的影响只有7%是语言的，其他38%是嗓音的（包括语调的抑扬顿挫和其他声音），55%是非语言的。[3]体态语比有声语言具有更强的信息传递和人际互动效果。有声语言难以表达的喜悦、激动、悲伤等情感，可以通过体态语言表达得淋漓尽致。通过体态语，可以更好地补充、强化口语信息，使有声语言的表现力和感染力得到升华，同时能够使人民调解员与纠纷当事人之间更好地沟通、交流情感，而且态势语在交际过程中所具有的暗示作用，可以更有效、省时省力地传达信息，最适宜间接地传达隐含的示意，具有超交际功能。这意味着，体态语可以影响到人民调解员与纠纷当事人之间情感的表达和交流，可以影响到人民调解员的形象和人格魅力的发挥，最重要的是，它还可以影响到纠纷的顺利解决。

---

〔1〕 "什么是有声语言？"，载 https：//zhidao. baidu. com/question/163020794. html，2017 年 5 月 3 日访问。

〔2〕 "无声语言"，载 http：//baike. baidu. com/link？url＝hEEc_ F6Xu7eP0cWP_ qB2o3BQSo BgLYHWSDRXBKE_ DsoAsWPozy9lX5bADU5MvZmzT7A5K1KGFNq2DRAEkZwU4NfFnutyxNCZEXXC89GpWTLY2zACFBlUTR1dgD0kqAX5，2017 年 5 月 5 日访问。

〔3〕 参见刘学丰："非语言交际中体态语的多维思索"，载《渤海大学学报（哲学社会科学版）》2006 年第 3 期。

（二）人民调解语言运用的总体要求

1. 善于运用人民调解语言是人民调解语言运用的基本要求。既然语言能够发挥人民调解的良好功能，不同的调解语言又有不同的人民调解的功能，运用好人民调解的语言，就显得尤为重要。在人民调解的语言运用过程中，首先应善于运用人民调解语言。

我国悠久的调解传统积累了丰富的调解语言，如"远亲不如近邻""一家人不说两家话""五百年前是一家""冤家宜解不宜结""大事化小、小事化了""化干戈为玉帛""相骂无好言、相打无好拳""家和万事兴""和气生财"等。这些调解语言蕴含着我国人民对和睦相处的美好追求及宽容忍让、以和为贵的优良品质。因此，人民调解员运用这些人民调解的语言容易形成与纠纷当事人情感上的共鸣，进而有助于缓和纠纷当事人的情绪，化解纠纷当事人的矛盾。基于此，人民调解员在人民调解过程中，要想取得良好的调解效果，就要善于运用人民调解的语言。

2. 语言富有感情色彩是人民调解语言运用的内在要求。"感人心者，莫先乎情"，冷冰冰的语言只会拒人于千里之外。人民调解员只有运用富有感情色彩的语言才能引发纠纷当事人情感上的共鸣。因此，在人民调解过程中，人民调解员要使语言富有感情色彩，保证调解语言既符合法律，又具有很强的亲和力、感染力，增强当事人对人民调解员的信任感、认同感，拉近双方的心理距离，缓和戒备情绪，方便沟通感情。感情沟通了，关系融洽了，观点也就容易接受了。所以，人民调解员说话要动之以情，要说真实感人的话，增强劝说语言的力度，提高劝说的效率。

人民调解员要将心比心，善于投入真诚、朴实的感情，以建立与当事人之间的情感；要重视正确地表达自己内心的情感，用自己的心去靠近当事人的心，让当事人闻其言，见其心，达到感情上的融合，从而潜移默化，使当事人听了人民调解员所说的话后，感觉是透心暖人的。

3. 语言的灵活运用是人民调解语言运用的效果要求。

（1）人民调解的不同阶段运用不同的调解语言。人民调解的不同阶段，解决的问题不同，语言的运用也会有所不同。为此，人民调解的不同阶段要运用不同的调解语言。一般而言，在人民调解员介入调解的阶段，人民调解员要运用能够树立权威、树立公平公正形象的语言，让纠纷当事人愿意接受调解，并信任自己；在调查阶段，人民调解员要运用提问的语言，尽量把纠纷调查清楚；在调解阶段，人民调解员要运用教育、说理的语言及法律语言，以化解纠纷。当然，人民调解员也要善于用含蓄（容易使人接受）和富于逻辑的思维语言、以事寓理的形象性语言（形象生动的比喻，易使人明白）、诙谐的语言（使气氛轻松）。必要时，人民调解员要用严词利语控制局面；在达成协议阶段，人民调解员要运用总结性的语言、鼓励性的语言，以结束调解，并实现和谐的结果。

（2）要做到不同类型语言的有效结合。在人民调解过程中，要做到有声语言中主语言和副语言的有效结合。基于副语言所具有的功能，人民调解员在调解过程中，除了使用好主语言外，要更好地运用好语音、声调和语气。具体而言：人民调解员在与当事人谈话时切忌形成一潭死水的气氛，语音应有轻有重，当强调某件事或引起纠纷当事人的注意时，要用重音，而为了表达感情的需要，人民调解员在讲话时要有停顿，当然也可以起到引起纠纷当事人注意的效果。如果是为了表达某种情绪，人民调解员在讲话时要有节奏，例如，人民调解员在表现平稳、沉郁、失望、悲哀的情绪时要运用慢节奏；相反，在表现紧张、欢快、愤怒、生气的情绪时则适宜使用快节奏。在声调的运用方面，由于不同的声调表达不同的情感或心理，如平直调表现平静、闲适、忍耐、犹豫等感情或心理；上扬调表达激昂、亢奋、惊异、愤怒等情绪；曲折调表示惊讶、怀疑、嘲讽、轻蔑等心理；下降调表现坚决、自信、肯定、夸奖、悲痛、沉重等心理。所以，人民调解员要根据情感或心理表达的不同需要，变化声调。在语气的运用方面，由于语气的感情色彩较为明显，语气的变化意味着情感的波动，例如，在一定意义上，语气柔和表达"爱"；语气生硬表达"恨"；语气短促表达"急"；语气粗重表达"怒"；语气沉缓表达"悲"；语气高昂表达"喜"；等等。可以说，人民调解员的不同语气，反映着他们对纠纷及其当事人的不同态度。所以，人民调解员要根据具体对象和需要，灵活运用。

人民调解员还要做到有声语言和无声语言的有效结合。在调解过程中，人民调解员除了使用好主语言外，体态语所具有的功能决定了人民调解员要更好地运用好体态语。具体而言：由于面部表情的丰富多彩及其表达的不同情感，人民调解员要运用正确的面部表情：既严肃又温和、既庄重又真诚；表情要灵敏、适度、真实、鲜明，从而恰当地、准确明朗地表达人民调解员的内心世界。而面部表情中的眼神、眉毛的变化等都表达了人民调解员不同的内心世界，因此，更要准确运用。例如，打算跟对方进行交谈或正在用心倾听时，与纠纷当事人要进行直接的目光接触，眼睛要直视；如果纠纷当事人主动认错或提出和好方案，人民调解员的眼神里应带着笑意，流露出鼓励、赞赏的目光。为了表达对纠纷当事人的一种尊重，人民调解员不要斜视纠纷当事人。而为了避免纠纷当事人误解人民调解员，人民调解员的目光不要游离、躲躲闪闪。

在体态语的运用中，人民调解员还要注意身姿和手势的运用。在人民调解过程中，表现为耸肩、摇头、拍打、拥抱、握手等动态的姿势和坐、立等静态的姿势，以及体现手、臂、肩甚至头部动作的手势，它们不但可以表明态度、传递感情、传递信息，而且还能够反映一个人的自身修养程度及心理素质是否良好。因此，人民调解员在调解过程中要保持良好的身姿和手势。

在身姿方面，人民调解员良好的坐姿应是端正坐在座位上，与纠纷当事人面对面，身体微微前倾。这样，如果是听纠纷当事人讲话，表达的是很有兴趣的心情、谦虚诚恳并且尊重纠纷当事人的态度，如果是对纠纷当事人进行劝说时，则体现出了对纠纷当事人的真诚、亲切的态度。在主持调解会议时，坐姿更应当自然、大方，应坐在椅子中央，腰背挺直，双腿并拢，不要倚靠椅背，双手也不要搭在椅把上。人民调解员良好的站姿应是双脚略分开，以介于稍息和立正之间的状态轻松而自然地摆开，双腿直立，头正、肩平、挺胸、收腹，以礼貌、谦和的眼光目视对方，给人以坦率、自信的印象。

由于动作手势能加强劝说语言的力量，也能丰富语言的色调：点头、摇头表示赞许、反对，拍肩、握手、拥抱表达亲切感、认同感。因此，人民调解员要灵活运用动作手势，但切忌摆弄头发、扭绞双手、环抱双臂、双手背在身后，这会给纠纷当事人留下不稳重、不自信、不尊重纠纷当事人等不好的印象。

（三）人民调解过程中的几种常用调解语言

在人民调解过程中，有些调解语言会经常使用，而且会使调解获得理想的效果，人民调解员要善于运用这些语言。

1. 说好定心顺气话。定心顺气话是安定情绪的话，是调解纠纷的前奏曲，是促成纠纷化解的切入点。当事人之间产生了纠纷，情绪一般都不稳定，有的火冒三丈，有的粗暴蛮横，有的急躁不安，有的郁闷痛苦，有的会萌发轻生的念头。这些异常的心理状态，都不利于调解工作的开展。因此，通过语言使当事人安定下来就显得非常重要。对粗暴蛮横的当事人，要直言正告，使其恢复常态；对急躁不安的当事人，要耐心劝其冷静下来；对郁闷痛苦的当事人，要婉言抚慰，使其得以宽心；对萌发轻生的念头的当事人，要真诚开导，使其回心转意。无论对哪一种当事人，都不妨先说一句："问题既已发生，总要得到解决，请相信政府，相信我们，问题一定会得到公正的处理。"这样，当事人的心灵会得到慰藉，情绪会得以稳定。讲好定心话，要注意两点：一是细心观察，掌握当事人的情绪特点；二是区别对待，选择好合适的表达口气。

有些人虽然违反了道德准则，但却没有触犯法律或法规，因而不能将其绳之以法。在这种情况下，"受害方"极易头脑发热、情绪偏激，甚至做出出格的事，从而将"小事"变大。为了防止受害方情绪失控，人民调解员首先要做的，就是"安定情绪，顺气灭火"。例如：

在司法所实习的小高和赵所长在街坊里曾遇到这样一件事：一户人家的女主人正手拿菜刀，要对一个张姓男子下手。原来，离异后的女主人两年前认识了独身无业的张某，很快便与之同居，并不惜钱物供张某享用。没想到几个月前张某却又和一个女青年搞到了一起，要和女主人分手。女主人对此焉能不气？

见女主人又打又闹，赵所长先将其手中的菜刀夺下，然后找张某谈话。待明白了事情原委后，小高就奉劝女主人："你们虽然搞了两年对象，可是没有领结婚证，还不是合法的夫妻。他现在看上了别人并准备和她结婚，属于婚姻自由，我们也无权干涉。如果涉及财产赔偿的话，你可以同他协商，协商不成再到法院起诉。"小高说得虽然很正确，可处在气头上的女主人岂能接受得了这一冰冷的法律现实，于是就大喊道："我不用你们管了，你们走吧，我自己能解决，我非跟他拼个你死我活不可。"说着就往外冲。赵所长经验丰富，马上来到女主人面前说："你要干什么？"女主人边冲边说："这事不归你们管，你们拿他没办法，我有办法。"赵所长提高了嗓门："谁说不归我们管？他张某要是不把这事处理好，我就处罚他！你先坐会儿，等我把事情调查清楚了，我该教育他就教育他，该处罚他就处罚他。"听赵所长这么一说，女主人情绪稳定了一些。

接着，赵所长又训斥了张姓男子脚踩两只船的不道德行为，然后说："你也看见了，要不是我们拦着，她今天非拿刀跟你拼命。这事说到天边也是你的不对，不论想什么方法，你都得把事情处理好，否则出现一切后果你都脱不了干系！"赵所长的这些话，让女主人的情绪最终完全稳定了下来。在和张某深谈了一次后，她最终实现了自己的目的。

在该案中，赵所长的话就很好地起到了顺气灭火的作用，先说要处罚张某（其实处罚不了），目的是稳定女主人的情绪，而后才开始做双方的工作。

2. 说好幽默风趣话。在日常生活中我们都有这样的体会，口才好的人往往都幽默风趣。人民调解员的幽默风趣会给调解增加轻松愉快的气氛，为调解的成功增加砝码。幽默风趣的话诙谐、生动，爽快之中含启示，笑谈之中寓哲理，幽默而不含糊，通俗而不失雅，是思想教育和调解纠纷的有力武器。善于采用幽默而风趣的语言，不失为化解纠纷的一手绝招。面对剑拔弩张、势不两立的当事人，自然得体的风趣话，往往能缓解激烈情绪，调节紧张气氛，消除拘谨不安，避免矛盾激化，收到神奇的效果。幽默而风趣的语言具有和善性和教育性。它委婉自如，给人以温和友善之感，能使当事人体会到说话人的温厚和善意，从而缩短了人民调解员与纠纷当事人之间的距离，增加相互信任的基础。在这种情况下，人民调解员的调解语言就变得容易让人接受，有助于融洽三方的关系。

3. 说好褒扬训诫话。期望被赞许，不愿被反对，是人类的共性。在调解中，及时地、充分地对当事人的优点、长处予以褒扬激励，有助于满足当事人的心理需求，有助于良好调解气氛的形成，也有助于动员说服被褒扬者做出一定的妥协和让步。

但是在另一方面，在调解中多表扬、多肯定，并不等于就不能批评、训诫。对于是非观念薄弱、无理取闹、胡搅蛮缠的当事人，批评教育是非常必要的。人民调解员要敢于批评，严肃指出如继续坚持错误观点的后果，促使当事人改变错误观点，尤其是在紧急情况下，为了及时控制事态发展，防止纠纷激化，对那些固执己见、胡作非为、不听劝告的人，应有直面矛盾的勇气，敢于严厉批评、训诫，以法律政策为据反驳对方的错误观点，晓以利害，使其受到震慑并知难而退。

4. 说好冷言反语。策略性是调解语言技巧的重要方面。说话并不一定非要直来直去、直奔主题。有时候，不以"热语"相劝，而以"冷言"相激，或欲擒故纵，反其道而"说"之，也会取得很好的效果。例如：

一对平时关系不和的婆媳，这天又因为琐事由口角发展成了相互殴斗，婆婆先动手打了媳妇，而媳妇则咬破了婆婆的手。

司法所刘调解到达现场后，先让婆婆的儿子将她带到医院去看伤，后向儿媳询问了情况。待婆婆和儿子从医院回来后，刘调解说："都是一家人，一会儿我让她给您赔礼道歉，怎么样？"婆婆说："仅仅赔礼道歉绝对不行，她敢打婆婆我，我跟她没完的！"刘调解板着脸说道："既然这样，我们就公事公办吧，我这就叫派出所来人，按照殴打他人的罪名拘留她。"然后又对儿子说："把你媳妇喊回来，惹这么大的祸还上什么班？你媳妇的工厂是合资企业，据我所知，厂里规定，凡是因打架被公安机关处理的，厂里发现一个开除一个，有这么回事吧？""有这个规定，算了吧，千万别拘留她，她找这个工作也不容易，再说了我们孩子也离不开她呀。"老实巴交的儿子乞求道。刘调解故意说："她殴打他人，按照法律应当治安拘留7到15天，她这样的媳妇就应该抓起来，应该被工厂开除。"

接下来，刘调解对婆婆说："我先给您取个笔录吧。"婆婆也心软了："算了，算了，这次我就饶她这一回，让她接受接受教训。"刘调解说："您说算了就算了呀，她违反了法律，不拘可不行。"婆婆着急了："我们是一家人，一家人打架违反什么法了？我这手伤得也不重，不用你们管了还不行。"

直到这时，刘调解才和颜悦色地说："既然您不追究了，那我就说两句。在一块儿过日子，您老那嘴别那么厉害，你们儿媳妇又上班又操持家务多么不容易啊！再说了，你们俩打架，最难受的是您儿子，他夹在中间多难受！我已经批评过您儿媳妇了，这事就这么结了，她下班回来您可不能再说别的了啊。"

在该案中，刘调解其实始终在做亲情诱导，只不过是通过另一种方式表现出来。没有"热语"相劝，而是"冷言"相激，话反着说，收到了比直说还好的效果。

（四）调解语言使用过程中应注意的问题

调解语言所具有的调解功能意味着人民调解员要运用好调解语言，否则，就会导致不理想的调解效果。因此，人民调解员在调解语言的运用过程中要注意以下几个问题：

1. 宜通俗易懂，忌故弄玄虚。人民调解的纠纷本身，大多数是民间的、人民内部的小矛盾、小冲突。人民调解的当事人，绝大多数是基层群众。很多当事人的法律、文化水平并不很高。而且，在人民调解中，当事人基本上不会像许多诉讼当事人一样请律师。因此，通俗易懂就成为对调解语言的一个基本的要求。如果人民调解员的话让当事人根本听不懂，那么调解的效果当然也就无从谈起。人民调解员在与当事人交谈时，要尽量避免使用太多的文言文、书面语，不可追求华丽艰涩的辞藻。更不可故弄玄虚，卖弄学问，堆砌抽象的原理和专业性很强的术语，让当事人云里雾里、摸不着头脑。在人民调解过程中，如果需要向当事人解释有关法律规定，应尽可能地深入浅出，以贴近老百姓实际生活的小故事来阐明大道理。比喻、类比、俗语、歇后语等大众化语言的运用，往往能增强语言的表现力和感染力，更容易使谈话对象接受。

2. 宜准确鲜明，忌含糊其辞。在语言交流过程中，语言表达的准确鲜明是交流顺畅的重要条件。内心的愿望、想法、要求，通过准确鲜明的语言表达出来，才能使对方清楚明白地理解。调解语言的准确鲜明，要求调解人员在调解时，对事实的陈述简明扼要、层次分明，对当事人的说服、教育有理有据、富有逻辑。否则，糊里糊涂、模棱两可、似是而非的语言表达，则容易造成误解或形成交流沟通的障碍。甚至，人民调解员含糊其辞还会给当事人留下是非不分、头脑不清、水平不高的印象。

3. 宜慎言多听，忌擅下结论。语言交流包括听和说两个方面。在人民调解实践中，"说"是一门艺术，"听"也是一门艺术，处理好"说"和"听"的关系更是一门艺术。在调解中，倾听有着特别重要的意义和作用。通过倾听，可以了解情况、查明事实；通过倾听，可以使当事人宣泄情绪、平静心情；通过倾听，可以暂缓表态、避免授人以柄。相反，如果缺乏"听"的耐心，而急于发表自己的见解和意见，则当事人未必听得进去。而且，在对纠纷的各方面情况缺乏全面了解的情况下，滔滔不绝、口若悬河，不仅难以解决问题，而且容易造成"言多必失"的不利后果。人民调解员一旦说错话、表错态，将使调解非常被动。因此，慎言多听、不擅下结论，应该是调解语言技巧中一个非常重要的方面。它的基本要求包括：

（1）要乐于倾听、善于倾听，把听当成一种重要的调解方法和手段。

（2）在调解的事实调查阶段，要多听少说，不要急于表态，更不要随意承诺。

（3）在听的过程中，"不可不信，也不可全信"，当事人的话可能只是"一面之词"，要善于通过倾听发现问题，尤其要全面听取各方当事人的意见，做到"兼听则明"。

（4）说话要谨慎，不说不负责任的话，不说违反法律政策的话。

张大娘与儿媳周某关系一直不好。最近，张大娘要将儿子、儿媳一家赶出去住，儿子一家没有其他住处，坚决不走，婆媳关系一下子变得非常紧张。这一天，张大娘又要撵他们走，儿媳周某气得掀翻了桌子，张大娘站在家门口破口大骂，引得周围很多群众围观。居委会的人民调解员李姐闻讯赶到后，先把张大娘劝到了自己家中。在李姐家，张大娘一把鼻涕一把泪，哭哭啼啼地诉说着儿媳的"不贤不孝"。连续两个晚上，张大娘在李姐家倾吐了多年的积怨。这个过程中，李姐并不多说话，只是专注地倾听着。通过倾诉，张大娘的情绪平静了很多，李姐也了解到了很多情况。随后，李姐又把周某请到家。周某也是连续两晚，哭哭啼啼地诉说了自己的"冤屈"、婆婆的"恶行"。

正像李姐所预料的，通过诉说，婆媳两个好像都出了气。李姐还没怎么动口调解，双方的紧张情绪已经有了很大程度的缓解。经过多日的倾听，李姐全面掌握了纠纷的来龙去脉、是是非非。其实婆媳双方都有做得不对的地方，双方矛盾也都是一些鸡毛蒜皮的小事情。在全面掌握纠纷事实的基础上，李姐对婆媳双方进行了适当的说服、劝解、批评和教育，使张大娘与儿媳和解，家庭重归和睦。在这一纠纷的调解中，李姐把"听"当作重要的调解手段。通过"听"，纾解了当事人的情绪，弱化了当事人之间的对立和冲突，充分掌握了纠纷情况，为进一步的调解奠定了基础。

4. 宜留有余地，忌绝对极端。人民调解员在调解中，说话要有分寸、留余地，不要把话说得太绝对。这样做并不是圆滑，而是调解工作本身的实际需要。人民调解员的任务是促成当事人达成协议，解决纠纷。但调解中的很多事情，如当事人是否接受调解、能否达成协议、达成什么样的协议等，人民调解员自己是无法决定的，有许多事情甚至是无法预知的。因此，留有分寸、避免绝对极端，是调解语言的又一个重要的技巧。它的主要要求包括：

（1）对当事人的是非评判，应有分寸。人民调解员在调解中经常会遇到当事人的质问："你说是我对？还是他对？"这时，人民调解员回答"他有做得不对的地方，但你的做法也不是一点错没有"，显然就比说"你对，他错"要好很多。

（2）对纠纷处理结果的预测，应有分寸。当遇到"调解能成功吗？""调解解决比诉说解决好吗？"等类似问题时，人民调解员的回答可以有一定的倾向性、说服性，但要避免绝对化。

引例分析

引例纠纷首先是采用了面对面的调解方法。即李某和王某发生纠纷时，曹大妈及时介入调解，面对面地对她们进行了调解。其次，曹大妈采用了褒扬激励法对她们进行了调解。即针对李某助人为乐的优点，并且在王某对她道谢的情况下，当曹大妈要求她再次发扬风格的时候，李某就不好再坚持让王某赔了，从而让纠纷得以圆满解决。再次，该纠纷成功地运用了人物应对策略。即针对得理不饶人、欺软怕硬的李某和自尊心很强的王某这两个具有不同性格的纠纷当事人，曹大妈采用了不同的语气语调：对李某用严肃的表情和严厉的语言，对王某用温和、委婉含蓄的语言，从而让李某做出了让步，让王某保住了面子，承认了错误，使问题得到了妥当处理。同时，对同一个纠纷当事人，曹大妈的语气语调也会随着谈话内容的改变而改变，如对李某有严厉、商量、缓和等语气，从而控制了整个纠纷局面。最后，更重要的是，曹大妈通过恰当的语言和非语言交际手段，使纠纷得到很好的解决，具体表现如下：

家境贫寒的王某向街坊李某借用了一台电扇，借了两个星期后，李某去王某家要回了电扇。李某回家后发现电扇不转了，便在王某家骂开了，街坊邻居纷纷围观。李某骂得更起劲了。就在这时，突然背后传来严厉的声音："住口！"李某被吓了一下，回头一看，是街道的人民调解员曹大妈。（副语言＋时空控制，制止李某的谩骂，控制场面）

曹大妈批评了李某几句，李某不甘示弱，说道："曹调解，我看她家可怜，好心好意借电扇给她用，她把我家电扇弄坏了，我去找她时，她连一声都不吭，当我是傻瓜啊！你说，我该怎么办啊？这电扇还是名牌货呢，花了我家不少钱。"

王某低着头，小声说："我也不知坏了。"就不说话了，脸涨得通红。

曹大妈知道王某平时老实巴交，腼腆，不善言语，自尊心很强，就温和地对她说："我知道你都是为了这个家，不容易啊。这么做真是难为你了。这借东西呢，好借好还。"（副语言，给足当事人李某颜面，提出解决问题的意见）

接着用商量的口吻问李某："你现在用不着电扇，就先放在这儿，过几天修好了再给你送过去，你看行不行？"

李某却不依不饶，说："不行，这么大毛病哪能修得好？得赔我一个。"

曹大妈说："什么毛病啊？"

"反正就是不转了"

曹大妈板起了脸，"不转就一定是大毛病吗？"（表情语，驳斥蛮横的李某）

李某没吭声。

曹大妈拉了拉王某，说："这次你得好好谢谢小李，别只在心里说啊！"（身姿语，给王某提示，给李某以台阶下）

王某受到提醒，忙道谢。

李某摆了摆手，"别客气了，都是邻居。"

曹大妈的语气也缓和下来，"小李啊，你就再发扬一下风格，先修修看，修不好再赔你个新的。"（副语言，先赞扬后劝说李某）

李某不好说别的，就答应了。这时，曹大妈看见王某好像要说点什么，忙说："那就这样。"示意王某有话过会儿再说。（表情语＋时空控制，再次控制场面）

等李某和围观群众走了，曹大妈对王某说："我家老陈退休后在家闲得不行，这电扇就让我抱回去吧，让我家老陈动动手，免得他手艺都荒疏了。"（时空控制，调解策略之体现）

王某知道陈大伯是个高级技工，各种家电都会修，曹大妈这是在暗暗帮着自己，维护着自己的面子。她感动地说："曹大妈，我说了谎啊，我知道电扇坏了。"

曹大妈握着她的手说："知道错就好。咱们人穷可不能志短啊！"（身姿语，温暖地教育）

王某含着泪，点点头。[1]

---

〔1〕 王红梅：《新编人民调解工作技巧》，中国政法大学出版社2006年版，第108～109页。转引自凌锐："调解语言研究"，中国政法大学2011年硕士学位论文。

语言和非语言交际手段的使用情况统计：

使用情况 交际情况	使用次数	表现形式 （对李某）	表现形式 （对王某）
语言交际手段	10 次	"住口！" "你现在用不着电扇，就先放在这儿，过几天修好了再给你送过去，你看行不行？" "什么毛病啊？" "不转就一定是大毛病吗？" "小李啊，你就再发扬一下风格，先修修看，修不好再赔你个新的。"	"我知道你都是为了这个家，不容易啊。这么做真是难为你了。这借东西呢，好借好还。" "这次你得好好谢谢小李，别只在心里说啊！" "那就这样。" "我家老陈退休后在家闲得不行，这电扇就让我抱回去吧，让我家老陈动动手，免得他手艺都荒疏了。" "知道错就好。咱们人穷可不能志短啊！"
非语言交际手段 · 体态语	4 次	板起了脸	拉了拉王某 示意王某有话过会儿再说 握着她的手说
非语言交际手段 · 副语言	4 次	严厉的声音 用商量的口吻问 语气也缓和下来	温和地对她说
非语言交际手段 · 时空控制	3 次	严厉的声音喝止住李某谩骂 示意王某有话过会儿再说 等李某和围观群众走了对王某说	

思考与练习

一、填空题

1. 在解决纠纷时，使人民调解员和当事人都能设身处地地站在对方的立场上体验和思考问题，体察对方的感受和态度，形成与对方在情感上的交流，从而理解对方，并改变自己的观点、态度和做法，使问题得到圆满的解决的调解方法叫（　　　　）。

2. 抓住主要矛盾进行调解一般表现为（　　　　）。

3. 人民调解员调解纠纷时，对纠纷当事人之间的一些非原则性问题，并不进行细致的分析和探究，而是作出粗线条的处理的调解方法叫（　　　　）。

4. 针对当事人之间对抗性比较激烈，双方的"火气"都很大，情绪波动大，双方对事实的认识出入大，分歧也较大，难以沟通的纠纷，可以采用（　　　　）调解法。

5. 对于同事、朋友、家庭、婚姻等当事人之间具有感情基础的纠纷，可以采用（　　　　）进行调解。

6. 调解语言要素的运用技巧也分为两部分：（　　　　）和（　　　　）。

7. 口头语言分为（　　　　）和（　　　　），体态语言主要包括（　　　　）和（　　　　）。

二、判断题

1. 在任何情况下，都可以把纠纷当事人叫到一起，面对面地进行调解。（　　　　）

2. 抓住关键人物法，就是抓住纠纷当事人中起关键作用的人物，首先对其说服、劝解，形成初步调解结果，从而带动其他纠纷当事人接受该调解结果的方法。（　　　　）

3. 运用模糊处理法进行调解就是不讲原则，和稀泥。（　　　　）

4. 依靠多种社会力量协助调解法，要注意照顾当事人的情绪，避免盲目依靠他人调解引起当事人的不满，造成不好的后果。（　　　　）

5. 由于通过表扬激励当事人，可以使当事人的抵触心理得以缓解，有利于调解，所以，人民调解员调解纠纷时，要尽量表扬激励当事人，即使当事人有做错的地方也可以忽略不计。（　　　　）

6. 人民调解委员会调解民间纠纷，必须在专门设置的调解场所进行。（　　　　）

7. 对家庭婚姻类的纠纷，可以选择严肃型场合。（　　　　）

8. 人民调解员进行调解时，只要把握住人物特征就可以了，至于采用什么样的语言，并不重要。（　　　　）

三、选择题

1. 褒扬激励法的运用可以达到的效果有（　　　　）。

A. 平稳当事人的情绪　　　　　B. 缩短人民调解员和当事人之间的距离

C. 堵住当事人反复的后路　　　D. 让当事人接受调解

2. 运用重点突破法就是抓住纠纷中的重点作为解决纠纷的突破口，从而有效地解决纠纷，具体表现为（　　　　）。

A. 抓住主要矛盾进行调解　　　　　　　B. 抓住关键人物进行调解

C. 采用先易后难，逐个击破的方法进行调解　　D. 集中力量做好有过错一方的调解工作

3. 关于强硬手段法的运用，正确的做法是（　　　　）。

A. 适当强硬手段方法主要表现为罚款、限制纠纷当事人人身自由或者其他强制性行为

B. 纠纷当事人具有严重违法行为

C. 在采用其他人民调解的方法不能解决问题时，再考虑适当强硬手段方法的运用

D. 保证运用适当强硬手段方法的合法性

4. 人民调解组织和人民调解员开展调解工作过程中，可以采用的模糊处理方法有（　　　　）。

A. 模糊表述　　　　　B. 双方信息的模糊传达

C. 模糊调查　　　　　D. 模糊调解

5. 依靠多种社会力量协助调解具体表现为（　　　　）。

A. 依靠当事人的亲友　　　B. 依靠当事人家族中或者在当地有威望的人

C. 依靠媒体的力量　　　　D. 依靠相关部门

6. 调解的地点可以根据纠纷的特点选择，下列做法正确的是（　　　　）。

A. 对一方有明显过错、不讲道理、态度蛮横的侵权、损害类纠纷，可以选择严肃型场合

B. 对家庭、婚姻类的纠纷，可以选择归属型场合

C. 对有固定单位的当事人之间发生的纠纷，可以选择亲切型场合

D. 对需要调动当事人特殊感情（如夫妻感情、父母子女、兄弟姐妹等）来促进调解的纠纷，可以选择关联型场合

7. 调解语言要素的运用技巧，包括（　　　　）。

A. 谈话内容的运用技巧　　　　B. 面部表情的运用技巧

C. 语音的运用技巧　　　　　　D. 姿势的运用技巧

8. 运用语言应注意的问题有（　　　　）。

A. 宜通俗易懂，忌故弄玄虚　　　　B. 宜准确鲜明，忌含糊其辞

C. 宜慎言多听，忌擅下结论　　　　D. 宜留有余地，忌绝对极端

9. 在调解民间纠纷的过程中，人民调解员的面部表情要注意以下几点（　　　　）。

A. 严肃中有温和，庄重中有真诚　　　　B. 表情灵敏

C. 表情真实　　　　D. 表情鲜明　　　　E. 表情要适度

四、问答题

1. 试述冷处理法的运用。

2. 试述先易后难，逐个击破法的运用。

3. 如何在人民调解中应对不同的纠纷当事人？

4. 如何运用语言技巧进行调解？

五、案例分析题

某实业公司在某区开发建成一栋大厦并委托某物业公司管理。该大厦现住有 540 余户 2300 多人。入住后，部分业主因开发商一房多卖等问题诉至法院并胜诉，但判决赔偿的数额却一直没有执行到位。于是有部分业主以该物业公司与实业公司之间存在某些连带关系为由，拒绝向物业缴交水、电、物业管理费以抵债，物业公司因此周转困难。物业公司因此共欠供电所电费 53 万余元。于是，供电所对大厦停止供电，200 余名业主情绪激动，准备上访。

该纠纷的调解可能运用到的调解方法有哪些？简要说明调解的过程。

📖 学习情境 ⌐

【情境设计】

案例一　某地一水电站被一老板承包。某年 5 月，天降大雨，为防止水电站遭受损害，该老板聘请十几个人对水电站进行维修。在维修过程中，水坝裂开，导致 2 名维修工人被水冲走死亡。死者家属找到当地镇政府，坚决要求赔偿。镇政府当即通知司法所等有关单位召开联合会议。在会议上，司法所向镇政府提出法律意见，主张调解。会议最终决定由司法所负责调解。

由于围观群众越来越多，事态有扩大的趋势。于是司法所先清除不利场面，引导死者家属到指定地点调解。在调解过程中，两死者家属提出了不同的赔偿要求，一死者家属要求赔偿 30 万，另一死者家属要求赔偿 22 万（根据相关的法律计算，要求赔偿 30 万的最多获赔 22 万 ~23 万，要求赔偿 22 万的最多可获赔 17 万）。承包水电站的

老板也愿意作出赔偿，但因这一事件导致元气大伤，经济承受能力降低，无法满足死者家属的要求。

案例二 孙家三兄弟居住在同一幢三层楼房内。一日，孙老大的妻子大葛来找人民调解员反映：我在家洗菜，弟媳妇金凤把蛋汤浇了我一身，还打了我，把我耳环拉下来。当时家中只有我和金凤两人。

人民调解员了解到，孙家老二的妻子为人蛮横，嘴又会讲，而最近她的单位正在讨论下岗人员名单，初步消息是单位决定照顾她，不让她下岗。

人民调解员在了解了初步情况后，上门走访，金凤来了个死不认账，说大嫂诬陷她。

过了两天，大葛的丈夫孙老大端痰盂下楼，不小心碰到了金凤，她一口咬定大伯打她。孙老三从三楼跑下来好心劝架，她又扬起刀来，不让小叔子劝架，邻居冲上前夺下她手中刀，她便骑车到丈夫厂里"谎报军情"，说大伯子、小叔子在家两个人打她一个人，她只好回娘家去了。其夫听此一说，便从厂里带了两个人来，准备和兄弟较量一番。但到家一看，太平无事，而且邻居都说金凤不好。来人感到没"戏"，便悄悄走了。

人民调解员及时上门做工作，金凤此次自知理亏，态度较两天前有好转，她向人民调解员提出要楼下客堂间 3 根梁的房子。人民调解员了解了真情之后，立即与孙家三兄弟协商，在人民调解员的说服下，孙老大和老三同意将 3 根梁的房子给老二，条件是金凤不得再无事生非。金凤见大伯和小叔子这样痛快答应，又提出要 5 根梁的房子，孙老大和老三非常生气，觉得金凤缺乏诚意。人民调解员当场表示：今天的调解就到这里，希望双方回去再冷静地考虑一下，两天后如果仍达不成协议，就请在场人员的单位代表一起来调解。第二天，金凤主动表示和解。原来金凤考虑到单位正在讨论下岗人员名单，如果单位知道事情的真实经过，会对自己不利，于是明智地接受了人民调解员的调解方案。

案例三 郭兰 2 年前与吴某结婚，婚后生活美满，谁知祸从天降，其夫突遇车祸死亡。而此时，郭某已身怀六甲。狠心公婆将肇事单位赔偿的 10 万元全部拿走，致使郭兰不得已拿出 2 年的积蓄来支付丈夫的丧葬费。不久，遗腹子降生了。郭兰一个以洗衣为生的弱女子，该如何生活下去，又如何将儿子带大呢？在万般无奈之下，她托自己的一位朋友寻找收养人。但领养人不愿与送养人见面，也不愿将自己的住所告知对方，只是给了郭兰 5000 元。郭兰了解到对方的条件比自己好，有利于孩子的成长，就将亲生的婴儿交由朋友送对方领养。

想不到，这事传到她公婆耳里，公婆便以为郭兰将孩子重金卖掉，于是气急败坏赶到郭兰家要孙子，得不到孙子又得不到钱后，公婆又召集人赶到郭兰哥哥家，抱走郭兰哥哥的孩子作人质，并限期郭兰交出孩子，如到期不交，即人质卖掉。郭兰见殃及哥嫂全家，只得连夜跑到朋友家，但朋友却告之，领养人已经辞职，不知去向。

郭兰在走投无路的情况下，来到司法所。经当地公安干警的协助，几经周折，终于找到了领养人，并且了解到领养人自收养以来一直善待宠爱郭兰的儿子，和孩子之间建立了深厚的感情，不愿交还孩子。

案例四 2016 年 3 月 16 日下午 2 点 30 分，某派出所民警带着包工头张某以及 21 名农民工和某装修公司老板赵某来到某镇综治信访维稳中心，请求中心就该拖欠农民工工资案件进行调解。

据民警反映，包工头张某与某装修公司签订合同，于 2014 年 9 月对某商场进行装修，装修完成后，某商场已经开业，但装修公司与张某就增加的工程量以及工程款问题协商无果，装修公司仅仅支付合同约定工程款 40 万元，对装修期间增加的工程量款项 20 万元，拒绝支付，理由是认为当时工程的监理人员李某与包工头张某串通，骗取装修公司的工程款，现该监理人员李某已辞职跑路，因此拒绝支付该增加的工程款。对此，包工头张某认为，监理人员李某系装修公司辞退，现在无法联系李某，这样装修公司就可以以此为由拒绝支付增加的工程款。双方各执一词，难以协调，于是包工头张某带着 21 名工人到某商场，要求支付工资，否则工人将拆除自己已经装修好的部分。为此，商场赶紧报警，民警带着双方当事人到某综治信访维稳中心进行调解。来到中心后，21 名农民工情绪异常激动，放话如老板赵某今天不给工钱，就别想离开。

【训练目的及要求】通过训练，让学生领会调解的过程、调解的方法、调解的人物应对策略及语言运用技巧，能够熟练地掌握人民调解的技能，尽快地适应人民调解的岗位。

【训练方法】模拟人民调解对调解的过程、调解的方法、调解的人物应对策略及语言技巧的运用。需要从实质调解的整个过程入手，熟悉人民调解过程中如何运用调解的方法、语言技巧对不同的纠纷当事人进行调解。

【训练步骤】

1. 根据案例需要对学生进行分组。

2. 以组为单位，让学生自行分配角色并开展分析讨论，梳理出调解的方法和技巧。

3. 各组学生按角色任务拟定调解方案。

4. 进行模拟调解，体会人民调解的程序、方法与技巧的运用，体会对不同的人如何进行调解。

5. 学生自我评价实训效果。

6. 教师点评、总结实训情况。

拓展阅读书目

1. 王洁：《法律语言研究》，广东教育出版社 1999 年版。

2. 刘艳春：《语言交际概论》，北京大学出版社 2007 年版。

3. 华劭：《语言经纬》商务印书馆 2003 年版。

项目五 纠纷调解后相关事项的处理

✐ **知识目标**

掌握人民调解回访制度、了解人民调解档案的管理操作规程和要求。

▩ **能力目标**

能制作回访笔录、能完成人民调解案卷的制作和建档工作。

✐ **引 例**

马某和刘某签订一份货物买卖合同，合同价款为 100 万元人民币，违约金为 10 万元人民币。后因马某的生产技术不合格，生产出来的货物无法达到合同约定的标准，刘某拒绝受领货物，认为马某的行为构成根本违约，要求马某承担责任，双方就此发生争议。经过人民调解委员会调解，双方达成调解协议，马某同意赔偿刘某损失 6 万元人民币，并在调解协议达成后的 10 天内履行协议。10 天后，马某按照调解协议的约定向刘某支付款项。

问题：针对本纠纷的调解，制作一份调解档案。

📖 **基本原理**

纠纷调解后相关事项的处理主要是做好回访工作和相关的档案管理工作。回访是调解工作程序的最后要求，而档案管理工作则是调解工作的制度要求。

任务一 回访

一、调解回访的概念

调解回访，指的是人民调解委员会主持达成调解协议后，应适时派员了解掌握协议履行情况，听取当事人和群众的意见，以巩固调解成果。

《人民调解法》虽未对此作出规定，但《人民调解工作若干规定》第 36 条第 2 款规定："人民调解委员会应当对调解协议的履行情况适时进行回访，并就履行情况做出记录。"人民调解委员会在调解协议达成后进行适时的回访，有利于及早发现和解决出现的新问题，避免协议不能有效解决纠纷的情况出现。对于那些比较复杂、协议履行比较有难度的纠纷，或者当事人思想不稳定、容易出现反复的纠纷，应当作为重点回访的对象。发现问题，及时解决，加强对当事人的说服教育工作。对人民调解协议履行情况实行定期回访，是人民调解工作一项重要的制度。通过回访，一方面能够了解调解协议的履行情况，另一方面也能够发现调解成功的纠纷中是否有疏漏、采取的调解方法是否得当，便于及时发现调解工作中的不足，不断提高调解工作质量，推进人民调解工作不断发展。

二、调解回访的意义

回访的意义如下：

1. 通过回访及时了解情况，总结调解经验和改进调解方式、方法。

2. 通过回访，可以及时发现并采取措施解决可能出现的新情况、新问题，使矛盾纠纷得到彻底的化解。

3. 回访工作是对群众进行法制宣传教育的重要方式之一。

做好回访工作，应坚持做到以下几点：

1. 必须坚持实事求是的原则。要本着对当事人负责的精神，认真进行，讲求实效，不走过场。

2. 回访工作必须及时。人民调解委员会要在调解协议达成后的适当时间内派员进行回访，以便及早发现和解决新出现的情况和问题，避免工作失误的影响扩大。

3. 回访应当有重点地进行。对那些比较复杂、疑难的矛盾纠纷，或者协议的履行有一定难度的矛盾纠纷，或者当事人思想情绪尚不稳定、容易出现反复的矛盾纠纷，要列为重点回访的对象，坚持适时回访。

4. 回访必须注意发现问题，加强对当事人说服教育工作。如当事人思想出现反复，或是有些问题尚未落实的，或是未能完全履行协议的，调解人员都应当及时发现，针对不同情况及时采取措施加以解决。

三、调解回访制度

1. 人民调解委员会对于纠纷调解已达成者或未达成者一律要执行回访制度。特别是对重大疑难纠纷，调解员要定期进行回访。

2. 人民调解委员会在纠纷回访过程中，及时发现，纠正调解工作中的错误，总结经验教训，改进工作，联系群众，听取群众的意见和要求，以巩固调解成果。

3. 回访的对象主要是当事人和知情人，听取他们的意见。同时，要注意收集群众的反映，以便全面了解情况。

4. 人民调解委员会在进行回访时，要了解当事人的思想动态，继续进行法制宣传与道德教育等思想工作，督促双方履行协议。

5. 对未能达成调解协议的，在结束调解后，人民调解员应主动上门回访纠纷当事人，了解矛盾纠纷解决与否及发展动态，劝告当事人冷静、理智、正确对待，依法办事，不可感情用事，扩大纠纷事态，以防止纠纷的扩大、激化或转化。

6. 人民调解委员会对每次回访必须有详细的回访记录并存档。记录内容包括：回访时间、地点，人民调解员姓名，当事人基本情况，纠纷现状，有无反复或扩大、激化、转化苗头，人民调解员或委员会处理方案，调委会主任签名，调委会盖章。[1]

四、回访记录

（一）回访记录的内涵

回访记录是指人民调解委员会主持达成调解协议后，派员了解调解协议的履行情况，听取当事人和有关群众的意见，巩固调解成果的文字记录。通过回访记录可以了解、掌握、检查调解协议的履行情况，发现激化苗头及时采取措施，防止纠纷反复和矛盾激化。

《人民调解工作若干规定》第 36 条规定："当事人应当自觉履行调解协议。人民调解委员会应当对调解协议的履行情况适时进行回访，并就履行情况做出记录。"

（二）回访记录的格式

回访记录

当事人：

调解协议编号：

回访事由：

回访时间：

回访情况：

回访人：×××

××××年××月××日

（三）回访笔录的制作要求

回访笔录由首部、正文和尾部组成。

1. 首部。首先居中写明文书名称"回访笔录"，然后填写当事人、调解协议编号、回访事由、回访时间等栏目。其中"当事人"栏填写被访问的当事人的基本情况，与调解申请书当事人一项内容相同。调解协议编号，与人民调解协议书的编号应一致。"回访事由"栏填写就对哪一起纠纷进行回访。回访时间，填写回访当事人的当天日期。

2. 正文。回访记录的正文部分"回访情况"既包括当事人对协议的履行情况，或者协议履行是否发生争议，是否向人民法院起诉以及人民法院的判决结果等，也包括当事人对调解工作的意见、要求，有无错误调解、激化迹象，及采取的措施等。

---

[1] 刘树桥、马辉主编：《人民调解实务》，暨南大学出版社 2008 年版。

3. 尾部。回访记录的尾部要有回访人签名，并填写具体的制作日期。

（四）示例

回访记录

当事人：某商城，法定代表人马某，商城经理。

调解协议编号：（2016）×民调字第038号

回访事由：刘某与某商城的人格权纠纷。

回访时间：2016年11月15日。

回访情况：调解员到某商城找到经理马某，了解到如下情况：

1. 某商城已于11月5日将现金3000元送至刘某家中，刘某写有收据。

2. 某商城已于2016年10月26日至2016年11月9日在其大厅入口处张贴了向刘某道歉的声明。

3. 某商城对全体工作人员进行了法制宣传教育，增强其法律意识，避免此类事情再次发生。

4. 对商城内的防盗检测设备进行了全面检修，保证其正常运转。

回访人：邓某
二零一六年十一月十五日

（五）制作回访记录的注意事项

1. 在"回访情况"中应记载回访形式，如：电话回访、实地回访、委托某机构回访、信件邮寄回访等。

2. 对那些比较复杂、疑难的矛盾纠纷，或者协议履行有一定难度的矛盾纠纷，或者当事人思想情绪尚不稳定、容易出现反复的矛盾纠纷，要列为重点回访的对象，适时回访，及早发现和解决新出现的情况和问题，做好回访记录，使矛盾纠纷得到彻底的化解。

任务二 档案管理

随着全国政法工作会议对"三项重点工作"战略的确立，人民调解作为稳定工作的基础性地位和作用逐渐凸显。随着"大调解"工作体系建设的全面推开，各地专业性调解委员会相继成立，人民调解档案的管理也逐渐走向规范化。

但是人民调解档案管理办法至今没有制定，与司法行政系统中其他业务线相比，调解档案管理政策是滞后的。1988年3月司法部与国家档案局同时发布了《公证文书立卷归档办法》《公证档案管理办法》；1991年4月司法部发布《乡镇法律服务所业务档案管理办法》；1991年9月司法部颁布了《律师业务档案管理办法》《律师业务档案立卷归档办法》。新形势下的人民调解工作越来越显示出它的重要性，人民调解工作开展已经有 20 多年了，却至今没有规范的人民调解档案管理办法。因此，随着《人民调解法》颁布、施行，当前尽快制定人民调解档案管理办法，规范人民调解档案管理工作十分迫切。目前上级部门发布的有关人民调解工作文件对调解档案业务虽然有要求，但是不够详细，实际操作性不强。《人民调解法》第 27 条规定："人民调解员应当记录调解情况。人民调解委员会应当建立调解工作档案，将调解登记、调解工作记录、调解协议书等材料立卷归档。"上述文件中提到的都只是理论上有指导意义的条文，没有真正详细的可具体操作的规范性文件，这些文件从档案管理角度来说，总体上是缺乏实际操作性的。

一、规范人民调解档案管理的意义

1. 调解档案的累计数量在增加，有必要加强调解档案的管理规范化。调解档案数量呈上升趋势，已经成为司法机关综合档案室室藏档案的重要组成部分。而各司法所上交局机关综合档案室的只是一部分重大案件，很大一部分案件都存放在司法所里保管。司法所调解档案的累计数量在不断增加，档案管理规范化步伐如果不跟上，随着年限的延长，档案数量的增加，调解档案会成为一个"老大难"的问题。

2. 人民调解工作越来越被全社会认可，调解档案既是有利于当事人查考和利用的重要档案资料，也是司法所、调委会人员工作的丰硕成果，因此，规范地保存和利用调解档案，对于方便群众、宣传提升司法行政的工作形象非常重要和必要。

随着社会各界法制观念的增强，有更多的社会组织、企事业单位、百姓在矛盾产生的第一时间寻求司法所和调委会的帮助，人民调解工作已经融入了整个社会。与诉讼解决纠纷相比，调解纠纷对当事人来说更便利、更积极、更主动，调解成为化解矛盾纠纷的捷径。而调解档案资料是有利于当事人查考和利用的重要资料，调解档案的规范化更有利于今后当事人的查考、利用，发挥出档案的根本价值；同时，人民调解工作开展的历史较长，影响较大，一直是各界人士了解司法行政工作的重要窗口。调解档案的保存和利用，有利于向政府汇报、向社会各界宣传司法行政工作的成果，展示司法行政系统的形象，提升司法行政工作的地位和影响力，为司法行政工作的科学发展创造良好的氛围；更好地发挥人民调解的职能作用，为维护社会稳定、构建和谐社会发挥重要作用。

3. 规范人民调解档案管理是提高基层司法行政队伍业务素质的重要途径。调解档案的规范化，把以前调解人员的工作成果转化为新调解人员的工作指南，司法所、调委会新人员有调解案例可参考，凭着系统的法律专业知识，能够迅速地进入调解工作的状态，节约大量的人力资源。同时，调解档案的规范收集、整理和保管，促使他们在调解过程中重视调解档案资料的收集，有利于改变以往主观上只在乎调解的状态与结果，不在乎调解的程序与原始资料的积累等现象。使年轻的司法所工作人员在最短时间内中既具有丰富的法律专业理论知识、档案管理知识，同时也具有丰富的实际工作经验，实现知识的多元化，从而大大提高基层司法行政队伍的整体业务素质。

二、人民调解档案管理工作的规范[1]

为了更好地反映当前矛盾纠纷变化特点和人民调解工作发展规律，不断规范人民调解卷宗档案，建立完善信息综合管理系统，进一步推进司法行政基层工作规范化、信息化建设，加强和规范人民调解案卷建档和信息统计管理工作，档案整理需做到以下几点：

（一）人民调解案卷的制作和建档工作

人民调解卷宗档案是人民调解组织调处矛盾纠纷过程和成果的重要体现，是司法行政机关指导管理人民调解工作的重要载体。做好人民调解案卷制作和建档工作，是加强人民调解规范化建设、确保人民调解法律效力、提高人民调解社会公信力的重要举措。依据《人民调解法》的规定和《司法部关于印发人民调解文书格式和统计报表的通知》（司发通〔2010〕239 号）等相关文件要求，结合基层工作实际，人民调解案卷建档工作应符合以下要求：

1. 凡属于下列情况之一的，应当按照一案一卷的要求建立档案：

（1）涉及民事损害赔偿标的在 2000 元以上的调解案件。

（2）双方当事人超过 5 人的调解案件。

（3）专业性、行业性领域纠纷调解案件。

（4）可能出现反复、激化的调解案件。

（5）可能走司法诉讼程序的调解案件。

（6）人民调解组织认为应当单独立卷的其他调解案件。

2. 经简易程序调解达成协议并及时履行的，一般不要求建立专门案卷档案，只需填写《人民调解员调解案件登记单》，形成《简易程序调解案卷》，按年度归档。达成书面调解协议的，随《人民调解员调解案件登记单》归档。达成口头协议未及时履行的，除填写《人民调解员调解案件登记单》外，另须填写《人民调解口头协议登记表》，一并归入《简易程序调解案卷》。

3. 人民调解案卷在制作时注意以下事项：

（1）调解卷宗封面"卷名"栏目填写纠纷当事人姓名＋纠纷类型，如"××与××之间合同纠纷"。

（2）调解卷宗封面的"卷号"即人民调解案卷的档案号，可统一编写为年份＋序号，如〔2014〕1 号、2 号等依次顺延。调解卷宗封面的人民调解员、调解日期、立卷

---

〔1〕 湖南省司法厅："人民调解卷宗档案和信息管理平台工作的通知"，载 www. xiangdang. net／fanwen. aspx？id＝202601，2016 年 10 月 15 日访问。

人、立卷日期、保管期限应填写完整。

（3）保管期限分为短期、长期和永久三种，凡是涉及权属争议、合同约定在10年以上以及给付标的在2万元（含2万元）以上的应永久保存，其他涉及合同约定在10年（含10年）以下以及给付标的在2万元以下的作长期保存，无给付内容的《简易程序调解案卷》作短期保存。填写时应分别注明永久、长期、短期，不能填写具体年限。

（4）根据司法部《关于贯彻实施〈中华人民共和国人民调解法〉的意见》"完善人民调解受理方式"的规定，当事人书面申请调解的，应当填写《人民调解申请书》；口头申请或人民调解委员会主动受理的，应当填写《人民调解受理登记表》，二者只选其一。

（5）人民调解调查记录中，"参加人"栏系指调查时在场的其他人员，不包括调查人、被调查人和记录人。调查人与被调查人须在每页人民调解调查笔录上签名，有涂改的地方被调查人需在涂改处按指印。

（6）人民调解协议书的编号统一编写为：县名头一字＋乡镇（或专业性行业性、企事业单位调委会）头一字＋人调协字＋〔年份〕＋序号，辖区内有头一字相同的，可要求相应单位加一字以示区分。村、社区调解的，可在乡镇名头一字后加村、社区名头一字。即"×××人调协字〔年份〕×××号"。其中，×××依次为县、乡镇（或专业性行业性、企事业单位调委会）、村社区名头一字，后×××为当年度该调委会受理纠纷的编码，编码的位数根据年度调解数量确定（10件以下的编写一位数，10件以上的编写两位数，以此类推），按照协议书制作时间的先后顺序依次编写，年份和编码均使用阿拉伯数字。

（7）人民调解调查记录、人民调解记录、人民调解协议书填写内容较多时，需附页的，应当保持整个文书前后与司法部规定的文书格式一致。注明要签名、按指印、盖章的，需按要求签名、按指印、盖章，不能出现空白。

（8）规定一案一卷的人民调解案件应当注意与案件相关的证据材料收集，在调解过程中暂时难以收集的证据材料，应在协议达成后制作卷宗前收齐、补正证据材料并归档。

（9）每件调解案件均须填写《人民调解员调解案件登记单》，填写数量应与《人民调解委员会调解案件汇总登记表》统计数量对应一致。一案一卷的《人民调解员调解案件登记单》不随案存档，应集中另行保存。

（二）加强和规范人民调解信息统计报送工作

按照"方便、快捷、实用"的原则，人民调解工作报表只保留《人民调解案件情况统计表》《人民调解组织队伍经费保障情况统计表》。同时，根据司法部要求，对2010年启用的《人民调解案件情况统计表》《人民调解组织队伍经费保障情况统计表》进行修改完善，各级司法行政部门应及时更新平台，并按要求认真做好信息统计上报工作，充分发挥信息平台的作用，具体要求如下：

1. 做好乡、村两级信息统计。要将不同主体调解情况中"村居调委会调解案件数"分开统计，分为"村调委会调解案件数"和"居调委会调解案件数"；将"乡镇街道调解案件数"分开统计，分为"乡镇调委会调解案件数"和"街道调委会调解案件数"，以便对不同主体调解案件情况进行对比分析，反映出不同主体调解纠纷的特点与变化规律。

2. 做好三调联动信息统计。为真实反映人民调解与行政调解、司法调解衔接联动情况，要对设在法院、检察院、公安派出所、信访部门和设在其他部门的调解组织进行分类统计。要将案件来源中"接受委托移送调解"细分为"法院委托移送""检察院委托移送""公安机关委托移送""信访部门委托移送""其他部门委托移送"，以便分析三调联动具体情况，了解掌握薄弱环节，有针对性地改进工作。

3. 做好新增项目的信息统计。要加强对消费纠纷调解组织、旅游纠纷调解组织、电子商务纠纷调解组织以及消费纠纷、旅游纠纷、拖欠农民工工资纠纷、电子商务纠纷数量的排查统计，更好地落实新修订的《中华人民共和国消费者权益保护法》和新颁布的《中华人民共和国旅游法》，以适应消费、旅游、拖欠农民工工资、电子商务等社会热点领域矛盾纠纷化解工作的需要。

4. 及时掌握人员经费保障情况。专职调解员是指人民调解组织中专门从事人民调解工作的调解员。政府购买服务的专职调解员是指政府利用财政资金，采取合同方式面向社会聘请的专职调解员。要认真做好"专职调解员人数"和"政府购买服务人数"的统计工作。在保障情况中"司法行政机关指导人民调解工作经费""人民调解委员会工作补助经费""人民调解员补贴经费"分项下要分别按照省、市、县、乡四级进行统计。

5. 力求全面、准确、及时。要将人民调解信息统计平台连接到乡镇和设有人民调解组织的部门单位，尽可能地做到互联互通。统计范围要涵盖村、社区和专业性行业性以及企事业单位人民调解组织，确保做到应统尽统。填写时应注意每个项目的具体要求，力求做到准确无误。要按时上报统计报表。

（三）简化和规范基础信息排查制度

1. 乡镇司法所人民调解台账简化后只保留《人民调解案件登记台账》和《矛盾纠纷排查分析台账》。

2. 过去村（社区）一级建立的不稳定因素、治安问题、安全隐患及特殊人群等四本专项排查台账，实践中出现了台账数量过多、周期太短、工作繁琐等问题，在落实过程中存在形式主义的现象。现将原来的四本台账整合为一本台账，登记时间由原来的每周一次延长至每月一次，除重要信息及时报告外，信息统计数据向乡镇司法所报送时间改为每月一次。

以下分别为《人民调解案件登记台账》《乡镇（街道）矛盾纠纷排查分析台账》《村（社区）基础信息排查台账》的示例：

年 月 调委会人民调解案件登记台账

填报单位：

填报时间：

序号	案件类型	当事人基本情况	基本案情	调解结果	备注

填报人：

填报说明：调解结果可分为：达成口头协议、达成书面协议、转入诉讼等。

年 月 乡镇（街道）矛盾纠纷排查分析台账

填表日期： 年 月 日

排查案件数	调解案件数	调解结果		调解不成	履行情况		预防纠纷激化情况			
		达成协议			已履行	未履行	防止民间纠纷引起自杀	防止民转刑	防止群体性上访	防止群体性械斗
		口头	书面							

存在的主要问题和建议：

年　月　村（社区）基础信息排查台账

填表日期：　　　年　月　日

项目	不稳定因素（件）	治安问题（件）	安全隐患（件）	特殊人群（人）
数量				

引例分析

根据司法部 75 号令的规定，调解档案应包括：①服务提供过程记录；②纠纷案件来源登记材料；③纠纷当事人调解申请材料；④纠纷当事人的身份证明材料；⑤纠纷受理调解登记表；⑥调查笔录；⑦调解笔录及会议签到、会议记录；⑧人民调解协议书；⑨纠纷当事人提供的证据材料；⑩案件调解情况的汇报材料；⑪案件调解回访记录；等等。

思考与练习

一、填空题

1.《中华人民共和国人民调解法》第 27 条规定：人民调解员应当记录（　　　　　）。人民调解委员会应当建立（　　　　　），将调解登记、调解工作记录、（　　　　　）等材料立卷归档。

2.《人民调解工作若干规定》第 36 条规定：当事人应当自觉履行调解协议。人民调解委员会应当对调解协议的履行情况适时进行（　　　　　），并就履行情况做出记录。

二、问答题

1. 制作回访笔录时，应该注意哪些事项？

2. 请问人民调解档案管理工作的规范如何？

学习情境

【情境设计】2015 年 4 月 4 日，某市场个体经营户刘某，因经营需要建造工棚。于是，刘某就请吴某的哥哥建造，而吴某的哥哥又叫来吴某一起工作。不幸的是，当日的 14 点 14 分左右，因吴某操作不慎从工棚上坠落，经医院抢救无效死亡。2015 年 4 月 24 日，吴某的妻子王某来到司法所，申请调解。

【训练目的及要求】能够制作纠纷的调解档案。

【训练方法】针对具体纠纷模拟调解，根据调解过程和调解结果制作一份完整、规范的调解档案。

【训练步骤】

1. 依据上述素材，由学生分组扮演角色。

2. 模拟调解。

3. 每位学生根据案例材料，制作该纠纷的全套人民调解文书。

4. 提供标准档案袋，由每位学生填写封面，装入文书，进行展示与评比。

5. 学生自我评价实训效果。

6. 教师讲评、总结实训活动情况。

拓展阅读书目

1. 刘树桥、马辉主编：《人民调解实务》，暨南大学出版社 2008 年版。

2. 盛永彬、徐涛编著：《法律文书》，暨南大学出版社 2006 年版。

3. 王红梅编著：《新编人民调解工作技巧》，中国政法大学出版社 2006 年版。

4. 宋才发、刘玉民主编：《调解要点与技巧总论》，人民法院出版社 2007 年版。

5. 张新民、王欣新主编：《人民调解员工作手册》，中国法制出版社 2003 年版。

6. 肖方编著：《如何当好人民调解员》，中国社会出版社 2005 年版。

单元三

具体纠纷的调解技巧、法律适用及人民调解的风险防控

知识结构图

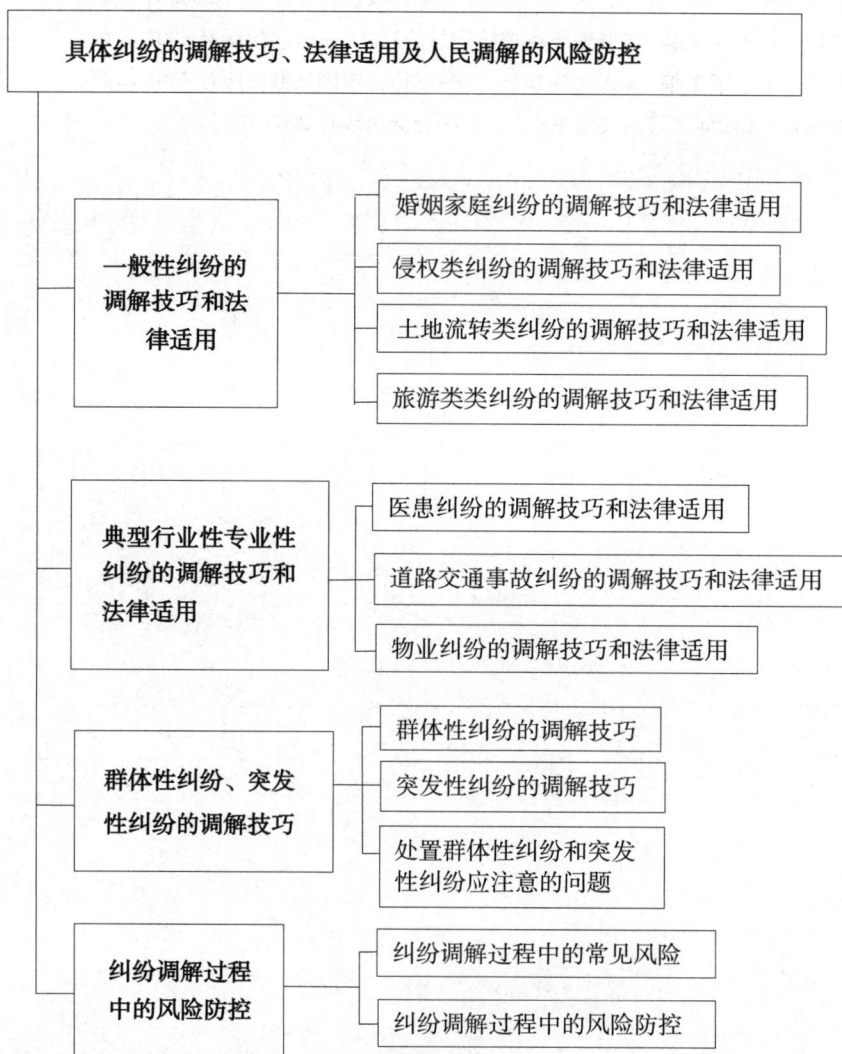

具体纠纷的调解技巧、法律适用及人民调解的风险防控

- 一般性纠纷的调解技巧和法律适用
  - 婚姻家庭纠纷的调解技巧和法律适用
  - 侵权类纠纷的调解技巧和法律适用
  - 土地流转类纠纷的调解技巧和法律适用
  - 旅游类类纠纷的调解技巧和法律适用
- 典型行业性专业性纠纷的调解技巧和法律适用
  - 医患纠纷的调解技巧和法律适用
  - 道路交通事故纠纷的调解技巧和法律适用
  - 物业纠纷的调解技巧和法律适用
- 群体性纠纷、突发性纠纷的调解技巧
  - 群体性纠纷的调解技巧
  - 突发性纠纷的调解技巧
  - 处置群体性纠纷和突发性纠纷应注意的问题
- 纠纷调解过程中的风险防控
  - 纠纷调解过程中的常见风险
  - 纠纷调解过程中的风险防控

项目一　一般性纠纷的调解技巧和法律适用

✎　**知识目标**

了解、掌握婚姻家庭纠纷、侵权类纠纷、拆迁类纠纷、土地流转类纠纷、旅游纠纷的调解技巧。

■　**能力目标**

在实践中能够运用调解技巧促进纠纷的调解。

📖　**引　例**

2017年3月4日上午，某司法所来了一位中年妇女，此人是某村农民盛某，她的丈夫刘某经常因家庭生活琐事殴打她，也经常虐待她和两个孩子。这次因家庭生活琐事刘某又将盛某毒打一顿。盛某哭着诉说："我绝对要与他离婚，再不回家，请你们为我作主。"工作人员了解此事后，给当事人盛某做了大量思想工作，并立即和村队干部取得联系，通知刘某，调查此纠纷的详细情况。经用手机几次联系，多方寻找，都不见刘某。天也快黑了，无奈之下，工作人员只好将盛某安排住下，第二天继续联系，终于在12时在其亲戚家找到了刘某，刘某当时的态度也不好，经过再三说服，才愿意到司法所进行调解处理。

问题：人民调解员在调解婚姻家庭纠纷时，有哪些技巧可以运用？

📚　**基本原理**

一般性纠纷主要表现为婚姻家庭纠纷、侵权类纠纷、拆迁类纠纷、土地流转类纠纷、旅游纠纷等。这些纠纷各有自己的特点，需要在调解过程中分别采用不同的技巧。

任务一　婚姻家庭纠纷的调解技巧和法律适用

一、婚姻家庭纠纷的概念与特点

婚姻家庭纠纷是指以婚姻、血缘为纽带所形成的具有夫妻、父母子女及其他近亲属身份关系的人，在生活中所发生的身份和财产关系纠纷。

婚姻家庭纠纷具有以下特点：首先，纠纷解决范围包括身份关系和财产关系。婚姻家庭纠纷具有身份和财产的双重特性，与一般民事纠纷有很大的区别。婚姻家庭纠纷解决机制既要解决纠纷当事人的夫妻、父母子女以及其他家庭成员等身份关系，也要解决因身份关系变化而产生的财产分配以及债权债务关系等。其次，纠纷解决方式上，法、理、情共同发挥作用。婚姻家庭关系包含着丰富伦理、道德精神内容，单凭法律规范一种方式来调整，难以取得理想的效果，而且婚姻家庭关系是以婚姻、血缘为纽带，建立在感情、亲情基础之上的关系，与其他一般民事关系讲求公平、平等、等价交换等原则有很大不同。因此，解决婚姻家庭纠纷需要法、理、情三方共同发挥作用。

随着我国改革开放不断深入，我国婚姻家庭及其价值观念发生了深刻的变化，家庭成员的权利意识不断加强和生活方式多样化引起了婚姻家庭关系的复杂化，纠纷也随之大幅增多。近年来，婚姻家庭纠纷案件始终保持高位运行，据民政部发布的数据显示，自 2003 年至 2015 年，我国离婚率连续 12 年增长，2015 年夏天，广州甚至出现了"离婚限号"现象。因婚姻问题引发的婚姻家庭诉讼案件数量也不断攀升，据最高人民法院公布的统计数据显示，2013 年至 2015 年 10 月底，全国法院审结婚姻家庭纠纷案件近 400 万件，且逐渐呈现出案件增幅大、适用法律难、审理难度大的特点。北京 2014 年受理一审家事案件 38 619 件，约占全市当年全部案件的 9%、传统民事案件的 20%；山东 2015 年 1 月至 10 月已审结家事案件 124 981 件，占全省民事案件总数的 23.8%，同比上升 1.6%。随着信息技术和交通事业的飞速发展，"网恋""闪婚"已不再罕见，"千里之外"的异地恋也逐渐盛行，但随之而来的大量离婚纠纷，尤其是子女出生后产生家庭矛盾而引发婚姻矛盾的案件呈上升趋势，因经济的高速发展引起财产形态变化给夫妻财产分割带来了难题以及未成年子女抚养权问题、再婚后的离婚纠纷等问题日渐增多，新时期具有对抗性强、矛盾尖锐、调解难度大等特点的婚姻家庭矛盾，给调解工作带来许多新的挑战。面对日益复杂的婚姻关系及家庭矛盾，面对不断攀升的离婚率，采取合理的方式，构建便捷高效的纠纷解决机制，提高婚姻家庭纠纷化解效率，使纠纷当事人平稳地回归现实生活当中，促进婚姻家庭关系和谐为基础的社会稳定和谐，已成为当前人民调解工作急需解决的问题。

在婚姻家庭纠纷领域，因大多数纠纷具有隐私性、道德伦理性，通过运用法律、道德等多种方式进行调解，使纠纷当事人更易于接受，矛盾纠纷更容易化解，从而达到案结事了的法律效果与社会效果。在传统社会，调解不仅是一种解决纠纷的手段，更重要的是一种为了维护地域共同体的凝聚力、自治和道德，预防或减少纠纷发生的治理方式，主要围绕着协调维系人际关系和道德情理目的而展开。与调解方式解决纠纷不同的是，由于诉讼或仲裁纠纷解决方式存在激烈对抗性和严格程序性，当事人在激烈对抗中互相指责对方，愤怒甚至仇恨情绪会掩盖了昔日的爱情、亲情，亲人也变成了陌路人甚至是仇人。因此，世界各国都力图缓和这种对抗，把通过调解解决家事纠纷作为避免诉讼之弊害的有效途径。与诉讼或仲裁解决纠纷方式所不同的是，调解表现出来的是具有温和友好、非对抗、简便灵活、低成本等优点，而且"调解可以满足一部分不喜爱打官司或抛头露面的人的心理，合乎价值多元化之社会发展潮流"。[1]

---

〔1〕 王建勋："关于调解制度的思考"，载《法商研究》1996 年第 6 期。

因此，调解有利于克服当事人情感方面的非理性因素，更好地解决当事人之间婚姻家庭纠纷，更有利于实现人际关系的和谐。

二、离婚纠纷

离婚纠纷是民间纠纷中常见的一类纠纷，它危及夫妻关系，影响家庭和睦，给社会带来不安定的因素。因此，正确调解离婚纠纷，对建立和巩固社会主义制度下的夫妻关系和家庭关系，促进社会安定团结，建设社会主义精神文明有重要意义。人民调解委员会调解离婚纠纷，要坚持婚姻法的婚姻自由基本原则，提倡社会主义道德风尚，反对资产阶级、封建主义的婚姻观点和旧习俗。同时，应尊重当事人的意愿，不得强行调解，更不得因未经调解或调解不成而阻止当事人向人民法院起诉。

社会主义制度下的婚姻关系是以夫妻之间的共同感情为基础的，夫妻感情是否确已破裂是衡量夫妻关系能否继续存在的主要标准。判断夫妻感情是否确已破裂，一般可从夫妻关系借以建立的思想条件、夫妻共同生活期间感情的状况、发生纠纷的原因和双方的责任、有无争取和好的因素等几个方面综合加以认定。由于离婚纠纷比较复杂，调解这类纠纷要注意把一般原则和具体情况结合起来，深入调查了解，细心研究分析，耐心说服疏导。

处理离婚纠纷，原则上是"以和为贵"，既要对错误的行为批评教育，又要兼顾当事人的情况，不"上纲上线"，就是遇到有轻微的违法侵权行为，也要以适当的方式，防止矛盾升级。实践中经常运用以下的调解方法：

（一）模糊调解

对调查到的有损夫妻、家庭成员感情的事件和行为，不公开、不肯定、不透露，而是采取存疑的调解方法，一方面对责任人的批评教育，另一方面对相关人疏导，避重就轻，以维护稳定的婚姻家庭关系。

如纠纷中发现婚外情、在外地与人非法同居等情形，如果公开，会影响到矛盾纠纷的调处，在另一方没有明显证据，或虽有证据，不愿公开的情况下，要视而不见，采取妥善的方法，达到预期的效果。

（二）责任意识

婚姻家庭成员之间，有法定的责任，这是批评教育当事人的准则，也是化解矛盾，缩小差距，平衡对抗心理的一种调解方法。通过入情入理的分析，才能使矛盾的双方反省自己，以责任化解和冲淡分歧，并且将责任意识延伸到离婚之后，对父母、子女等的责任，防止由于当事人意气用事，以致家庭分崩离析，造成不良后果。这类纠纷主要适应于结婚时间短或没有大的矛盾的婚姻家庭纠纷。

（三）逆反疏导和冷处理

由于对方有明显过错，有的当事人情绪激动，正面做工作效果并不好，也缺乏说服力，需要采取特别的办法：一是程序上要冷处理。家庭婚姻纠纷不是不可调和的矛盾，归根到底，还是要当事人自己解决思想问题，才能促成和解，尽量对婚姻家庭纠纷采取婉拒的办法，或约定一定考虑时间，或先由长辈调解，或推迟调解时间，让当事人冷静考虑，权衡利弊，防止意气用事。同时，也为消除矛盾，留一段缓冲的时间，创造彼此沟通的机会。二是调解思路顺着当事人意思，而将后果讲明，让当事人由思想对抗转为对后果的认识，实际上是一种逆反调解。

虽然婚约纠纷、非法同居的纠纷不属于婚姻家庭纠纷，但其中有两项的处理是相同的：一是同居期间的收入和开支，按照合伙的关系对待，此外同居前财产没有消耗的，应归原所有人，共同经营所得归双方所有。协议不成的，均等处理债权债务。二是非婚生子女，要比照婚生子女对待。

三、常见的离婚纠纷及其调解办法

（一）因包办、买卖婚姻引起的离婚纠纷

包办婚姻是指第三者（包括父母）违反婚姻自由原则，违背婚姻当事人意志，包办强迫他人的婚姻。买卖婚姻是指第三者（包括父母）以索取大量财物为目的，包办强迫他人的婚姻。人民调解委员会在调解这类纠纷时，应切实保护男女婚姻自由，坚决反对包办、买卖婚姻，但对纠纷的调解，应根据实际情况，具体分析，区别对待。

对要求解除确系包办、买卖婚姻的，应依据下列原则，酌情进行调解：如果双方婚后始终没有建立起感情或夫妻长期分居，夫妻关系早已名存实亡的，在做好双方当事人及有关人员工作的基础上，应告诉当事人诉讼到人民法院请求调解或判决；个别矛盾较大，积怨较深，继续共同生活无望的，也可以调解离婚，并告诉有关当事人到有关部门办理离婚手续。但离婚调解应从严掌握，对于结婚时间较长，生有子女，婚后已建立起一定的感情，夫妻关系还能维护，离婚弊多利少的，应尽量劝说双方和好，不轻易调解离婚。

在调解中发现包办、买卖他人婚姻的人，要严肃批评教育；情节严重，触犯刑律的，报告人民法院依法处理。若因买卖婚姻造成当事人一方生产生活严重困难的，可通过调解使接受财物方从接受的财物中酌情返还。

（二）因封建思想严重引起的离婚纠纷

常见的此类纠纷及调解方法有两种：一是夫权思想严重，歧视、压迫、打骂女方，无视女方的合法权益，限制女方活动自由而引起离婚纠纷；二是重男轻女，传宗接代的旧思想严重，因生女孩或采取节育措施而引起离婚纠纷。调解这类纠纷时，应对有夫权思想的男方进行批评教育，只要本人承认错误，并愿意改正就应调解双方和好。对个别夫权思想特别严重的，要支持女方的合理要求，从保护妇女儿童利益出发，可以调解双方离婚或建议男方单位给其以适当的处分，对夫权思想特别严重，并因此而引起严重后果和造成不良影响的，要支持女方诉诸人民法院。

（三）因一方喜新厌旧引起的离婚纠纷

所谓喜新厌旧引起的离婚纠纷，是指一方婚后受地位、主观条件或客观条件的影响，夫妻思想感情发生变化，一方蓄意抛弃配偶，另寻新欢引起的离婚纠纷。在调解这类纠纷时，首先应依靠组织和群众，深入调查，掌握确凿证据，分清是非责任，然后根据当事人的不同情况，分别进行调解工作：①对有过错的一方，即喜新厌旧、另寻新欢的当事人，要进行严肃的批评教育，一般不做离婚调解，视其情节和认错态度，可建议有关组织给予处分。②对"第三者"也应配合有关单位进行严肃的批评教育，告诫其不要破坏他人的婚姻家庭，终止这种不当的关系。必要时，也可建议有关单位给予其适当处分。③在做好有过错一方的思想工作，使其承认并愿意改正错误的基础上，对无过错的一方讲明，允许对方改正错误，劝其珍惜夫妻感情，给对方改正错误的机会，争取在新的基础上重归于好。④对"第三者"插足而构成杀人、伤害和虐待等违法行为的，人民调解委员会则不宜调解，应支持受害者向司法机关起诉，依法追究犯罪者的法律责任，以维护受害者的合法权益。

此外，人民调解委员会在调解这类纠纷时，既要维护社会道德，又要注意工作方法，"第三者"一词不可乱用，否则会使矛盾扩大，加大调解的难度。

（四）因经济问题引起的离婚纠纷

物质生活是夫妻共同生活中的重要内容。常见的因经济问题引起的离婚纠纷和调解方法，大致有以下几种：

1. 经济不民主。即一方控制对方合理支出，甚至达到使对方不能维持正常生活的程度。在调解这类离婚纠纷时，应宣传夫妻平等的原则，提倡民主持家，相互信任。对大数额支出夫妻应互相商量，并注意尊重对方的意见；对正常的、小数额支出则不要斤斤计较。同时还应批评教育有过错的一方，帮助双方合理安排经济生活、改善夫妻关系。

2. 一方挥霍无度。如有的男方嗜烟酗酒，有的女方过于追求衣着打扮，支出超过应有的限度，严重影响了家庭正常生活。对此，应进行浪费可耻，勤俭持家光荣的教育，批评挥霍的一方，劝其改正不良嗜好，量入为出，合理计划，同时，也要说服另一方，不可"以错对错"，应对其耐心帮助。

3. 不赡养父母。这主要是指夫妻一方在经济上限制过严，不让对方赡养自己父母而发生的离婚纠纷。人民调解委员会对于此类纠纷，应宣传赡养父母是我国劳动人民的优良传统美德，也是子女依法应尽的义务。批评教育有过错的一方，向其说明有条件而不赡养、不仅会受到群众的谴责，情节严重、后果恶劣的还会受到法律制裁，以促其改正错误。如对赡养费的数额发生争执，可根据被赡养人的需要和赡养人的负担能力确定，一般不低于当地群众的平均生活水平。

4. 在实行生产责任制后，一方身体不好、缺乏生产技术和致富经验，收入较低，生活出现了暂时困难，另一方提出离婚而引起的纠纷。人民调解委员会应劝导夫妻互相谅解，互相帮助，并帮助其寻找致富门路，尽快致富。如因对方好逸恶劳或一贯不务正业，不好好生产，又不顾家庭及子女生活的，应对有错一方进行批评教育；如坚持不改、又无和好可能的，也不要勉强调解和好。

（五）因个性不合或家务琐事引起的离婚纠纷

个性不合引起的离婚纠纷，往往是由于双方或一方个性很强，在一些非原则的细小问题上为一句话、一件事争执不休、互不相让，如男方爱打、女方爱骂，有了矛盾，一触即发。这类纠纷的特点是夫妻之间经常争吵，感情不融洽，经过调解双方容易和好，事后又容易闹翻，常在气愤之中轻易表示离婚，但气消之后两人又自动和好，有的离婚后又要求复婚。为此，人民调解委员会在调解这类纠纷时，要十分注意工作方法，一般要避开双方气愤的情绪，在气消之后进行疏导工作，启发他们多看对方的长处和优点，珍惜过去的感情。对双方脾气特别暴躁，经调解说服双方仍坚持要离婚的，可采取一些缓延的办法，然后寻找时机，再做劝解疏导。但在缓延期间，应密切注意纠纷动向，防止纠纷激化或转化。

有的夫妻为家庭生活琐事，如家务劳动、子女教育、家庭成员之间的关系、家政管理等产生矛盾隔阂，甚至引起离婚纠纷。人民调解委员会在调解这类纠纷时，应针对他们的矛盾实质，进行耐心细致的说服教育，并以社会主义道德规范作为原则合理安排家务和子女教育等问题，处理好家庭成员之间的关系以及其他生活琐事。

（六）因草率结婚引起的离婚纠纷

草率结婚是指男女相识时间很短，彼此不够了解便匆忙结合，其夫妻关系缺乏应有的感情基础。婚后出现矛盾，引起离婚。人民调解委员会在调解这类纠纷时，要通过摆事实、讲道理，教育帮助双方慎重对待婚姻问题，不能因"草结"而"草离"，认识到"亡羊补牢，犹未为晚"的道理，劝其互谅互让，在今后生活中增进了解，逐步培养夫妻感情，建立美满的家庭。如双方无感情基础，而且坚持离婚，也可以调解离婚，但要对其进行帮助教育，帮助他们吸取教训，避免再发生类似问题。对调解不成的，动员其诉讼到人民法院依法处理。

值得注意的是，要把这类纠纷同骗婚区别开来。如确系骗婚，如隐瞒重要问题或为了达到个人目的，为进城、转户口、调工作等，而欺骗成婚的，调解委员会应支持受骗一方的正当要求；骗婚的一方要严肃批评教育，情节严重、手段恶劣的，或建议有关部门给予处分，或由人民法院追究其法律责任。

（七）由于一方患精神病或劳改、劳教引起离婚纠纷

因一方患精神病，另一方提出离婚的纠纷，在调解时，既要保护婚姻当事人的合法权益，又要有利于病患者的治疗和生活上的安置。对病情并不严重，过去双方感情

又较好，或是结婚多年，生有子女的，应对要求离婚的一方指出，夫妻之间应有互相扶助的义务，做细致的说服疏导工作，尽量劝解和好。如精神病人确实久治不愈，影响了夫妻关系及家庭的正常生活，一方坚决要求离婚，事实证明夫妻关系已不能维持的，应从夫妻关系及子女利益出发，说服其妥善安排好患者的生活、医疗、监护等问题后，再办理离婚。对婚前明知对方病情，只是为了达到其他目的，自愿与病人结婚，婚后目的一经达到就提出离婚的，应对其进行严肃的批评教育，指出其行为是极不道德和缺乏严肃的生活态度的，一般不调解离婚。

因一方劳改劳教，另一方提出离婚的，是一种比较复杂的离婚纠纷。调解这一类纠纷，既要贯彻婚姻自由的原则，也要有利于劳改劳教人员的改造教育。对劳教或刑期不长，双方感情较好，只是由于一些具体困难或迫于舆论压力而提出离婚的，调解人员应协调组织在帮助其解决具体困难的同时，尽量做好说服疏导工作，劝其和好；对刑期较长或延长劳教期限，其配偶坚决要求离婚的，一般也要做和好调解，确无和好希望的，也可调解离婚。总之，调解这类纠纷，如能动员对方不离婚，会有利于劳教人员和犯罪分子的改造。

四、赡养纠纷

近年来，随着我国人口老龄化进程不断加速，因赡养引起的纠纷越来越多，妥善处理好此类纠纷，不仅关系到保护老人颐养天年、安度晚年的权益，也关系到家庭的和睦、社会的稳定。调解赡养纠纷需要根据纠纷产生的原因，采取不同的切入点：

（一）赡养义务人配偶不愿协助而引发的赡养纠纷

有些赡养纠纷的产生并非是因为赡养义务人没有经济能力，而是由于赡养义务人配偶不愿赡养老人。再深究下去，往往是赡养义务人配偶与老人相处过程中曾经产生矛盾（或者老人当初反对双方结婚，或者共同生活过程中双方观念不一产生分歧，或者赡养义务人与其配偶之间的矛盾殃及老人等）。针对这种情况，不单要向赡养义务人宣传赡养是道德也是法律上的义务，还要告知赡养义务人配偶有协助履行的义务，不得阻挠，并且双方对等，都有协助赡养对方老人的义务。在有条件的情况下，还应召集各方，努力通过交流、互相谅解，构建友好关系。

（二）多子女引发的赡养纠纷

老人有多个子女，有多尽义务的，也有少尽甚至不尽义务的，于是多尽义务的子女鼓动老人起诉其他子女，而其他子女往往对其少尽义务的事实不予否认，但也认为事出有因，或者因为老人在分家析产的过程中偏袒一方或几方，或者老人帮助多尽义务的子女做家务，或者自己经济困难，等等。对此，调解人员应召集所有子女座谈或者个别谈心，既要纠正子女"得利多赡养多"的错误观点，也要纠正子女"赡养就是不分情况平均分摊"的错误观念，让所有子女明白，赡养就是"条件好的多负担，条件差的少负担，有钱出钱，有力出力"，至于老人为谁家多做点事或多分谁一些财产，是老人的本人处分范围，不应成为履行赡养义务的主要考虑因素。

多子女赡养纠纷还有另外一种表现形式，即多子女之间互相攀比推诿，导致老人无人赡养的状况。对这种情况，应明确告知子女赡养父母是法定的义务，不赡养老人是违法行为，需要承担相应的法律后果。如告诉他们，《中华人民共和国婚姻法》第21条规定，"子女对父母有赡养扶助的义务"，"子女不履行赡养义务时，无劳动能力的或生活困难的父母，有要求子女付给赡养费的权利"。《中华人民共和国老年人权益保障法》第11条规定，"赡养人应当履行对老年人经济上供养、生活上照料和精神上慰藉的义务，照顾老年人的特殊需要"。《刑法》第261条规定，"对于年老、年幼、患病或者其他没有独立生活能力的人，负有扶养义务而拒绝扶养，情节恶劣的，处5年以下有期徒刑、拘役或者管制"。

（三）因经济困难诱发的赡养纠纷

目前人民群众的生活水平有了较大提高，但仍有部分家庭徘徊在贫困线边缘，上有老下有小，由此发生了赡养纠纷。对此，调解人员应通过调查，客观分析子女家庭收入情况与老人经济收入情况，为各方树立起互相谅解、共渡难关的信念，必要时可以寻求社会力量帮助，以保障老人和子女的生活。

（四）因父母再婚引发的赡养纠纷

有些子女认为父母再婚让他们没有面子，或者可能损害他们以后的经济利益，故拒绝赡养再婚的老人。调解人员应明确告知子女，再婚是老人的权利，赡养是子女的义务，两者不能混为一谈。调解人员还应从情理和父母恩情角度启发子女理解老人，为老人安度晚年创造物质保障和精神支持。

总之，在处理婚姻家庭矛盾中，要慎重对待，在调解中要保护妇女、儿童、老人的合法权益，以理服人，重在疏导，以稳定家庭、稳定社会为大局，注意方法，达到预期的效果。对于赡养纠纷、遗弃家人的纠纷、严重侵害家庭成员的纠纷，要立场坚定，针锋相对，依法依理反对违法、违背社会公德的行为，利用法律、道德、感情等因素，巧妙地化解，有张有弛，收到预期的效果。

五、婚姻家庭纠纷的法律适用

婚姻家庭纠纷的调解过程中，常见的法律依据有：《中华人民共和国民法总则》《中华人民共和国民法通则》《最高人民法院关于贯彻执行〈中华人民共和国民法通则〉若干问题的意见》《中华人民共和国民事诉讼法》《最高人民法院关于适用〈中华人民共和国民事诉讼法〉的解释》《中华人民共和国婚姻法》《最高人民法院关于适用〈中华人民共和国婚姻法〉若干问题的解释（一）》《最高人民法院关于适用〈中华人民共和国婚姻法〉若干问题的解释（二）》《最高人民法院关于适用〈中华人民共和国婚姻法〉若干问题的解释（三)》《中华人民共和国继承法》《最高人民法院关于贯彻执行〈中华人民共和国继承法〉若干问题的意见》《中华人民共和国收养法》《司法部关于贯彻执行〈中华人民共和国收养法〉若干问题的意见》《中华人民共和国物权法》《中华人民共和国未成年人保护法》《婚姻登记条例》《最高人民法院关于人民法院审理离婚案件处理子女抚养问题的若干具体意见》。

任务二 侵权类纠纷的调解技巧和法律适用

一、侵权纠纷概述

因侵权行为引起的赔偿纠纷，包括一般侵权和特殊侵权。

一般侵权纠纷，其中包括：人身损害赔偿、财产损害赔偿，对侵权行为引起的赔偿纠纷，我国法律适用的是过错责任原则和无过错责任原则以及推定过错责任原则，也就是说处理赔偿纠纷首先要适用归责原则，所谓归责原则，就是指责任归属所必须依据的法律准则，如我国《民法总则》第176条规定，民事主体依照法律规定和当事人约定，履行民事义务，承担民事责任。《中华人民共和国侵权责任法》（以下简称《侵权责任法》）第6条规定："行为人因过错侵害他人民事权益，应当承担侵权责任。"

特殊侵权行为主要包括：①无民事行为能力人、限制民事行为能力人造成他人损害的侵权行为；②用人单位的工作人员因执行工作任务造成他人损害的侵权行为；③网络用户、网络服务提供者利用网络侵害他人民事权益的侵权行为；④产品制造者、销售者因产品存在缺陷造成他人损害的侵权行为；⑤因污染环境造成损害的侵权行为；⑥从事高度危险作业造成他人损害的侵权行为；⑦ 饲养的动物造成他人损害的侵权行为；⑧建筑物、构筑物或者其他设施及其搁置物、悬挂物发生脱落、坠落造成他人损害的侵权行为。针对以上特殊侵权行为，我国《侵权责任法》第7条规定的总的原则是：行为人损害他人民事权益，不论行为人有无过错，法律规定应当承担侵权责任的，依照其规定。而《侵权责任法》第四章至第十一章则对上述特殊侵权行为的责任承担作了详细的规定。

根据法律规定，侵权责任的承担以过错为原则，在法律有特别规定的情况下，还会有无过错或过错推定责任。调解损害赔偿纠纷时应注意以下几点：

（一）确定损害结果

发生损害赔偿纠纷时，受害人一般都会提出一个赔偿数额，这个数额一般是受害人根据损害结果计算出来的，该结果是否客观，需要调解人员根据法律规定和纠纷事实予以认定。通常，受害人对其赔偿数额都会提供一定证据予以证明，调解人员审查这些证据时，特别要注意证据的真实性（形式要件是否齐备，是否有做假可能）、关联性（与加害人行为是否有因果关系）。有时受害人要求的赔偿数额是根据固定标准计算出来的，此时调解人员如发现该标准不符合本案情况，应及时向受害人提出，以合理调整受害人的预期，这样才会有利于调解顺利进行。比如，在一起道路交通事故人身损害赔偿案件中，原告对伤残赔偿金的请求数额是依据城镇居民标准计算的。而根据查明的事实，无法证明受害人是城镇居民，也无法认定受害人有在城市经商、居住以及其经常居住地和主要收入来源地均为城市这一事实情节，这时调解人员就需要向受害人进行法律释明，做通受害人的思想工作，让他的请求更符合实际。在此基础上进行调解，相对就简单多了。

（二）确定行为人的行为是否构成侵权

有时，纠纷双方各执一词，行为人否认其实施过损害受害人的行为。此时，调解人员可以通过公安笔录、纠纷发生地目击者的陈述、生活经验等予以综合判断，在确认行为人确实实施了侵权行为的前提下，及时拆穿行为人的谎言，引导其诚实地面对自己的错误并勇于承担责任。

（三）确定加害人和受害人的过错程度

一般情况下，侵权行为中加害人承担与其过错相应的责任，因此调解人员首先要对加害人的主观状态进行判断。实践中，加害人在已预见其行为会引起对方损害，仍然进行这种行为时，就是一种故意状态。纠纷发生后，双方对立情绪通常比较严重，双方之间多有旧恨新怨，受害人较难谅解加害人，调解难度较大。调解的重点是思想认识而不是物质利益，并要对纠纷的因果关系进行回顾、分析，不能掩盖，要让加害人认识到行为错误并真诚地向受害人道歉，这样才有助于调解成功。若加害人是在疏忽大意或轻信的心理状态下实施行为的，就是一种过失状态，其特点是，行为人主观无恶意，只有过失，因此当事人之间很少会产生心理上的严重对立。纠纷即使产生，也容易平复，行为人多能自省自责，表示歉意。调解此类纠纷，主要集中在物质赔偿上，只要遵照民法中有关损害赔偿的原则规定予以合情合理地解决，纠纷不难平息。"一只碗敲不响"，不少损害赔偿纠纷中，受害人也有过错，此时可以适用过失相抵规则适当减轻加害人的赔偿责任。当然，在人身损害赔偿中，加害人有故意或重大过失，受害人仅有一般过失的，不减轻加害人的责任。

二、损害赔偿纠纷的调解

（一）损害赔偿纠纷的概念与具体种类

所谓损害赔偿纠纷，是指受害人的人身、财产利益受到损害，而要求致害人或其他相关责任人赔偿，由此所引起的纠纷。损害赔偿纠纷包括人身损害赔偿纠纷和财产损害赔偿纠纷两大类。在调解实践中，引发损害赔偿纠纷的情况很多，常见的主要有：打架、斗殴等引发的轻微伤害赔偿纠纷；交通事故赔偿纠纷；医疗事故赔偿纠纷；建筑物和其他设施因设置和管理不当造成他人损害所引发的赔偿纠纷；工伤事故赔偿纠纷；未成年人和精神病人造成他人损害引起的赔偿纠纷；饲养的动物造成他人损害引起的赔偿纠纷；其他事故引起的赔偿纠纷。

（二）损害赔偿纠纷的调解方法与技巧

1. 必须查明事实，分清是非，明确责任。调解损害赔偿纠纷切忌事实不清，责任不明。查清事实、分清是非，是调解此类纠纷的基础。比如，甲说自己被乙家阳台上掉下的拖把砸伤，而乙根本不承认，在这种情况下，调解根本就无法开展。此时应尽量尊重事件的客观事实，重证据，不轻信言辞，必要时深入现场，调查取证。对事实不清、责任不明的，决不能轻率调解，否则容易留下隐患，使调解工作陷入被动。

2. 在法律规定的基础上，适当使用迷糊处理法。大多数损害纠纷在事实清楚、责任明确的基础上，争议的焦点最后都集中在赔偿的数额上。受损害方要求高额的经济赔偿，责任方则只愿意赔偿较少的数额，这往往成为调解此类纠纷的难点。依照法律计算出来的数额应当是调解的一个重要"参数"，但不一定是调解赔偿数额的"标准答案"。在"讨价还价"的过程中，可使用模糊处理法，促成双方相互妥协、让步，达成一个可以共同接受的赔偿协议。

3. 考虑有过错方当事人的经济状况和赔偿能力。调解确定的赔偿数额，除了在依照有关规定的赔偿前提下，还要实事求是地考虑有过错方当事人的经济状况和实际赔偿能力。能够赔得起，就应全额赔偿；如果经济状况确实很差，没有能力赔偿或者暂时没有能力赔偿的则要做好被害人的工作，酌情减免或让有过错方当事人分期分批偿付。否则，调解协议将难以达成；即使达成协议，也难以履行。

4. 合理安排，恰当使用"背靠背"和"面对面"的调解方法。损害赔偿纠纷中，双方当事人一般来说情绪对立严重，双方的心理变化也比较微妙。受损害一方希望尽可能多获得赔偿，有些还希望对方受行政的甚至刑事的处罚，但同时也害怕因为自己过于强硬，舍弃可以接受的处理方案，而最终落个"鸡飞蛋打"的结果。责任一方则抱有很大的侥幸心理希望尽可能少赔，但又害怕受到刑事处罚（指一些受害人可提起刑事诉讼的轻伤害案件）。由于双方"各怀心事"，因此，在此类纠纷调解的开始阶段，如果一下子就"面对面"，不仅很难使双方谈得拢，还容易造成矛盾激化、双方进一步对立的局面。合适的做法应该是"背靠背"，调解人员分别与各当事人分别来谈，通过"背靠背"的调解，摸清当事人的心理和"底线"，分别进行劝说、教育、安抚，促使当事人做出必要的妥协、让步。在条件比较成熟的情况下，再安排"面对面"的调解，调解成功的可能性会大一些。

三、侵权类纠纷的法律适用

侵权类纠纷常用的法律依据有：《中华人民共和国民法总则》《中华人民共和国民

法通则》《最高人民法院关于贯彻执行〈中华人民共和国民法通则〉若干问题的意见》《中华人民共和国物权法》《最高人民法院关于确定民事侵权精神损害赔偿责任若干问题的解释》《最高人民法院关于审理名誉权案件若干问题的解答》《中华人民共和国道路交通安全法》《中华人民共和国产品质量法》《中华人民环境保护法》《大气污染防治法》《水污染防治法》《环境噪声污染防治法》《固体废物污染环境防治法》《海洋环境保护法》《医疗事故处理条例》《最高人民法院关于审理人身损害赔偿案件适用法律若干问题的解释》《关于参照〈医疗事故处理条例〉审理医疗纠纷民事案件的通知》《中华人民共和国广告法》《中华人民共和国教育法》《中华人民共和国侵权责任法》《最高人民法院关于适用〈中华人民共和国侵权责任法〉若干问题的解释》。

任务三　土地流转类纠纷的调解技巧和法律适用

一、土地流转纠纷概述[1]

农村土地流转纠纷是在土地流转过程中，当事人之间基于土地流转关系而产生的各种纠纷，包括土地流转合同的履行或者解除而产生的关于土地使用权的归属及相关费用、流转的后果、流转程序等方面的纠纷。

农村土地流转纠纷是农村土地纠纷的重要一类，具有土地纠纷的一般特质，表现为不同土地利益主体在土地上的利益纷争，是关于农村土地资源占有或者使用的冲突，同样关系到农民生产生活的方方面面，处理不好，容易产生难以控制的局面，从而影响社会的和谐与稳定。同时，因为农村土地流转纠纷发生于流转环节，其性质更偏向于民事合同纠纷和管理纠纷，但是又具有区别于一般民事纠纷的特性：首先，农村土地流转纠纷的主体具有特殊性。农村土地流转纠纷的主体一方必然是享有农村土地权利的农民或者农村集体。由于农民在当前我国经济政治发展体制中的特殊性，对于土地流转中农民主体的权益，不仅要从"民事争议解决的双方当事人平等"的理论方面考虑，甚至要对农民权益予以倾斜性考量，这是基于农村土地的资源性和农村土地对于农民发展的重要意义决定的。农村土地作为最重要的自然资源，不仅是农业生产的基本生产要素，还是关系农民生存与发展、农村经济发展和社会稳定的物质基础，因此，必须予以特别关注。其次，流转纠纷的对象具有特殊性。农村土地流转纠纷的对象是农村土地和农民的土地流转权益。农村土地的性质决定了农村土地流转中当事人之间的关系不应当是简单的交易关系，而是土地权利在当事人之间的转移。同样，由于农民对农村土地享有权利，加上农村土地之于农民生存和发展的重要意义，因此，单纯以合同纠纷解决这一重要权利的归属问题是难以满足当前农民权益保护与农村发

---

〔1〕　彭觉军："深入贯彻人民调解法　开创新时期人民调解新局面"，载 http://www.doc88.com/p-4925905926356.html，2016 年 10 月 8 日访问。

展的要求的。最后，当前农村土地流转以及农村发展的大局决定了土地流转纠纷的解决既不能简单地以民事争议处理，也不能纯粹依法论处，而需要综合考量多方面的因素，寻求纠纷解决效果最佳的途径。

根据流转权利的性质、土地类型、纠纷主体等方面的差异，可以对农村土地流转纠纷做出如下分类：首先，根据纠纷所涉的权利性质的不同，将土地流转纠纷分为土地使用权流转纠纷与土地所有权流转纠纷。当前我国明确限制农村土地所有权流转并以征用制度的形式将所有权流转固定下来。在使用权流转项下，根据纠纷所涉土地类型的不同，可以分为承包经营权流转纠纷和非农建设用地流转纠纷，其中，承包经营权流转纠纷的表现形式较为多样，包括转包、互换、转让、出租、入股等纠纷；非农建设用地流转纠纷又包括建设用地流转纠纷和宅基地纠纷。这些纠纷在当前农村城镇化的背景下较为常见，主要是由于缺乏相应的法律规定，农民和集体组织对政策的把握不到位，导致一些混乱和伤害农民权益的情形出现，从而引发纠纷。其次，根据纠纷当事人的不同，将农村土地流转纠纷分为农户与农户间的纠纷、农户与村集体间的纠纷、政府与农户间的纠纷、农户与外来企业的纠纷等。农村土地流转中的关系错综复杂，由于法律对各主体流转农村土地的权限并没有明确规定，各主体对自己的权利义务认知不明确，从而引发纠纷。其中，农户之间主要是土地流转缺乏合同或者合同不规范引发的纠纷，而农户与村集体、政府之间主要是管理纠纷和集体、政府违背农民意志流转的纠纷，而农户与外来企业之间更多的是关于土地流转后土地维护、流转收益问题的纠纷。

农村土地流转纠纷涉及农村承包经营、征地款的分配、集体土地的权属和经营，土地流转的政策性、法律性很强，所以要根据这类纠纷的特点，严格依法调解。要处理好这类纠纷，需要把握各种法律知识和政策的规定：

（一）土地承包经营权流转的原则

根据《中华人民共和国农村土地承包法》（以下简称《农村土地承包法》）的规定，土地承包经营权流转应当遵循以下原则：

1. 平等协商、自愿、有偿，任何组织和个人不得强迫或者阻碍承包人进行承包经营流转。

2. 不得改变土地所有权的性质和土地的农业用途。

3. 流转的期限不得超过承包期的剩余期限。

4. 受让方须有农业经营能力。

5. 同等条件下，本集体经济组织成员享有优先权。

特别需要需要注意的是：家庭承包经营制是以户为生产经营单位，原承包到户的时候，农村集体经济组织内部人人有份，具有成员权性质和基本生活保障的功能。因此，承包户户主死亡后，由本集体组织承包户主的家庭成员继续承包。在承包期内，妇女结婚，在新居住地未取得承包地的，发包方不得收回其原承包地；妇女离婚或者丧偶，仍在原居住地生活，或者不在原居住地生活但在新居住地未取得承包地的，发包方不得收回其原承包地。例如原承包到户时，他的父亲是户主，后来儿女分家以后，他的父母是单列户，他的父母死亡后，他父母这一份承包地就由他的家庭成员继续承包。继承人和家庭成员是截然不同的概念，因为继承人涉及第一顺序的继承人（即配偶、子女、父母）和第二顺序的继承人（即兄弟姐妹、祖父母、外祖父母）。

（二）土地流转的方式

1. 转包、出租。根据《物权法》和《农村土地承包法》的规定，承包人可以在一定期限内将部分或者全部土地承包经营权转包或者出租给第三方，承包人与发包人的关系不变。

（1）转包。转包是指土地承包经营权人把自己承包期内承包的土地，在一定期限内全部或者部分转交给本集体经济组织内部的其他农户耕种，在通常情况下，受转包人要向转包人即土地承包经营权人交付转包费（转包必须是本村民小组农户）。

（2）出租。出租是指土地承包经营权人作为出租人，将自己承包期内承包的土地，在一定期限内全部或者部分租赁给本集体经济组织以外的单位或者个人耕种，并收取租金的行为（出租是村民小组以外的单位或个人）。

特别要注意的是：发包人与承包人之间的关系，属于土地的用益物权关系，是承包法律关系的基础；转包人与受转包人的关系，以及出租人与承租人的关系，属于债权关系。在转包和出租承包地时，承包人应当与受转包人或者出租人签订书面转包或者租赁合同，明确双方的权利和义务；采取转包、出租的方式流转承包经营权的应当报发包人备案（书面合同）。

2. 互换。《农村土地承包法》第40条规定：承包人之间为方便耕种或者各自需要，可以对属于同一集体经济组织的土地承包经营权进行互换。

《农村土地承包法》第38条规定，土地承包经营权采取互换、转让方式流转，当事人要求登记的，应当向县级以上地方人民政府申请登记。未经登记，不得对抗善意第三人。

互换从表面上看是地块的交换，但从性质上看，是由交换承包的土地引起的权利本身的交换，权利交换后，原有的发包人与承包人的关系变为发包人与互换后承包人的关系，双方的权利义务同时做出相应的调整。

需要特别注意的是：互换必须依法具备以下要件：①本集体经济组织内部承包人之间为了方便耕种采取的互换；②必须具备书面互换合同；③应当报发包方备案，否则不得对抗善意第三人。

3. 转让。土地承包经营权的转让，是指土地承包经营权人将其拥有的未到期的土地承包经营权移转给他人的行为，土地承包经营权的受让对象可以是本集体经济组织成员，也可以是本集体经济组织以外的农户。

土地承包经营权转让不同于转包、出租和互换，转包人和出租人与发包人的承包关系没有发生变化，转包人与出租人也不失去土地承包经营权，互换土地承包经营权，承包人与发包人的关系虽然有变化，但互换土地承包经营权的双方只不过是对土地承包经营权进行了置换，并未丢失该权利。而转让土地承包经营权，承包人与发包人的土地承包关系即行终止，转让人也不再享有该土地承包经营权。

根据《农村土地承包法》的规定，转让土地承包经营权应当符合以下条件：

（1）转让人有稳定的非农职业或者有稳定的收入来源（比如转让人已成为国家机关工作人员）。

（2）经发包人同意（村民小组同意，必须经村民会议 2/3 以上村民代表同意，并报乡镇人民政府批准）。

（3）受让方是从事农业生产经营的农户（城镇居民等非农户不能成为受让方）。

（4）签订书面合同。

（5）一方要求登记的，应当向县级以上地方人民政府申请登记。

（6）只有书面合同，未经登记的，不得对抗善意第三人。

在日常的工作中，经常会遇到许多法律上无法认定的纠纷性质，例如，开挖荒地引发的纠纷，有的纠纷当事人在他人的林地内开挖荒地发生权属争议，有的在第二轮土地承包时将开挖的荒地填入了土地承包经营权证。调解这类纠纷，应从以下方法进行调解：

第一，明知是他人的林地，是征得对方同意开挖的，由双方协商解决，原则上应属于有林权证的人的权属，也可以按照双方在开挖时的约定进行落实。

第二，已将开挖的林地填入土地承包经营权证的，土地承包经营权证要与县农业承包委员会的清册相符，同时不得对抗第三人，可以认定为承包地。

（三）依法解决的途径

根据《农村土地承包法》第 51 条的规定，因土地承包经营发生纠纷的，双方当事人可以通过协商解决，也可以请求村民委员会、乡（镇）人民政府等调解解决。当事人不愿协商、调解或者协商、调解不成的，可以向农村土地承包仲裁机构申请仲裁，也可以直接向人民法院起诉。第 52 条规定，当事人对农村土地承包仲裁机构的仲裁裁决不服的，可以在收到裁决书之日起 30 日内向人民法院起诉。逾期不起诉的，裁决书即发生法律效力。

农村土地流转纠纷发生在基层，具有较强的地域性，设在农村的调解委员会和乡镇政府是最贴近纠纷及当事人的一级机构，相较于更高一级的纠纷解决主体，他们往往更了解当地的基本情况以及纠纷发生的背景，调解时不仅会运用法律，也会考虑到当地的习俗、道德、村规民约等，在农村土地流转纠纷的解决方面有独到的作用。

二、常见的土地流转类纠纷的调解[1]

（一）土地权属纠纷

要处理这类纠纷，要深入调查、实地勘查、查阅权利证书，并注意以下事项：

由于联产承包到户，耕地经过多次调整，很少有争议，主要是自留山、土，有两种特殊情况：一种是村民耕作荒闲隙地，这种地如果发生争议，要与附近的山、土区别开来，青苗是管理人的，包括征地款中的青苗补偿，而土地权属就是原产权单位的，属于河道的荒滩、荒涂，按法律规定为国家所有。但是《中华人民共和国土地管理法》有一条规定，占用20年，而未主张权利的，原产权人丧失其权利，这一点在处理问题时要灵活掌握。如果不是另一产权集体单位长期占用和经营，不能视为所有权的变化。

1. 查产权归属，分三个时段：一看分田、土、山联产承包到户时，有无凭证；没有的话，再看"五领大包干"时，是不是进行过调整；这样还不能确认的，就看土改时的权属是怎么划分的。查看的途径一般是看权利证书、查历史档案、走访知情人。

2. 对于土、山有地界的，进行现场勘查，查明地界的界石、界沟等。

3. 以上的活动仍然不能确认争议地段的，有两种方法处理：一是依据管理现状，对方长期没有提出异议的，维持原状；二是按分配时亩积或人口的比例，在进行实地丈量之后，按比例划分。哪一种更适合，选择哪一种。调解不成的，告知当事人向主管单位申请裁定。值得注意的是，集体与集体之间的产权争议，由县级以上人民政府受理和确权；集体与个人的经营争议，由乡级以上人民政府受理和确权。而承包经营纠纷，属于组上自治范围的，不能提起诉讼或政府确权，由于村组的程序不合法，可以由政府责令村组按《中华人民共和国村民委员会组织法》重新确定。

（二）斟换田地、土地、山林纠纷

首先，要分清双方争议的是承包经营权还是所有权，如果斟换的田地、土地、山林分属不同的村、组，同时涉及所有权。法律有明文规定，不同所有权人交换土地耕作，必须通过产权人书面同意，而同一法人内的村民互换经营承包权，只要是组上没有提出异议，双方又有斟换的事实，且长期无异议，这种斟换成立。但是现实中情况千差万别，不能一概而论。由于国家对土地承包采取了长期稳定不变的政策，许多地方在征地时，习惯上将征地款中的土地补偿费、劳动力安置补偿都分给承包人，斟换后的利益关系就变得很复杂，所以处理这类案件，既要依法依规，又要适应村级自治的村规民约，同时要注意当地习惯做法。例如：斟换年满20年的，除非有文字约定，或期间有发包方提出异议，一般土地流转已成事实。个人侵占的荒闲隙地，原则上过

---

〔1〕 白晓波："常见矛盾纠纷特点与调解技巧"，载 http://www.360doc.com/content/12/0513/22/9683382_210807509.shtml，2016年10月13日访问。

了 20 年原所有权人也"不能追究"。至于 20 年以内，既没有文字依据，也没有通过村、组同意的，视为斟换无效，但一方已改变土地用途，如建房、建厂，转包给第三方开发的，维持现状为好。后者有合法的手续，不能以其他理由相对抗。

处理的原则和步骤：一是查法律依据，有法律凭证的优先确认；二是查双方协议，查原始记录或原始经手人的证明；三是双方协商；四是按公平的原则处理。

至于由此类纠纷而引发的打架斗殴要分别处理，兼顾起因上的过错。

三、土地流转类纠纷的法律适用

土地流转类纠纷常见的法律依据有：《中华人民共和国民法总则》《中华人民共和国民法通则》《最高人民法院关于贯彻执行〈中华人民共和国民法通则〉若干问题的意见》《中华人民共和国农村土地承包法》《中华人民共和国土地管理法》《中华人民共和国担保法》《中华人民共和国物权法》《中华人民共和国合同法》《最高人民法院关于审理涉及农村土地承包纠纷案件适用法律问题的解释》《农村土地承包经营权流转管理办法》。

任务四　旅游类纠纷的调解技巧和法律适用

一、旅游纠纷的概念与特点

（一）旅游纠纷的概念

广义的旅游纠纷，包括各类因旅游活动而发生的纠纷，它包括发生在旅游者与旅游经营者之间、旅游经营者相互之间、旅游经营者与旅游主管部门之间、旅游主管部门与旅游者之间的纠纷，性质上包括民事法律纠纷、商事法律纠纷、行政法律纠纷。狭义的旅游纠纷，仅指旅游者与旅游经营者或旅游辅助服务者之间因旅游合同、旅游服务引发的矛盾纠纷，包括：①旅游合同履行产生的纠纷。②旅游行程变更产生的纠纷。③旅游食宿引发的纠纷。④旅游购物引发的纠纷。⑤导游服务质量引发的纠纷。⑥游客在旅游活动过程中发生的人身轻微伤害案件。⑦游客在旅游活动过程中发生的，涉及金额不大的财产损失案件。⑧其他可适用人民调解的旅游纠纷。

根据《中华人民共和国旅游法》的规定，消费者协会、旅游投诉受理机构和有关调解组织在双方自愿的基础上，依法对旅游者与旅游经营者之间的纠纷进行调解。县级以上人民政府应当指定或者设立统一的旅游投诉受理机构。

（二）旅游纠纷的特点

旅游纠纷独特的特点表现在以下几个方面：①纠纷涉及的主体复杂。旅游纠纷中的消费者往往来自全国各地，甚至世界各地，纠纷所涉及的法律关系非常复杂，因此，旅游纠纷必然因为人数众多、牵涉的地区部门法律关系等复杂多样而表现出复杂性。

②旅游纠纷所涉及的标的额小。与其他种类的纠纷相比较，旅游纠纷的标的额相对要小一些，即使得不到很好的解决，对于游客的生产生活影响也不是很大，旅游纠纷当事人在纠纷解决过程中，一般是为了讨个说法，因此在司法实践中，大多数的纠纷可以通过调解解决。③旅游纠纷的解决时间的紧迫性。游客的行程是通过经营者的经验和调查，周密计划后确定的，行程中吃、住、行、游、购、娱每个环节时间的安排都非常紧凑，行程中吃、住、行、游、购、娱每个环节都意味着经济付出，如果某个环节上发生了旅游纠纷，就意味着行程的改变和费用的额外支出，因此，旅游纠纷的解决有时间上的急迫性，要求效率越高越好。

二、旅游纠纷调解中存在的问题[1]

（一）条款争议

这主要是对条款承保的违约责任有认识分歧：一是在具体的案件处理中对旅行社（特别是组团社）承担第一责任认识不到位，总是认为旅行社在无过失的情况下没有责任。二是强调违约责任与事故的因果关系，例如发生交通事故后，认为是由于交通事故导致旅行社的安全违约，不是旅行社违约导致交通事故，故认为旅行社无过失、无责任。三是对条款的解释仍然依据过去的条款和做法，不能遵守合同的解释原则（如字义、意图和利于非起草人等），如对"交通费用"的解释等。

（二）材料问题

在材料不全的纠纷中，61%缺少事故证明，既包括当时来不及或无法向事故发生地索取证明而过后很难取得的，也包括导游和领队未向酒店、景区等第三方辅助者索取证明，第三方辅助者不愿意提供证明的，还包括因旅游特点而导致的无事故证明。例如，国外购买无发票、购物发票或凭据与行李一起丢失或灭失、非电子产品未保留或索要发票等。

（三）旅游者不索赔

旅游者回到常住地后，不再提供相关损失证明或依据，旅行社不愿意督促旅游者提供。

（四）责任和赔偿金额纠纷

猝死、摔伤等意外伤害案件的责任划分不易（如猝死案件，家属不愿意尸检），旅游者索赔不理性（如索赔金额过高）或用缠诉、不支付团费等手段迫使旅行社就范和赔偿。很多情况下容易判定组团的旅行社负有"第一责任"，却很难确定组团的旅行社负全部责任。责任比例划分过高对旅行社不利，尽管旅行社可能迫于形势或希望快速

---

〔1〕 "国家旅游局：全国旅游纠纷调解、案件处理情况"，载 http：//travel. ce. cn/news/hyxw/201007/27/t20100727_ 21658324. shtml，2016 年 10 月 20 日访问。

结案而愿意承担较多责任，但不利后果有两方面：不当索赔引发的不良后果及保险费支出增加。这种情况下，需要充分发挥调解处理作用，对旅游者和旅行社之间的责任纠纷进行调解，与保险公司进行沟通，从而推动各方达成共识，同时也需要旅游行业主管部门的关注和介入。

（五）调解处理技能和方法

这主要表现在：一是对旅游行业特点、惯例和管理了解不够。如小社与大社的风险管理不同，小社易发生的忘记携带火车票等简单案件，大社发生的可能性较小；入境游中地接社如同组团社；国际票和国内票退票程序、难度和手续费不同；"缠诉"现象较为普遍；在不恰当的时间致电导游询问出险情况或索取材料；等等。二是对保险公司的管理体系和基层公司理赔部门的心理掌握不够。如理赔部门与市场、承保部门是"三权分立"、相互制约而不是上下级的关系；案件处理最终化为赔付率，落到基层公司头上，影响其考核；示范项目的做法挑战保险公司的现行做法所带来的困难、问题，如保险公司对产品的认同度不够，具体案件处理中没有按照合同、按产品的真正意图来做事，从而延缓、影响案件处理进度；各家公司处理责任险的人员偏少、示范项目目前的规模尚不足以吸引保险公司配置专职人员；等等。三是应对困难、问题的经验、方法和技巧不够。如现场查勘中的身份如何体现（保险经纪人还是调处员）；旅游者受伤治愈后无依据地向旅行社多索赔，旅行社不管，把游客交给旅行社责任保险统保示范项目调解处理中心（以下简称调处中心）处理的应对；旅行社不满意赔偿比例要投诉、质疑示范产品，要起诉调处中心、保险公司；示范产品与并案处理的先后顺序、垫付预付在时间上对"度"的把握；对条款争议不休的解决；与各地保险公司理赔人员的沟通；调处和鉴定机制运用得不充分而导致处理缓慢；等等。

三、旅游纠纷调解处理认知

（一）行业风险复杂多样、个性化极强

同样的风险，在不同条件下处理结果截然不同。很多是同中国特定的文化和发展阶段息息相关的，如旅行社无责任的情况下，游客缠诉；案件发生后，公共管理部门强势应对，要求不管旅行社有无责任先赔偿了事；更多时候事故是多因之果，很难量化责任。国家旅游局引进保险经纪人，建立调解处理机制，就是通过第三方调解这种方式来促进各方的沟通与融合，以利于案件、纠纷的解决，从而形成一种管理行业风险的模式。

（二）旅行社经营风险加大，行业管理部门责任加大

5%的国内旅游市场由旅行社承接，因此旅行社竞争激烈，有时不得不低价竞争，而这又使得服务质量无法保证，经营过程中的风险增加。由于市场相对狭小，旅行社不得不接受老年游等高风险项目，也给行业管理部门带来新挑战。

（三）很多风险通过管理能够得到规避和控制

数据显示，汽车后座乘客系好安全带，车祸死亡率可以降低30%。保险不只是赔偿问题，更重要的是风险管理。如因导游记错时间、写错姓名等导致的有责延误，通过有效的管理是可以减少和避免的。对旅行社而言，要实现有效的风险管理，有赖于行业主管部门、调处中心及旅行社三方的共同努力。

（四）行业需要调解处理服务，调处技能更需要提高

旅行社与旅游者之间、旅行社责任与保险责任之间的分歧与纠纷要得到解决，则需要充分发挥调处作用。销案主要原因有四：报案后损失未发生（以延误居多）、损失较小游客未索赔、通过意外险赔付（小的人身伤害案件）、无损失证明等。销案的原则是不能给旅行社带来后续的索赔，在销案前，调处专员要上门或电话与旅行社沟通，确认可销，并且旅行社给予书面确认。对于意外险案件，帮助旅行社进行分析，看是否有责任或者旅游者索赔的可能性有多大。对于可销案件，也需要调处，不能简单化处理。

四、旅游纠纷的调解制度

根据旅游纠纷的主体复杂，标的额小，解决的时间上具有紧迫性等特点，应当建立如下一些相关的制度，以更好地解决纠纷，维护旅游消费者的合法权益：

（一）建立巡回调解制度

巡回调解制度就是人民调解员在一些主要的旅游景区巡逻，设立工作站，随时帮助解决旅游纠纷的制度。在旅游名胜地设立巡回调解工作站的做法，可以更有效地整合人民调解内部资源，更快捷、更方便地为旅游消费者提供法律咨询服务。调解旅游消费者与旅游经营者之间的争议，化解旅游纠纷，巡回调解工作站成立后，人民调解委员会可以抽出专门的人民调解员，负责处理旅游争议纠纷。这一制度的建立，既节约了时间，不耽搁游客的旅游日程安排，又化解了矛盾，维护了旅游消费者的合法权益。

（二）建立网上调解制度

目前人民调解员以兼职居多，他们的工作时间没有保证，有时候要实行面对面的调解可能存在一些困难。针对这一情况，除了逐步招聘一些专职人民调解员，还有一个办法就是实行旅游纠纷的网上调解，纠纷当事人可以利用网络视屏聊天的方式跟人民调解员面对面交流，解决纠纷。因为在现代社会里，国家不应当强求纠纷解决的具体方式，应当允许当事人自由处置自己的权利，于国家、于当事人都有好处。在科技比较发达的今天，这一方法具有切实可行性。

（三）在旅游人民调解委员会相应设立法院的司法确认机构和法院执行机构

为了解决调解协议的效力问题，《人民调解法》第33条规定，调解协议可以申请

司法确认，司法确认作为诉调对接的关键环节，对于充分发挥各类纠纷解决机制的作用，最大限度地化解纠纷、促进社会和谐具有重大的现实意义。有关国家和地区的经验也证明，通过司法强化司法之外的解决纠纷的结果的效力是必要的。在旅游人民调解委员会设立法院司法确认和执行机构，以便旅游消费者在权利受到侵害以后，申请人民调解解决纠纷的可以迅速地申请司法确认和执行调解协议书规定的内容。这样，有利于协商、诚信、自主、和谐地解决纠纷，减轻人民法院的负担，节约司法资源，实现人民调解与行政程序及司法程序的有效衔接。

（四）建立执行保证金制度

所谓执行保证金制度，就是在旅游纠纷发生之前，强制旅游企业向法院的执行机构交纳一定金额的保证金，一旦旅游经营者违法经营遭遇旅游消费者投诉、起诉、申请仲裁，为了更好地保护旅游消费者的合法权益，直接从执行保证金当中执行调解书、仲裁书以及法院判决书的内容的一项制度。执行保证金制度的建立一方面可以促进旅游经营者诚信经营、合法经营，另一方面也是为了更好地保护旅游纠纷中处于弱势一方的旅游消费者的利益，因为旅游消费者的时间紧迫，往往没有时间向法院去申请强制执行并等待执行，建立执行保证金制度能够使得这个问题得到很好的解决。在依法治国的今天，旅游行业的管理与发展理应走上法制的轨道，旅游纠纷中旅游消费者的合法权益应当受到有效的保护，人民调解作为有中国特色的法律制度理应在解决旅游纠纷中发挥作用，以维护旅游消费者的合法权益，促进中国的旅游业的又好又快发展，化解社会矛盾，为和谐社会的建设和社会主义法治建设做出贡献。

五、旅游纠纷的调解技巧[1]

（一）换位思考

作为游客，在旅程中最希望得到的是美丽的风景、良好的服务、愉悦的心情。最担心的事情是时刻紧绷神经提防消费"陷阱"，遇到纠纷却因人地生疏而求助无门。解决好这些问题，调解工作就成功了一半。首先，应该让游客了解景区调委会的信息，一是可以利用电子屏幕滚动播出景区调委会的地址、电话和纠纷受理范围，让游客一看便知；二是在主要商业街入口处等地张贴景区调委会宣传海报，进一步加深游客印象，让旅客知道旅途中遇到纠纷，有景区调委会可以帮他们定分止争。在调解旅游纠纷时，应该秉承"速战速决"的原则，因为游客们的行程一般早就做好规划，耽搁半天都可能打乱下面的安排，直接影响旅行质量。人民调解应该做到迅捷而有效率。

（二）双向平衡

现在很多景区是原住民生活区和旅游景点相互交融的开放式景区。由于景区与居

---

〔1〕　潘一君："为了美丽的海上花园—在鼓浪屿调解旅游纠纷的心得"，载《人民调解》2013 第 7 期。

民区交杂的特点，游客激增在为景区带来巨大的经济效益的同时也给景区原住民的生活带来不少困扰，油烟、噪音等都让原本宁静的景区变得喧嚣。在调解纠纷时，应该考虑保护原住民的权益，让他们免受旅游经济的过度冲击。当景区的原住民原有的生活模式与新兴旅游经济相碰撞，不可避免地会产生摩擦。在调解纠纷时当尽力去弥补这些因摩擦而起的裂痕，让二者达到平衡。

（三）运用警民联调机制化解重大疑难纠纷

旅游群体性纠纷多伴随着各类过激行为，单靠调解组织的力量难以控制局面，人民调解委员会可以通过运用警民联调机制化解重大疑难纠纷。在调解中要善于协调相关部门的力量，优势互补，以最大限度地优化调解结果。

六、旅游纠纷的法律适用

旅游纠纷常见的法律依据有：《中华人民共和国民法总则》《中华人民共和国民法通则》《最高人民法院关于贯彻执行〈中华人民共和国民法通则〉若干问题的意见》《中华人民共和国旅游法》《中华人民共和国合同法》《中华人民共和国公司法》《最高人民法院关于审理旅游纠纷案件适用法律若干问题的规定》《旅行社国内旅游服务质量要求》《旅行社出境旅游服务规范》《导游服务规范》《导游服务质量标准》《旅行社质量保证金赔偿试行标准》《旅行社条例》《旅行社条例实施细则》《团队出境旅游合同（示范文本）》。

📋 **引例分析**

夫妻双方你争我抢各说各的理，待双方都将理由讲完后，调解员才开始对双方做工作，指出了双方的错误，对夫妻二人展开批评教育："你作为一名家庭主妇，上有两个老人，下有两个孩子，本来你家经济情况不好，加之咱们这里自然条件差，十年九旱，靠天吃饭，近几年天气连年干旱，你丈夫是一家之主，要考虑全家人的生活，你们两口子过日子，平时做事的方式方法不对，夫妻之间做事本来就应该有商有量的。刘某你作为一个大男人平时做事要公平，不要动不动就打人，你没有打人权，公民的人身受法律保护，你再这样下去要负法律责任，甚至会走向犯罪道路，其实离婚没有任何好处，正确处理夫妻关系不是一件容易的事，在法律面前夫妻的权利是平等的，她不识字，脾气又不好可以慢慢改，你应该给她时间，遇到事情，让她多考虑，平时给她多做工作，据我们多方了解你们夫妻关系还有一定的感情基础，还没有发展到非离婚不可的程度，你再想想离婚后你们的孩子没有一个完整的家，另一方面你的父母年龄也大了，又更加为你们着急，急坏了身体也不好，总而言之，离婚不能太随意，也不能太草率。"这些话句句是实，说的刘某只点头，此时盛某也面带微笑，夫妻双方表示日后遇事要冷静，克制自己，互相改掉坏脾气。就这样，一场即将恶化的一起婚姻家庭纠纷经过司法助理员耐心调解，夫妻双方终于接受了。为了巩固调解成果，调解员又先后两次进行了回访，如今两口子和好如初，孩子也乐了，老人也很高兴，一家人和睦相处，小日子过得红红火火。人民调解员在调解婚姻家庭纠纷时可以运用以下技巧：

一、缓和矛盾

婚姻家庭纠纷多由琐事日积月累引起的，一旦爆发容易使矛盾极度对立，要马上彻底解决双方的矛盾，并非易事。因此，首先要做好缓和双方矛盾的工作，确保矛盾不进一步恶化，以免造成难于挽回的后果影响社会的和谐稳定。

二、疏导情绪

婚姻家庭纠纷，往往与感情上的纠纷有关。要解决双方的矛盾，首先要在情绪疏导上做工作，帮助双方回想感情好的时光，逐步发现对方的优点，理性包容对方的缺点，使当事人逐步回到对对方的现实看法中。情绪上的不理性因素逐步消除后，调解处理纠纷的工作难度就会逐步降低。

三、借助外力

父母子女之间或夫妻之间的纠葛，往往因双方之间情感互动出现问题才会产生矛盾。因此，单纯依赖夫妻双方往往难以将矛盾及时化解。这时要借助双方共同的熟人，如与双方关系密切的朋友、有较高威望的长辈、单位领导等参与调解。通过家族的威望或组织的力量来教育存在一定过错的一方，形成双方当事人关系新的均衡，调解工作就会事半功倍。

四、抓住主要矛盾

婚姻家庭矛盾的起因是多样的，如在互谅互让的前提下，一家人可以相安无事，但有时也会因一个矛盾触发而导致关系紧张。因此，虽然双方争吵时出现的争执点很多，但关键问题往往只有一两个。调解工作要重在抓住主要问题，将双方最大的对立面尽可能消除，其余问题就可以迎刃而解。

五、亲情唤起

亲情唤起是婚姻家庭纠纷化解中最常见、最有效也是最独特的方法，这主要源于婚姻家庭关系的本质和内容主要是情感。亲情是世界上最牢不可破也最无私的情感。唤起亲情，等于唤起了当事人之间最深的纽带，双方在面对矛盾时就会相对克制，矛盾化解也就有了抓手。但是，类似"这是你自己的孩子""这是你自己的父母"的话，可能并不是总有用，只有在双方情绪和缓时，帮助唤起当事人对亲情的感受，才能带来较好的效果，否则可能得到的是"我没有这样的孩子""我没有这样的父母"的决绝表态，反而加剧对立，不利于矛盾解决。

思考与练习

一、填空题

1. 《中华人民共和国旅游法》第 92 条规定：旅游者与旅游经营者发生纠纷，可以通过下列途径解决：①双方协商；②向消费者协会、旅游投诉受理机构或者有关调解组织申请（　　　　　）；③根据与旅游经营者达成的仲裁协议提请仲裁机构仲裁；④向人民法院提起诉讼。

二、问答题

1. 婚姻家庭纠纷的调解技巧有哪些？

2. 损害赔偿纠纷的调解技巧有哪些？

3. 拆迁类纠纷的调解技巧有哪些？

4. 土地流转类纠纷的调解技巧有哪些？

5. 旅游类纠纷的调解技巧有哪些？

学习情境

【情境设计】

案例一　退休后，一生忙碌惯了的马某不想就这样闲下来。2015 年 3 月，马某到某材料厂打工，材料厂雇佣马某在其制砖车间运煤砂，负责输送带的正常运转。2015 年 6 月 14 日，马某违反操作规程，用手清理运行中的对滚障碍物，被轧伤左臂。马某住院治疗，诊断为左手毁损伤并行截肢术，材料厂支付了马某住院期间的医疗费 24 889 元后就不再承担任何费用。事故发生后，街道人民调解委员会组织双方当事人进行过调解。

案例二　2015 年 12 月 15 日，龚女士到某区一家医院检查，医生告诉她，检查不到腹中婴儿的位置，很可能是葡萄胎，有癌变的可能。龚女士一听就慌了，希望医生能想办法帮助解决，医生便给龚女士做了无痛人流手术。龚女士回家 10 天后感觉肚子疼痛难忍，丈夫将她送往该市人民医院，确认为宫外孕，又动了一次手术。手术过后，龚女士经过多方面咨询确认第一家医院误诊，提出该医院应赔偿精神损失费等各种费用 15 万的请求。但该医院认为要求太高，不同意赔偿。龚女士多次上门理论未果，便召集家属和朋友到医院闹事，医院正常工作秩序受到干扰，双方闹得不可开交。2016 年 3 月 12 日某派出所接到报警后，该所的民警和人民调解员马上联合起来对双方当事人进行调解。

案例三　某村村民李某与陈某是相邻关系，陈某所建的房屋旁边留有一条 1 米多的行人通道，陈某为了方便自己的日常生产，就在行人通道上筑起了宽 0.4 米的水泥板及路障。李某认为此举给村民的出行带来不便，要求陈某拆除水泥板及路障，但多次与其协商未果。李某于 2016 年 5 月 12 日向司法所申请调解。

案例四　2015 年 11 月 22 日，王某某就读的某小学为组织秋游活动与某旅游有限公司（以下简称旅游公司）签订了国内旅游合同。合同约定：旅游公司组织该校包括王某某在内的 132 名学生组成的团队到长沙园林生态园、徐特立公园进行一日游活动，每人承担旅游费用 118 元。2015 年 11 月 25 日，旅游公司按合同约定派导游派车到某小学接该 132 名学生，某小学亦派 1 名老师随行，进行一日游活动。学生们到达长沙园林生态园后，因旅游公司派出的导游没有及时组织好学生排队进入园林大门，王某某在学生们争抢进入园林大门时被裹进人流，致使其左手无名指被园林铁门压断。事故发生后，王某某被送往某县手外科医院治疗，住院 35 天，用去医疗费用 6073.1 元。王某某的父母因赔偿数额与旅游公司发生纠纷，特向司法所申请调解。

案例五　刘某脾气暴躁，而且嗜赌，一赌输便殴打其妻张某发泄。张某无法忍受，要求离婚。刘某希望张某回心转意，维持家庭完整，于 2015 年 8 月 18 日向司法所申请人民调解。

【训练目的及要求】能够掌握各种常见纠纷的调解技巧。

【训练方法】针对具体纠纷模拟调解，在调解过程中注意调解技巧的运用。

【训练步骤】

1. 依据上述素材，由学生分组扮演角色。

2. 模拟调解。

3. 在调解过程中运用调解技巧。

4. 学生自我评价实训效果。

5. 教师讲评、总结实训活动情况。

拓展阅读书目

1. 刘树桥、马辉主编：《人民调解实务》，暨南大学出版社 2008 年版。

2. 盛永彬、徐涛编著：《法律文书》，暨南大学出版社 2006 年版。

3. 王红梅编著：《新编人民调解工作技巧》，中国政法大学出版社 2006 年版。

4. 宋才发、刘玉民主编：《调解要点与技巧总论》，人民法院出版社 2007 年版。

5. 张新民、王欣新主编：《人民调解员工作手册》，中国法制出版社 2003 年版。

6. 肖方编著：《如何当好人民调解员》，中国社会出版社 2005 年版。

7. 上海市二中院、市律协："上海法院关于房屋拆迁补偿款分割纠纷的调解处理指导手册"，载《社区常见法律纠纷调处手册》。

8. 国务院：《城市房屋拆迁管理条例》。

项目二　典型行业性专业性纠纷的调解技巧和法律适用

知识目标

了解行业性专业性纠纷的特点，熟悉行业性专业性纠纷的调解技巧，掌握此类纠纷相关的法律适用问题。

■■ 能力目标

能够胜任行业性专业性纠纷调解工作。

引 例

案例一 病员男，33 岁，因呕吐、腹胀、腹痛、恶心，停止排气排便 2 天，于 2004 年 12 月 3 日 10 时到某市中心医院急诊外科就诊，当即诊断为肠梗阻并发腹膜炎收住院。入院后经医生检查后向家属交代，病员需要立即手术，由于全院停电，怕延误手术时机，需转院治疗，医生为缓解胃肠压力，让病员带着胃肠减压管急速离开。

病员入某医大一院急诊就诊，按肠梗阻立即住院，病员家属向主治医生讲明因某市中心医院停电，不能立即手术而转院。经查病员体温 36.2 度，脉搏 92 次/分，血压 17/11KP，呼吸 18 次/分，心肺未见异象；腹略膨降，未见肠型蠕动波，腹正中可见长约 20cm 手术瘢痕，全腹软，未触及包块，肝脏未触及，中腹部略有压痛，无反跳痛及肌紧张，移动性浊音阴性，肠鸣音亢进；腹透：左中下腹部见肠管积气，中腹部见较大液平面；白细胞：$10.4*10/L$，Sg：0.71，尿糖（＋＋＋）；酮体（＋）；初步诊断为粘连性肠梗阻。暂行非手术治疗，给予禁食水、胃肠减压、控制感染、灌肠等对症治疗。但在治疗中，医生观察病情不细，对家属反映病员腹痛加剧、呕吐物咖啡状等临床症状没有给予足够重视，也没有及时请上级医生会诊。到 12 月 14 日 9 时，主治医生查房时才发现病员病情危急，已出现明显的肠坏死、休克等症状，延误了手术时机。医院在抗休克治疗的基础上，进行了剖腹探查术，发现病员肠管大部分坏死，仅曲氏韧带约 60cm 之内肠管颜色尚可，故切除所有坏死肠管。因术后形成短肠综合征，营养不良，感染等因素，病员于 2005 年 1 月 1 日死亡。

事件发生后医院认为根据病员的病史和入院症状诊断是正确的，治疗上行非手术疗法也是可以的。未能及时手术是因为病员家属对是否手术犹豫不决，耽误了手术时机。手术是成功的，手术后的短肠综合征，同时切除大部分小肠及结肠难以维持生命是病员病情改变异常严重所致，并非医疗上的粗疏或失败的结果。

病员家属认为病员已被市医院诊断为绞窄性肠梗阻，需手术治疗，因该院停电无法手术故转院治疗。但接诊医院医生为进修医生、实习生，不能胜任工作造成误诊和对工作不负责任，延误手术时机导致病员死亡。

经当地医疗事故鉴定委员会鉴定认为：①病员入院时症状应诊断为绞窄性肠梗阻，由于医生临床经验不足，认症不准确，诊断不确切。②医生在采取保守疗法过程中，观察病情不细，检查处置不当，延误了手术时机。据此定为医疗事故，事故性质为技术事故，级别一级。③根据有关规定给病员家属一次性经济补偿，对责任医生给予相应的行政处分。[1]

案例二 张某驾驶小型越野客车，沿红光路由东向西行驶至热电厂附近，将车靠在红光路北侧路边，买完东西上车启动，继续由东向西绕红光路北侧沙堆时，不慎与前面同方向已绕过沙堆的郑某的二轮电动车发生碰撞，张某因紧张紧踩油门，将郑某撞到对面车道，车继续前行，又与由西向东车道上停放的岳某某驾驶的中华轿车发生碰撞，后冲过绿化带，停在由西向东的非机动车道上。

经交警部门认定：张某驾驶机动车上路行驶，不能正确分析判断道路上错综复杂的交通情况，观察不周，造成事故后又采取措施不当，加重了事故后果，是造成事故的直接原因，具有该事故的全部过错，负该事故的全部责任。郑某、岳某某无责任。

郑某受伤严重，肇事机动车车主张某担心郑某死亡后可能追究司机刑事责任，力求尽快解决此事便有意调解。人民调解委员会受理后展开调查，调查表明：受害人郑某受伤后经过多家医院治疗已经发展成植物人状态，生命岌岌可危，医院的救治措施不当可能是一个重要原因，按照法律规定不应追究司机刑事责任，但如果不能尽快解决，一旦受害人死亡，其家属很可能纠缠追究司机刑事责任，给车主一方带来不必要的麻烦。于是决定积极洽谈早日解决。

截至洽谈协商之日，受害人医疗费已经花费 20 多万元。受害人一方提出除医疗费之外，车主再支付其他费用共计 30 万元，包括后续治疗费 10 万元，残疾赔偿金、被抚养人生活费、误工费等共计 20 万元。[2]

案例三 西安某小区业主王女士说：在入住 1 年多后，楼下邻居反映她家卫生间漏水，但两家并未因此"红过脸"，都想好好解决问题，于是双方找到相关单位希望处理此事。开发商认为交房时已做过闭水测试，不渗漏，这事该找物业公司协调处理。物业公司却认为这事该由王女士找装修公司处理，与物业公司无关。

问题：

1. 上述纠纷分别属于哪种类型的纠纷？

2. 上述纠纷分别有哪些特点？

3. 上述纠纷的调解分别有什么技巧？

基本原理

典型行业性专业性纠纷主要是指医患纠纷、道路交通事故纠纷、物业纠纷。这些纠纷行业性专业性明显，调解的要求也比较高。

---

[1] 改编自"腹部手术引起的医疗事故纠纷"，载 http://www.110.com/ziliao/article-41421.html，2016 年 11 月 18 日访问。

[2] "西安市道路交通事故赔偿调解案例（2010 年案例选）"，载 http://www.110.com/ziliao/article-170788.html，2016 年 11 月 18 日访问。

任务一　医患纠纷的调解技巧和法律适用

医疗行为的专业性和高风险性决定了医患纠纷的不可避免。近年来，随着医疗改革的深入和人们维权意识的不断增强，医患纠纷呈不断上升趋势。据卫生部统计数据显示，全国每年发生的医患纠纷逾百万起，还时有"医闹"和医患冲突等恶性事件发生。

一、医患纠纷

（一）医患纠纷的概念

医患纠纷，一般而言，是指求医者因对医疗服务提供者的医疗服务不满意，医患双方对医疗行为是否导致了不良后果、不良后果产生的原因、责任及后果承担等问题不能形成一致认识而引起的有关责任认定和民事赔偿方面的争议。其中患方主要指患者及其家属，医方则主要指医务人员和医疗机构。

医患纠纷不同于医疗事故。《医疗事故处理条例》中明确规定，医疗事故是指医疗机构及其医务人员在医疗活动中，违反医疗卫生管理法律、行政法规、部门规章和诊疗护理规范、常规，过失造成患者人身损害的事故。医疗事故只是医疗纠纷中的一种特殊的表现形式，并非所有的医疗纠纷都属于医疗事故。

（二）医患纠纷的特点

1. 专业性较强。医患纠纷涉及医学和法学两方面的内容。其中医学属高度专业的技术领域，不仅外行看不懂，就是不同专业方向的医生想要说清其他专业方向的问题也不是一件容易的事情。患者及其家属能够看懂的只有结果，他们往往会根据结果去推断医疗过程是否存在错误或过失。医患双方对医疗过程的理解水平差异巨大。因此，实践中难免会出现医方故意隐瞒己方的失误或患方对于医方的解释完全不信任的情况。如果没有一个双方都信任的且专业性极强的第三方参与解决纠纷，医患纠纷几乎是个无解的难题。

2. 涉及面广、影响大。医患纠纷可能涉及任何一个人，因为每个人都会生病，都可能成为病人，也都可能成为医患纠纷的当事人。因此，每当出现医患纠纷时，许多人都会不自觉地将自己代入到患方的角色当中去，医患纠纷受到各界的广泛关注，其效应也远远超出个案。个案处理的失当会加剧人们对医疗机构及医务人员的不信任，由此恶性循环导致医疗纠纷越来越多。因医患纠纷而产生的损害赔偿费用、诉讼费用、赔偿责任保险费等费用急剧增加，这些支出最终会转嫁到患者身上，引发医疗费用的上升，而进一步加剧患者的不满。

3. 易发展为群体性事件。医患双方在社会地位、财力、人力、物力等各方面都是不对等的，在专业领域更没有可比性，可以说在医患纠纷当中，患方是绝对的弱者。某些患方为了弥补自身的弱势，会呼朋唤友来壮大声势，聚众与医方抗衡。出于各种原因，这种群体性的抗衡很容易失控，演变为过激的群体行为，如"打""砸""威胁医务人员"等，有的联系媒体对医方进行舆论施压，形成"公众审判"之势。强大的公众舆论反而使医方沦为弱势一方，医方为了息事宁人，往往选择尽快赔钱了事。但长此以往，使某些人尝到了闹事的甜头，"医闹"便会从个别行为演化为一种社会现象。医患纠纷发生后患者的不理性维权又造成了诊疗环境的恶化，有些情形下甚至会造成医院的停业。可见，解决医患纠纷的关键并不在于改善患者弱势地位，而是就事论事，公平公正地还原事实、分清责任。

二、医患纠纷调解委员会

为了妥善解决医患纠纷，及时化解医患矛盾，维护社会稳定，有必要探索一种公正、高效、便捷、低成本的医疗纠纷解决机制。医患纠纷第三方介入解决机制作为解决医患纠纷的一条新思路在全国各地纷纷试行。

医患纠纷调解委员会应运而生，它是指由独立于医患双方的拥有专业鉴定和调解能力的组织或个人，在不违反社会法律、道德的前提下，在充分尊重当事人自主意思的情况下，公正、客观地以协商的形式处理医患纠纷的调解组织。目前我国部分地区，如北京、天津、上海、广东、南京、宁波等，对医患纠纷第三方调解机制进行了探索。

（一）组织建设

目前较为成功的第三方调解机制探索，医疗纠纷调解委员会均与医疗责任保险机制联系紧密。比如，宁波模式最主要的做法是成立医患纠纷人民调解委员会（以下简称医调委）与医患纠纷理赔处理中心两大机制。医调委独立于卫生行政部门，隶属于司法局，由司法部门负责日常管理和人员招聘等工作。运行经费由同级财政保障（在其他的成功模式当中，也有个别调委会经费由医疗责任保险公司按照医院投保金额的一定比例提取予以保障）。调解免费（个别医调委按受偿比例收取调解费用，导致当事人选择调解的比例非常低）。宁波模式中，保险理赔处理中心由中国人民保险、太平洋保险、中国大地保险、中国平安保险四家保险公司的宁波分公司组成共保体，所有在宁波的公立医疗机构均参保。统保项目以医疗责任保险为主，还包括财产险和火灾险等。根据约定，医疗责任险当年如有结余，全部转入次年赔付准备金，理赔处理机构的运作成本按医疗责任险总额的固定比例提取。

（二）调解程序

由于医疗纠纷的专业性极强，因此医疗责任的鉴定、法律责任的划分需要医学、法学专家给出专业的鉴定结论。医调委惯常的做法是聘请一定数量的医学、法律专家组成专家库，为调解工作提供专业技术咨询服务。各级调委会严格按照受理纠纷、调查取证、过失认定、定损计赔、合议程序、沟通劝导、调解协议、回访督办、结案归档和统计分析等程序处理医患纠纷。

（三）保险理赔

一般而言，医疗责任保险理赔范围是"医疗事故"，即仅就医方有错误的情况予以理赔。个别地区的第三方调解机制中医疗责任保险理赔范围扩展到"医疗纠纷"，包括医疗意外的适度人道主义补偿。理赔的方式也各有不同，有的地区是医院赔付后向保险公司申请理赔，也有的地区是医院先行赔付后，保险公司主动向医方支付赔款，还有个别地区是保险公司直接向患方支付赔款。

三、医患纠纷的调解技巧

（一）重视医疗责任保险的宣传引导

医疗责任保险是对医疗机构依法应负的经济赔偿责任，依合同约定进行赔付的保险。医疗责任保险作为一种市场化的风险分担转移机制、互助共济机制和社会管理机制，在保障医患双方的合法权益、防范化解医患纠纷、构建和谐医患关系方面具有积极意义和重要作用：保险作为"第三方"力量，通过与医疗纠纷调处机制的有效结合，将医患纠纷处理从医疗机构内转移到医疗机构外，依法依规进行调解、处置和理赔，有利于预防、化解医患矛盾，保障正常医疗秩序；发展医疗责任保险，利用保险价格杠杆的激励约束作用，有利于积极引导医疗机构转变观念，提高医疗风险防范意识，有利于促进医疗机构加强内部管理，从而预防和减少医疗纠纷的发生，提高医疗风险管理的总体能力。

2014年中华人民共和国国家卫生和计划生育委员会等发布《关于加强医疗责任保险工作的意见》，提出为深入贯彻落实党中央、国务院关于维护正常医疗秩序、构建和谐医患关系的重要决策部署，完善以人民调解为主体，院内调解、人民调解、司法调解、医疗风险分担机制有机结合的"三调解一保险"制度体系，充分发挥以医疗责任保险为主要形式的医疗风险分担机制在医疗纠纷化解、医疗风险管理等方面的重要作用，进一步健全我国医疗责任保险制度，提高医疗责任保险参保率和医疗责任保险服务水平。

人民调解员在调解工作过程中，应当积极推动和鼓励医方购买医疗责任保险，以分担医疗风险。当医方购买医疗责任险后，在调解的过程中心态会更为平和，不至于跟患方锱铢必较，会更有利于调解协议的达成。

（二）明确第三方地位，取得患方信任

患方与医院，特别是公立医院发生纠纷后，很多时候宁愿选择闹事，也不找政府解决问题，其根本的原因就是患方往往认为政府跟医院是一家，政府一定会包庇医院，特别是当卫生部门或医疗行业协会出具的鉴定结论是医方无过错时，这种不信任会达到顶峰。这就形成了"只要得不到赔款，就是政府包庇医院"的结论，而医疗鉴定由于其极强的专业性无法向公众说明，政府百口莫辩。这也是第三方调解机制被迫切需要的原因。

人民调解员为了避免引起患方不必要的误解，影响调解的正常进行，应当在接触当事人之初，就明确向其表明调委会的中立地位，向当事人说明调委会与医院之间不存在任何利害关系，以取得患方的信任。患方才会愿意接受不利于己方的鉴定结果。

（三）对于极度无理的当事人进行正义威慑

在调解的过程中，人民调解员会遇到各式各样的当事人，有的当事人通情达理，有的当事人胡搅蛮缠，甚至有的当事人明知对方不存在过错，还是不拿到赔偿不罢休。根据调解的平等原则，人民调解员与当事人处于平等地位，没有权力约束当事人，但人民调解员对这种不正之风也不能姑息、让步，可以通过语气、态度的变化来实现对"无理辩三分"的当事人的震慑。人民调解员可以通过讲法说理，义正词严地向当事人说明胡搅蛮缠不能给他带来更多的利益，闹事还会带来他不愿承担的恶果，向当事人宣读对闹事人进行惩治的具体法律法规，以实现对当事人的精神压制。

四、医患纠纷的法律适用

（一）医患纠纷的责任承担原则

根据《侵权责任法》第54条的规定："患者在诊疗活动中受到损害，医疗机构及其医务人员有过错的，由医疗机构承担赔偿责任。"这一条款明确了医疗纠纷的责任承担原则为过错原则，即医院及医生无过错则不需要承担赔偿责任。

国外一些国家规定了对无过错医疗纠纷的补偿制度，我国的宁波模式部分采纳了这一制度，但这一制度的合理性、可操作性都还在探讨阶段，目前我国的医疗纠纷处置原则仍然是过错原则。但人民调解员在调解过程中对于这一问题可以灵活把握，适当说服医方主动给予患方人道主义援助。

（二）医疗事故责任推定

对于实践中有些严重不当的医疗行为，其行为本身便直接可以说明违反了医方的诊疗义务，因此，只要存在这些行为，法律直接可以推定医疗机构存在过错。《侵权责任法》第58条规定："患者有损害，因下列情形之一的，推定医疗机构有过错：①违反法律、行政法规、规章以及其他有关诊疗规范的规定；②隐匿或者拒绝提供与纠纷有关的病历资料；③伪造、篡改或者销毁病历资料。"

（三）医疗机构的追偿权

《侵权责任法》第59条规定："因药品、消毒药剂、医疗器械的缺陷，或者输入不合格的血液造成患者损害的，患者可以向生产者或者血液提供机构请求赔偿，也可以向医疗机构请求赔偿。患者向医疗机构请求赔偿的，医疗机构赔偿后，有权向负有责任的生产者或者血液提供机构追偿。"医疗机构在此承担的是中间责任，而非最终责任。

（四）医疗机构的免责事由

根据《侵权责任法》第60条的规定，患者有损害，因下列情形之一的，医疗机构不承担赔偿责任：

1. 患者或者其近亲属不配合医疗机构进行符合诊疗规范的诊疗。

2. 医务人员在抢救生命垂危的患者等紧急情况下已经尽到合理诊疗义务。

3. 限于当时的医疗水平难以诊疗。

需要注意的是，对于上述第一种情形，如医疗机构及其医务人员也有过错的，应当承担相应的赔偿责任。

（五）医疗事故赔偿项目和标准计算

根据《医疗事故处理条例》第50、51条的规定，医疗事故的赔偿项目及其计算标准如下：

1. 医疗费：按照医疗事故对患者造成的人身损害进行治疗所发生的医疗费用计算，凭据支付，但不包括原发病医疗费用。结案后确实需要继续治疗的，按照基本医疗费用支付。

2. 误工费：患者有固定收入的，按照本人因误工减少的固定收入计算，对收入高于医疗事故发生地上一年度职工年平均工资3倍以上的，按照3倍计算；无固定收入的，按照医疗事故发生地上一年度职工年平均工资计算。

3. 住院伙食补助费：按照医疗事故发生地国家机关一般工作人员的出差伙食补助标准计算。

4. 陪护费：患者住院期间需要专人陪护的，按照医疗事故发生地上一年度职工年平均工资计算。

5. 残疾生活补助费：根据伤残等级，按照医疗事故发生地居民年平均生活费计算，自定残之月起最长赔偿30年；但是，60周岁以上的，不超过15年；70周岁以上的，不超过5年。

6. 残疾用具费：因残疾需要配置补偿功能器具的，凭医疗机构证明，按照普及型器具的费用计算。

7. 丧葬费：按照医疗事故发生地规定的丧葬费补助标准计算。

8. 被扶养人生活费：以死者生前或者残疾者丧失劳动能力前实际扶养且没有劳动能力的人为限，按照其户籍所在地或者居所地居民最低生活保障标准计算。对不满16周岁的，扶养到16周岁。对年满16周岁但无劳动能力的，扶养20年；但是，60周岁以上的，不超过15年；70周岁以上的，不超过5年。

9. 交通费：按照患者实际必需的交通费用计算，凭据支付。

10. 住宿费：按照医疗事故发生地国家机关一般工作人员的出差住宿补助标准计

算，凭据支付。

11. 精神损害抚慰金：按照医疗事故发生地居民年平均生活费计算。造成患者死亡的，赔偿年限最长不超过 6 年；造成患者残疾的，赔偿年限最长不超过 3 年。

参加医疗事故处理的患者近亲属的交通费、误工费、住宿费，医疗事故造成患者死亡的，参加丧葬活动的患者配偶和直系亲属的交通费、误工费、住宿费，参照上述标准计算，计算费用的人数不超过 2 人。

任务二 道路交通事故纠纷的调解技巧和法律适用

一、道路交通事故纠纷

道路交通事故纠纷，是指车辆在道路上造成人身伤亡或者财产损失所引起的交通事故人身损害赔偿纠纷、交通事故财产损害赔偿纠纷和交通事故保险理赔纠纷。当前，随着社会经济快速发展，社会机动车保有量大增，道路交通事故进入了高发时期，因交通事故引发的不安定因素也在日益增多。道路交通事故纠纷呈现出以下特点：

（一）责任主体难确定

在道路交通事故损害赔偿案件中，确定损害赔偿的责任主体是一个非常重要的问题，只有分清车辆所有人、驾驶人和实际支配人之间存在的各种不同关系，确定了赔偿责任主体，才能确定如何承担赔偿责任。然而在实践中，存在机动车交易不过户的现象，车辆在实际使用中又存在雇佣、挂靠、租赁、出借、承包等关系，经常出现实际车主与名义车主不一致的情况，或者存在多个车主责任承担等问题，使得道路交通事故的责任主体难以确定。

（二）理赔难

《中华人民共和国道路交通安全法》（以下简称《道路交通安全法》）第 76 条规定，机动车发生交通事故造成人身伤亡、财产损失的，由保险公司在机动车第三者责任强制保险责任限额范围内予以赔偿，不足的部分，由当事人按责任比例承担。然而在实践中，由于责任人对理赔项目不熟悉，保险理赔的程序又比较复杂，拿着被害方的单据去保险公司理赔时，常常被告知"你们私下的协议，我们不予认可。如果你们没有诉讼解决，我们不予理赔"。很多责任人由于担心得不到保险理赔，不敢直接向受害人一方支付赔偿款。受害人要求赔偿时，常常得到的回答是"你去打官司好了，法院判保险公司赔偿多少，我就赔多少"等诸如此类的答复。受害人一方要得到赔偿，往往就不得不通过诉讼，而诉讼需要投入的时间成本、精力成本、经济成本又比较高。因此形成这样一个理赔难的局面。

（三）救济难

如果在交通事故中发生重大的人身伤亡，最急需解决的就是抢救伤者的医疗费用问题。由于时间紧急，责任来不及确定，医疗费用的承担主体尚不明确，谁来垫付抢救医疗费用就变成了一个难题，针对这一问题，《道路交通安全法》第75条规定："医疗机构对交通事故中的受伤人员应当及时抢救，不得因抢救费用未及时支付而拖延救治。肇事车辆参加机动车第三者责任强制保险的，由保险公司在责任限额范围内支付抢救费用；抢救费用超过责任限额的，未参加机动车第三者责任强制保险或者肇事后逃逸的，由道路交通事故社会救助基金先行垫付部分或者全部抢救费用，道路交通事故社会救助基金管理机构有权向交通事故责任人追偿。"然而在现实中，有的伤者抢救周期较长、费用高昂，医疗机构会向家属施加压力，催要欠款；保险公司作为营利性企业，不愿意承担责任之外的赔偿，往往要看到交通管理部门的《预（垫）付交通事故抢救费用通知书》才肯掏钱，交通管理部门又要进行多方面的审核才可能出具该通知书；如需要社会救助基金组织垫付费用，则需要受害人或其亲属向救助基金管理机构提出申请，而且同样需要交通管理部门出具《预（垫）付交通事故抢救费用通知书》。因此，对于受害人一方而言，还不如向机动车驾驶者直接要求垫付实际，但很多机动车驾驶者由于责任未明确，也不会随便垫付，矛盾因此容易进一步激化。

二、道路交通事故纠纷调解委员会

如何主动适应道路交通事故大量增加的形势，减少因交通事故引发的各类不安定因素，是摆在各级公安交警部门面前亟待解决的一项课题。整合资源，将人民调解机制引入交通事故损害赔偿纠纷调处工作，构筑交通事故人民调解网络，能够改变交通事故调解交警孤军作战、牵制大量警力的现状，有效维护交通事故当事人的合法权益。

现在，全国有很多省、市、地区成立了专门的道路交通事故纠纷调解委员会。根据道路交通事故纠纷的特点，可以看出其解决必须依靠交通管理部门、卫生部门、保险公司的配合，因此，道路交通事故纠纷调解委员会单独处理此类纠纷收效甚微，这些试点地区大都同时建立了调解对接联动机制。

（一）调解对接联动机制

调解对接联动机制是指与道路交通事故纠纷解决相关的各部门、各单位与调解组织相互配合、相互支撑，共同化解纠纷的机制。在实践中，通常包括以下几个方面的对接：

1. 公调对接。值班交警接警后，对符合人民调解范围的交通事故民事损害赔偿部分，移送至设立在交警大队中的调解室。经调解达成协议的，调解室出具《人民调解协议书》。调解不成的，填写《道路交通事故人民调解终止告知书》，返回至交警部门。

2. 调保结合。保险公司承认交通事故人民调解室主持调解下签订的《人民调解协议书》的效力，并以该调解协议书作为保险理赔依据，按照有关保险约定对当事人实施理赔。

3. 诉调对接。有些地区的法院在交警大队设立巡回法庭，与同设立在交警大队中的人民调解委员会进行对接。对事故赔偿纠纷不能当场履行的，由巡回法庭盖章确认调解有效，必要时可由法院强制执行。

4. 与法律援助、公证联动。交通事故人民调解委员会在调解交通事故民事损害赔偿纠纷中，对符合法律援助的当事人申请的法律援助事项，及时提供法律援助，实行公证与人民调解无缝对接，提高协议履行率。

（二）道路交通事故纠纷处理流程

1. 受理审查。调解组织受理道路交通事故纠纷，可以接受交警部门的移送、委托，也可以由当事人自行申请。接到事故当事人双方申请后，组织审查，符合受理条件的，应及时受理；不符合受理条件的，告知不受理的原因和理由。当发生重大交通事故时，应交警部门要求，可以赶赴现场进行实地勘察。

2. 调查核实。受理后，约见双方当事人，听取双方陈述，向交警大队调取事故责任认定书并进行取证，必要时组织专家分析会诊，然后集体合议，进行过错认定和定损计赔，并拟定调解方案。

3. 纠纷调解。调解工作遵循事故当事人双方自愿原则，在平等的基础上，严格按照人民调解规定的程序进行，并向当事人说明依据国家相关法律法规和政策规定如何计算赔偿数额。调解周期不宜过长，一般不超过 1 个月。

4. 协议签订。调解成功后，严格按照相关规定规范制作调解协议书（一式四份），认真做好调解笔录，确认双方当事人的合法身份后，依法签订调解协议。协议签订后，如不能当场履行，告知当事人可以向法院申请确认效力，或向公证机构申请公证。

5. 回访督办。对调解终结的交通事故损害赔偿，适时组织回访，了解调解协议的执行情况，征求当事人双方对调解工作的建议和意见。发现有未履行协议的情况，做好未履行方的教育说服工作，督促履行协议。

（三）救助机制的探索

有些地区交警大队会同卫生、保险、民政等部门建立快速救治、快速理赔两个绿色通道和社会救助机制，为调解对接联动机制的良好运行提供了强有力的支撑和保障。

1. 建立伤员快速救治绿色通道。与医院协商建立交通事故绿色救治通道，确保交通事故受伤人员在第一时间得到有效救治，杜绝因抢救不及时致死致残等情况的发生。在当事人无法及时支付医疗费的情况下，由保险公司先行支付部分费用。

2. 建立事故快速赔付绿色通道。与保险公司协商，对简易交通事故进行快速赔付。事故发生后，民警在第一时间把事故资料提供给保险公司，实现资源共享，缩短赔付周期，方便事故当事人。

3. 建立交通事故社会救助机制。对因肇事逃逸、赔偿不能落实而导致家庭特别困难的当事人，积极报请当地党委、政府和民政部门，给予社会救助，安抚当事人的情绪，防止事态恶化。

交通事故纠纷调解对接联动机制体现了"便民、高效、透明"的理念，使道路交通事故纠纷理赔难、救济难、判决执行难、上访闹事多等问题得到有效化解，有力地维护了社会的和谐稳定。

三、道路交通事故纠纷的调解技巧

（一）加强法律知识宣传

交通事故的发生，大都是由交通违法行为导致的。调解组织应当将宣传法律法规，宣传守法、文明、安全驾驶作为常态化的工作，以降低交通事故的发生概率。

除此之外，调解组织还应当就交通事故发生后如何处理的问题展开宣传教育，向群众普及处理交通事故的常识，如一旦发生了交通事故要及时、妥善处理，留下详细、准确的住所地址和联系电话，争取双方快速、友好协商解决，以免扩大损失、激化矛盾。

（二）加强与保险公司的合作

道路交通事故往往涉及保险赔付的问题，如果当事人在化解矛盾调处纠纷时，不确定自己能否得到保险公司的赔付，赔付项目有哪些，赔付金额有多少，调解就很难达成一致意见。加之保险公司事实上也是纠纷的利益相关主体，因此，将保险公司纳入调解过程中是合理的，也是必要的。人民调解委员会与保险公司的合作方式可以多样化，有些地区已经实现工作地点、协议效力等方面的对接，有些地区则没有这方面的条件，人民调解员在处理交通事故纠纷时，可以让保险公司以当事人的身份参与调解，也可以邀请其作为可借助的社会力量协助调解。本质上，就是要让当事人在调解过程中就可以了解保险的具体赔付金额，以便作出下一步的利益抉择。

（三）明确责任承担的主体

道路交通事故纠纷的责任主体往往是比较复杂的，可能涉及出售人、出借人、出租人、雇主、机动车驾驶人、非机动车驾驶人、行人、有过错的第三人等。人民调解员在正式开展调解工作之前，应当先理清法律关系，确定责任承担的主体，否则调解无法顺利进行。

（四）科学运用换位思考法

在有人身伤亡的道路交通事故发生后，一方会因伤、残或者死亡而悲痛不已，义愤填膺，另一方则因一时疏忽造成了对他人的伤害和自己的损失而懊悔不已，后悔莫及。这时人民调解员应当向受害方说明肇事司机并不是故意而是过失，其精神和经济压力均不小，引导他们以宽容的心态，心平气和地妥善处理此纠纷；同时又要说服肇事方理解和体谅伤亡者及其家人提出的要求，他们毕竟无缘无故地受到了精神和肉体上的伤害，作为加害方，经济上承担一定的责任也是在情理之中；引导双方开展"假如你伤害了别人或被别人伤害了"的换位思考，因势利导地缩小乃至消除当事人之间的距离和矛盾。

（五）实打实的依规硬算法

对于交通事故纠纷的调解，除依法调解外，还可以根据当地的风俗习惯、当事人的个人意愿，作一些金额上的调整。但对于个别当事人伤情并不很重，"狮子大开口"，胡搅蛮缠，提出过分要求的，一方面要求人民调解员要循循善诱、善于做耐心细致的说服劝导工作，另一方面又要做好充分的准备，按照有关的法律法规一项一项地计算和解释清楚，从而促使当事人为了保全自己最大的利益而打消自己过高要求的念头，尽快达成调解协议。

四、道路交通事故纠纷的法律适用

（一）驾驶人与机动车所有权人分离的责任认定

1. 买卖车辆未办理过户手续，车辆发生交通事故，原车主（卖方）是否应当承担责任的问题。《侵权责任法》第50条明确规定："当事人之间已经以买卖等方式转让并交付机动车但未办理所有权转移登记，发生交通事故后属于该机动车一方责任的，由保险公司在机动车强制保险责任限额范围内予以赔偿。不足部分，由受让人承担赔偿责任。"即原车主虽为所有权人，但不需为机动车事故承担责任。

2. 被盗机动车交通肇事后由谁承担事故责任的问题。最高人民法院在给河南省高级人民法院的《关于被盗机动车辆肇事后由谁承担损害赔偿责任问题的批复》中明确规定："使用盗窃的机动车辆肇事，造成被害人物质损失的，肇事人应当依法承担损害赔偿责任，被盗机动车辆的所有人不承担损害赔偿责任。"我国公安部交通管理局《关于被盗机动车辆肇事后应由谁承担损害赔偿责任问题的意见的函》中明确指出："犯罪分子使用盗窃车辆或者他人使用犯罪分子盗窃的机动车辆肇事的，均应对盗车的犯罪分子提起刑事附带民事诉讼解决，被盗机动车辆所有人作为受害人一般不存在对机动车辆被盗的过错责任问题，因此也不应承担任何法律责任，包括代为赔偿责任。"由此可见，被盗机动车辆肇事后车辆所有人不需要承担损害赔偿责任。

（二）对方有过错的责任认定

1. 机动车与行人同时有违章行为发生交通事故，应如何认定事故责任。《道路交通安全法》第76条第1款第2项规定，机动车与非机动车驾驶人、行人之间发生交通事故，非机动车驾驶人、行人没有过错的，由机动车一方承担赔偿责任；有证据证明非机动车驾驶人、行人有过错的，根据过错程度适当减轻机动车一方的赔偿责任；机动车一方没有过错的，承担不超过10%的赔偿责任。根据该项规定，在机动车与非机动车、行人发生的交通事故，归责原则是严格责任，即不论机动车一方有无过错，只要没有证据证明非机动车驾驶员、行人违反交通规则，机动车驾驶人就要承担全部责任。

2. 行人故意造成交通事故，机动车驾驶人是否承担事故责任的问题。《道路交通安全法》第76条第2款规定，交通事故的损失是由非机动车驾驶人、行人故意碰撞机动车造成的，机动车一方不承担赔偿责任。《道路交通事故处理程序规定》第46条第2款规定，一方当事人故意造成道路交通事故的，他方无责任。

（三）第三方有过错的责任认定

1. 机动车因质量问题而造成交通事故的责任承担问题。根据《侵权责任法》第43、44条规定，因产品存在缺陷造成损害的，被侵权人可以向产品的生产者请求赔偿，也可以向产品的销售者请求赔偿。产品缺陷由生产者造成的，销售者赔偿后，有权向生产者追偿。因销售者的过错使产品存在缺陷，造成他人损害的，产品的生产者、销售者赔偿后，有权向第三人追偿。如果交通事故是机动车质量出现问题造成的，机动车所有人因交通事故受到损害，可以向汽车的销售者或生产者任一方主张赔偿，二者不得以自己非实际责任方为由进行推诿；因机动车质量问题造成他人损害，需要承担赔偿责任的，可以在先行赔付后，向汽车销售者或者生产者追偿。

2. 交通事故发生后，医院诊断失误导致事故受害人死亡的，交通事故责任的承担问题。医院诊断失误导致事故受害人死亡，属于第三人过错导致损害扩大，肇事人仅就自己行为导致的后果承担赔偿责任，不对扩大的损害负责。医院应当就损害结果的扩大部分承担责任。

任务三　物业纠纷的调解技巧和法律适用

随着我国住宅建设迅猛发展，大量住宅小区投入使用，围绕物业管理活动而发生的纠纷也愈来愈多，物业服务纠纷案件数量居高不下。物业管理涉及千家万户，处理不当容易引起连锁反应，导致矛盾激化并引发群体性事件，应引起高度重视。

一、物业纠纷

（一）物业纠纷的概念

《物业管理条例》第2条将"物业管理"定义为："业主通过选聘物业服务企业，由业主和物业服务企业按照物业服务合同约定，对房屋及配套的设施设备和相关场地进行维修、养护、管理，维护物业管理区域内的环境卫生和相关秩序的活动。"可见，物业管理活动有管理的性质，同时也有服务的性质，但基于法律的规定，物业公司为服务性质的企业。

基于物业管理活动而产生的纠纷，被称为物业纠纷，它是指物业管理法律关系的主体，即业主、业主大会、业主委员会、物业使用人、物业管理企业等在物业的使用、维修、养护、管理等活动中发生的争执。

（二）物业纠纷发生的主要原因

1. 房产开发商遗留的房屋质量问题。有些开发项目在规划设计、施工阶段就先天不足，并且建设与管理脱节，房产商在房屋出售后一走了之，造成业主和物业管理公司之间产生矛盾。

2. 物业公司服务有瑕疵。如发生盗窃、卫生差、车辆停放混乱、没有绿化、公共设施残破、维修不及时等，业主都会认为物业不尽责任，进而引发侵权纠纷或物业管理费纠纷等。

3. 物业与业主沟通有障碍。物业公司与业主之间是服务合同关系，两者的法律地位应当平等，但事实上物业公司又存在一定的管理职能。业主与物业公司对双方之间的法律关系各有理解，由此产生的权利义务认识就大相径庭，这种观念上的巨大差异导致双方在沟通中存在障碍。

4. 相关法律法规不完备。目前我国与物业管理活动相关的规范性文件主要有：《中华人民共和国物权法》（2007）的相关规定、国务院《物业管理条例》（2007、2016 修订）、国家发展改革委、建设部制定的《物业服务收费管理办法》（2003）、《最高人民法院关于审理物业服务纠纷案件具体应用法律若干问题的解释》（2009）等。尚无统一的、体系完备的调整物业管理行为的法律法规，且上述法律性文件内容都较为陈旧，不能完全适应新形势下物业管理活动所呈现的复杂性、多样性，使物业管理纠纷案件存在适用法律难的问题。

（三）物业纠纷的特点

1. 物业纠纷的法律主体众多、法律关系复杂，难于界定责任。物业管理纠纷的主体，既有我国公民、法人和其他组织，又有外国公民、外国企业、港澳台同胞；既有业主、使用人或小区管委会，也有物业管理公司、房地产开发商。物业管理纠纷既可能涉及业主与使用人的关系、业主或使用人与物业管理公司的物业管理服务合同关系、侵权关系，又可能涉及房地产开发商与物业管理公司的关系、管委会与物业管理公司的关系。往往一个呈现出来的纠纷，背后涉及数个法律主体，牵扯数个法律关系，这些关系环环相扣、互为因果，使法律责任的界定存在较大困难。

2. 物业纠纷类型具有多样性。由于与物业管理活动相关的主体众多，物业管理活动包含的内容广泛，因此，物业纠纷的类型也比较多，比较常见的有：物业管理者向业主或使用人追索物业管理费、水电费的纠纷；业主或使用人要求物业管理者承担停水、停电、停气或其他行为的侵权赔偿纠纷；房地产开发商与物业管理公司的物业管理承包合同或物业委托管理纠纷；业主或使用人要求物业管理者赔偿在提供特约服务如保管服务中所造成的财务损失的纠纷；业主或管委会选聘、解聘物业管理公司产生的纠纷；等等。

3. 部分物业纠纷呈现群体性特征。当物业纠纷发生在业主与物业公司或开发商之间时，拥有共同利益诉求的业主数量往往比较庞大，在与物业公司或开发商对抗时，他们很有可能选择集结在一起向对方施压，甚至采取闹事、静坐、集会、游行等方式解决问题。

二、物业纠纷调解委员会

物业纠纷的调解工作由人民调解委员会负责，但也有不少地区针对物业纠纷调解专业性较强的特点，组建专业性物业纠纷人民调解委员会。这些专业性物业纠纷人民调解委员会并没有统一的组建模式，但都不约而同地将人民调解员的专业性、利益代表性因素作为重点进行考量，在组建过程中，人员多以原有人民调解委员会为基础，广泛吸纳物业管理专家和技术人员、律师、法官及志愿者加入其中。下面介绍一些典型的专业性物业纠纷调解委员会：

2005 年 5 月，青岛市南区金门路街道办事处成立了社区物业管理纠纷调解委员会。调解委员会由街道办综治、民政、物业管理公司、业主委员会、社区居委会等有关人员组成。这是我国建立的第一个专业性物业纠纷调解委员会。

随后，北京市朝阳区香河园街道人民调解委员会下设立专门的物业纠纷调解委员会，成员由街道、社区调委会委员、物业企业代表、业主或居民代表及专业律师组成。而在这个专门的物业纠纷调解委员会下，在各社区又设有物业纠纷调解组，各社区调解组的工作，原则上由街道司法所指导。如果因物业管理引发重大纠纷，就要由街道物业纠纷调解委员会来解决，届时街道物业调解委员会聘请的法律顾问、2 名该社区的调解组成员和 1 名物业公司代表，会参与解决问题。社区物业纠纷调解小组在处理业主与物业企业发生的纠纷时，如果涉及在调解组任职的物业企业员工，该员工必须回避，并主动配合其他调解员进行调解，以保证调解的公平、公正。[1]

乌鲁木齐市沙依巴克区司法局于 2014 年 3 月开始试点，在汇月社区建立物业纠纷调解委员会。在调解委员会的组织机构中，社区从律师、社区工作人员、物业公司员工、居民代表中挑选出 4 名同志担任专职调解员；此外，又从辖区居民和物业公司工作人员中推选出 8 名调解辅助员，协助作好调解工作。[2]

上海市浦东新区成立物业管理纠纷人民调解委员会（以下简称物调委）。物调委有专职调解员 9 名，由高校法学院副院长、法学博士、律师、"老娘舅"工作室主任、小区业委会主任等组成；兼职调解员 13 名，协助重大纠纷的调解。物调委还组建了由业内专家、律师等组成的专家咨询团队，物调委受理的疑难杂症案件，可以通过专家咨询团队来诊断把脉。

---

〔1〕 王喜江："社区化解物业纠纷的新做法——北京香河园成立物业纠纷调解委员会之后"，载《社区》2005 年第 17 期。

〔2〕 姚岚："继承创新、推动新疆物业纠纷调解工作"，载《法制博览》2016 年第 8 期。

荆门市物业服务矛盾纠纷人民调解委员会由市司法局和市房管局共同组建，主要负责物业服务纠纷调解工作的整体布置与组织监督等，负责指导中心城区重大、疑难物业服务纠纷案件的综合协调工作。原则上每起物业服务纠纷的调解小组由归属地物业管理部门负责人和市物业管理专家库成员等组成，人民调解员具体负责各案件的调解，市物业管理专家库成员负责对案件涉及的法律法规等方面给予专业的解释或参考意见供当事各方参考。

三、物业纠纷的调解技巧

（一）及时介入，重点突破，避免损失扩大，矛盾升级

2014 年 5 月 29 日 17 时，由于污水井被杂草堵塞，导致污水倒灌进南里小区 16 号楼两户居住在低层的居民家中。情急之下，两家业主赶忙找上了社区物业纠纷专业调解小组成员——居委会主任赵玉旺反映情况。确认情况属实后，赵玉旺给两家做了"民间纠纷受理调解登记"，征求两家对事故的意见，两家业主一致要求相关责任单位赔偿。经过进一步确认，事故原因是下水道阻塞导致污水倒灌，浸泡了居民的家居物品。次日，调委会就污水井堵塞的责任问题展开调查，发现是物业公司的绿化二队在清理杂草时，不慎将杂草落入污水井中，当即联系物业公司对污水井进行清理。5 月 31 日，"三方谈判"在人民调解委员会正式开始。物业纠纷调解组的 7 名成员全部到会，当事人 203 室、204 室业主以及绿化二队代表也来到现场。人民调解员首先从技术上确认了事故的主要责任应由绿化二队承担，并确认了业主的实际损失，要求双方心平气和地解决问题。"希望双方互相谅解，最终达成双方满意的协议，如果没有达到和解，双方都可以通过法院来解决此事"，居委会主任赵玉旺在开会时也叮嘱大家。203室业主说："我家的床、沙发都被污水泡坏了，我要求赔偿 2000 元。"204 室业主说："我家的物品毁坏严重，需要赔偿 4000 元，一分钱也不能少。"而绿化二队的代表则表示："我们公司赔偿能力有限，如果坚持 6000 元，我只有回去跟上级领导商量。"此时，调解小组的工作人员开始劝说双方都站到对方的角度来想一想，绿化二队也有困难，204 业主能不能主动让一步，将赔偿金额降低一点。听完人民调解委员会工作人员的劝说后，两家业主都表示愿意让步，最终顺利达成一致，两家共获得赔偿 5000 元。当日下午，绿化二队代表便把 5000 元现金交到人民调解委员会，双方在社区人民调解委员会内签订了一式五份的《人民调解协议》书。两家业主都满意地说："多亏了人民调解委员会，上午开完调解会，下午就把钱送来。放在以前，要解决这样的矛盾起码也要两三个月。"

从案例中可以看出物业纠纷往往是与群众的切身利益息息相关的，如果纠纷得不到解决，将会影响业主的正常生活。因此，当发现纠纷时，不能推诿，必须立即介入，帮助群众解决问题，避免损失进一步扩大，矛盾进一步升级。需要注意的是，在一个

物业纠纷中，可能包含了几个矛盾点，此时应当使用重点突破法，将重点矛盾找出来，优先解决。在案例中，人民调解员既要解决已发生损失的赔偿问题，又要解决排除妨害，避免损失进一步扩大的问题，在这两个矛盾中，显然排除妨害更为迫切，因此，人民调解员将赔偿的调解会安排在联系物业公司清理污水井后，是合乎群众利益的。

（二）以明晰产权为支点划分责任

围绕公共建筑、共有设施的使用、收益问题发生的纠纷，引发的问题往往错综复杂、千头万绪。对于这类纠纷的处理，应当首先明确产权的归属，进而确定使用、收益、支配权的归属。这样一来，以往发生的损失与收益应当归结于哪一方当事人就显而易见了。调解员可以据此判断哪方当事人的诉求更为合理，哪一方当事人对纠纷的认知存在偏差，需要通过讲法说理予以修正。

（三）加强物业合同规范化示范工作

相当一部分物业纠纷的发生，是源于物业服务合同约定不明确、不具体、不全面。这类纠纷的解决也会由于约定不清而存在更多的困难。因此，制定示范物业服务合同，并向调解组织辖区内的业主委员会、物业公司推行示范合同，细化物业服务项目及具体项目收费标准，明确物业公司与业主的权利义务，规范双方的行为，能够有效减少物业纠纷的发生，也为物业纠纷的化解提供了依据。此外，调解委员会还应当督促物业公司公示合同，让居民了解物业提供服务的具体项目，避免居民产生误解。

（四）加强物业法律法规与规章制度的宣传教育工作

增强物业公司与小区公民的法律意识，将物业纠纷纳入法制化解决渠道，促进社区的和谐稳定。

四、常见物业纠纷的法律适用

（一）公共建筑、共有设施归属问题

《物权法》第73条规定："建筑区划内的道路，属于业主共有，但属于城镇公共道路的除外。建筑区划内的绿地，属于业主共有，但属于城镇公共绿地或者明示属于个人的除外。建筑区划内的其他公共场所、公用设施和物业服务用房，属于业主共有。"《物业管理条例》第49条规定，物业管理区域内按照规划建设的公共建筑和共用设施，不得改变用途。业主依法确需改变公共建筑和共用设施用途的，应当在依法办理有关手续后告知物业服务企业；物业服务企业确需改变公共建筑和共用设施用途的，应当提请业主大会讨论决定同意后，由业主依法办理有关手续。第50条规定，业主、物业服务企业不得擅自占用、挖掘物业管理区域内的道路、场地，损害业主的共同利益。因维修物业或者公共利益，业主确需临时占用、挖掘道路、场地的，应当征得业主委员会和物业服务企业的同意；业主、物业服务企业应当将临时占用、挖掘的道路、场地，在约定期限内恢复原状。第 54 条规定，利用物业共用部位、共用设施设备进行经营的，应当在征得相关业主、业主大会、物业服务企业的同意后，按照规定办理有关手续。业主所得收益应当主要用于补充专项维修资金，也可以按照业主大会的决定使用。从以上条款的规定看，小区道路、场地等共用部分与配套公共设施的所有权属于业主。

实践中，物业服务企业侵犯区分所有权人建筑物的外墙、屋顶权益的纠纷较多。例如，未经区分所有权人同意，在建筑物的外墙或屋顶上搭建广告牌。建筑物的屋顶并非顶楼用户的专有财产，更不是物业服务企业可以随便处置的"无主"财产，它实际是为整个建筑物服务的，属于建筑物全体区分所有权人的共有财产。建筑物的外墙也是如此，属于建筑物全体区分所有权人的共有财产。不经区分所有权人同意，物业服务企业无权出租屋顶或外墙，或以其他营利目的使用屋顶或外墙。对屋顶和外墙的使用权，必须由全体区分所有权人行使，收益也应归全体区分所有权人按份共有或者用于该建筑物的专项维修资金。物业服务企业未经全体区分所有权人同意或授权，擅自将建筑物的屋顶和外墙用于经营，或出租给他人使用，从中牟利，属于侵权行为。

（二）物业管理费问题

物业管理费问题引起的纠纷主要集中在物业管理费理解分歧和业主拒交物业管理费两个方面。

1. 物业管理费包含的项目。部分物业服务企业在给予业主的收据上往往只标明"物业管理费"五个字，所以容易导致业主们由于其概念含糊而产生理解分歧。物业管理费是个大概念，一般来说是指保安费、保洁费、保绿费、管理费四项，但对于很多业主来说，很容易把这四项内容与额外的日常公共设施设备维修费以及电梯水泵运营能耗费等掺在一起。当物业服务企业收取日常公共设施设备维修费时，很多业主以为物业服务企业在进行重复收费，进而导致纠纷；也有个别物业服务企业利用业主的疏忽大意，巧立名目，重复收取保洁费、保绿费等费用。对此，调委会应当对物业服务企业进行指导，督促其在给予业主的相关物业管理费用缴费收据上，将相关的收费目录名称和费用全部罗列清楚，不要简单地以一个"物业管理费"的名称来取代其中各类的费用名称。

2. 业主拒交物业管理费。造成物业管理费的欠费纠纷的主要原因，多集中在物业服务企业服务不到位或开发商遗留问题。如果是因为前者，业主有权不支付或减少支付管理费；如果是后者，要视乎开发商与物业服务企业的关系来明确管理费的支付问题。

《物业管理条例》第 24 条规定了房地产开发与物业管理相分离的原则，应通过招投标的方式选出物业服务企业。但到目前为止，大多数小区物业服务企业均是由开发商派生出来的，即便实行招投标，由于难以真正建立公平竞争的招投标机制，开发商派生出来的物业服务企业仍处于优势地位，往往是其中标。这种建设与管理的"父子关系"依然普遍存在。当出现质量或销售时不切实际的承诺等涉及开发商的问题而引发纠纷后，物业服务企业常以其与开发商是两独立法人，无任何关系为由拒绝处理。而开发商往往是项目公司，建设一个小区成立一个项目公司，建设完成结算完毕后就不存在了，售后服务、保修等问题无法解决。开发商和物业服务企业之间互相"踢皮球"。尤其是在涉及开发商利益时，物业服务企业常对开发商予以袒护，造成业主与物业服务企业矛盾加重，业主往往以拒付物业管理费来抗拒。人民调解员处理此类纠纷时，要注意先调查清楚物业服务企业与开发商的关系，如果两者存在事实上的"父子关系"，则业主是否需要支付物业管理费应当综合考虑开发商的售后服务、保修情况；如果二者不存在"父子关系"，则开发商没有提供售后服务、保修服务，不能成为业主拒付物业管理费的理由。

（三）物业服务企业与业主的关系问题

物业管理活动既有管理的性质，又有服务的性质，这容易导致物业服务企业与业主对于双方关系的定位出现分歧，继而可能会因此产生矛盾。有相当一部分物业服务企业自认为是管理部门，有高人一等的管理权。这一认知是错误的，《物业管理条例》将物业公司称为"物业服务企业"，明确了物业服务企业的服务性质。即物业服务企业与业主是平权的服务合同关系。

在实践当中，一部分物业服务企业错误地将自己定义为管理部门，致使出现了一系列与业主的冲突，比较典型的有：物业服务人员殴打、侮辱区分所有权人、使用人，或者非法闯入区分所有权人、使用人的住宅；物业服务企业为"惩戒"不听从管理的业主，违法停电、停水、停气。根据法律相关规定，物业服务企业前项行为构成了对业主人身权、财产权的侵害，后项行为属妨害他人履行合同。《物业管理条例》第44条规定，物业管理区域内，供水、供电、供气、供热、通信、有线电视等单位应当向最终用户收取有关费用。物业服务企业接受委托代收前款费用的，不得向业主收取手续费等额外费用。该条款表明，与业主建立直接的法律关系的是供水、供电、供气等企业。业主与相关企业在水、电、气等的使用上建立了合同关系，他人不得妨害该合同的履行。物业服务企业擅自停水、电、气的行为妨害了相关合同的履行，侵害了区分所有权人或使用人的合法权益。

（四）第三方侵权的责任承担问题

在司法实践中，一般是认为物业服务企业负有防范、制止业主免受第三人侵犯的责任，若违反了应当积极作为的安保义务，使本来可以避免或者减少的损害得以发生或者扩大，直接侵权人又没能力承担赔偿责任的，则物业服务企业应承担相应的补充赔偿责任。当然，物业服务企业承担的这种补充赔偿责任，以收取小区物业费中安保费用年度总额的一定限额作为上限。

引例分析

案例一　由案例可以看出，医患纠纷的专业性极强，人民调解员是没有能力进行责任认定的，因此，医患纠纷的调解必须依靠专业的有资质的鉴定机构进行鉴定。调解的过程中，关键是要取得当事人的信任，让当事人相信自己是绝对的中立方，会秉着公平公正的原则进行调解。

案例二　道路交通事故纠纷的解决，一个很重要的环节就是责任的归属、责任比例的确定，这部分工作专业性较强，应交由交警部门负责，在交警部门确定责任比例后，调解组织再以该结论为依据开展调解。本案中，由于医院的过错导致损害扩大，肇事司机不需要对扩大的部分负责，扩大部分的赔偿责任应当由医院负责。因此该案例还涉及医疗事故的认定，需要专业的鉴定机构对医院的过错、责任承担比例进行专业认定。赔偿标准根据《最高人民法院关于审理人身损害赔偿案件适用法律若干问题的解释》计算，实际赔偿数额允许当事人参考赔偿标准协商确定。

案例三　卫生间渗漏水原因一般有两种情况：一是防水层损坏；二是管线损坏。其中第一种情况比较普遍。国家建设部颁布的《房屋建筑工程质量保修办法》规定，屋面、厨房、卫生间地面防水保修期为 5 年。防水层发生损坏：防水层由开发商负责涂刷的，保修期内卫生间漏水，由开发商承担责任，因使用不当造成的损坏，则应由行为人修复；保修期外，或防水层由业主负责涂刷的，由业主自行承担。因管线损坏造成的漏水的，保修期内由开发商负责维修处理，因使用不当或业主自行改造等而造成的损坏，则应由行为人修复并承担相应责任。保修期外分共用管线和自用管线两类情况，如属于共用设施、设备的一部分，可启用专项维修资金，属于业主表（阀）后的自用管线，由业主承担相应责任。人民调解员在处理此类纠纷时，应当先依据上述原则明确责任承担的主体，确定责任的归属，再劝说责任方尽快修理，以免损失扩大。

思考与练习

1. 医患纠纷的调解有哪些需要注意的问题？人民调解员应当寻求哪些社会力量的帮助？
2. 道路交通事故纠纷的调解有哪些需要注意的问题？人民调解员应当寻求哪些社会力量的帮助？
3. 物业纠纷的调解有哪些需要注意的问题？

学习情境

【情境设计】

案例一　常州市民何某怀孕至分娩期间一直在某妇幼保健院进行检查，2012 年 5 月 31 日下午顺产 1 名女婴。何某产后一直有出血现象，但妇幼保健院护士没有重视，期间也没有医务人员前来指导产后注意事项和查看身体状况。次日凌晨 5 时何某昏厥，后被医务人员送至手术室进行抢救，并进行了常规缝合手术止血，但未止住。当天下午又经过 3 个小时手术，再次缝合止血。之后何某转至 ICU 中心观察，后续 3 天输入

3000cc 血液才转入普通病房。何某于 6 月 12 日出院回家休养，事后何某及其家属认为妇幼保健院的过错行为是导致二次缝合手术的根本原因，应当赔偿因此造成的全部损失。保健院认为孕妇产后产道血肿形成原因多种多样，何某产程顺利，有子宫肌瘤病史，未见其他特殊并发症，较罕见。

专家组依据鉴定材料及对医患双方现场调查情况进行了分析讨论，认为医方诊疗行为存在三个方面的过错：①患者出产房至次日 5：50，医方对患者病情观察不够仔细，未及时行符合规范的处理。②医方在初次手术对患者行阴道壁血肿切开缝合手术时，对出血处理不彻底、未达到止血效果；结合送检的血常规检查报告，医方对患者术后可能发生的情况估计不足，术后至二次手术期间治疗欠积极。③医方病历书写存在不规范：患者麻醉同意书签字为他人代签，无患者的委托书，缺手术记录。故医方对患者的以上诊疗过错行为，与患者产后出血再次手术及需输血、营养等资料的不良后果之间存在因果关系；考虑患者系阴道分娩后出血，且出血位置较高，止血有一定难度，故建议医方负主要责任。

后双方对赔偿事宜未能协商一致。[1]

案例二 2015 年 10 月 22 日，朱某某驾驶皖 F 牌照重型半挂牵引车、牵引赣 K 牌照（挂）号重型平板半挂车，沿省道 S101 线由北向南行驶至 203km＋50m 处时，与前方同方向行驶的王某甲醉酒后驾驶的两轮轻便摩托车相撞，致使王某甲摔落地面，后被由北向南行驶的王某乙驾驶的豫 H 牌照重型厢式货车碾压，造成王某甲死亡、皖 F 牌照重型半挂牵引车及两轮轻便摩托车受损的交通事故，经司法鉴定，无法确定两台肇事车中哪一台车所致的损伤为致死性损伤。此起交通事故经安徽省固镇县公安局交通管理大队认定，朱某某负本起交通事故的同等责任，王某乙负本起交通事故的同等责任，王某甲无责任。朱某某系皖 F 牌照重型半挂牵引车的实际所有人，该车挂靠在淮北市平运运输有限公司名下，牵引车在中国人民财产保险股份有限公司淮北市分公司投保了交强险及不计免赔三者商业险；王某乙系豫 H 牌照重型厢式货车的实际所有人，该车挂靠在焦作市黄河集团汽运公司名下，并在中国平安财产保险股份有限公司焦作中心支公司投保了交强险及不计免赔第三者商业险。本起事故发生在保险期间内。[2]

案例三 王某为东营市某住宅小区的业主。2007 年 7 月 21 日晚 23 时 40 分许，王某发现其居住的小区 68 号楼室内的一个电脑包被盗，包内装有鲁 EAE××× 奥迪车钥匙一把、酷派手机一部、小灵通一部、现金人民币 18 000 元以及各类重要文件和合同等。在王某处居住的人员遂拨打 110 报警并通知，该小区物业公司晨辉物业公司经理

〔1〕 "医患纠纷之产后大出血案例"，载 http：//www. 110. com/ziliao/article － 478494. html，2016 年 11 月 21 日访问。

〔2〕 机动车交通事故责任纠纷中的过错认定，载 http：//blog. tianya. cn/post － 2037406 － 118716373 － 1. shtml，2017 年 5 月 5 日访问。

张某及保安人员到场。7 月 22 日 0 时 30 分许，警方人员进入王某住处，此时，鲁 EAE ×××奥迪车尚停在王某楼下后院。晨辉物业公司遂安排保安人员巡逻排查。监控录像显示：7 月 22 日 2 时 19 分左右，有一辆机动车外出。东门保安当班记录载明：2 时 19 分有一辆银白色奥迪车外出，车号鲁 EAE×××，经查有出入证，按规定放行。7 月 22 日上午，王某发现鲁 EAE×××车被盗，10 时 10 分遂向东营市公安局东城分局报警。公安局侦查人员及物业方赶到现场。该车至今下落不明。

王某认为，晨辉物业公司依法负有保护业主人身、财产安全不受损害的义务，自己与晨辉物业公司之间已形成车辆保管合同关系，因晨辉物业公司具有重大过失，致使自己遭受重大财产损失，晨辉物业公司应当赔偿自己的全部经济损失。除去保险公司赔偿的 373 670 元外，尚有 179 282.5 元的损失，这部分损失应由晨辉物业公司赔偿。

晨辉物业公司认为，王某所称的"晨辉物业公司依法负有保护业主人身、财产安全不受损害的义务"于法无据，自身对此不仅没有法定义务，而且没有约定义务。王某提出的已形成车辆保管合同关系的主张不能成立。假使车辆真的丢失，也是盗窃者和王某自身过错造成的，自身没有过错。[1]

【训练目的及要求】通过训练，使每一位同学能够熟练掌握行业性专业性纠纷的调解技巧，独立做好不同性质、类型纠纷的调解工作。

【训练方法】请同学们根据学习情境中的案例分组模拟调解过程。

【训练步骤】

1. 根据案例需要对学生进行分组。

2. 以组为单位，让学生自行分配角色并开展讨论，明确调解工作的重点与难点，研究适合的调解技巧、相关的法律问题。

3. 实施模拟调解。

4. 学生自我评价训练效果。

5. 教师点评、总结训练情况。

拓展阅读书目

1. 张兆金等："医患双方对医患纠纷人民调解认知差异的比较分析"，载《中国医院管理》2014 年第 5 期。

2. 周倩慧等："801 例医患纠纷第三方调解案例分析与研究"，载《中国医院管理》2015 年第 7 期。

3. 郭永松等："医务社会工作调解医患纠纷的途径与方法"，载《中国医院管理》2009 年第 3 期。

4. 李悦晖、姜柏生："南京市医患纠纷人民调解机制研究"，载《医学与哲学（人文社会医学

---

〔1〕　案例改编自"从一起案件谈物业服务合同与小区车辆安全"，载 http://www.110.com/ziliao/article-167529.html，2016 年 11 月 21 日访问。

版)》2011 年第 7 期。

5. 邱福康："引入人民调解机制化解交通事故矛盾纠纷的实践与思考——以台州市路桥区为例"，载《公安学刊（浙江警察学院学报）》2011 年第 6 期。

6. 赵萍："浅谈道路交通事故纠纷调解方法"，载《人民调解》2014 年第 9 期。

7. 李艳梅、李方毅："定分止争 为当事人减负——黑龙江省绥棱县道路交通事故纠纷人民调解委员会扎实推进交调工作"，载《人民调解》2016 年第 8 期。

8. 姚岚："继承创新、推动新疆物业纠纷调解工作"，载《法制博览》2016 年第 8 期。

9. 新疆维吾尔自治区昌吉州司法局："以'三调联动'工作体系为基础 扎实推进物业纠纷人民调解工作"，载《人民调解》2016 年第 7 期。

10. 王喜江："社区化解物业纠纷的新做法——北京香河园成立物业纠纷调解委员会之后"，载《社区》2005 年第 17 期。

项目三　群体性纠纷、突发性纠纷的调解技巧

🖉 知识目标

熟悉群体性纠纷与突发性纠纷的特点与规律，掌握针对群体性纠纷与突发性纠纷的应急处置规则和要求。

◼ 能力目标

能及时、有效地运用人民调解方法，平息群体性纠纷与突发性纠纷。

📖 引　例

某运动器材有限公司是台资企业，用工人数 3200 多人。近年因部分产品订单减少而调整生产线，要求部分员工调岗或停工留薪。2009 年 5 月 4 日上午 9 时，该厂橄榄球车间 110 多名员工不满厂方的工作安排，集体到工厂所在社区劳动服务站反映情况，劳动主管部门及时组织员工代表与厂方协商。至 2009 年 5 月 5 日下午，劳资双方达成一致意见：首先，70 多名员工调岗到足、排球车间上班，厂方给调岗员工 2 个月培训适应期，保持原橄榄球车间职位及工资待遇不变；其次，40 多名员工放长假，放假第一个月工资按劳动合同工资不变（即正常上班工资），从放假第二个月起按本市最低工资标准的 80% 发放，双方签订了书面协议。

2009 年 5 月 6 日上午 9 时许，40 多名放长假的员工反悔，回到工厂要求从放假的第二个月起按 770 元支付工资。劳动部门的领导到工厂给放假的工人解释该省的《工资支付条例》和其他相关法规，但员工仍坚持己见，在工厂门口聚集且不肯派代表协商。由于聚集的工人逐渐增多，堵塞企业门口，极大地影响企业的正常生产。一直密切关注事态发展的镇委、镇政府对此非常重视，镇委副书记、副镇长迅速组织应急、

信访、综治、外经、公安等部门到场协调处理，但员工始终不肯派代表协商。当日 13 时 35 分许，该厂大约有 1000 多名员工向省道方向行走，随后堵路员工陆续增加至 2000 多人，其中上路拦车 200 人，其余在路旁旁观。

镇委、镇政府就事件专门召开班子会议，研究制定处置方案。镇委书记要求尽快解决此事，并派出相关领导到场协商，同时调集警力 500 多人、治安队员 500 多人赶赴现场处置。

16 时许，公安民警在多次劝告堵路员工无效的情况下，依法采取措施，将违法堵路员工强制带离现场，至 16 时 35 分交通恢复正常。处置过程中未发生人员伤亡。随后，镇司法所等部门派人深入到闹事员工中讲解有关法规和政策，进行耐心的说服工作，并组织大家观看《道路交通法》等宣传片，有效地化解了员工的消极情绪，使这一突发事件彻底得到平息。

问题：

1. 思考群体性纠纷与突发性纠纷的特点和规律。

2. 如果你作为人民调解员，在面临这一突发群体性纠纷时应如何处置、遵循什么规则进行处置，在处置时应该注意什么问题？

基本原理

群体性纠纷与突发性纠纷是当前社会转型期比较突出的纠纷类型。掌握其特点和规律，把握好对群体性纠纷与突发性纠纷的应急处置规则和要求，对于当前社会的稳定非常重要。

任务一　群体性纠纷的调解技巧

一、群体性纠纷的概念、特点及规律

（一）群体性纠纷的概念

所谓群体性纠纷，也就是群体性事件。关于群体性事件目前并无官方权威的定义，群体性事件的概念常与其他概念一起使用，如"突发性群体事件""群体性治安事件"等。

2000 年 4 月 5 日，公安部颁布的《公安机关处置群体性治安事件规定》把"群体性治安事件"定义为"聚众共同实施的违反国家法律、法规、规章，扰乱社会秩序，危害公共安全，侵犯公民人身安全和公私财产安全的行为"。

中共中央办公厅 2004 年制定的《关于积极预防和妥善处置群体性事件的工作意见》将"群体性事件"定义为"由人民内部矛盾引发、群众认为自身权益受到侵害，通过非法聚集、围堵等方式，向有关机关或单位表达意愿、提出要求等事件及其酝酿、

形成过程中的串联、聚集等活动"。

我国学者邱泽奇认为群体性事件是"为达成某种目的而聚集，有一定数量人群构成的社会性事件，包括了针对政府或政府代理机构的、有明确诉求的集会、游行、示威、罢工、罢课、请愿、上访、占领交通路线或公共场所等"。[1]

国外学术界通常把群体性突发事件定义为"集群行为""集合行为"，或者直接以集会、游行、示威、罢工等活动来冠名。群众行为是最常见的集群行为之一。这里的群众概念不同于我们一般所说的"人民群众"，这里是强调一群人的集合。

1921年，美国学者帕克在《社会学导论》中认为集体行为是"在集体共同推动和影响下发生的个人行为，是一种情绪的冲动"。斯坦莱·米尔格拉姆认为，集群行为"是自发产生的，相对来说是没有组织的，甚至是不可预测的，它依赖于参与者的相互刺激"。戴维·波普诺也认为，集群行为是指"那些在相对自发的、无组织的和不稳定的情况下，因为某种普遍的影响和鼓舞而发生的行为"。

本书所指的群体性纠纷，是指由人民内部矛盾引起的、有一定数量群众参与、对社会公共管理秩序产生影响并构成现实危害的群体性行为。这些具有一定数量的利益攸关者、共同诉求者，或有共同挫折、动机和目标的社会成员，包括与之有关的同情者、仇恨社会者、不满现实者，或通过非法集会、游行、请愿、静坐、示威等方式展示其群体力量，引起社会关注，获取舆论同情，促成政府重视，以此改变现有处境，实现个人或群体目标；或通过破坏和冲击公共场所、党政机关，堵塞交通，聚众共同实施打、砸、抢等违法犯罪行为，发泄私愤；或通过非正常上访、闹访、缠访、重复访等方式，危害公共安全，扰乱社会秩序，从而达到个人和群体之目的。[2]

可见，群体事件人数之多、影响之广、危害之大、平息之难，有关部门尤其是承担化解矛盾纠纷任务的各级调解组织，必须高度重视，不可懈怠。

（二）群体性纠纷分类

1. 政治性群体性纠纷。这是指有人利用失意政客或具有政治野心的阴谋分子，利用群众对政府施政上某项措施的不满，恣意批评，大肆攻击，挑拨群众不满情绪，离间政府的向心力，制造风波，煽动闹事的纠纷。

2. 社会性群体性纠纷。这是指由于种族宗教的隔阂、庆祝活动、体育活动或其他社会活动所引起的恩怨，或因失业、劳资纠纷激起的不满情绪，导致罢工、请愿、游行示威等行动，进而集体采取暴力行为，以求达到目的的纠纷。

3. 涉外性群体性纠纷。这是指多因群众爱国之心或基于某种愤慨情绪，采取集会、示威、游行，进而攻击外国使领馆或外籍人士，以达一时痛快而发生的暴动行为。

---

〔1〕 邱泽奇："群体性事件与法治发展的社会基础"，载《云南大学学报（社会科学版）》2004年第5期。
〔2〕 曹光毅："论群体性事件的预防策略"，载《上海公安高等专科学校学报（公安理论与实践）》2008年第5期。

4. 预谋性群体性纠纷。这种纠纷大多涉及政治阴谋，往往是一些潜伏特务或不法分子，为了颠覆政府，打击政府的威信，故意制造事端，颠倒黑白，造谣生事，以进行政治、经济、外交、军事等破坏。往往先提出一些不合理的抗议或要求为难政府，进而采取行动，制造群体性纠纷。

5. 偶发性群体性纠纷。此类群体性纠纷的产生，常常因为政府处理某一事件不当而发生误解，甚至影响部分群众的权益，经过利益关系人陈述请愿，在得不到合理解决或答复的情况下，于是爆发成群体性纠纷。

（三）群体性纠纷产生的原因

群体性纠纷的产生往往是多种社会矛盾的综合反映，是多种利益冲突的集中表现。特别是在当今社会、经济飞速发展的情况下，矛盾的出现通常不是孤立的，各种矛盾之间有着千丝万缕的联系。

1. 社会矛盾的积累是群体性事件发生的深层原因。群体性纠纷作为一种社会现象，其发生根源于各种社会矛盾的日积月累，矛盾的积累导致其发生具有必然性。我国的体制改革、社会转型，必然带来人们之间利益关系的分化与重组，在个人之间、利益群体和社会阶层之间，以及地方与地方、部门与部门，特别是群众与领导之间会产生利益矛盾和问题。这些利益矛盾和问题不断积聚，相关部门又没有及时疏导和化解，就有酿成群体性纠纷的可能性。因此，我们在分析群体性纠纷时，必须看到其形成的社会深层背景，明确它是人民内部矛盾在社会变革时期的尖锐化表现方式，对预防和处理群体性纠纷要有充分的思想准备。

2. 部分群众的利益诉求没有得到及时妥善解决是酿成群体性纠纷的直接原因。群体性纠纷的发生，一些非理性方式的表达，很大程度上是由于相关群众的利益诉求没有得到及时妥善的解决，使矛盾激化而爆发的。在我国体制改革、社会转型的过程中，就业、社会保障、收入分配、教育、医疗、住房、安全生产、社会治安等方面关系群众切身利益的问题日益凸显。但由于群众表达其利益诉求的制度供给远远跟不上需求的发展，导致这些关乎群众切身利益的一些诉求并不能被及时准确地表达出来。同时这些问题和矛盾大多与广大人民群众的日常生活息息相关，且涉及的范围大，具有相同利益的社会成员针对其共同关心的问题极易形成共同的利益诉求。除此之外，人们之间相互联系的技术手段的改进，极易就共同关注的话题进行沟通和串联，从而形成某个具有社会影响的共同话题，进而为群体性纠纷的爆发提供心理基础。如果这些利益诉求群众以个体的形式得不到妥善的解决，群众只能选择制度外的非理性利益表达方式，如示威游行、围攻政府、静坐等来引起政府对自己利益的关心，这些行为一旦被煽动，就极易引发群体性纠纷。

2008 年 6 月 28 日发生的贵州瓮安群体性事件中，贵州省委书记石宗源认为这次事件发生的深层次因素就是"一些社会矛盾长期积累，多种纠纷相互交织，一些没有得到重视，一些没有及时解决，干群关系紧张，群众对我们的工作不满意"。这一原因也正是该群体性事件爆发的主要原因。

（四）群体性纠纷的特征

根据群体性纠纷的定义、发生原因等，可以总结出群体性纠纷的一般特征。

1. 起因复杂，事发突然。群体性纠纷的起因是复杂的，在社会转型期，利益分配调节机制和社会保障机制滞后，弱势群体的利益受到损害或忽视时，其利益诉求不能及时表达，造成不满和对抗情绪往往以群体性纠纷的形式表现出来。同时群众的民主意识不断增强，但法制观念淡薄。当遇到矛盾纠纷时，一些群众误以为聚众闹事、集体上访可以对领导造成压力，能较快解决问题，往往采取一些极端手段。群众的利益一旦受损失或遭受侵害，为寻求国家权威的保护，单个的社会成员会组织起来，通过集体行动的方式来谋求问题的解决。群体事件事发突然，是因为大量群体性纠纷产生的原因是常规性的，矛盾是比较简单的，往往不会引起当事部门、当事人的警惕和防范，他们对司空见惯的现象习以为常，并没有感觉到情况正在发生和可能发生的变化，例如交通事故、拆迁矛盾、医疗纠纷、意外事故、就学矛盾、劳资矛盾、转制矛盾、环境矛盾等。

2. 组织性强，较难控制。大多数群体性纠纷是有组织、有策划的，而且很多群体性纠纷开始出现跨区域、跨行业串联声援的倾向。尤其是那些参加人数多、持续时间长、规模较大、反复性强的群体性纠纷，事先都经过周密策划，目标明确，行动统一。群体性纠纷一旦发生，往往伴随着激烈的外部冲突，伴随着大量的非理性行为，会对社会公共安全、人民群众的生命以及社会公私财产造成一定威胁。随着事态的发展，如果处理得当，可以避免进一步的破坏行为；处理不当，这类破坏行为还会继续恶化和蔓延。

3. 场面混乱，行为过激。由于群体性纠纷的突发性和不可预见性，往往会形成现场的混乱局面。群体性纠纷的参与者总以为自己是有理的，道理和真理在自己一边，即使造成了某些破坏性的后果，也认为是由对方的原因造成的，是迫不得已。因此，在群体性纠纷中，群众情绪往往容易失控，暴力性、破坏性、群体性纠纷逐渐增长，出现激化现象，对抗程度加剧。群体性纠纷的组织者和参与者出于"大闹大解决，小闹小解决，不闹不解决"的心理，越来越多地采取各种极端或违法行为发泄不满情绪，如冲击基层党政机关、阻断交通、破坏公共设施等，有的甚至采取自焚、自残等过激行为。

4. 主体多元，处置困难。随着我国经济社会的快速发展，社会利益格局产生剧烈变动和调整，各类社会矛盾相互渗透和交织，使具有相同利益的社会成员针对其共同关心的问题极易形成共同的利益诉求。我国群体性纠纷大多发生在厂矿、机关、学校等行业和领域，参与的人员也来自社会的各个层面，这就决定了群体性纠纷主体多元化，如城镇下岗失业职工、外资企业和私营企业中的职工、失地农民、城市农民工、个体业主等。群体性纠纷一般是由某些特定的群体和矛盾引发的，如果不能及时平息事态，其他利益群体有可能加入进来。同时一些同情者、支持者、利用者、别有用心者、对社会不满者、仇富者、复仇者、仇视政府者、唯恐天下不乱者、好看热闹者，这些"非直接利益群体"也会随着事态的发展加入进来。如果在群体性纠纷中，境内外敌对势力插手并利用人民内部矛盾，则会出现参与主体更加复杂的局面。他们的加入使情况更趋复杂化，也给处置工作增加了大量的不确定性和风险性。

5. 波及面广，影响恶劣。群体性纠纷一旦发生，就会在社会上产生极大的影响。特别是在现代信息社会里，一有风吹草动，就会迅速传播。于是，国内外舆论将会持续关注事态的发展。由于各媒体的立场和观点不同，会出现以讹传讹的局面。各种传闻、小道消息、谣言、宣泄会接踵而来，搞得舆论大哗，是非不清，情况不明。事件造成的人员伤亡和财产损失以及处置方式等，都会得到社会的持续关注。对政策法律、政府部门、公安机关、社会管理等的评论、批评和指责会持续发酵，造成负面的社会影响。事件造成的损失会严重影响社会公共秩序、生产秩序、教学秩序等。处理不好，还会卷土重来或继续扩大升级，甚至产生难以估量的后遗症。

如在 2008 年 6 月 28 日贵州瓮安事件中，一些人因对瓮安县公安局对该县一名女学生死因鉴定结果的不满，聚集到县政府和县公安局。在县政府有关负责人接待过程中，一些人煽动不明真相的群众冲击县公安局、县政府和县委大楼。随后，少数不法分子趁机打砸办公室，并点火焚烧多间办公室和一些车辆。在这一事件中，事件起因是社会矛盾长期积累，干部与群众的关系紧张，群众对政府部门的工作不满意。正是群众对女学生死因结果鉴定的不满，激起了人们心底的怨气和怒气，导致事件发生；事件发生后，事实与谣言混杂，激起不少群众对死者的同情，群众自发组织去政府请愿，游行消息传开后，瓮安县此前在政府征地、城市拆迁中利益受损的一些失地农民和市民，也纷纷加入游行队伍中，在游行队伍抵达县政府时，人数已达上千人，围观群众已有上万人，这是事件主体多元的体现；这一事件中，瓮安县县委、县政府、县公安局、县民政局、县财政局等被烧毁办公室 160 多间，被烧毁警车等交通工具 42 辆，不同程度受伤 150 余人，造成直接经济损失 1600 余万元，这说明了群体性事件往往场面混乱，并通常伴随过激行为；瓮安事件是近年来我国群体性事件的"标志性事件"，无论从事件参与人数、持续时间、冲突剧烈程度来看，都对社会产生了极大的影响。

（五）群体性纠纷的规律性

群体性纠纷从其苗头到全面爆发，也具有一定的规律性，一般经历如下四个阶段：萌发期、酝酿期、显露期和积聚期。

1. 萌发期。群体性纠纷处在萌芽状态，常常不为人所关注。此期的特征是：纠纷大多数为个案，目标比较专一，对政府相关部门而言，解决的难度很低。例如，在城市拆迁中，补偿款未按时足额发放导致部分市民通过各种途径向有关部门反映问题等。

2. 酝酿期。酝酿期分两个阶段，第一个阶段为隐性阶段，相互沟通协商主要在私下进行，纠纷的发生是有计划、有准备、有预谋的。第二阶段为显性阶段，挑头分子和骨干成员以较为公开的方式对事件进行准备和策划。

3. 显露期。群体性纠纷的个别特性已经显现，参与者通过一对多、多对多的形式开始横向、纵向串联。此期特征是：参与者个体数量已经接近或达到群体性事件的人数标准（10人以上），相互之间的沟通联系已由初期松散形态变得更加紧凑，违法的主观故意趋于明显，群体目标定位提高，实现难度变大，挑头分子公开召集核心成员和骨干分子进行策划，在思想上达成一致的情况下，已经开始制定行动方案，并在非特定区域以不特定人数进行闹访。

4. 积聚期。群体性纠纷的基本要素已经全部具备，组织规模进一步扩大；信息沟通更加频繁；人员成分趋于复杂；小范围、小规模的违法行为经常发生。此期最大特征是各要素量的积累已经初步完成，诱发群体性纠纷质变的临界条件已经满足，只是还没有导火索或相关诱发因素。此时，核心成员为实现更大的目标，已经有了较为完整的违法行动方案，并且通过各种新闻媒体或借助网络舆情将起初目标的合理性不断放大，随着外界因素或势力的介入，流言四散，不明真相的群众主动加入，群体规模持续变大，整个事件的态势已经不能为挑头分子和核心成员所左右，处于一种一触即发的状态。

如2009年发生的石首市群体事件。2009年6月17日，有人在石首市笔架山街道办事处东岳路永隆大酒店门前发现一具男尸。接警后，110指挥中心先后指令巡警大队、笔架山派出所、刑警大队民警赶赴现场，开展现场走访、尸表检验、现场勘察等工作，最终初步认定为自杀。当时亲属对死因表示怀疑，拒绝火化，是这一事件的萌芽期；6月18日死者家属将尸体停放在酒店，造成群众的围观，是这一事件的酝酿期；6月19日，不明真相的群众在该市东岳路和东方大道设置路障，阻碍交通，围观起哄，现场秩序出现混乱，是这一事件的显露期；6月20日凌晨，事态开始恶化：少数不法分子借机制造事端，在停放尸体的酒店内纵火滋事，并煽动不明真相的围观群众袭击前来灭火的消防战士和公安民警，造成多名警察受伤，消防车被掀翻砸坏，是这一事件的积聚期。事件发生后，中央领导同志高度重视，明确批示对处理事件的要求，公安部、武警总部、湖北省、荆州市的党政主要领导迅速成立了事件处置领导小组，并亲临现场指挥：一方面，全力做好家属的安抚工作，保护家属安全，通过多种途径迅速向社会公布事件真相；另一方面，加强对事发地段的警戒，防止事态扩大，疏散围观群众，维护现场秩序。经多次协商，死者家属同意将尸体运往殡仪馆，将进行尸检。6月21日凌晨，围观者被疏散，事态基本平息。这一事件充分体现了群体事件的演变规律，是调解组织和调解人员预防群体事件发生或处置群体事件的鲜活范例。

二、群体性纠纷的应急处置原则

（一）坚持正确区分两类不同性质矛盾的原则

在处置群体性纠纷的时候，必须正确分析判断矛盾的性质，即区分开敌我矛盾和人民内部矛盾。分清矛盾性质后，对于属于人民内部矛盾的群体性事件，应该在法律、法规规定的范围内，运用说服教育的方法解决。对于其中已经构成犯罪的行为，则要依法坚决制止和打击。

（二）坚持党委、政府统一领导的原则

群体性纠纷的针对性、目的性要求党委、政府在处置工作中必须抓住矛盾的主要方面或主要矛盾；要及时准确地把握纠纷的起因、性质、规模、对立程度及发展态势；及时向当地党委、政府报告事态发展的实时动态，提出自己的工作意见。在此基础上，由党委、政府出面，根据事件的针对性、目的性和不同起因，统一领导、组织、督促有关责任单位、职能部门开展处置工作。例如：

2009年3月2日16时40分许，某镇医院红绿灯路口发生一起交通事故，肇事司机刘某驾驶一辆小汽车在连撞2车后，致一辆小型客车将唐某（男，9岁）等2名路人撞到，造成唐某重伤。事发后，唐某等伤者被立即送往当地某镇医院进行抢救，唐某因抢救无效于当日在ICU重病监护室死亡。

事后，死者父亲唐某及家属与医院发生激烈争执，认为医院管理不善，让肇事者弟弟刘某私自进入ICU重病监护室停留约1分钟，怀疑其对死者及治疗仪器动过手脚，要求院方对死者死亡承担一部分责任。3月3日上午，死者家属及老乡等人员在医院门口拉起"还我儿子"等横幅，扰乱医院秩序，并准备组织人员闹事。

纠纷发生时，正值全国"两会"召开之际，某镇领导高度重视，镇党政主要领导亲自研究部署处置工作，指示各有关部门联合行动，密切配合，促使事件得以圆满解决。

3月3日上午10时许，某镇公安分局接到报案，称约60人围堵某镇医院大门，手持宣传横幅，影响该医院秩序。接警后，分局迅速出警维持现场秩序，并及时向上级公安机关和镇党委、镇政府报告，镇党委、镇政府领导非常重视，镇党委副书记火速带领维稳综治、司法、宣传、交警等部门的主要领导亲临现场指挥。镇党政主要领导亲力亲为，各部门负责人第一时间跟随到达现场，掌握了最直接、最真实、最全面的情况，省略了层层请示汇报、再层层研究部署的程序，为开展工作赢得了宝贵的时间。

到达现场后，各部门根据自身职责积极开展工作，镇维稳综治办发挥组织协调作用，积极收集掌握各部门工作情况信息，及时向领导报告，为领导及时决策提供可靠依据和参考；宣传教育办与各主要新闻媒体联络，主动提供事件情况，引导新闻媒体进行正面客观报道；交警大队集中精力和警力办理该交通肇事案件；公安分局收集家属动态信息，准确作出判断；刑警队掌握到有2名社会闲散人员，煽动家属及不明真

相的老乡的情绪，即刻对 2 名人员进行跟踪控制，对他们严厉警告，表明一旦造成严重后果将严肃追究其责任的立场，促使该 2 名闲散人员灰溜溜地离开；司法所积极做好司法调解工作。

在综合掌握各方面情况后，各单位人员与家属代表进行谈话，设身处地为其着想，动之以情、晓之以理，家属的情绪得到有效缓解，对政府的工作予以理解和支持，认识到了纠集人员围堵医院的严重错误，并协助工作人员劝阻其他家属、老乡，促使事件转危为安。同时公安分局及时将肇事者家属、当事医生、护士带回询问，表明尽力进行审查、还家属事件真相的决心；交警大队尽最大努力解决办理交通肇事案件，尽力协助家属索赔；医院公开抢救资料记录和抢救过程，说明他们已经尽一切努力抢救死者的情况。事件平息后，家属对政府有关部门尽心尽力协助他们，以及对医院的全力抢救表示了衷心的谢意，并保证此事将通过法律途径解决，绝不采取围堵闹事的违法方式。

在化解这起矛盾纠纷的过程中，公安机关迅速出警并及时向镇党委政府汇报，为危机的化解、防止事态进一步扩大赢得宝贵的时间。同时镇党政领导和各有关部门始终坚持将工作做实做细，在第一时间赶赴现场，掌握最直接、最真实的情况，节约了情况层层上报的时间。同时镇党委、政府领导认真分析事情的主要矛盾，抓住主要矛盾来解决问题，并做到随机应变，有效避免了矛盾的进一步激化，并最终促使事件快速圆满解决。

（三）坚持团结多数，打击极少数的原则

在群体性纠纷的处置工作中，必须自始至终对极少数策动者、为首者进行严密的控制，不仅事前要充分运用政治的、法律的、教育的手段，迫使其立即放弃非法的组织、策动行为；而且在纠纷中要设法将其同参与事件的群众分离开来，使其失去"龙头"作用；更应在事后对其予以严肃处理。同时对那些敢于插手事件的敌对分子、敌对势力和具有犯罪行为的个别人员，不仅要及时予以揭露，而且必须依法进行及时、坚决的打击，以起到震慑作用和控制事态发展的作用。对大多数受蒙蔽或被胁迫进来的群众，只要其未参与犯罪行为，不论事前、事中还是事后都应采取说服教育的方法，使其尽快明白自己的错误行为，最终团结在人民调解员的周围。

在上一个案例中有 2 名社会闲散人员掺杂在死者家属及老乡中，煽动家属及不明真相老乡的情绪。公安机关正是运用团结多数、打击极少数的原则，对这 2 名社会闲散人员进行跟踪控制，并对其提出严厉警告，表明一旦造成严重后果将严肃追究其责任的立场，起到了震慑和控制事态发展的作用。

（四）坚持可散不可聚、可导不可激、可解不可结的原则

群体性突发纠纷的对立性、突发性要求有关部门和单位应通过说服教育的办法，尽量把矛盾化解在初始阶段，不使其形成大规模的上访请愿乃至冲击党政机关、阻塞交通、集会游行或群体械斗。在纠纷形成并有所发展后，要采取疏导的工作方法，缓

解群众的情绪，并通过有理、有节的工作逐渐掌握控制现场态势的主动权。另外，要求有关责任单位或事件发源地的党委、政府的有关领导也要及时跟进工作，对群众提出的一些合理要求尽快做出明确答复，并尽快把群众劝离现场。在事件结束后，党委、政府要组成事件的责任单位，从根本上解决群众的合理要求，防止事件反复。对一时难以解决或属历史遗留的问题，党委、政府还要组织有关单位、部门和事件群众代表共同研究，提出逐步解决的办法，并向群众公开，以达成相互谅解。例如：

2009 年 1 月 9 日，袁某带领 16 位工友来到某区司法所，请求人民调解委员会为其调解一起劳资纠纷。袁某等 17 人承包了一项市环保检测装修工程，并签订了承包合同，发包方为某设备有限公司。工程已完工数月，袁某等人多次到该发包公司要求结算工程款及工人工资，但该公司均以工程验收结果未出为由拒不结算，袁某等人出于无奈，向人民调解委员会申请调解，希望能够协商解决，讨回工资，否则将向上级部门上访。

在了解情况后，人民调解员马上联系区城建办，要求区城建办协助调解处理此事。在区城建办的配合下，当天下午将纠纷双方约到人民调解室，在向双方详细了解纠纷情况后，得知该发包的公司是因为资金周转问题一直没有向袁某等人结算工程款及工人工资。人民调解员深入浅出地向该公司代表人详细解释了合同法的相关规定、双方签订的承包合同的违约条款、中央及地方对农民工工资问题的有关规定、维护农民工合法权益的重要意义以及侵害农民工合法权益的严重后果。经过人民调解员的详细分析后，该公司明白了拒不结算工程款及拖欠农民工工资的严重性，同意于次日将全部工程款 7800 元结算给袁某等人。这样，一起即将上访的劳资纠纷由于人民调解委员会的及时介入，得到及时妥善的化解，将矛盾消灭于萌芽状态。

在该案中，人民调解员正是本着"可散不可聚、可导不可激、可解不可结"这一原则，成功的化解矛盾。该案中涉及的人数比较多，又密切关系到农民工的切身利益，如果不及时处理就可能产生不良影响，影响社会稳定。因此，人民调解员采用这一原则，耐心讲解合同法的相关规定、双方合同中关于违约的条款及中央对农民工工资的相关规定等，对双方矛盾进行耐心疏导，使矛盾在激化前得到有效控制。

（五）坚持慎用警力的原则

公安机关在群体性突发纠纷发生后，应该而且必须派出警力参加处置：一是要求公安机关必须严格在自己的任务范围和处理权限之内开展工作，不能随意扩大任务范围；二是要求公安机关必须根据事件的规模、对立程度和发展态势来使用警力。对一般对立的事件，公安机关的职责仅限于通过情报网络收集信息，并向上级领导机关反映情况，为领导机关决策当好参谋，切忌派警力直赴现场处置。对严重对立的群体性突发纠纷，公安机关必须派出足够警力直接予以处置，尽力防止事态扩大。一旦发生集体冲击党政机关、集体强行卧轨断道、冲入机场非法阻断交通或集体械斗、集体打砸抢烧杀等，不论其起因有无合理成分，公安机关都要立即组织足够的警力，采取强制措施，及时果断地加以处置，并对其中的为首分子坚决打击。同时，要准备足够的预备队，机动待命，以防备更加严重的情况发生。

任务二　突发性纠纷的调解技巧

一、突发性纠纷的概念、特点及规律

（一）突发性纠纷的概念

突发性纠纷，也称作突发性事件。学术界普遍认为，一个国家或地区的人均 GDP 处于 500 美元~3000 美元这一阶段，是人口、资源、环境、公平、效率等社会矛盾最严重的时期，也是"经济容易失调、社会容易失序、心理容易失衡、社会伦理需要调整重建"的关键时期。目前，我国正处于这一阶段，随着我国政治、经济、文化和社会生活不断取得提高和发展，大量社会问题也随之出现、社会矛盾日益突出，由此引发的突发事件也越来越多，如 2008 年的三鹿奶粉事件和贵州瓮安事件等。

为了预防和减少突发事件的发生，控制、减轻和消除突发事件引起的严重社会危害，规范突发事件应对活动，保护人民生命、财产安全，维护国家安全、公共安全、环境安全和社会秩序，中华人民共和国第十届全国人民代表大会常务委员会第二十九次会议于 2007 年 8 月 30 日通过了《中华人民共和国突发事件应对法》（以下简称《突发事件应对法》），自 2007 年 11 月 1 日起施行。

《突发事件应对法》将突发事件定义为：突发事件是指突然发生，造成或可能造成严重社会危害，需要采取应急处置措施予以应对的自然灾害、事故灾难、公共卫生事件和社会安全事件。突发事件的"突发"有两层含义：第一层含义是事件发生、发展的速度很快，出乎意料；第二层含义是事件难以应对，必须采取非常规方法来处理。总之，突发事件是指突然发生，造成或可能造成重大人员伤亡、财产损失、生态环境破坏和严重社会危害，危及公共安全，需要立即处理的紧急事件。人民调解视角下的突发事件往往针对社会安全方面的突发事件，因此，本单元主要围绕社会突发事件进行分析探讨。

我国很多专家、学者对社会性突发事件的概念都进行了界定。如朱力将除自然灾害、事故灾难和公共卫生事件之外的突发事件通称为社会突发事件，并按照突发事件发生的原因将其分为四类：经济型事件、政治型事件、文化型事件和社会治安型事件[1]；秦启文从突发事件的主体及表现形式角度对社会突发事件进行界定，认为社会突发事件主要是由人为因素造成的，表现为非法集会、游行、学潮、罢工、聚众冲击政府机关、民族纠纷、宗教冲突、火车相撞、汽车车祸、轮船沉没及飞机失事等[2]。

---

〔1〕　朱力："突发事件的概念、要素与类型"，载《南京社会科学》2007 年第 11 期。
〔2〕　秦启文等：《突发事件的管理与应对》，新华出版社 2004 年版。

莫利拉与李燕凌则认为社会突发事件为社会或国家所面对的突发事件，或称为公共突发事件及社会公共突发事件[1]。

综合上述概念，我们认为社会突发性纠纷是由人为因素造成，突然发生的，已经造成或者可能对社会或国家造成危害，需要采取应急处置措施予以应对的经济、社会、文化或治安纠纷。

（二）突发性纠纷的特点

现实生活中，突发事件可以分为四大类，即自然灾害、事故灾难、公共卫生事件和社会安全事件。但各种突发事件大都具有爆发突然、原因复杂、蔓延迅速、危害严重、影响广泛的特点。具体来讲，突发性纠纷具有以下几个共同特点：

1. 突发事件爆发的突然性。突发性是指突发性纠纷的发生往往出人意料，人们对于突发性纠纷是否发生、突发事件爆发的时间、地点、方式以及爆发的规模和影响等情况，无法事先预知，不能准确预测。突然性的主要原因在于突发性纠纷的发生是事物矛盾积累由量变到质变的爆发式飞跃过程。在量变的积累时期，往往是缓慢变化，不易察觉，通常容易被忽视。当矛盾积累到爆发的临界点时，如果遇到一定的外部条件作为爆发的催化剂，突发性纠纷则瞬间爆发。引发突发性纠纷由量变到质变的催化剂地产生也具有偶然性，因而，突发性纠纷的爆发具有突然性。如2008年贵州瓮安事件中的直接导火索是李树芬的死亡，而背后的深层次原因则是瓮安县在矿产资源开发、移民安置、建筑拆迁等工作中，侵犯群众利益的事情屡屡发生，导致群众的意见很大，同时当地公安机关对当地黑恶势力打击力度不够，导致干群关系、警民关系紧张。

2. 突发性纠纷原因的独特性。不同类型的突发性纠纷具有不同的特点，特别是社会突发性纠纷。我国正处在经济社会的转型阶段，各社会群体、利益集团之间的矛盾不断冲突积累。根据矛盾特殊性原则，不同的矛盾具有区别于其他矛盾的特征。如现在经常可以见到的因医患纠纷引发的突发性纠纷、因劳资纠纷引发的突发性纠纷、因拆迁纠纷引发的突发性纠纷。因此，突发性纠纷的独特性体现在突发性纠纷的类型不同、产生的原因、发展的情境以及表现形式上各有特色，起因各不相同。

3. 突发性纠纷后果的危害性。社会性突发性纠纷造成的危害往往体现在两个方面，即有形危害和无形危害。有形危害往往以人员的伤亡、财产的损失为标志；无形危害往往体现在突发事件对社会正常秩序和个人心理所造成的破坏性冲击，进而渗透到社会生活的各个层面上，影响到经济社会的发展。如2008年贵州瓮安事件中，造成瓮安县委大楼被烧毁，县政府办公大楼104间办公室被烧毁，县公安局办公大楼47间办公室、4间门面房被烧毁，刑侦大楼14间办公室被砸坏，县公安局户政中心档案资料全部被毁，42台交通工具被毁，办公电脑数十台失踪。事件共造成150余人受伤，大部

---

〔1〕　莫利拉、李燕凌：《农村社会突发事件预警、应急与责任机制研究》，人民出版社2007年版。

分为轻微伤。

4. 突发性纠纷发展的不确定性。突发性纠纷的突发性表现出了突发性纠纷事前的不确定性；突发性纠纷发生后，事态的变化、发展趋势也是充满不确定性的；突发性纠纷发生后，事件影响的深度和广度也是不能事先可以确定的。如 2008 年瓮安事件中，事件的起因李淑芬的死亡是事前不可预测的；家属对公安机关的处理结果不满，约 300 余人在县城游行也是突发不可预测的；事件最终发展为暴力事件，造成的严重后果也是事先不可预测的。

5. 突发性纠纷过程的可控性。社会性突发性纠纷主要是人为因素引起的。作为突发性纠纷的策划者、组织者、参与者而言，他们可以控制突发性纠纷是否发生、发生的规模大小、持续时间的长短、危害程度和损失的程度，以及带来的负面影响程度等；作为突发性纠纷的管理者、应对者、受害者而言，他们可以阻止突发性纠纷的发生，缩短突发性纠纷的进程，减轻突发性纠纷的危害，降低或消除突发性纠纷带来的负面影响。

6. 突发性纠纷时间的紧迫性。由于突发性纠纷的发生事先无法预知，并且在突发性纠纷发生后，随着突发性纠纷的发展、演变，它所造成的损失可能会越来越大，因此在突发性纠纷发生后第一时间需紧急采取特别措施及时有效地处理，对突发性纠纷的反应越快，处置决策越准确，突发性纠纷所造成的损失就会越小。

（三）突发性纠纷的规律：周期性

突发性纠纷从其生成到消解，一般都呈现出周期性的特点，即突发性纠纷具有周期性，这一周期大概体现为如下五个阶段：萌芽期、爆发期、发展期、缓和期和消失期。

1. 萌芽期。这一阶段是突发性纠纷的产生阶段。这是突发性纠纷各相关因素之间的矛盾、冲突的累积量变时期。此时，矛盾、冲突的积累没有达到爆发的临界点，是一个发展缓慢、不易被识别的时期。以烟蒂导致的火灾为例，烟蒂即将引燃可燃物；或者烟蒂已经引燃可燃物，但火焰和烟雾很小，没有被人们所察觉，这个阶段就是火灾之类突发性纠纷的萌芽阶段。

2. 爆发期。爆发期是突发性纠纷各相关因素之间的矛盾、冲突由量的积累到质的变化的时期。此时矛盾、冲突的量的积累达到临界点，通常在外界某一催化作用事件的作用下，迅速爆发，突破临界点，由隐性转为显性，快速扩散。这一阶段时间最短，但是对社会的冲击、危害最大，会立刻引起社会的广泛关注，产生很强的震撼力。

3. 发展期。发展期是突发性纠纷发展的中期，此时矛盾冲突持续发展，通常在此阶段处置突发性纠纷的预案已经启动，相关组织已经介入并采取措施控制事态发展。此时事态发展速度已经放慢，并逐渐达到发展的顶峰。突发性纠纷爆发后，由于相关组织和人们在其突发性爆发前往往没有任何心理准备，因此在爆发后不断给组织和个人造成损害，这种损害不断地加深和积累，到这一时期，损害会达到最高点。这时，突发性纠纷就进入高潮阶段。在突发性纠纷的高潮阶段，突发性纠纷所具有的特征在这一阶段表现得非常明显。

4. 缓和期。突发性纠纷的缓和期是指突发性纠纷在经历发展期达到全过程的最高点后，事态逐渐趋于缓和的阶段。也就是说，在这一阶段损失慢慢减小。缓和期是突发性纠纷从矛盾与危害的顶峰转而下降，矛盾和冲突不断地减弱，事态逐渐趋缓。缓和期表明引起突发性纠纷的不利因素已经解除，系统开始恢复正常状态。突发性纠纷的缓和阶段长短不一，往往有形的损失容易恢复，恢复的较快；而无形的损害，如个人心理创伤、社会影响，或者一个国家或地区的吸引力和发展能力的下降等，其恢复需要很长时间。在突发性纠纷的缓和期，突发性纠纷得到初步控制，但没有彻底解决。

5. 消失期。消失期是引起突发性纠纷的不利因素已经解除，社会、经济系统开始恢复正常状态的阶段。这一阶段，突发性纠纷得到完全控制，人们开始恢复生产、重建家园以及加强各种预防突发事件知识的宣传工作。

从应对突发性纠纷的识别角度来看，突发性纠纷的萌芽期是最难以识别的。在萌芽期，众多矛盾、冲突交织在一起，并且大都以隐性形式发展，矛盾、冲突将以怎样一种态势显现出来很难识别和预测。在通常情况下，从萌芽期到爆发期，突发事件都会经历一个突变过程，这一突变过程就是突发性纠纷的爆发。突发性纠纷的周期如下图所示。

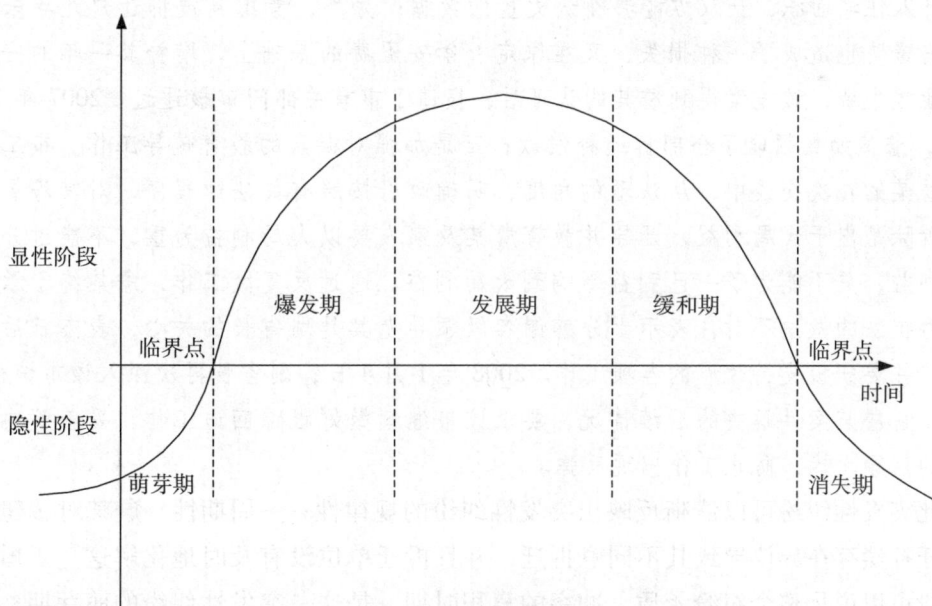

图　突发性纠纷发展的周期

2003 年某市交通部门鉴定某街道坝头旧桥存在严重的安全隐患，市政府决定拆除重建，由此涉及 13 户民房的拆迁事宜。承建单位市城建工程管理局从 2004 年 4 月至

12 月就完成了 12 户民房的拆迁补偿工作，仅剩詹某 1 户屡次以房屋丈量数据不准确、补偿标准过低为由，拒不接受补偿条件，也不同意房地产评估公司的评估结果。经反复做工作确实无效的情况下，为了不影响坝头桥的改造重建和交通安全，该街道于 2005 年 8 月 1 日依法对该房实施了强制拆除。强拆现场詹某及家人在屋顶点燃汽油、投掷汽油弹和砖块等，进行暴力抗法。房屋被拆后，詹某多次到省、市上访，并不断致信国家、省、市领导反映情况。期间，市主要领导先后多次对该案作出批示，市有关部门反复进行调处，均因詹某坚持漫天要价，一直无法协商解决。2007 年 9 月 21 日，主管该项工作的副省长专门深入该市该街道详细了解案情，在详细了解分析了情况后，提出了处理该案的原则要求。

按副省长的指示，市工作组多次开会研究工作方案，从法、理、情入手，变群众上访为领导下访，努力寻找协商解决的突破口，切实维护被拆迁户的利益。一是领导亲自下访被拆迁户。为妥善解决詹某信访案件，该街道党委书记亲自走访詹某，并转达了副省长对他的关心，详细了解他和家人目前的生活状况，耐心听取其利益诉求，表明党委、政府会尽量解决其合理诉求，并鼓励其就业创业，自谋出路，从而在情的角度争取了被拆迁户的理解，使问题的解决取得了重大突破；二是合理解决拆迁补偿问题。市工作组在与詹某协商时，针对其提出房屋面积丈量及补偿标准的关键问题，按照公平、公正和合理补偿的原则，把商铺办公室计入商铺面积，露天楼梯面积按 50% 计入住宅面积，让双方能够确认丈量的数据；另外，考虑到被拆迁户几年未领取补偿安置费也造成了一种损失，又在原定补偿安置费的基础上，增补其一年的安置费和停业损失费，该方案得到詹某的认可后，报请了市有关部门审核通过。2007 年 11 月 13 日，詹某如数领取了全部拆迁补偿款；三是加强对群众的教育疏导工作。市工作组在与詹某的几次交谈中，从法理的角度，明确政府按照有关法律程序，对其房屋依法实施拆除是出于大局利益，开导并教育詹某及家人要以大局利益为重，不能过分强调个人利益，更不能为了一己利益影响到大局利益。通过反复做工作，詹某终于承认自己暴力抗法的做法不对，表示十分感谢各级领导尤其是副省长的关心，表态日后不再上访，并要积极支持政府的各项工作。2008 年 1 月 4 日，副省长再次深入该市该街道，详细了解詹某案件解决的后续情况，要求该市继续做好跟踪回访工作，妥善解决被拆迁户的后顾之忧，防止工作出现反弹。

此突发性纠纷可以清晰反映出突发性纠纷的规律性——周期性。詹某对城建单位的拆迁补偿存在异议导致其不同意拆迁，并且拆迁单位没有及时地化解这一矛盾。这一阶段可以说是整个纠纷矛盾、冲突的累积时期，是这一突发性纠纷的萌芽期；在这一矛盾没有完全解决的情况下，该街道于 2005 年 8 月 1 日依法对该房实施了强制拆除，强拆现场詹某及家人在屋顶点燃汽油、投掷汽油弹和砖块等，进行暴力抗法。这一阶段是这一纠纷的爆发期，由于在萌芽期双方矛盾没有解决，再加上强制拆迁这一催化剂的作用，双方矛盾迅速激化，突破临界点，使纠纷发展到爆发期；在房屋被拆后，詹某多次上访，并不断致信国家、省、市领导反映情况，同时对市有关部门提出的调处意见无法达成一致。这一阶段是该纠纷的发展期，在此阶段相关组织已经介入，采取措施控制纠纷发展，此时事态发展已经不如爆发期阶段激烈，并逐渐达到发展的顶峰；在发展期后，副省长亲自了解案情，并提出了在处理该案件中要求把握好的几条原则，同时市工作组多次开会研究工作方案，从法、理、情入手，努力寻找协商解决的突破口，切实维护被拆迁户的利益。这一阶段在各级组织介入下，纠纷得以圆满解决，是该纠纷的缓和期；在此纠纷解决后，2008 年 1 月 4 日，副省长再次深入该街道，详细了解詹某案件解决的后续情况，要求该市继续做好跟踪回访工作，妥善解决被拆迁户的后顾之忧，防止工作出现反弹。此阶段是这一纠纷的消失期。

二、突发性纠纷的应急处置原则

1. 以人为本原则。以人为本原则，是指在处理突发性纠纷中，各级政府及其工作人员应该把挽救和保障人民生命、财产安全，尤其是生命安全，作为处理突发性纠纷和开展救援工作的首要任务。该原则是政府以人为本、执政为民理念的鲜明体现。我们党的宗旨是全心全意为人民服务，保障人民群众的利益不受侵害、减少损失，是党和政府义不容辞的责任。在人民调解工作中，要把着眼点放在广大工人、农民，尤其是下岗职工、农民工、残疾人等这些处于弱势地位的群体身上，此类人员是突发性纠纷的主要构成因素。因此，在人民调解过程中要充分考虑到他们的利益需求，防止因决策不当而引起矛盾纠纷。例如：

在一起纠纷中，林某是某厂保安员，宋某是林某妻子。宋某从老家来工厂探望林某，林某多次口头向老板申请希望能让其妻子进厂工作以便照应。经林某多次恳求，老板同意让宋某与林某一起住在门卫室，并同意其在食堂搭食，伙食费自负，但不同意录用其为员工。后来林某多次请求让妻子宋某干些轻松活，解决家庭困难。老板答应让宋某为其打扫办公室，每月以私人名义支付其 400 元，所以宋某没有入职申请表，财务也没核发其工资，工厂的员工也不大认识宋某。宋某于 2008 年 7 月 13 日 9 时在单位清扫卫生时感到身体不适，后送院抢救无效死亡。林某认为符合"在工作时间和工作岗位，突发疾病死亡或者在 48 个小时内经抢救无效死亡"，应该属于工伤。但厂方认为，宋某并非其单位职工，宋某没有入职申请表，单位没给宋某安排工作，也未支付其工资，工厂为宋某制作工卡只是为了方便其进出工厂和饭堂，并且宋某于 7 月 13 日前两天也曾经到医院就诊，后来因为病情加重抢救无效死亡，因此不属于工伤。双方就此问题求助司法局，希望得到调解。司法局通过对工厂员工（包括普通工人、人事、财务）等进行了相关询问及核实了相关材料，与厂方所称基本一致，但没有人目睹宋某发病的经过。司法局认为双方争议的焦点是：宋某与该工厂之间是否存在劳动关系；宋某的发病是否属工作时间工作岗位突发疾病。老板请宋某为其打扫办公室，私人每月固定支付其 400 元是否属劳动关系，难以确定；宋某在工厂何地何状况下突发疾病也无法查实；宋某在突发疾病前几天曾感到不适到医院就诊过，并且病情与发病死亡同一症状，与《工伤保险条例》所指的突发疾病含义有点不符。

司法局从收集的证据及了解的情况来看，要认定宋某的死亡为工伤，显然证据不足，因此，工厂可以拒绝支付补偿。但考虑到在人民调解工作中，要把着眼点放在广大工人、农民，尤其是下岗职工、农民工、残疾人等处于弱势地位的群体身上，因此建议工厂遵循以人为本的原则对林某进行补偿。工厂也表示理解，可以适当给予补偿。最后双方达成补偿金额为3.5万的协议，完满解决此事。

2. 及时介入原则。由于突发性纠纷具有突发性、不确定性等特征，纠纷的发生、发展往往无章可循或者没有先例可以借鉴。加之突发性纠纷巨大的破坏性、危害性及其负面影响，突发性纠纷一旦发生，时间因素就显得尤为重要。如果在突发性纠纷的萌芽期、爆发期就采取及时、准确的应急措施，往往能够使群众的心理得以初步安定，社会秩序得以基本维持。这就为争取整个突发性纠纷处理工作的顺利进行奠定了基础。因此，政府及其工作人员必须在第一时间在事发现场采取一系列紧急措施，争取在最短时间内及时控制事态的发展。即便是在危机已经发生的情况下，特别是在关键性的决策制定过程中，时间第一的原则就更为重要，稍稍延误时机，就可能造成更大的人员伤亡或者财产损失。因此，为了有效防范突发性纠纷的蔓延，最大限度减少损失，在应对突发性纠纷的过程中，必须行动快捷，以免延误良机。例如：

2009年3月18日，某包装厂员工雷某与另一员工在工作期间发生争吵，该员工用木棒击打雷某头部，造成雷某当场死亡，肇事员工逃跑。雷某家属认为雷某是在工作期间与同事发生矛盾导致死亡，因此要求厂方赔偿。在交涉过程中，死者家属纠集众多亲属围堵工厂大门，导致该厂无法正常进行生产经营。接到报告后，信访办、应急办、司法所和当地法庭迅速采取行动，第一时间赶赴现场对死者家属进行劝说，控制激烈的局势，并用政策、法律法规来解释这一纠纷，使家属情绪得到缓解。司法所还积极与厂方协调，希望厂方能从以人为本的角度对死者家属作出补偿。最终双方达成协议，矛盾得以化解。

该案例突出体现了及时介入的原则。信访办、应急办、司法所和法庭在接到报告后第一时间赶赴现场，并对围堵工厂的死者家属进行耐心规劝，避免了恶性事件的发生，为矛盾的化解赢得了主动权。

3. 信息公开原则。《突发事件应对法》第10条规定，有关人民政府及其部门作出的应对突发事件的决定、命令，应当及时公布；第53条规定，履行统一领导职责或组织处置突发事件的人民政府，应按照有关规定统一、准确、及时发布有关突发事件事态发展和应急处置工作的信息。

由于突发性纠纷具有不可预测性、过程的震撼性、后果的严重性以及可能危及公共安全和利益等特征，社会公众和媒体都迫切需要了解事态的产生原因、发展状态、政府的应对措施以及后续恢复工作等。政府作为在处置突发性纠纷中的决策者和领导者，拥有和控制着大量信息，因此，除了一些公开会影响工作开展的特殊信息外，政府对突发性纠纷应对工作的过程、结果都应当公开。其中，最重要的就是有关人民政府及其部门做出的应对突发性纠纷的决定、命令，应当及时公布。因为有关人民政府及其部门做出的决定、命令是宪法和组织法赋予的一项重要权力，对社会公众往往具有约束力和指向作用。并且，应对突发性纠纷的决定、命令需要社会公众知晓、执行，不及时公布难以发挥其应有作用。加强政府在突发性纠纷中信息公开，可以提高公众对政府执法行为的理解和配合，从而提高应急效率。例如：

2009 年 3 月 2 日 16 时 40 分许，某镇医院红绿灯路口发生一起交通事故，肇事司机刘某驾驶一辆小汽车在连撞 2 车后，致一辆小型客车将唐某（男，9 岁）等 2 名路人撞倒，造成唐某重伤。事发后，唐某等伤者被立即送往当地某镇医院进行抢救，唐某因抢救无效于当日在 ICU 重病监护室死亡。

事后，死者父亲唐某及家属认为医院管理不善，让肇事者弟弟刘某私自进入 ICU 重病监护室停留约 1 分钟，怀疑其对死者及治疗仪器动过手脚，要求医院承担部分责任。3 月 3 日上午，死者家属及老乡等人员在医院门口拉起"还我儿子"等横幅，扰乱医院秩序，并准备组织人员闹事。3 月 3 日上午 10 时许，镇公安分局接到报案，称约 60 人围堵某镇医院大门，手持宣传横幅，影响该医院秩序。

接报后，分局迅速出警维持现场秩序，并及时向上级公安机关和镇委、镇政府报告，镇委镇政府领导非常重视，镇委副书记火速带领维稳综治、司法、宣传、交警等部门主要领导亲临现场指挥。到达现场后，各部门根据自身职责积极开展工作，镇维稳综治办发挥组织协调作用，积极收集掌握各部门工作情况信息，及时向领导报告，为领导及时决策提供可靠依据和参考；宣传教育办与各主要新闻媒体联络，主动提供事件详细客观的资料。3 月 4 日，有关报刊等新闻媒体对这一事件进行了客观全面的报道。

在该案例中，宣传教育办能够主动与媒体进行沟通，提供客观翔实的资料。为媒体客观公正的报道，提高公众对事件的知晓度，积极引导事件向正确方向发展提供了有力的帮助。

4. 注重程序原则。突发性纠纷的处理和应对过程中应建立科学、有序的程序。如果有法律规定的，按照法律规定的程序实施；如果法律法规没有明文规定，就要针对突发性纠纷的发展阶段和特点确定处置程序。一般而言，参加突发性纠纷处理的人员在接到命令后，应该以最快的速度抵达事故现场，然后可以按照以下程序展开工作：①各部门负责人迅速组织成立应急处置领导小组，明确各部门的职能，分工协作；②火速封锁事故现场，或者驱散围观群众，防止影响处置工作；③组织相关人员进入现场安抚群众情绪，同时深入了解引起突发性纠纷的原因、目前发展趋势及已经造成的后果；④应急处置领导小组根据收集回来的情况，组织各部门分工处理；如果事态严重则需要将现场情况向上级有关部门汇报，请求援助。

5. 灵活变通的原则。突发性纠纷的特征决定了突发性纠纷应对必须将灵活变通置于重要地位。突发性纠纷是复杂系统的突变，而不是一系列事件按照线性的时间顺序先后发生的。由于突发性纠纷的不确定性和破坏性，使得公共机构在处理中就要遵循灵活变通的原则。

坚持灵活变通的原则，要做到：①不同类型的突发性纠纷有不同的特点，这就要求在突发性纠纷处置过程中，根据突发性纠纷的类型及特点，制定能体现突发性纠纷特点的处置方案。②由于突发性纠纷在发展过程中具有强烈的不确定性，这就要求在制定突发性纠纷处置方案时，要保证执行方式灵活性。③突发性纠纷的处置往往需要各不同职能部门协调处理，比如，在处置劳资纠纷时，需要司法、公安、劳动、社保等多个部门的协同工作。因此，要求在处置突发性纠纷过程中，要充分兼顾各个部门之间的配合。④要求在处置突发性纠纷过程中，从本地的实际情况出发，能够因地制宜、因事制宜，发挥优势，注重特色。

6. 协同应对原则。突发性纠纷的预防与应对是一项系统工程，需要统筹全局，照顾周全。独立行事不仅工作效率不高，还容易造成资源的浪费，顾此失彼，贻误工作。所以，应对突发性纠纷只有在政府的统一领导下，各相关部门协同配合，才能高屋建瓴，准确全面把握突发性纠纷的性质和症结，统筹部署，及时形成和贯彻科学的决策，迅速解决纠纷。

由于各部门工作性质不同，职责不同，需要介入的方式和程度也不同，需要实行分级管理、各负其责、协同作战的原则。有效的协调可以把个体的力量转化为整体的力量，从而发挥整体的最大优势。《突发事件应对法》第8条第2款亦规定：县级以上地方各级人民政府设立由本级人民政府主要负责人、相关部门负责人、驻当地中国人民解放军和中国人民武装警察部队有关负责人组成的突发事件应急指挥机构，统一领导、协调本级人民政府各有关部门和下级人民政府开展突发事件应对工作；根据实际需要，设立相关类别突发事件应急指挥机构，组织、协调、指挥突发事件应对工作。例如：

2009年3月，某镇村民邓某在"自己"的土地上建房，却招来邻居梁某的百般阻挠。双方就该土地使用权权属问题意见不一，争的耳红面赤，甚至拳脚相向。梁某要求邓某拆除已建房屋，邓某不从，并扬言要用生命捍卫自己的房屋。经村委会的多次调解无效后，邓某来到镇司法所申请调解，希望问题能尽快得到有效的解决。镇司法所在接到报告后，立即联系城建、国土部门积极参与调解。司法所工作人员在当地群众及村组干部中进行了大量的走访，并到城建办和国土资源分局进行了解、查阅相关资料，明确了该土地使用权的权属。在此基础上，镇司法所提出了双方都能够接受的调解方案，矛盾得以圆满解决。

该案例的处理过程体现了协同应对的原则。镇司法所在处理这一土地纠纷过程中，积极联系城建、国土等相关土地管理部门协助配合，最终明确该土地的使用权归属，成功化解矛盾。

7. 科学应对原则。现阶段突发性纠纷的起因是各种社会矛盾交织、演化、发展的结果，因此具有复杂性。这种复杂性要求在处置突发性纠纷过程中要正确区分纠纷性质，准确地确定突发性纠纷的性质是采取科学处置措施、妥善处理问题的基础和依据，也是处理突发性纠纷的基础性工作。对于干群矛盾引发的冲突、不同利益群体的矛盾、民族或宗教问题引发的冲突、敌对分子的故意破坏、突发性的自然灾害等，应急处置部门要准确快速定性。只有正确认定了纠纷的性质，然后才可能有针对性地确定处理的策略和方法。

清楚突发性纠纷的性质和原因后，就要进行科学的决策。科学的决策要求采用现代科学思维、科学方法和现代科学技术，如综合信息平台、卫星遥感技术等。同时要注重发挥专家学者特别是危机管理专家的积极作用。如应对处理那些因工业技术而引起的灾害以及由自然灾害而造成的危机事件，如危险品、化学毒品、辐射物品，火水灾害、海啸、泥石流、雪崩、飓风、火山爆发等，一定要多征求有关科学领域专家的意见，邀请专家进行专业技术指导，发挥专家在这些领域内知识渊博、经验丰富的特点，预警和救治危机，以使得危机所带来的危害减少到最低限度。在处理人质事件、突发群体性纠纷中，则要凭借社会学家、心理学家、谈判专家等技术力量，有效解除危机。

8. 合法应对原则。依法办事、依法行政是现代社会的基本要求。突发性纠纷属于非常规状态和非程序性问题，因此，在突发性纠纷的应对和处理中，政府及公务人员依法处理和应对就显得尤为重要。在处置突发性纠纷时，要讲究处置策略，尊重和保护群众的合法权利。因为在突发性纠纷发生后的危机情境下，政府及公务人员拥有许多特殊的权力，但是这些权力不能乱用、不能误用。特别是对于集会、游行、示威等群体性事件，要以《刑法》《集会游行示威法》和《治安管理处罚法》为主要处置依据，根据事件的性质、范围、缓急程度、危害后果依法采取措施，尽快平息事态，恢复秩序。特别是一些牵涉到外交、政治、民族、宗教等因素的突发性纠纷，处理起来更应该慎之又慎。例如：

2009 年 2 月 5 日，某村村民李某在邻村"木屋仔"（土名）的荔枝地被铁路扩建工程占用，被占用面积约为 6 分地，导致果树被压死，在向铁路扩建单位反映没有得到解决的情况下，向镇人民调解委员会申请调处。

镇调委会受理该调解后，迅速组织人民调解员到实地进行调查，深入到李某反映的荔枝地了解受损情况。经过调查，李某反映情况基本属实。在听取李某意见和要求后，镇人民调解委员会与广深四线工程指挥部进行了联系，反映了该村民的意见和合理要求，宣传法律法规，促使该单位对该侵权事实有一个明确的认识。在取得双方当事人的调解意向后，镇人民调解委员会在 3 月 12 日组织双方进行调解。在调解过程中，镇人民调解委员会拿出了该地方《关于土地征用、房屋拆迁以及青苗补偿的若干规定》

作为补偿依据，提议按《规定》进行赔偿较为合理。

通过几轮商谈后，对此方案双方都能接受，并达成共识，签订了调解协议。最后，铁路扩建单位已于 2009 年 4 月 13 日将款项赔偿给李某。自此这场纠纷得到了圆满解决。

在该案例中，一方面是某村村民，另一方面是大企业。由于企业在工程建设中对占用土地的事不够重视造成这一矛盾。人民调解委员会在调处过程中正是坚持合法应对的原则，通过对工程负责人宣传法律法规，促使其对该侵权事实有一个明确的认识，再以该地方《关于土地征用、房屋拆迁以及青苗补偿的若干规定》等相关规定作为补偿依据，使得双方对赔偿依据予以认可，纠纷得到圆满解决。

据统计，我国目前已经制定涉及突发事件应对的法律 30 多件、行政法规 30 多件、部门规章 50 多件，有关文件 110 多件。我国第一部应对各类突发事件的综合性基本法律——《突发事件应对法》是应急管理的"龙头法"。

9. 适度应对原则。适度应对原则，是指在突发性纠纷发生后，选择最恰当的时机、最恰当的尺度，采取最恰当的方式处置突发性纠纷的原则。适度应对原则是根据马克思主义哲学中事物量变和质变的辩证关系提出的基本思想方法。量变、质变规律揭示了事物发展的形式和状态。一切事物都是质和量的统一体。任何事物都保持其一定质的数量界限。在一定限度内，量的变化不会改变事物的质，而一旦超出这个界限，量的变化也会引起质的变化。认识事物的度才能准确认识事物的质。做到"胸中有数"，才能在实践中掌握适度原则，防止"过"与"不及"。

从实践来看，坚持适度应对原则，要求在处理突发性纠纷时，一定要谨慎、适度地行使有关权力，以期把突发事件造成的破坏和利益损失降低到最低限度；要求在处置突发性纠纷时，尊重客观规律，注意分析突发性纠纷的复杂性和多样性；要求在处置突发性纠纷过程中，注意突发性纠纷的动态性，必须科学地认识突发性纠纷在不同条件下的"度"的变化；要求处置突发性纠纷要审时度势，针对突发性纠纷的实际情况，适时调整控制和处理措施，调节对突发性纠纷控制和处理的力度，既防止控制和处理过滥、过头，又防止控制和处理过松、不到位。

10. 预防为主原则。预防为主原则，是突发性纠纷应对工作的核心原则之一。要求一切突发性纠纷的应对工作，都必须把预防和减少突发性纠纷的发生放在首位，做到防患于未然。

坚持预防为主原则，首先，要开展对各类突发事件风险的普查和监控工作。促进各行业、各领域安全防范措施的落实，加强突发事件的信息报告和预警工作，积极开展安全防范知识和应急知识的普及，加强应急管理培训。其次，要做好应急准备工作，牢固树立忧患意识。要完善预案体系，推进应急平台建设，提高应急管理能力，加强应急救援队伍建设和应急演练，加强各类应急资源管理。最后，要强化信息情报工作，建立高效迅捷的信息情报网络，有科学的预测能力，准确掌握重要信息。要及时将不安定因素报告党委、政府，取得党委、政府的支持。要积极配合相关部门的教育疏导工作，将突发事件消灭在基层，消灭在萌芽状态。

任务三 处置群体性纠纷和突发性纠纷应注意的问题

一、要深入调查研究，在处置过程中紧紧抓住主要矛盾

没有调查就没有发言权。人民调解工作在处置群体性纠纷和突发性纠纷中，更要做好认真细致的调查工作，通过调查研究掌握纠纷的真实情况，通过对真实情况的了解，抓住产生纠纷的主要矛盾。马克思主义哲学认为，在复杂事物自身包含的多种矛盾中，每种矛盾所处的地位、对事物发展所起的作用是不同的，总有主次、重要非重要之分，其中必有一种矛盾与其他诸种矛盾相比较而言，处于支配地位，对事物发展起决定作用，这种矛盾就是主要矛盾。在群体性纠纷和突发性纠纷中，往往都是各种矛盾相互交织在一起，积累到一定程度后才爆发的。因此，要求人民调解组织和工作人员在处置群体性纠纷和突发性纠纷工作中，能够从各种纷繁复杂的事态发展线索中找出导致纠纷发生的主要矛盾，并围绕这一主要矛盾进行调解工作，可以取得事半功倍的效果。例如：

王某和黄某是某公司的员工，2008年3月8日，黄某的儿子小黄尾随黄某到垃圾压缩站玩（黄某的工作地方）。王某在操作垃圾车尾板升降的时候，小黄把手放在垃圾车尾板下，王某在操作时没注意到有人在车尾，造成小黄的右手三根手指压成骨折。

2008年4月22日，王某、黄某和公司代表罗某来到司法所请求调解。听了当事人讲述事件的情况后，知道是因为小黄的医疗费用的赔偿比例和三方责任问题产生纠纷。由于案件标的不大，医疗费用约2500元，黄某如果提起诉讼则成本较高，意义不大，故调解处理的结果对黄某来说比较重要。人民调解员通过分析，依据《中华人民共和国民法通则》关于"在公共场所、道旁或者通道上挖坑、修缮安装地下设施等，没有设置明显标志和采取安全措施造成他人损害的，施工人应当承担民事责任"的规定，人民调解员抓住重点，向该公司宣传相关法律法规，分析其公司在工作场地没有张贴明显告示牌，告诫工作人员注意安全及非工作人员不得进入垃圾压缩站；另一方面从情、理入手，黄某是公司员工，应考虑到其工资待遇不高，公司要从员工的角度换位思考，留住员工。通过做思想工作，公司代表同意承担70%的医疗费用。人民调解员顺势向黄某和王某做工作，向王某分析了其在操作过程中没有多加注意周围的环境和相关操作手册；黄某也有一定责任，没有看管好自己的儿子，放任其在工作场地玩耍，导致事故发生。通过摆事实、讲道理，三方当事人自愿达成协议，由公司承担70%的医疗费用，王某和黄某各自承担15%的医疗费用。

在这次处理过程中，人民调解员抓住了纠纷的主要矛盾来依法调解处理，是成功调解的关键所在。在本案中，人民调解员善于抓住事件的主要矛盾，围绕主要矛盾进

行调解是最终取得事半功倍的调解效果的关键。

二、要耐心细致工作，充分适应调解过程中的反复性

由于群体性纠纷和突发性纠纷发生后，当事人通常会表现出一些过激行为，或者当事人双方对赔偿金额不能一次性达成一致，这些情况的发生会影响调解工作的顺利进行。这就要求调解工作要耐心细致的进行，应该知难而进，遇到问题后群策群力，化解问题。例如：

2009年3月16日，某司法所接到某纸业有限公司工人的电话，称其厂内有2名伤者的家属堵塞工厂门口，影响生产经营，且经过多次劝告也不肯离去，请求司法所介入调解此事。

人民调解员立即赶赴现场，经过调查询问，原来在2009年2月，该厂欲安装环保空调，约定由某空调工程部李某为其安装空调。2009年2月7日，李某在安装空调过程中，不慎从天花板摔下并致伤，经医院初步治疗后，现尚处于医疗康复期。李某按医嘱，半年后仍需第二次手术，但几万元的手术费用因包工头及厂方都不愿承担而尚无着落。因李某坚决不到市劳动及社保部门确认事故的性质，厂方与工程部又没有签订安装合同，其负责人也拒不承认是该工程的承包者，导致此事三方都协商不了，所以伤者家属采取堵塞厂门的方法来迫使厂方以达到自己的目的，若不及时调解，有可能激化矛盾。

了解事件始末后，司法所人民调解员耐心安慰伤者的家属，说明该纠纷可申请人民调解，在征得当事人同意后，人民调解员立即与劳动、社保、信访等部门取得联系，在多方协调下，伤者家属同意调解。在稳定家属情绪后，人民调解员就劳动工伤的认定、责任等法律问题给厂方及家属做了详尽的解释，希望大家要依法办事，公正、公平，尽快解决纠纷。

经过初次调解，双方在赔偿的额度方面意见差距已经不是很大，初次调解对事件的解决取得了很大的进展。第二次调解，人民调解员协同镇劳动、社保、信访、公安等部门共同努力，双方终于达成一致协议，由厂方一次性赔偿8.3万元给伤者，一宗将会激化的矛盾，在人民调解员和多个部门的协调下最终得到圆满解决。

三、要以法律为主，做到法、理、情兼顾

在人民调解过程中，要求人民调解员必须严格依照相关法律、法规的规定，对群体性纠纷和突发性纠纷进行调解。同时在依法调解基础上，人民调解员应该兼顾情、理，对调解对象给予精神上的同情和安慰，为调解的深入进行和调解中的沟通奠定良好基础。例如：

2009年3月25日，某模具公司的员工52人集体围堵企业大门，甚至做出堵路的不理智和过激行为，要求企业取消放长假决定，或者与员工解除劳动关系给予员工一

次性经济补偿金。原来，由于企业受金融风暴影响，成本压力增加和订单大幅度减少等原因，企业迫不得已才想出让部分员工停工，保障大部分员工工作的做法。放6个月假的员工第一个月可以拿足工资，其余5个月按770元/月的80%计发，等到经济复苏，停工的员工可以全部复工。被停工的员工不理解老板的用意，怀疑企业这是一种变相的裁员手段，迫使员工自动离职，减免经济补偿金的支付。

了解情况后，镇司法所、信访办、劳动和公安等部门及时联合介入调处此宗劳资纠纷，尽快深入进行调查了解，掌握基本情况，抓住矛盾重点。一是尽快稳定了工人的情绪，让员工立刻停止不理智的行为，马上撤离企业门口，不影响企业的正常生产秩序；二是要求罢工的员工派出5名代表，与企业负责人协商。在协商过程中，司法所派出律师向企业负责人和员工解释有关法律、法规的条款，消除企业与劳动者对相关法律、法规的错误和片面理解。员工认为企业以"停产停工"为由，安排员工放长假等于迫使员工自动辞职，而企业不必为此付出经济赔偿金。企业方面则认为受金融危机影响，企业经营存在困难，减少成本支出是企业目前生存的有效办法，而且带薪放长假并没有违法。司法所根据双方意见，提出折中的处理意见和解决方案。经过多次调解，讲清道理，说明事实，最后双方达成一致协议：一是企业承诺按照有关法律、法规允许的范围内进行放假；二是企业保证放假期间足额、及时分两次发放员工放假时所有的工资；三是企业经济环境好转后立即恢复停工员工的工作。员工们接受了这样的解决方案，一宗劳资纠纷得以圆满解决。

从这起纠纷中，人民调解员组织各方力量及时化解矛盾的关键是熟练的运用相关的法律、法规。根据该省《工资支付条例》第35条规定，非因劳动者原因造成的用人单位停工、停产未超过一个工资支付周期的（最长30日），用人单位应当按正当工作时间支付工资。超过一个工资支付周期的，可以根据劳动者提供的劳动，按照双方约定的标准支付工资；用人单位没有安排劳动者工作的，应当按照不低于当地最低工资标准的80%支付劳动者生活费，生活费发放至企业复工、复产或解除劳动关系。人民调解员以法律、法规为依据，兼顾双方利益，并在此基础上提出了合理的调解方案，做到了"法、情、理"相结合，赢得了当事人双方的理解和认可。

四、要充分运用科技手段，积极推进人民调解工作创新

《最高人民法院、司法部关于进一步加强新形势下人民调解工作的意见》指出，要积极推进人民调解工作创新，积极探索运用网络、通讯等现代科技手段开展人民调解工作，方便人民群众，提高工作效率。例如：

2009年2月9日上午8时许，某司法所及劳动部门接到反映，某商场经营者陈某突然逃匿，闻讯而来的供货商及专柜人员要求强行撤货，而且小区管理处已经单方将商场大门上锁，聚集在现场的60多名供货商及专柜人员情绪较为激动，一度想冲击商场并强行搬离货物。接报后，司法所及劳动部门、公安部门立刻赶赴现场。经过现场了解情况，该商场于 2007 年底投入经营，销售模式主要为供货销售和专柜销售两种形式，出租场所为小区的开发商。商场经营一直较为惨淡，2009 年 1 月至 2 月的工资约 8 万余元没有发放；另外商场经营者陈某还拖欠 100 多万的租金没有缴付。为防止事态激化，司法所人员召集相关代表进行座谈，劳动部门对拖欠工资的情况进行核查。座谈中，司法所明确提出有关人员肆意哄抢货物属于违法行为并将受到法律严惩，任何过激行为都是不可取的。但是供货商的情绪非常激动，不听劝阻，并于当天下午来到镇政府上访要求退货。

为妥善处理该商场的结业事宜，司法所积极联系了当地法院和业主，与法院及业主进行多次协调，作为业主兼最大债权人的小区开发商同意让供货商和专柜先行退货。同时司法所连同法院、劳动、经贸办、信访、公安等部门及时制定了《有关××购物广场结业事件处理方案》。在方案中明确各部门的分工及流程，并组建了相关工作小组：①审核小组。由司法所及法庭组成，主要就当事人提供的单据有效情况进行审核；②登记小组。由法庭工作人员组成，负责督促当事人如实申报有关货物品种及数量情况；③取货小组。由派出所及经贸办的工作人员组成，负责对货物品种及数量进行核实和发放；④现场争议处理小组。由法庭及信访办的工作人员组成，主要在争议出现时及时处理。另外，由公安机关在外围布置足够的警力维持现场秩序。

但是商场的货物分门别类、品种众多、数量巨大，给此次处理过程带来了很大的麻烦。如何能做到有条不紊地让供货商能够顺利拿回自己的货物，并保证有效地防止恶意取走他人价值较高货物情况的发生，是一个迫切需要解决的问题。司法所根据其他地方类似情况的处理办法，并结合该商场的实际情况，采取类似顾客购物的方式进行退货——即供货商将自己的货物通过收银台读取单价，当购物小票上的总额与审核小组审核出来的货款总额一致时，供货商将已"购买"的货物搬离商场。通过这样的方法，工作效率得到大幅度提升，同时也杜绝了由于供货商物品条码不同，取走他人较高货物价值的情况。在各部门紧密配合下，截至 2 月 7 日，为 130 名登记在册的供货商及专柜人员妥善办理了退货手续，并为该商场的 70 名工人发放了 8 万余元工资，事件得以圆满解决。

该案例调解的亮点是调解人员运用其他地方处理类似纠纷的办法，结合商场的实际情况，运用现代科技手段为供货商和专柜撤货提出了创新的解决办法，提高了工作的效率，保证了退货工作顺利完成。

▦ 引例分析

引例中，首先是遵循了坚持党委、政府统一领导的原则。面对突发群体性纠纷时，要由党委、政府出面，根据事件的针对性、目的性和不同起因，统一领导、组织、督促有关责任单位、职能部门开展处置工作。引例正是由镇委、镇政府就事件专门召开班子会议，研究制定处置方案，着手纠纷解决的。其次是遵循了慎用警力的原则和可散不可聚、可导不可激、可解不可结的原则。面对几千人的纠纷，镇委书记要求尽快解决此事，并派出相关领导到场协商，同时调集警力 500 多人、治安队员 500 多人赶赴现场处置，而公安民警在多次劝告堵路员工无效的情况下，依法采取措施，将违法堵路员工强制带离现场。最后是遵循了及时介入的原则。在聚集的工人逐渐增多、堵塞企业门口、极大地影响企业的正常生产的情况下，镇委副书记、副镇长迅速组织应急、信访、综治、外经、公安等部门到场协调处理。

思考与练习

一、填空题

1. 为了预防和减少突发事件的发生，控制、减轻和消除突发事件引起的严重社会危害，规范突发事件应对活动，保护人民生命、财产安全，维护国家安全、公共安全、环境安全和社会秩序，中华人民共和国第十届全国人民代表大会常务委员会第二十九次会议于 2007 年 8 月 30 日通过了（　　　　　），自 2007 年 11 月 1 日起施行。

2. 现实生活中，突发性纠纷可以分为四大类，即（　　　　）、（　　　　）、（　　　　）和（　　　　）。

3. 群体性纠纷可分为：（　　　　）、（　　　　）、（　　　　）、（　　　　）和（　　　　）五类。

4. 突发性纠纷从其生成到消解，一般都呈现出周期性的特点，即突发性纠纷具有周期性，这一周期大概体现为如下五个阶段：（　　　　）、（　　　　）、（　　　　）、（　　　　）和（　　　　）。

5. 中共中央办公厅 2004 年制定的《关于积极预防和妥善处置群体性事件的工作意见》将群体性事件定义为"（　　　　）"。

6. 政治性群体纠纷是指（　　　　）。

7. 在处理突发性纠纷中，坚持以人为本原则，是指（　　　　）。

二、选择题

1. 突发性纠纷具有以下几个共同特点：（　　　　）。

A. 爆发突然　　B. 原因独特　　C. 事件发展的不确定　　D. 时间紧迫

2. 群体性纠纷的发展，一般经历如下几个阶段：（　　　　）。

A. 萌芽期　　B. 酝酿期　　C. 显露期　　D. 解决期　　E. 积聚期

3. 学术界普遍认为，一个国家或地区的人均 GDP 处于（　　　　）这一阶段，是人口、资源、环境、公平、效率等社会矛盾最严重的时期，也是"经济容易失调、社会容易失序、心理容易失衡、社会伦理需要调整重建"的关键时期。

A. 10 000 美元　　　B. 300 美元　　　　C. 500 人民币　　　　D. 500 美元～3000 美元

4. 以下属于突发性纠纷的应急处置原则的有：（　　　　）。

A. 及时介入原则　　B. 灵活变通原则　　C. 协同应对原则　　D. 科学评价原则

5. 以下属于群体性纠纷的应急处置原则的有：（　　　　）。

A. 坚持团结多数，打击极少数的原则　　　B. 灵活变通原则

C. 坚持党委、政府统一领导的原则　　　D．坚持慎用警力的原则

6. 突发性纠纷一般呈现出周期性的特点，这一周期包括如下几个阶段：（　　　　）。

A. 萌芽期　B. 爆发期　C. 发展期　D. 缓和期　E. 消失期

7. 群体性纠纷有如下类型：（　　　　）。

A. 社会性群体性纠纷　　B. 医疗性群体性纠纷　　C. 涉外性群体性纠纷

D. 自然性群体性纠纷　　E. 预谋性群体性纠纷

三、判断题

1. 突发性纠纷从其生成到消解，完全没有规律可循。（　　　　）

2. 处置群体性纠纷，不能信息公开，否则会激化矛盾。（　　　　）

3. 在处理突发性纠纷中，各级政府及其工作人员应该把挽救和保障人民生命、财产安全，尤其是生命安全，作为处理突发性纠纷和开展救援工作的首要任务。（　　　　）

4. 既然是非常规的突发性纠纷，为快速解决之，在处理和应对过程中无须遵循法定的程序。（　　　　）

5. 在处置突发性纠纷过程中，要充分兼顾各个部门之间的配合。（　　　　）

6. 在群体性纠纷的处置工作中，应坚持全面打击所有参与者的原则。（　　　　）

四、问答题

1. 突发性纠纷的定义及特点？

2. 群体性纠纷的定义及特点？

3. 突发性纠纷的周期性？

4. 突发性纠纷的应急处置原则？

5. 群体性纠纷的应急处置原则？

6. 处置群体性纠纷和突发性纠纷应注意哪些问题？

学习情境

【情境设计】

案例一　2009 年 3 月 21 日，某镇某玻璃灯饰厂承包经营者黄某失踪数日。被黄某拖欠了 3 个月工资（共计 54 万余元）的 138 名工人，在向法定代表人吴某和发包方黄某多次协商支付工资未果的情况下，围堵公司大门，并到村委会反映情况。25 日，村委会找到该厂法定代表人吴某，但吴某坚持称自己不是该厂实际拥有人，拒绝支付工资。司法所调解人员耐心向其解释相关法律法规，表示由于其是营业执照上登记的法定代表人，该灯饰厂发生的任何事情都与其有直接关系，并详细解释了如果不发放工人工资、由第三方垫付的不良后果。在司法所同志的详细解释下，吴某答应与实际拥有人黄某取得联系。当天下午黄某筹集了资金，一次性发放了拖欠的 138 名员工的 54 万多元工资。

问题：请同学们思考这一纠纷产生的原因和特点，以及在这一纠纷中人民调解遵循了哪些处置原则？

案例二　2009 年 1 月 8 日，装修工人唐某来到某司法所申请工程款纠纷的调解。

唐某帮助包工头刘某先后做了3个工程，但刘某以各种理由扣除部分工程款不给唐某结清。调解人员经过调查得知，由于唐某负责的工程质量没有过关，房主要扣刘某的工程款，所以刘某要扣押唐某的工程款以做赔偿。但唐某认为其付出劳动就应拿回自己的工资，并且对刘某进行口头威胁。为防止矛盾加剧导致意外情况发生，调解工作人员立刻对双方展开调解。调解工作人员向双方当事人讲述有关法律法规，并指出，工人付出劳动要拿工资是肯定的，是受国家法律保护的，包工头不能随意找理由扣押工人工资。同时，因为工人工作质量不过关导致的后果，工人也应当负相应的责任。但是双方并不肯做让步，而且气氛也越加紧张。调解人员当即决定采用"背靠背"的方式对当事人进行单独谈话，首先调解人员对包工头刘某从心理关口入手，表示工人出来打工不容易，如果辛辛苦苦到头来拿不到工资，可能会做出一些不理智行为。如果因为一时之气而酿成苦果就不值得了，希望他能与当事人再进行协商。经过调解人员耐心劝说，刘某表示同意协商；另一方面，调解人员做工人唐某的思想工作，表示理解他打工但拿不到工资的心情，会尽力协助其讨要工资，但如果工程质量因为工人工作的失误出现问题也是要负责任的，双方应该心平气和地协商解决，不要因为冲动而做出不理智行为。经过劝说，唐某也同意协商解决。

经过细致的协商，双方接受调解人员的建议：先把工人应得的工资算出来，然后扣减应该赔偿的部分，剩下的结清给工人。经过核算，刘某当即给唐某结清所有工资，协议达成，纠纷得以圆满解决。

问题：请同学们思考这一纠纷的特点，以及在调解过程中遵循了哪些处置原则？

案例三 2009年5月14日上午，某电子厂员工刘某在工作中触电，经医院抢救无效死亡。死者家属与厂方就死者的赔偿问题发生纠纷，请求司法所调解纠纷。

司法所工作人员向当事人双方详细了解了事情的经过，并听取双方提出的赔偿方案。调解人员提出此事故应定性为因工死亡事故，应按因工死亡的赔偿标准进行赔偿，且厂方已经为死者购买社会保险。在征得双方同意后，司法所与镇社保分局联系，请求其派人来向死者家属讲解因工死亡的赔偿问题。死者家属在听取社保分局工作人员的讲解后，提出厂方应在社保赔偿后出于人道主义对其进行补偿。厂方同意对死者家属进行人道补偿，但是双方因人道补偿的金额问题展开激烈的争论，各自不肯做出让步，双方僵持不下。调解人员观察到死者家属方人数众多，情绪波动厉害，不利于调解工作的进行。调解人员决定首先对在纠纷中起关键作用的家属进行说服、劝解，从而带动其他家属接受调解建议，要求死者家属派出3名代表与厂方进行协调，并采取"背靠背"的方式分别给当事人做思想工作，分析其利弊关系。僵局很快被打破，经过反复协调，5月15日双方同意做出让步并达成协议：厂方协助死者家属进行社保理赔，并一次性支付死者家属38万元人民币，作为死者的后事料理费用及一次性抚恤金等。双方当场签订了协议书，此次纠纷得以平息。

问题：请同学们思考在此次纠纷处理过程中，遵循了哪些处置原则及需要注意哪些问题?

案例四 2008 年 2 月,某纸厂员工听说同一镇另一家同类纸厂今年员工工资上涨了 200 元,其即向本厂经理提出上调工资的要求。经理认为本厂的工资本来就比同类型厂家的工资水平高,现在不应该跟风涨工资,有异议者可以自行辞职另谋高就。于是双方发生争吵,在争执不下的情况下,该员工随即煽动其他员工 50 余人,用罢工、堵厂门、恐吓正常工作的员工,甚至准备堵路等方式要求提高工资、追讨加班费、增加娱乐设施等十几项诉求。厂方在无可奈何的情况下,请求司法所介入调解。

问题:

1. 请分析这一纠纷产生的原因和特点。

2. 作为人民调解员,应如何处理这一纠纷?

案例五 某厂为扩大再生产决定新建厂房,在土建施工过程中误挖了当地村民吴、霍两家的祖坟,造成两家祖坟骨塔损毁不可恢复。由于村民受封建迷信思想影响较深,坟主及其亲属认为厂方是故意毁坟,故纠集了 30 多人在工厂门口聚众闹事,并扬言要毁坏厂方设备进行报复。当地司法所接到报告后,迅速赶赴现场。现场调查的结果显示,坟地已经被夷为平地,基本不能辨认。村民一方要求厂方重新建坟,恢复骨塔原状,并提出赔偿精神损失要求;工厂方面提出,因遗骨已经散落,根本无法将十三个骨塔恢复原状,愿意做出适当的赔偿,但赔偿金额远远不能达到村民的要求。村民认为厂方的赔偿金额太少,没有调解诚意,30 多名村民围堵工厂门口,并做出一些过激行为,破坏了厂方办公室的大门,严重影响了工厂的正常生产经营。

问题:

1. 请分析这一纠纷的特点。

2. 作为人民调解员,应如何处理这一纠纷?

【训练目的及要求】 通过训练,让学生领会群体性纠纷和突发性纠纷的处置原则及处置时应注意的问题,能够更好地应对群体性纠纷和突发性纠纷。

【训练方法】 模拟人民调解对群体性纠纷和突发性纠纷的应急处理。需要从群体性纠纷和突发性纠纷的特征和规律性入手,熟悉人民调解工作在处理群体性纠纷和突发性纠纷件中的应急处置原则和要求。

【训练步骤】

1. 根据案例需要对学生进行分组。

2. 以组为单位,让学生自行分配角色并开展讨论。

3. 各组学生按角色任务拟定调解方案,以便应急处置群体性纠纷和突发性纠纷。

4. 实施模拟调解,处置群体性纠纷和突发性纠纷。

5. 学生自我评价实训效果。

6. 教师点评、总结实训情况。

拓展阅读书目

1. 司法部基层工作指导司：《人民调解工作典型案例汇编》，法律出版社 2008 年版。

2. 刘树桥、马辉：《人民调解实务》，暨南大学出版社 2008 年版。

3. 秦启文：《突发事件的管理与应对》，新华出版社 2004 年版。

4. 莫利拉、李燕凌：《农村社会突发事件预警、应急与责任机制研究》，人民出版社 2007 年版。

5. 黄建宏："社会突发事件概念、特征与研究价值"，载《社会研究》2009 年第 23 期。

6. 朱力："突发事件的概念、要素与类型"，载《南京社会科学》2007 年第 11 期。

7. 孙崇勇、秦启文："突发事件的两个基本理论问题探讨"，载《西南师范大学学报（人文社会科学版）》2005 年第 2 期。

8. 邱泽奇："群体性事件与法治发展的社会基础"，载《云南大学学报》2004 年第 5 期。

9. 曹光毅："论群体性事件的预防策略"，载《上海公安高等专科学校学报》2008 年第 5 期。

10. 韦欣仪："国外关于群体性事件的理论研究与处置实践述评"，载《理论与当代》2009 年第 8 期。

11. 张兆瑞："国外境外关于集群行为和群体性事件之研究"，载《山东公安专科学校学报》2002 年第 1 期。

12. 周德胜："论正确认识和处理群体性事件"，载《理论观察》2009 年第 1 期。

13. 于建嵘："当前我国群体性事件的主要类型及其基本特征"，载《中国政法大学学报》2009 年第 6 期。

14. 孙延华："略论群体性事件"，载《上海公安高等专科学校学报》2007 年第 5 期。

项目四　纠纷调解过程中的风险防控

知识目标

了解人民调解实践中常见的风险，准确把握人民调解的风险防控措施。

能力目标

能够针对人民调解中的风险进行防控，圆满实现调解的效果。

引　例

2016 年 5 月 16 日，张某、杨某存放在孙某停车场内的价值 20 万元的汽车被别人放火烧毁。张某、杨某在向孙某索赔未果的情况下，请求街道人民调解委员会调解。街道人民调解委员会指定人民调解员小李主持调解。小李调解时，杨某因故未能亲临调解，张某对小李表示杨某已同意让他做主。小李也没有再追究此事就开始进行调解。由于街道人民调解委员会人手不够，小李调解时也没有记录员在场，而小李觉得事情不大也就没有对调解过程进行记录。通过小李的调解，孙某答应赔偿张某、杨某经济损失 13 万元。调解结束后，杨某找到街道人民调解委员会，说在他没有亲自参加调解的情况下，进行了调解，侵害了他的权利，同时认为调解结果不公平，要求重新调解，否则就信访。

问题：纠纷中存在什么风险？应如何进行防控？

基本原理

作为一种纠纷化解机制，人民调解组织和人民调解员面对纠纷，不可避免地会遇到各种风险。把握好人民调解过程中可能遇到的风险，做好防控措施，对于更好地开展人民调解工作是非常必要的。

任务一 纠纷调解过程中的常见风险

纠纷调解过程中的风险，就是纠纷调解过程中产生的、需要由人民调解组织和人民调解员承担的、对人民调解组织和人民调解员不利后果的一种不确定性。这种不确定性有时未必需要人民调解组织和人民调解员承担一定的责任，但毕竟会造成一些工作上的影响。

在纠纷调解过程中，如果人民调解员真正做到遵循人民调解的原则、依据人民调解的程序要求进行调解，而纠纷当事人也能够理性地对待调解，那么纠纷的调解结果能够达到理想的效果：纠纷化解了、矛盾解决了、社会和谐了。但是，并不是所有的人民调解员都能够真正做到遵循人民调解的原则、依据人民调解的程序要求进行调解，而纠纷当事人表现出来的复杂性的一面，也意味着其未必都能够理性地对待调解，甚至在与纠纷有一定关系的人介入纠纷的情况下，纠纷就更加复杂。这样，在纠纷的调解过程中就不可避免地存在着风险，造成对调解效果的影响。排查人民调解中的风险并进行有效的预防和控制，对于更好地开展人民调解工作来讲是非常必要的。纠纷调解的实践中，根据参与纠纷调解的主体情况，纠纷调解过程中常见的风险主要包括因人民调解员和因纠纷当事人及和纠纷有一定关系的人造成的风险。

一、人民调解员在人民调解工作过程中没有按照人民调解规范性的要求进行调解导致的风险

《人民调解法》对民间纠纷的调解具有一定的规范性的要求，包括人民调解应遵循一定的原则、按照一定的程序进行等。但在人民调解过程中，有些人民调解员往往可能因为自身的疏忽或业务不熟，也可能是没有做到尽职尽责，结果引发了调解的风险，对人民调解造成了负面的影响。实践中，人民调解过程中可能出现的风险主要包括：

1. 人民调解员违反法律的规定进行调解，结果导致对纠纷当事人造成伤害。人民调解的基本原则之一是不违法。其含义首先是在调解时按照法律的规定进行调解，不能违反法律的规定。否则就会造成不应有的后果。有些纠纷当事人往往忽视法律的规

定，结果造成了违法的调解，造成了一定的风险。例如：

某女甲和患有中度精神病的某男乙是一对夫妻。由于甲无法忍受乙对其造成的痛苦，就要求乙的父母与其一起去申请调解离婚，乙的父母觉得儿子这个样子确实对不住甲，就同意调解离婚，某人民调解员根据甲和乙的父母的意思调解离婚，由某调解委员会出具了人民调解协议书，并与人民调解员、甲一起去办理了离婚手续，随后，甲改嫁。乙病愈后，找到该调解委员会，大闹不止，导致该调解委员会经常无法正常开展工作。

该纠纷的调解既违反了我国婚姻法方面有关离婚的法律规定，剥夺了婚姻当事人的婚姻权利，也违背了纠纷调解过程中的自愿原则，结果，让调解委员会陷入了被动局面。

2. 人民调解员没有召集所有纠纷当事人参与调解，或者在遗漏纠纷当事人的情况下进行调解，从而违背了自愿原则。基于人民调解的自愿原则，人民调解员在纠纷调解时应做到纠纷所有当事人都到场，只有这样才能做到贯彻自愿原则，尊重当事人的意愿得出各方当事人满意的调解结果。相反，哪怕有一个纠纷当事人没有到场，都很难保证调解结果符合该纠纷当事人的意愿，甚至会侵害该纠纷当事人的利益。而没有召集所有纠纷当事人参与调解的原因，可能是纠纷当事人的隐瞒，也可能是人民调解员的疏忽大意没有核实清楚，或者是人民调解员图省事，没有坚持纠纷当事人必须到场。但不管是哪种原因，都是不可取的。例如：

2015年12月，周某被送入医院急救，当晚经抢救无效死亡。周某死亡后，妻子孙某认为医院在抢救过程中存在过错，于是纠集亲属到医院索赔。医院遂求助于当地街道综治信访维稳中心。当地街道综治信访维稳中心将该纠纷交由街道人民调解委员会进行调解。在调解过程中，孙某与医院自行协商一致，医院自愿从人道主义出发给予其本人一次性慰问金5.6万元，并申请街道人民调解委员会审查并出具了人民调解协议书。期间，人民调解员多次询问周某的家属情况，孙某口头答复其父尚在，但身体状况欠妥，由其全权代表家属参与调解即可，对此医院方表示接受，双方签署了人民调解协议书。2016年初，死者周某父亲周某某、前妻张某（与周某生育有一位未成年子女）委托代理人持上述人民调解协议书到人民调解委员会，对调解协议的内容提出异议：认为当时只通知孙某参与调解，并由孙某单方面与医院签订协议，并且事后孙某也没有把补偿款的相应份额分配给他们，调解存在重大过错，要求重新调解，并要求医院按相关规定对其他家属做出赔偿。

在该起纠纷中，人民调解员没有尽职尽责，没有认真核实纠纷当事人：一是只查阅了周某、孙某的身份证件、结婚证，既没有核对户口本等资料，也没有核实周某身故后赡养人、抚养人情况，导致查阅资料不齐全，遗漏了纠纷当事人；二是仅凭孙某口述周某父亲因身体欠妥等原因无法到场参加调解，没有核实周某父亲是否出具授权委托书并收取周某父亲的授权委托书，导致材料缺失，造成没有证据证明周某父亲可以不到场，当然也没有坚持周某父亲必须到场，也造成遗漏了纠纷当事人。正是因为人民调解员的过错，结果出现了不应该发生的结果。

3. 人民调解员不能按照规范的程序进行调解。人民调解员不能按照规范的程序进行调解表现为没有告知当事人的权利、没有告知当事人人民调解协议书的效力等情形，导致当事人不能有效地行使权利、维护自己的利益。结果造成纠纷当事人对调解组织不满等，也会影响人民调解组织的工作。

4. 人民调解员没有做好调解文书。人民调解员没有做好调解文书，特别是调解笔录，主要包括人民调解员没有制作调解文书或虽制作了调解文书，但调解文书记录不详，无法核查调解过程。在这种情况下，往往导致无法还原人民调解的有关过程，最终导致不能核查有关事项：如证据是否合法、调解过程是否合法等。当当事人提出异议、不服调解，甚至提出不合理的要求时，调解组织往往无法进行有力的反驳，结果也会处于被动的局面。

5. 人民调解委员会应当事人的请求出具人民调解协议书等文书材料时没有慎重审查，导致出现不当情形。人民调解委员会除了调解纠纷外，有时还会应当事人的请求，出具人民调解协议书、终止调解通知书或者其他证明材料等文书材料，但有些时候，当事人只是想通过上述合法形式掩盖非法目的。对于当事人的这种请求，如果人民调解委员会没有进行慎重的审查，就会导致人民调解委员会的上述行为出现违法等情形，造成不利后果。例如：

某村的张某向某村村民购买只有宅基地证的房屋，由于这类房屋无法过户以及无法对私下的基于购房行为而签订的购房合同进行公证，从而在当事人之间产生了纠纷。当事人就请求人民调解委员会出具了相关调解协议，然后就调解协议向法院申请司法确认。又如某当事人为了逃避离婚时财产分割的风险，以债务人的身份来到人民调解委员会，自称与某债权人达成债务偿还协议，请求人民调解委员会出具相关人民调解协议。再如某夫妻离婚后，房产分割给了女方，但男方不配合将户口迁出。在对这起纠纷调解的过程中，女方来到公安机关户政部门要求办理男方的户口迁出手续。于是公安机关要求人民调解委员会出具终止调解通知书或在其他材料中加盖调委会印章。

上述第一种情形，由于通过司法确认就使调解协议具有了强制执行力，从而可以通过强制执行的方式实现房屋产权的转移。但这种做法如果得到人民调解委员会甚至人民法院的认同，就等于是对违法行为的宽容。对于第二种情形，如果人民调解委员会既不审查当事人提供的证据，也不考虑当事人的意愿，只是简单地根据当事人的请求就出具调解协议，对于人民调解委员会来说，也是不严肃的。至于第三种情形，如果人民调解委员会按照公安机关的要求去做了，就意味着不是纠纷当事人，而是无权的公安机关申请终止调解，剥夺了当事人调解的自主权，或者是不属于人民调解委员会职责范围内的事项，或者虽属于人民调解委员会职责范围内的事项但不考虑有无必要出具、有无确实的事实依据出具，都意味着人民调解委员会的失职。尽管上述情形最终可以认定为无效或予以纠正，但对于人民调解委员来讲，都会造成不好的影响。

二、纠纷当事人或和纠纷有一定关系的人非理性行为所导致的调解中的风险

虽然纠纷当事人都是自愿调解，但有些时候如果调解不能达到纠纷当事人的预期，纠纷当事人，甚至纠纷中的有关人员就会呈现出一种不理性的状态：对调解结果不认同、对调解工作抵触、对人民调解员不满甚至危及调解员的安全，有些纠纷当事人还可能提出一些不法的要求。这些都导致了调解中的风险。

1. 纠纷当事人或和纠纷有一定关系的人对调解结果质疑。尽管人民调解员在调解时能够按照人民调解法的原则、程序等的要求去调解，而且调解的结果也是公正的。但有些时候纠纷当事人或和纠纷有一定关系的人仍会质疑调解结果，不服从、不履行调解结果，甚至会认为调解不公正而进行投诉、信访等，对人民调解工作造成影响。例如：

2015 年 9 月，当事人王某与张某发生机动车交通事故。11 月，双方当事人共同申请到市道路交通事故损害赔偿争议调解中心进行调解。王某委托其大女儿王某美参与调解。调解中，双方当事人自愿达成调解协议，调解组织依法出具调解协议书。张某当场履行协议内容。11 月，王某的小女儿王某丽对调解案件提出信访，认为人民调解员受到张某的非法诱导和欺骗，调解不公正。最后经调查，人民调解员在调解过程中已尽到了公平公正的职责，没有任何不当行为。

在该纠纷中，人民调解员实际上认真核实了调解申请人的身份证件，尤其是认真核对了委托代理人授权委托书、身份证件，确认了双方有效的调解资格，充分证明由委托代理人代表调解当事人参加调解过程是真实、合法、有效的；同时，人民调解员在调解时也做了详细的调解笔录。通过调解笔录还原的当时的调解过程来看，证明人民调解员严格依照《人民调解法》的规定，遵循双方当事人自愿、平等原则，遵守法律、法规和国家政策，公正、公平地主持了调解。但纠纷当事人的亲属仍然出现了上述行为。不管纠纷当事人的亲属出于什么动机进行信访，这种行为必然会对人民调解工作造成干扰。如果人民调解员在调解工作中有一点瑕疵，就会被纠纷当事人或利害关系人无限放大，影响到人民调解工作。

2. 在人民调解过程中当事人对人民调解工作产生不信任或抵触情绪。任何纠纷当事人在调解过程中都想争取最大利益，也希望人民调解员能够满足他们对利益的期待。但如果在调解过程中，人民调解员的调解工作没有顺应纠纷当事人，不符合纠纷当事人的要求，或者依法调解的结果难以符合纠纷当事人的意愿，甚至与纠纷当事人的期望相差甚远。在这种情况下，会导致纠纷当事人不相信调解，甚至不与人民调解员互相配合，从而产生抵触心理。

3. 纠纷当事人指责人民调解员调解不尽力。在纠纷调解过程中，如果人民调解员的调解达不到纠纷当事人预期的结果，就会质疑人民调解员的调解工作。特别是在有

些损害赔偿纠纷中，由于纠纷当事人不懂得损害赔偿的计算方法，有些当事人为了尽早了结纠纷而无奈地同意接受较低数额的赔偿，或者人民调解员在依法调解的前提下，纠纷当事人也只获得了较低数额的赔偿。于是纠纷当事人就认为人民调解委员会、人民调解员没有尽力调解为其争取权益或认为人民调解委员会、人民调解员在调解过程中偏袒对方当事人，从而使自己只获得较低数额的赔偿，在达成协议、对方履行赔偿后又以各种理由反悔。

4. 人民调解过程中危及人民调解员人身安全。尽管现在在人民调解过程中危及人民调解员人身安全的现象很少了，但毕竟人民调解员在调解纠纷的过程中，面对的是有不同的利益诉求的纠纷当事人。面对以人为对象的纠纷的调解，其复杂性不言而喻，它不但需要使纠纷得到解决，更需要纠纷当事人化解矛盾。这就需要做到人的解决和事的解决的统一。如果只是事情解决了，而当事人不接受，实质上意味着事并没有解决。特别是如果当事人不接受调解结果，轻者不再调解，重者当事人就会对人民调解委员会、人民调解员不满，进而情绪过激对人民调解员造成肢体冲突，危及人民调解员人身安全。特别是在突发性、群体性这样一些复杂的纠纷中，纠纷当事人更容易情绪过激而导致矛盾激化，从而危及人民调解员人身安全。

5. 调解协议达成后纠纷当事人反悔、不履行调解协议。根据调解成功率的数据显示，大多数纠纷调解后，纠纷当事人都能够自觉履行调解协议。但仍会有纠纷当事人在调解达成调解协议后反悔、不履行调解协议。如果纠纷当事人反悔、不履行调解协议，在一定意义上说明对该纠纷的调解前功尽弃。

任务二　纠纷调解过程中的风险防控

针对人民调解过程中人民调解员或纠纷当事人、纠纷中的有关人员可能造成的风险，需要采取措施，进行风险防控，以保障人民调解工作的顺利进行。结合实践中纠纷调解过程中可能遇到或已经遇到的风险，要做到：

一、严格遵守规范的程序，避免出现纰漏

规范的程序是人民调解工作风险防范的基本前提，而只有严格按照规范的程序进行人民调解，才会将人民调解中的风险降到最低，甚至避免风险的产生。

（一）认真核实纠纷当事人的情况

这主要是对人民调解员工作过程中纠纷当事人不到位的风险防控。按照《人民调解法》的规定，人民调解要遵循自愿原则，而且这种自愿原则要贯穿于人民调解的始终。而要体现这种自愿原则，就必须保证真正的纠纷当事人自始至终参与到调解中来。也只有这样，才能避免纠纷当事人的利益受损。要做到这一点，就需要人民调解员在调解纠纷前核实好纠纷当事人的身份。具体做到：

1. 准确核实纠纷当事人。通过严格核实纠纷当事人的身份资料,一要核实好是不是所有的当事人全部到场参与人民调解;二是核实好参与人民调解的纠纷当事人是不是真正的纠纷当事人。通过这两个步骤的核实最终确认纠纷当事人有没有遗漏、确定所涉纠纷的有关人员是不是合法主体。避免因出现遗漏纠纷当事人的情况以及与纠纷无关人员参与纠纷的情况而给人民调解工作造成困扰。而要做到这两点一般应通过出具身份证、由有关权威机关出具证明的方式来进行。如果无法由有关权威机关出具证明,至少要求当事人自行做出承诺,承诺其身份的真实性及没有隐瞒有关纠纷当事人,否则,要承担对其不利的后果。如人民调解委员会在调解继承纠纷时,对确定死者的法定继承人身份的材料审查,首选由公证处认定的法定继承人名单,这样法定继承人身份的真实性、有效性一定程度上可以得到保障。若当事人只能提供死者所在单位、居(村)委会所出具的继承人名单等材料时,还须由纠纷当事人自行承诺其真实性,签署相关承诺书。

值得特别指出的是,准确核实纠纷当事人还包括要核实好纠纷当事人是否存在精神健康状况、性格等方面的问题,如纠纷当事人是否患有精神病、性格偏激等,如果存在这些情形可能导致纠纷当事人本人出现意外事故、纠纷当事人不配合调解及危及人民调解员的安全等风险,因此,在这方面也需要引起人民调解员的注意,做好核实工作。

2. 准确核实纠纷当事人的代理人。人民调解员对民事纠纷的调解,一般要求纠纷当事人必须全部到场。尤其是涉及法定继承人的继承纠纷,需要求死者方享有继承权的家属全部到场。只有这样征求所有纠纷当事人的意愿,明确对纠纷的处理方式和处理结果,保证对纠纷的处理方式和处理结果是按照当事人的意愿进行的。如果纠纷当事人确有特殊情况不能全部到场的,则必须委托代理人并且由代理人出示授权委托书。

在这种情况下,人民调解员就要准确核实好纠纷当事人的代理人的身份。主要是认真核对代理人身份证件、有无授权委托书等材料,审核授权委托书是否真实有效、授权范围是否明确等,以便确定调解参加人享有的明确授权及权限范围,避免日后纠纷当事人对调解协议提出异议,特别是像继承这样的纠纷,如继承人无法到场还需由被委托人出示特别授权委托书。

(二) 重视调查工作

根据人民调解的有关规定,人民调解或进行纠纷有关事项的处理应当在查明事实、分清是非的基础上。而要查明事实、分清是非,就必须对纠纷进行调查。没有调查就没有发言权,调查工作是进行人民调解、处理纠纷有关事项的基本前提。要想解决好纠纷,要想处理好纠纷的有关事项,就需要通过调查,形成对纠纷真相的正确认识。

进行调查实际上也是防范风险的重要手段。通过调查了解清楚有关纠纷的所有事项后,可以避免出现遗漏纠纷当事人的风险,可以判断出纠纷当事人的请求是否合法,避免出现违法的处理结果。如前文提及的要求出具关于出售宅基地房屋的调解协议、要求出具停止调解通知书，在不清楚达成协议的具体情形的情况下、在不确定是否违法的情况下，轻易地满足有关人员的请求，就会酿成不良后果。因此，调解或处理纠纷的有关事项，需要摸底调查，弄清基本的情况。

（三）完整详细地做好调查笔录、调解笔录等人民调解文书材料，形成完整的档案材料

完整的调解档案材料，是包括人民调解文书在内的、所有反映某纠纷的文字材料、视频资料等。人民调解文书等材料是记载人民调解从受理到协议履行、调解回访全过程的各种材料。它记录了人民调解的全过程。通过完整详细的人民调解文书，可以核实人民调解的全过程，核查人民调解的所有情况，包括对纠纷当事人身份的审查、代理人身份的审查、有无违法受理人民调解、人民调解有无遵循人民调解原则、人民调解过程是否合法等，借以判断人民调解有无差错。特别是能够有效地防范前面提及的一些风险。如纠纷当事人或纠纷中的有关人员对调解结果质疑、纠纷当事人指责人民调解员调解不尽力、纠纷当事人认为人民调解员偏袒对方当事人等，这些情形都可以通过人民调解文书等材料予以核实、查证。

因此，要求保留完整的调解档案材料，实际上是对人民调解员的调解的基本要求，它可以保证人民调解员在进行人民调解时尽职尽责。如完整的调解档案材料的要求可以避免人民调解员在核实纠纷当事人的身份时由于疏忽而造成对纠纷当事人的遗漏，而完整的调解档案材料意味着调解档案材料会非常齐全，当出现被投诉、信访情形时，完全可以依据档案进行核查、回复。

因此，人民调解员在人民调解过程中，必须完整详细地做好调查笔录、调解笔录等人民调解文书材料。条件许可的，甚至要投入经费改善人民调解的条件，在人民调解场所安装录音、录像设备，对调解全过程录音、录像，这样更能够真实地还原调解的全过程，更有效地防范风险。

（四）坚持按照不违法原则进行调解，拒绝纠纷当事人的违法要求

不违法原则是人民调解的最基本的要求，它首先要求人民调解员要在符合法律规定的前提下进行调解。其次是在法律的范围内以及在没有法律规定的情况下按照政策、社会公德去调解。这是人民调解员防范调解风险及保护自己的有力的保障。只有不违法，才不会被纠纷当事人找到指责的理由。即使纠纷调解的结果不符合纠纷当事人的预期，纠纷当事人也基本上能接受，找不到反悔的借口。

不违法原则，一方面要求人民调解员严格按照人民调解法及相关的法律、法规、政策、社会公德去调解，特别是要严格按照人民调解的规范要求去调解，不能疏忽，否则就会面临风险。如前面提到的离婚纠纷就是如此。另一方面人民调解员要拒绝纠纷当事人的违法要求。按照纠纷当事人的违法要求去调解不但导致调解无效，浪费人

民调解的资源，有损人民调解的形象，而且同样会给人民调解委员会、人民调解员带来风险。如前面提到的违法出具人民调解协议书及其他人民调解文书就会造成不应有的风险。

二、人民调解员在人民调解过程中尽量做到周全，对纠纷当事人的不理解尽量做好解释工作

在人民调解过程中，人民调解员对有关人民调解的事项要考虑周全，特别是与纠纷当事人有关的事项更是如此。如在人民调解过程中要告知纠纷当事人在人民调解中的权利、义务，要向纠纷当事人讲解人民调解协议的效力，等等。只有这样，才能让纠纷当事人感到人民调解员的真诚。而纠纷中涉及纠纷当事人利益的事项，更是不能大意，一定要维护好纠纷当事人的利益。比如，在损害赔偿纠纷中，人民调解员要尽量通过权威机构鉴定责任和赔偿金额，要向纠纷当事人提供有关责任鉴定和赔偿金额的权威的、纠纷当事人容易接受的凭证，避免引起纠纷当事人的质疑。如果纠纷当事人仍然存在质疑，人民调解员还要想办法引导纠纷当事人接受上述认定——如引导当事人通过咨询律师、法官、朋友、老乡等，接受调解员的认定。再如，在伤亡赔偿纠纷中，要告知死者家属所领取的赔偿（补偿）款须分配给所有继承人。也就是说，人民调解员对纠纷的调解考虑得越周全，纠纷解决的也就越彻底，就不会留下"后遗症"。因此，人民调解员要本着"以人为本"的思想，多从纠纷当事人的利益、感受去考虑，尽量为纠纷当事人着想。调解态度要认真（做好调解过程中的各项工作，包括过程要规范，特别是不违法），要尊重纠纷当事人的权利，只有这样，才会赢得纠纷当事人的信任，调解工作才会让纠纷当事人满意。

如果人民调解员按照规范的要求进行了纠纷的调解，而纠纷当事人仍然质疑调解结果或因调解结果达不到预期而对人民调解员不满，或者指责人民调解员调解不尽力，或对人民调解工作产生不信任或抵触情绪，人民调解员首先要做的就是要对纠纷当事人尽量做好解释工作，解释清楚人民调解员确实是按照规范的要求去进行调解的，解释清楚人民调解员是站在中立的立场去调解的，让纠纷当事人感觉到人民调解员确实为他们着想的。必要时，可通过相关的文书材料及视频、录像资料等解除纠纷当事人的误解。当事人对纠纷中一些不理解的问题，人民调解员更是要做好解释工作。如对一些纠纷中的纠纷当事人的责任承担问题、对损害赔偿纠纷中的赔偿数额计算问题等，人民调解员要在调处的过程中，在详细分析纠纷的基础上，提供详细的法律依据，向纠纷当事人做好细致的解释工作：解释法律规定，解释为什么这样确定责任和赔偿数额等。让纠纷当事人明确纠纷中的法律规定的责任承担问题、让纠纷当事人明确如何根据损害赔偿计算标准计算出依法应该赔偿的数额，最终让纠纷当事人相信人民调解员的认定是客观的、公正的，从而接受调解。总之，要尽量通过解释工作消除纠纷当事人的负面情绪。

要尽量通过解释工作取得纠纷当事人的理解，从而尽快化解纠纷。防止出现互相扯皮、旷日持久的情况。要尽量通过解释工作以减少纠纷当事人不切实际的预期设想。必要时，可通过"背对背"的调解方法，对纠纷当事人做好说服动员工作，尽力缩小纠纷当事人双方要求的差距。如始终无法达成一致意见可及时指引纠纷当事人寻求法律途径解决纠纷。

如果人民调解员在纠纷的调解过程中确实存在不应有的差错，更要向纠纷当事人做好解释工作。人民调解员要勇于承担责任，取得纠纷当事人的谅解，必要时通过重新调解弥补调解中的漏洞。

三、充分利用人民调解文书材料，特别是做好人民调解协议书这篇"文章"

（一）充分利用人民调解文书材料

大多调解风险的防范都可以通过规范的人民调解文书材料来实现。既然人民调解文书材料可以反映人民调解的全过程，进而印证人民调解员的人民调解工作是否不违法。那么充分利用人民调解文书材料就非常必要了。

在人民调解文书材料中，较重要的是调查笔录、调解笔录，它能详细反映人民调解员调查、人民调解的全过程，可以对调查、人民调解的全过程进行还原。这一方面可以促使人民调解员规范地进行调查、调解，如在损害赔偿纠纷中会依法、客观地进行责任认定、确定赔偿金额。另一方面可以弥补一些可能的缺陷，如有些无法调查清楚的纠纷事实或有关事项，可在调查笔录中强调让当事人保证意思表示真实，否则承担责任。还可以防止纠纷当事人的无理取闹。如针对损害赔偿纠纷，虽然人民调解员规范地进行了调解，但如前文所述，会出现"当事人为了尽早了结纠纷而无奈地同意以较低数额接受赔偿，随后指责人民调解员没有尽力为其争取权益或偏袒对方当事人，并在达成协议、对方履行赔偿后又以各种理由反悔"的情形。此时，人民调解组织就可以通过详细、如实的调解笔录还原人民调解全过程，让纠纷当事人无话可说。对于纠纷当事人经过人民调解达成调解协议后，如果纠纷当事人反悔、不履行调解协议的，也可以依靠调解笔录来解决。如可以在调解笔录中反映"明确询问人民调解所达成的协议内容是否为当事人真实意思表示，并告知纠纷当事人违反协议的法律后果"的内容。通过记载这样内容的笔录，在一定程度上可以避免纠纷当事人反悔、不履行调解协议。

因此，为了避免人民调解过程中可能出现的风险，人民调解组织一定要按规范做好人民调解文书材料。特别是调查笔录、调解笔录，尤其是调解笔录，有条件的人民调解组织甚至要对人民调解过程进行录音、录像，没有条件的也要想方设法解决这一问题。

（二）做好人民调解协议书这篇"文章"

由于人民调解协议书是人民调解协议内容的载体，是纠纷调解后人民调解员制作的特殊"产品"。它能够通过其规范性的制作清晰地反映对纠纷事实的认定、对纠纷当事人责任的认定、对人民调解最终结果的认定。通过这些认定同样可以客观地判断人民调解的有关事项，更好地防范风险。同时人民调解协议所具有的民事合同的性质，也能够纠正在人民调解过程中的一些风险。因此，借助人民调解协议书，是最终防范人民调解风险的有效手段。

1. 规范、完整制作人民调解协议书。要想借助人民调解协议书防范人民调解的风险，必须规范、完整地制作人民调解协议书：一是要按照人民调解书的制作要求，在正文中记载纠纷事实的认定、责任的大小、适用的法律、协议的结果等事项；二是为避免前面所提及的风险，要在人民调解协议书中向纠纷当事人强调，让其保证调解各事项的真实性——包括纠纷当事人真实、纠纷当事人没有遗漏、当事人的要求不违法等，否则由其自己承担不利后果。对于协议内容涉及给付内容的，如支付赔偿金额，要进一步明确违约及其他责任形式。如可在人民调解协议书中规定到期不支付赔偿金额，要另外支付×××的违约赔偿金。这样，通过规范、完整的人民调解协议书的制作，可以让纠纷当事人不能弄虚作假、不能轻易反悔、不能不履行协议，从而减少了不必要的一些风险。

2. 充分利用人民调解协议作为民事合同的性质，按照民事合同对有关事项进行处理。作为民事合同，人民调解协议可能因为符合"当事人具有完全民事行为能力；意思表示真实；不违反法律、行政法规的强制性规定或者社会公共利益"等有效要件而受法律保护，也可能因为出现"损害国家、集体或者第三人利益；以合法形式掩盖非法目的；损害社会公共利益；违反法律、行政法规的强制性规定；人民调解委员会强迫调解的"等情形而被认定为无效，还会因为出现"重大误解；显失公平；一方以欺诈、胁迫的手段或者乘人之危，使对方在违背真实意思的情况下订立协议"等情形而被撤销。

因此，不管是基于人民调解组织、人民调解员的过错，还是基于纠纷当事人及与纠纷有关的其他人员的故意，如基于人民调解员没有认真审查纠纷当事人的原因而导致纠纷当事人不适格或遗漏、基于纠纷当事人以合法形式掩盖非法目的等原因使得人民调解员做出了错误的处理结果等，人民调解组织都可以充分运用法律规定的协议无效、可撤销的制度通过根据情况重新做好当事人的调解工作等途径予以纠正，从而降低风险。

如确实不能通过人民调解解决的，人民调解组织还可以引导纠纷当事人寻求其他途径解决。

四、人民调解过程中危及调解员人身安全的风险的防范

尽管随着人民调解立法和人民调解制度的完善，人民调解员在人民调解过程中遭受人身危险的可能性已经降低，但人民调解员在人民调解过程中遭受人身安全的风险

仍不能避免。为此，除了国家进一步加强对人民调解员的保护外，人民调解员要善于通过一定的措施保护自己。

1. 在人民调解室调解纠纷时，人民调解组织要增强安检意识，完善安检设施，尽量杜绝纠纷当事人携带有可能危及人民调解员人身安全的器具。同时，人民调解室有关设施的安排，也要尽可能地考虑能够防止纠纷当事人的过激举止危及人民调解员的人身安全。

2. 人民调解员在纠纷的调解过程中要尽心调解，但也要量力而行，能做的才做，不能硬干。如针对突发性、群体性纠纷的调解，就不能逞一时个人之勇，不分形势地孤身介入调解，要寻求党委和政府的支持，否则就容易被纠纷当事人的过激行为造成伤害。

3. 如果纠纷当事人情绪激动，不能恢复理性，就不能盲目调解。要避其锋芒，尽量采取疏导措施，化解当事人的情绪。同时做好预防措施，防止矛盾的激化。对此，《人民调解法》第25条也明确规定，人民调解员在调解纠纷过程中，发现纠纷有可能激化的，应当采取有针对性的预防措施；对有可能引起治安案件、刑事案件的纠纷，应当及时向当地公安机关或者其他有关部门报告。

4. 要寻求有关部门的支持、协助，尽量联调。处在社会转型期的矛盾纠纷大多是复杂的纠纷，远非凭借某一人民调解员的力量就可以解决的。因此，针对复杂的民间纠纷，如果确实不是凭借某一人民调解员的个人力量就能解决的，人民调解员就不要要个人英雄主义，一定要寻求有关部门的支持、协助，尽量联调。

5. 如果确实存在可能危及人民调解员人身安全的情形，人民调解员可中断人民调解，待危及人民调解员人身安全的情形消除后，再恢复人民调解。

引例分析

引例中存在的风险主要包括：首先，人民调解员没有在所有纠纷当事人都到场的情况下就进行了调解，违背了调解的自愿原则，也无法使调解结果得到认同。其次，人民调解员没有制作调解笔录，导致无法核查调解过程是否符合人民调解的有关规定，无法向纠纷当事人证明调解的合法性。再次，面临被纠纷当事人追究责任的风险。由于纠纷当事人没有参加调解，认为自己的利益受损害，于是要求重新调解，甚至信访。最后，面临人民调解协议无法履行的风险。由于缺少纠纷当事人的调解难以证明是否符合纠纷当事人的意愿，将导致协议无效，或当事人不愿履行，最终调解无效。

针对上述风险，人民调解委员会要做好以下防控措施：尽量采取补救措施，和纠纷当事人沟通，做好纠纷的当事人的工作，让其相信调解结果的公正、公平、合法性。如不能得到纠纷当事人的谅解，则需要重新调解，甚至需要通过其他途径解决。而人民调解委员会要吸取经验教训，在今后调解中，面对类似纠纷，必须核实好纠纷当事人、做好调解笔录，总之，要按照人民调解的规范要求进行调解，避免出现不必要的风险。

1. 纠纷调解过程中常见的风险有哪些?
2. 如何对人民调解过程中的风险进行防控?

学习情境

【情境设计】

案例一　2015 年 6 月 8 日,大唐公司下堂分公司由于二楼超市经营不善倒闭,因此召集其分租出去的一楼 70 家小商户开会,单方面提出解除租赁合同,收回分租的铺位,计划将一、二楼全部清场,整体交还给出租方业主以结束全部在下堂的业务。大唐公司要求全部小商户于 1 月 8 日前撤场,大唐公司退还小商户交纳的 6000 元押金,但是不予任何赔偿。为此,70 家小商户认为大唐公司单方面解除租赁合同,属于严重违约行为,且是口头提出解除租赁合同,没有在合理时间内提前作出书面通知,纷纷表示无法接受,并一致要求大唐公司作出以下整改:①立即作出解除合同的书面通知;②退还各小商户交纳的押金 6000 元;③每户赔偿违约经济损失 30 000 元。由于大唐公司没有回应,双方未能达成一致意见。

案例二　2016 年 2 月份某地一电子厂因经营管理不善,老板梁某突然消失,还拖欠 15 名工人 2015 年 12 月~2016 年 1 月工资共计 65 400 元。在得知老板肖某突然失联,工资无着落的情况下,15 名工人就工资问题向当地人力资源分局反映情况。当地人力资源分局了解情况后,多次联系梁某,都未能成功,认为梁某涉嫌欠薪逃匿罪,于是将有关材料移送公安机关,由公安机关立案侦查。同时就 15 名工人工资问题,向当地镇综治信访维稳中心反馈,建议由中心组织有关部门,就 15 名工人工资,与电子厂的厂房出租老板曲某协商,由曲某垫付 15 名工人部分工资。

案例三　2014 年万某与林某同在外地打工,期间双方建立了恋爱关系并同居,在2015 年 9 月生育了一女孩。后来双方关系恶化,万某提出解除同居关系,林某的父母知道后,多次到万某家吵闹,在村调解委员会的主持下,万某的父母与林某的父母于2016 年 5 月 26 日签订了人民调解协议。协议约定:①万某与林某于 2016 年 6 月解除同居关系;②所生女孩由万某抚养,林某无探视权;③万某给付林某精神抚慰费 8000元人民币。整个调解过程万某与林某均不知情。万某知道协议后,不同意该协议内容。2016 年 6 月 10 日,万某的父母向法院提起诉讼,请求法院确认该调解协议无效。

案例四　赵某是某镇林业站木板厂的承包人,颜某在其厂里面打工。一日,颜某在赵某的工厂工作过程中因天气酷热中暑,经送医院抢救无效死亡。赵某为此已支付了死者的医药费、救治费、丧葬费等 5000 多元。但死者丈夫及其与死者一同打工的姐夫见颜某客死他乡,悲痛万分,表示不赔钱就赔命,并致电家属赶来为赵某讨说法。

死者丈夫及其他亲属5人还聘请了律师，一起来到赵某的工厂要求解决问题。死者丈夫因为亲人死亡，情绪非常激动，一口咬定其妻子的死亡是赵某造成的，要其负主要责任，并提出10万元的赔偿要求，不然要赵某以命抵偿。而赵某因为对方的赔偿要求过高，坚决不同意。矛盾纠纷眼看就要进一步激化。

【训练目的及要求】 通过训练，让学生体会调解中的风险，引起学生的重视，能够在调解中做到风险的防控。

【训练方法】 模拟人民调解对风险的防控。需要从调解的风险入手，熟悉人民调解过程中存在何种风险，对这些风险如何防控。

【训练步骤】

1. 根据案例需要对学生进行分组。

2. 以组为单位，让学生自行分配角色并开展分析讨论，梳理出调解中可能存在的风险，如何防控。

3. 各组学生按角色任务拟定调解方案。

4. 进行模拟调解，体会人民调解风险防控的重要性。

5. 学生自我评价实训效果。

6. 教师点评、总结实训情况。

拓展阅读书目

1. ［日］棚濑孝雄：《纠纷的解决与审判制度》，王新亚译，中国政法大学出版社1994年版。

2. 范愉主编：《多元化纠纷解决机制》，厦门大学出版社2005年版。

参考文献

1. 胡泽君主编：《人民调解教程》，中国政法大学出版社2004年版。

2. 肖方编著：《如何当好人民调解员》，中国社会出版社2005年版。

3. 刘树桥、马辉主编：《人民调解实务》，暨南大学出版社2008年版。

4. 刘最跃编著：《人民调解原理与实务》，湖南人民出版社2008年版。

5. 《人民调解工作的方法与技巧》编写组：《人民调解工作的方法与技巧》，中国法制出版社2003年版。

6. 李刚主编：《人民调解概论》，中国检察出版社2004年版。

7. 邱星美、王秋兰：《调解法学》，厦门大学出版社2008年版。

8. 张峰、李玉成主编：《基层司法行政实务》，群众出版社2008年版。

9. 戴建庭：《民事纠纷解决机制研究》，吉林大学出版社2007年版。

10. 王红梅编著：《新编人民调解工作技巧》，中国政法大学出版社2006年版。

11. 何兵主编：《和谐社会与纠纷解决机制》，北京大学出版社2007年版。

12. 尹力：《中国调解机制研究》，知识产权出版社2009年版。

13. 张延灿主编：《调解衔接机制理论与实践》，厦门大学出版社2008年版。

14. 宋才发、刘玉民主编：《调解要点与技巧总论》，人民法院出版社2007年版。

15. 何兵：《现代社会的纠纷解决》，法律出版社2003年版。

16. 宋朝武等：《调解立法研究》，中国政法大学出版社2008年版。

17. 左卫民等：《变革时代的纠纷解决：法学与社会学的初步考察》，北京大学出版社2007年版。

18. 吴卫军、樊斌等：《现状与走向：和谐社会视野中的纠纷解决机制》，中国检察出版社2006年版。

19. 范愉：《纠纷解决的理论与实践》，清华大学出版社2007年版。

20. 盛永彬、徐涛主编：《法律文书》，暨南大学出版社2006年版。

21. 姜小川主编：《人民调解实用手册》，中国法制出版社2009年版。

22. 张新民、王欣新主编：《人民调解员工作手册》，中国法制出版社2000年版。

23. 吴军营编：《人民调解案例汇编与评注》，中国法制出版社2012年版。

24. 秦启文等：《突发事件的管理与应对》，新华出版社 2004 年版。

25. 丁寰翔、王宁主编：《人民调解的实践与发展》，中国民主法制出版社 2015 年版。

26. 张红侠著：《人民调解变迁研究：以权威类型转变为视角》，中国社会科学出版社，2016 年版。

27. 盛永彬、刘树桥主编：《人民调解实务》，中国政法大学出版社 2015 年版。

28. 朱力："突发事件的概念、要素与类型"，载《南京社会科学》2007 年第 11 期。

29. 孙崇勇、秦启文："突发事件的两个基本理论问题探讨"，载《西南师范大学学报（人文社会科学版）》2005 年第 2 期。

30. 邱泽奇："群体性事件与法治发展的社会基础"，载《云南大学学报（社会科学版）》2004 年第 5 期。

31. 曹光毅："论群体性事件的预防策略"，载《上海公安高等专科学校学报（公安理论与实践)》2008 年第 5 期。

32. 马新福、宋明："现代社会中的人民调解与诉讼"，载《法制与社会发展》2006 年第 1 期。

33. 韦欣仪："国外关于群体性事件的理论研究与处置实践述评"，载《理论与当代》2009 年第 8 期。

34. 张兆瑞："国外境外关于集群行为和群体性事件之研究"，载《山东公安专科学校学报》2002 年第 1 期。

35. 周德胜："论正确认识和处理群体性事件"，载《理论观察》2009 年第 1 期。

36. 于建嵘："当前我国群体性事件的主要类型及其基本特征"，载《中国政法大学学报》2009 年第 6 期。

37. 孙延华："略论群体性事件"，载《上海公安高等专科学校学报》2007 年第 5 期。

38. 袁奇钧："人民调解介入信访工作机制研究"，上海社会科学院 2008 年硕士学位论文。